D1513512

Mafia S.A.

Les secrets du crime organisé

Du même auteur

Documents

Dominici non coupable, les assassins retrouvés (préface
d'Alain Dominici), Flammarion, 1997.
JFK, autopsie d'un crime d'État, Flammarion, 1998.
Mémoire de profs, Flammarion, 1999.

Romans

Rouge lavande, Flammarion, 1999.
Les Cigales de Satan, Flammarion, 2000.

Pour visualiser certains documents et entrer en contact
avec l'auteur, rendez-vous sur le site
www.williamreymond.com

William Reymond

Mafia S.A.

Les secrets du crime organisé

Flammarion

© Flammarion, 2001.
ISBN : 2-08-067773-X

*« On peut trouver peu sérieux ceux qui disent :
"On ne sait rien sur la mafia." Avec tout le matériel
que nous avons sous les yeux ! »*

Giovanni FALCONE, juge antimafia.

PROLOGUE

Katie Morgan [1] n'était jamais allée à Londres. Lors de ses trois années de mariage avec l'un des plus célèbres concepteurs de parcours de golf des États-Unis, elle avait passé plus de temps en avion que dans son vaste appartement de New York. Elle avait découvert le Japon et connaissait presque tous les centres de loisirs pour touristes américains fortunés qui pullulent dans la zone Caraïbes ; elle se souvenait avoir pris la décision de divorcer dans un palace de Saint-Barth et de sa première virée de nouvelle célibataire sur les plages blanches d'Acapulco, mais la capitale anglaise, non, jamais elle n'y avait posé les escarpins.

La campagne publicitaire de British Airways s'étalait sur une pleine page du supplément « Voyages » du *New York Times*. La compagnie vantait les mérites du Concorde en affirmant que, désormais, il était plus rapide de se rendre à Londres depuis New York que de rejoindre Houston, Texas. Et aussi proposait aux riches Américaines en manque d'exotisme de venir découvrir les joies du shopping dans les rayons de Harrods [2]. Son divorce lui ayant apporté la liberté de ne plus travailler et le pouvoir de

---

1. L'affaire relatée ici étant toujours ouverte, les noms propres ont été modifiés.
2. Magasin de luxe londonien appartenant à Mohamed Al-Fayed.

consommer, Katie se dit qu'il s'agissait d'une expérience à vivre. Et elle décrocha son téléphone.

★

★ ★

Une coupe de champagne à la main, Katie tentait d'apercevoir l'océan Atlantique à travers le plafond de nuages crémeux. À trois ans de l'an 2000, la planète n'avait jamais été aussi petite. Désormais n'importe quelle capitale était à portée de jet. Les cartes de crédit, le fax, Internet et les téléphones cellulaires avaient changé la manière de travailler et de vivre. Le mur de Berlin était tombé et le monde avait clairement tourné la page de l'équilibre de la terreur. Comme dans ces films d'anticipation des années cinquante décrivant le futur avec euphorie, on pouvait désormais faire ses emplettes au 87 Brompton Road presque comme si l'on se rendait chez son épicier au coin de la rue.

Katie passa près de quatre heures dans l'univers feutré de Harrods avec une prédilection plus particulière pour le rayon des créateurs. Et comme prévu, le service clientèle VIP de British Airways avait pris rendez-vous pour elle au cinquième étage du magasin, là où une équipe de petites fées se charge de la remise en beauté de la clientèle la plus huppée du monde. La séance de relaxation faciale lui permit d'oublier rapidement le décalage horaire : elle était désormais prête à affronter London by night.

Katie tendit sa carte Visa Platinium à l'employée qui, à l'image de ses collègues de Harrods, affichait une courtoisie exquise. D'ailleurs, tout en glissant la carte dans le lecteur, elle complimenta Katie sur sa paire de boucles d'oreilles. L'Américaine la remercia, signa l'ordre de paiement sans même faire attention au montant, récupéra sa Visa et partit.

★
★ ★

Moins d'une heure plus tard, alors que Katie devait encore se trouver dans les embouteillages de Londres, l'ensemble des éléments compris dans la bande magnétique de sa carte de crédit arriva sous forme d'e-mail dans un bureau d'une tour de Hong-Kong. Pour rejoindre plus d'un millier d'autres informations dans une formidable et illégale base de données mise sur pied depuis une semaine. Le plafond de crédit le plus bas du lot se montait à 20 000 dollars, quand d'autres, comme celui de Katie, atteignaient le million.

Après avoir rentré les derniers renseignements d'une série de dix cartes provenant d'une bijouterie de Beverly Hills, l'informaticien, utilisant une nouvelle fois le réseau Internet, transmit la totalité des informations à un ordinateur situé en Malaisie.

Le PC en question se trouvait sur le bureau du directeur d'une usine spécialisée dans l'encodage électronique de la banlieue de Kuala Lumpur. D'où, en moins de vingt heures, remplissant son contrat avec quatre heures d'avance, un millier de nouvelles cartes de crédit Visa, American Express, Mastercard et Diners Club furent réalisées, prêtes à fonctionner. Le nom de Katie Morgan figurait sur l'une d'entre elles.

Ensuite, avec une attention toute particulière et à l'aide de scalpels chirurgicaux, deux des employés entamèrent l'ouverture de cartouches de cigarettes de Marlboro Light. Dont les cinq paquets du centre furent dépiautés et vidés de leur contenu. À la place des cigarettes, les Malaisiens

11

glissèrent une dizaine de cartes de crédit. Ensuite, souci d'authenticité oblige, les emballages furent scellés à l'aide d'adhésif dérobé dans l'un des entrepôts du cigarettier sur la Côte Est des États-Unis. Dix de ces cartouches, contenant cinquante cartes de paiement chacune, furent ensuite transportées à l'aéroport international de Kuala Lumpur, où attendaient dix « courriers ». Qui, s'ils allaient utiliser diverses lignes aériennes aux crochets multiples, auraient la même destination finale : Milan, Italie.

Les passages aux frontières ne furent qu'une formalité, les cartouches passant les douanes dans les sacs de duty free. Si bien que dans les dernières heures du troisième jour de l'opération, cinq cents cartes de crédit atterrirent sans encombre sur la table de l'appartement cossu d'un homme d'affaires milanais. Un Italien qui, trois semaines plus tôt, se trouvait à Prague pour prévendre un lot de deux cents cartes de crédit à un Russe. Dès lors, comme prévu, il chargea un de ses « associés » d'effectuer la livraison.

Le Russe, qui possédait également un passeport israélien, distribua aux membres de son équipe un lot de cartes de paiement, chacun contenant des cartes correspondant au sexe de son porteur et un billet d'avion pour Paris, Rome ou Londres. Commença alors une étrange et formidable course aux boutiques de luxe des trois capitales européennes. S'approchant consciencieusement du plafond de chaque carte, la bande du Russe épuisa en une semaine les énormes ressources mises à sa disposition. L'ensemble du butin, mélange hétéroclite de parfums, bijoux, montres et tailleurs de grands couturiers fut chargé dans des camions et prit la route de Moscou où une partie avait déjà été prévendue à la nouvelle bourgeoisie de la ville. Le reste fut vendu, en dollars, aux alentours de la place Rouge.

★
★ ★

Quinze jours tout juste s'étaient écoulés depuis le voyage de Katie Morgan à Londres et ses emplettes chez Harrods. Quinze jours durant lesquels, sans même s'en apercevoir, elle venait d'être froidement projetée dans une autre réalité. Un monde où la planète devenait beaucoup plus petite et voyait tomber ses frontières comme ses barrières de sécurité, un monde où les données informatiques et monétaires les plus secrètes voyagent à la vitesse d'une connexion sur Internet. Katie Morgan, comme des milliers d'autres, venait d'être la victime d'un univers dangereux et impitoyable : celui du nouveau crime organisé.

INTRODUCTION

« Si l'on ne parvenait plus à distinguer les méthodes des Yakusa, des triades chinoises et de Cosa Nostra, s'il se créait donc un modèle unifié de mafia universelle, je me demande comment nous pourrions faire face. »

Giovanni FALCONE, 1991.

Don Corleone est mort. Aujourd'hui, le Parrain n'est rien de plus qu'une figure emblématique du cinéma, une source d'inspiration et de fantasme pour scénariste hollywoodien. Démodés les costumes tape-à-l'œil, les grosses cylindrées et les blondes outrageusement plantureuses. Terminée l'illusion du Patriarche sicilien luttant pour conserver son territoire face au centralisme de l'État italien. Démythifiée la soi-disant protection de la communauté contre les rigueurs du Nouveau Monde. Démasquée la justification de la violence comme seule réponse légitime à la brutalité du libre marché. Le jeu, la prostitution, la corruption, le terrorisme, les assassinats, le blanchiment de devises, le trafic de stupéfiants, les réseaux pédophiles sont, depuis, passés par là.

★

★ ★

Don Corleone est mort, rejoignant les étagères poussiéreuses de l'Histoire, mais il ne faut pas s'y méprendre : la fin de l'âge d'or de la mafia[1] ne correspond pas à un affaiblissement du crime organisé. Et encore moins à sa disparition. Au contraire, tout au long de ces vingt dernières années, le crime organisé a connu une extraordinaire mutation qu'aucune puissance mondiale n'est parvenue à contrer. Un changement qui, s'il avait été effectué dans un cadre légitime, aurait été, par son succès sans égal, une révolution au sein des plus grandes nations. Et « l'affaire Harrods[2] » est significative du nouveau visage de la « pieuvre[3] ».

L'opération dont Katie Morgan a été l'une des nombreuses victimes est notamment exemplaire par l'ampleur et la modernité des méthodes utilisées. Internet bien sûr qui, en raccourcissant les distances et en garantissant un

---

1. Par commodité, le terme « mafia » est utilisé ici pour résumer le crime organisé dans son ensemble. Pour une définition historique des différents termes tels la « Cosa Nostra » ou la « mafia », voir les chapitres suivants.

2. Harrods a déjà été victime d'une arnaque à la carte de crédit en 1996. Une responsable du magasin avait dérobé mille deux cent quatre-vingt-huit reçus de cartes ainsi que les copies de nombreux dossiers de crédits. Avec l'aide de son frère, elle avait ainsi détourné près de 2,5 millions de francs avant d'être arrêtée. Le cas le plus intéressant parmi les soixante-dix victimes de l'arnaque est celui de ce riche Britannique qui ne s'était pas rendu compte qu'on avait détourné à l'aide des numéros de sa carte Mastercard Gold plus d'un million de francs de son compte.

3. Surnom donné au crime organisé pour caractériser son emprise tentaculaire sur la société.

relatif anonymat, est devenu l'outil privilégié de la mafia nouvelle vague. Mais comment ne pas être surpris par l'ampleur des moyens mis en œuvre : une usine de pointe et ses techniciens en Malaisie, un centre de collecte de données et ses informaticiens à Hong-Kong, un réseau de collaborateurs installés dans les plus prestigieuses boutiques du monde, ainsi qu'un formidable circuit de distribution et d'achats en Europe.

Plus encore, cette affaire est significative par l'inédite et efficace interaction apparaissant entre les différentes mafias dès qu'il est question de s'enrichir. Les employés indélicats de Harrods ayant, naturellement à l'insu du magasin, passé la carte de crédit de leurs fortunés clients dans un deuxième lecteur dissimulé derrière le comptoir de paiement appartenaient à un gang vietnamien sévissant à Londres, mais avaient été payés par une triade chinoise qui s'était ensuite préoccupée du tri des données et de la fabrication à Kuala Lumpur. Lesquels Chinois répondaient à une demande de la Camorra, le crime organisé napolitain. Qui, comme on l'a vu, honorait de son côté une commande passée par un groupe russe travaillant en Europe avant, avec l'aide de la mafia tchétchène, de fournir les marchés moscovites. En somme, cette arnaque à la carte de crédit éclaire d'un jour inédit et loin des clichés d'antan d'une mafia arc-boutée sur son pays, l'existence d'une internationale du crime qui n'a désormais plus rien d'exceptionnel et qui, au gré des marchés et des opérations, peut s'accommoder aussi avec les Hell Angels canadiens, la mafia nigériane, les Yakusa japonais, les cartels colombiens, la mafia jamaïcaine, le Milieu français, les passeurs mexicains ou les taliban afghans !

Enfin, cet épisode illustre parfaitement l'impuissance de nos sociétés face aux nouvelles formes du crime organisé. Et ce parce que les mafias possèdent désormais un avantage supplémentaire, elles ne connaissent pas de frontières. Ce qui est loin d'être le cas des différentes unités de lutte et de répression. Aujourd'hui la juridiction, la souveraineté d'un État, le manque de moyens et de collaboration judiciaires, le délai nécessaire pour – parfois – obtenir une autorisation d'enquête extraterritoriale sont devenus autant d'alliés pour le crime organisé et de boulets pour ceux qui le combattent. Si bien que seules les compagnies de cartes de crédit lésées et leurs investigateurs privés ont pu se plonger dans le complexe dossier Harrods. Pour, *in fine*, pouvoir seulement constater les dégâts, rembourser leurs clients et espérer trouver une parade pour le futur. Car ni Scotland Yard ni Interpol ni aucune autre police du monde n'a de nos jours les moyens, le temps et les autorisations nécessaires pour poursuivre une piste jonglant avec les fuseaux horaires.

★

★ ★

Enquêter sur le nouveau crime organisé et ses multiples formes, dévoiler pour la première fois certains de ses secrets s'avère un voyage fascinant et effrayant à la fois. Un périple qui, de continents en monde virtuel, de policiers en journalistes, d'avocats véreux en magistrats courageux, de repentis en prétendus « hommes d'honneur[1] » nous conduit aux portes d'une nouvelle ère. Un univers dangereux et impitoyable, abolissant les limites entre ce qui est légal et ce qui ne l'est pas. Un univers où le crime organisé, nourri à l'essence même du capitalisme, achève sa mutation et, à l'heure de la mondialisation, devient peu à peu la première entreprise du globe.

---

1. Surnom donné entre eux aux membres de la mafia sicilienne et, depuis, étendu à tout membre du crime organisé.

INTRODUCTION

★
★ ★

Don Corleone est mort. Bienvenue dans le monde de Mafia S.A.

CHAPITRE 1

« Je ne suis pas en train de vous parler d'un groupe. Je suis en train de vous parler de criminels »

Joseph VALACHI, repenti, au sujet de la Cosa Nostra, Senate Investigation Subcommittee, 1962.

L'internationale du crime voit le jour entre *antipasti* et *zabaglione* sous le décor Art Nouveau de l'hôtel des Grandes Palmes[1] à Palerme. Au menu *Ova Chìni Arùci, Purpittúni, Sicilian Cassata, Cazzicaddi a' Palermitana, Mpanàta di Pisci Spàta*[2], le tout arrosé des meilleurs crus de Duca de Castelmonte et de Passoti di Pantelleria. Et puis, au moment où les nœuds de cravate se défont et où les cigares apparaissent, d'autres plats de résistance surgissent : assassinats, organisation et trafic de drogue.

---

1. Aussi connu sous le nom Abrego e delle Palme, construit en 1874 et redécoré en 1907 par Ernesto Basile, l'hôtel des Grandes Palmes, ses 177 chambres et ses 16 suites, est encore aujourd'hui un des plus beaux palaces de Palerme.
2. Noms originaux de plats typiquement siciliens. Dans l'ordre, il s'agit d'œufs farcis, de saucisses, de légumes, d'escargots, d'espadon pané.

Du 10 au 14 octobre 1957, un congrès très particulier se déroule en effet entre les murs de ce luxueux palace sicilien plus habitué à recevoir Victor Emmanuel ou Richard Wagner, qui y avait travaillé à la composition de son *Parsifal*. Monté à l'initiative de Charlie « Lucky » Luciano, le patron de la Cosa Nostra américaine en exil forcé à Naples [1], le but principal de cette rencontre est de mettre sur pied une collaboration efficace entre la mafia sicilienne et ses « cousins » du Nouveau Monde.

L'enjeu est énorme pour Luciano. Depuis juillet 1956, sous l'initiative du Président Eisenhower, les États-Unis se sont dotés d'une loi antidrogue extrêmement sévère [2]. Désormais le commerce de substances illégales est pas-

---

1. Voir chapitre suivant.

2. En janvier 1956, un sous-comité du Sénat américain a rendu public un document de neuf pages sur la situation de la drogue aux États-Unis. Sa conclusion avançait qu'aucun autre pays au monde comptait un nombre aussi important de consommateurs réguliers de narcotiques. Et surtout qu'au moins un quart de la délinquance du pays était due à la prolifération de l'héroïne. Le rapport insistait sur le fait que le Narcotic Bureau en charge de la répression était sans moyens et devait se battre avec des lois anciennes lui interdisant la mise sur écoute et le port d'armes. De plus, la majorité des cas de trafics d'héroïne tombant sous le coup du Marihuana Act n'entraîna que des peines avec sursis et des amendes modérées. Aussi, le 18 juillet 1956, le Président Einsenhower proposa-t-il une loi au Congrès qui augmentait la peine de prison de dix à quarante ans pour un vendeur récidiviste, créait une peine de cinq ans pour possession de drogue douce, de vingt ans pour une première condamnation de trafic et de mort pour vente d'héroïne à un mineur. La liberté conditionnelle pour trafiquant récidiviste était supprimée, l'amende passait de 1 000 à 20 000 dollars. Enfin le port d'armes était autorisé pour les agents du Narcotic Bureau, lesquels pouvaient désormais intervenir sur simple suspicion et sans mandat judiciaire. Comme nous le verrons au cours de ce livre, la politique de répression américaine n'a pas empêché le crime organisé de se développer et la consommation de drogue d'augmenter.

sible de quarante années de prison alors que, depuis la fin de la prohibition et son eldorado pour alcools de contrebande, la mafia américaine s'est peu à peu spécialisée dans l'importation d'héroïne. L'arrivée de Luciano en Europe après son extradition de 1946 s'est même accompagnée d'une formidable croissance de l'envoi de poudre blanche en Amérique. Utilisant le complexe chimique et pharmaceutique du nord de l'Italie afin de transformer l'opium turc en héroïne, Luciano a permis rapidement aux cinq familles de New York de contrôler 95 % de la drogue vendue aux États-Unis. Mais voilà, depuis 1956 et le Narcotics Control Act, les arrestations se multiplient dans les rangs du crime organisé. Ainsi un tiers des membres de la famille Bonanno contrôlant le Canada et Buffalo ont déjà eu maille à partir avec la justice. À New York, les statistiques sont également impressionnantes puisqu'un membre sur trois de la famille Colombo, trois sur cinq de la famille Lucchese, deux sur cinq de la famille Gambino et un sur deux de la famille Genovese risquent une condamnation lourde ou sont déjà derrière les barreaux.

Aussi le 17 octobre 1956, un an tout juste avant le rendez-vous de Palerme, les « patrons » américains se sont-ils déjà réunis à Apalachin dans l'État de New York, dans la vaste propriété de Joseph Barbara, officiellement distributeur de la boisson Canada Dry, qui deviendra célèbre un an plus tard, le 14 novembre 1957, lorsque la police mettra fin à une réunion qui devait consacrer Vito Genovese à la tête du crime organisé du pays[1]. La rencontre du

---

1. La conférence d'Apalachin fut un acte révélateur pour l'opinion publique américaine. Jusqu'alors, se fiant aux déclarations du patron du FBI, J. Edgar Hoover, le crime organisé n'existait pas aux États-Unis. (Au sujet de la position de Hoover vis-à-vis de la mafia, lire, du même auteur, *JFK, autopsie d'un crime d'État*). Mais, grâce à la curiosité de deux agents de la New York State Police, la presse a pu révéler la présence dans un même lieu de la quasi-totalité des chefs de « famil-

17 octobre, complètement passée inaperçue, se révèle historiquement bien plus cruciale. En effet, elle établit les fondations des journées siciliennes futures et a pour unique sujet l'héroïne et ses immenses profits. Meyer Lansky, *consigliare* et architecte de la Cosa Nostra américaine au côté de Luciano, y assure que son patron, utilisant Cuba et le régime corrompu de Fulgensio Batista, continuera à pourvoir aux immenses besoins du pays via les routes du Texas, de la Floride et de La Nouvelle-Orléans. De son côté Joe Bonanno garantit le contrôle de Montréal et des frontières canadiennes afin d'alimenter New York. Seule ombre à ce tableau idyllique donc, la répression policière et judiciaire de plus en plus gênante pour le « commerce ». Or Lucky Luciano a déjà pu apprécier la qualité des « soldats[1] » de la mafia sicilienne au

---

le » du pays. Curieusement, il a fallu attendre 1995 et le travail d'enquêtes de deux journalistes canadiens, Lee Lamothe et Antonio Nicaso, pour tordre le cou à une idée fausse. Les autorités de l'époque (et par extension Francis Ford Coppola dans son film *Le Parrain*) prétendaient que lors de cette rencontre le crime organisé américain avait décidé de ne pas s'impliquer dans le trafic d'héroïne. Nicaso et Lamothe, à l'aide de rapports inédits, démontrent sans l'ombre d'un doute qu'il s'agissait plutôt du contraire. À titre d'information, voici la liste des parrains présents, une sorte de Gotha de la Cosa Nostra américaine : Vito Genovese, Carlo Gambino, Joseph Bonanno, Joseph Profaci, Joseph Magliocco, Gerardo Catena, Natale Evola, Sam Giancanna, Michele Miranda, Carmine Lombardozzi, Paul Castellano, John Ormento, Joseph Riccobono, Alfred Rava, Santo Trafficante Jr, Frank Di Simone, Gabriel Mannarino, James Civello, James Coletti, Joseph Ida et John Scalish. À noter également qu'aucun d'entre eux n'a été poursuivi ou emprisonné suite à l'incident. Il s'agissait « juste » d'une réunion d'amis.

1. « Les hommes d'honneur sont probablement plus de cinq mille en Sicile. Obéissant à des règles rigides. Je dis volontiers qu'ils sont l'Université du crime organisé. Que, même s'ils s'appellent "soldats", ce sont tous des généraux. » Giovanni Falcone in *Cosa Nostra, le juge et les « hommes d'honneur »*, par Giovanni Falcone et Marcelle Padovani, Édition n° 1/Austral, octobre 1991.

moment de la chute du régime de Mussolini [1] et de l'avancée des troupes alliées. Il connaît leur efficacité, leur discrétion, leur cruauté aussi. Et son rêve est d'utiliser ces formidables ressources pour inonder le marché américain.

★

★ ★

De plus, la situation de la mafia italienne lui rappelle celle du crime organisé aux États-Unis quelques années plus tôt, en 1931 plus exactement. À un moment qui saluait la fin d'un cycle. À l'époque, la mafia et son Union sicilienne sont encore fortement marquées par les traditions. À sa tête, dans chaque ville, un patron, le *capo di tutti capi*. Et surtout une volonté farouche de rester entre soi. Aussi la mafia sicilienne n'est-elle qu'un groupe luttant contre les gangs napolitains, calabrais, juifs ou irlandais installés sur le territoire américain. Bien sûr, profitant d'une solidarité insulaire sans pareille, les Siciliens s'imposent peu à peu. Mais alors que la prohibition touche à sa fin, que les États-Unis se modernisent et que sa police

---

1. Si officiellement et comme développé dans le chapitre 2, le régime fasciste de Benito Mussolini a mené une guerre ouverte à la mafia sicilienne, cela n'a pas empêché le Duce de profiter de la « générosité » du crime organisé. En effet, réfugié à Naples depuis 1937, afin d'échapper à une condamnation pour meurtre, Vito Genovese était un proche du régime totalitariste. Proche et fournisseur d'héroïne du Comte Galeazzo Ciano, ministre des Affaires étrangères et gendre de Mussolini, Genovese avait fait de Naples une tête de pont pour l'envoi de drogue aux USA. En échange de la bénédiction du Duce, Genovese lui a reversé plusieurs millions de dollars dont certains sur des comptes suisses. Genovese a aussi contribué pour un montant de 250 000 dollars à la construction au siège du parti fasciste à Nola d'un monument à la gloire du dictateur.

devient enfin efficace, Charlie Luciano pense que le modèle importé d'Europe vit ses dernières heures. Déjà en mai 1929, la conférence d'Atlantic City[1] lui a montré que les temps changeaient. Là, pour la première fois depuis l'arrivée de la mafia sicilienne sur le territoire américain, et sous l'influence de Johnny Torrio[2], les chefs de famille se réunissent afin de se partager les futurs profits du pari clandestin[3]. Quelques semaines plus tôt, Moses Annenberg, le propriétaire du *Daily Racing Form*, l'incontournable quotidien pour tout passionné de course hippique, venait de mettre au point un système lui permettant de détourner le réseau télégraphique d'AT&T pour suivre en direct l'évolution des courses sur les différents hippodromes du pays. Annenberg, avec le soutien d'Al Capone, souhaite donc imposer son système dans chaque bar, lieu de rendez-vous et local que la mafia utilise pour les paris discrets. Si, au passage, il empoche une commission, il offre surtout la possibilité aux Siciliens de gérer de façon exclusive un secteur en forte croissance[4].

---

1. Cité estivale de la côte Est des États-Unis, réputée pour ses casinos.

2. Johnny Torrio était, dans les années vingt, le parrain de la ville de Chicago. Il tenta en vain de découper la ville en territoires où chaque gang pourrait s'adonner au trafic d'alcool sans craindre la concurrence. Les problèmes ethniques, religieux et la nature volatile des gangs de l'époque ont mené sa vision des « richesses » partagées à l'échec. Excédé, Torrio livrera Chicago au plus doué – et cruel – de ses « élèves » : Al Capone.

3. À la fin de la prohibition et avant l'explosion du trafic d'héroïne, le pari clandestin est devenu l'activité principale du crime organisé américain. Aujourd'hui encore, la mafia américaine, moins active sur le terrain de la drogue, tire de substantiels profits du pari.

4. Dix ans après l'adoption de cette idée par la conférence d'Atlantic City, Moses Annenberg devint, grâce à son confortable pourcentage, la cinquième fortune mondiale.

Luciano, enthousiasmé par l'idée, propose également de mettre en commun certains revenus liés à la prostitution, en échange de création de zones protégées où les « filles » pourront travailler sans craindre les agressions de gangs concurrents. À la fin de la journée, un fonds commun est donc ouvert pour installer le système Annenberg. Et de New York à Chicago en passant par Cleveland et Detroit, chaque « parrain » présent apporte sa contribution.

Mais à la fin des années vingt, Luciano veut aller encore plus loin dans l'organisation de la criminalité aux États-Unis. La forme actuelle ne lui permet pas, par exemple, d'intégrer un de ses plus anciens « collaborateurs » – Meyer Lansky – parce que de confession juive. Or Lansky est un visionnaire. C'est lui qui a poussé Luciano à varier ses activités. Au départ simple proxénète et pourvoyeur de « protection », Lucky [1] a agrandi son champ d'activités et propose désormais de l'héroïne, du pari clandestin tout en manipulant les fonds des importants syndicats du monde de la confection. C'est encore grâce à Lansky que le terri-toire de Luciano devient géré comme s'il s'agissait d'une entreprise, livres de comptabilité à l'appui. En fait Lansky a saisi le sens premier du consumérisme de l'Amérique de l'entre-deux-guerres. Pour lui la mafia n'est rien d'autre qu'un fournisseur répondant aux besoins du pays, concept évidemment décrié par les services fédéraux américains. Incapable de contrer la montée en puissance des Siciliens, les représentants de la justice propagent de leur côté l'idée que cette nouvelle criminalité est simplement ethnique, véritable méfait né d'une immigration importante. Une

---

1. Charlie Luciano hérite de son surnom signifiant en anglais « chanceux » dans les années vingt du fait de sa continuelle bonne fortune lors des parties de poker et de dés dans le quartier des Five Points de New York. Grâce à cette manne et à des opérations de petite délinquance, Luciano pourra mettre sur pied son premier gang et se lancer dans le proxénétisme à grande échelle.

théorie aux relents fortement racistes qui sera à l'origine de débordements et quelquefois du lynchage de travailleurs italiens tentant de faire subsister leur famille de manière tout à fait honnête[1]. En fait la mafia débarque aux États-Unis dans un pays déjà ravagé par de nombreux gangs et jamais elle n'apporte avec elle cette propension à la violence. Quant à son argument d'une satisfaction de la demande, il n'est pas erroné puisque de l'alcool de contrebande à la consommation de drogue en passant par le pari illégal et la prostitution, la mafia offre réellement un ensemble de « services » qu'une partie de la population recherche.

------

1. L'épisode le plus connu reste celui de La Nouvelle-Orléans du 14 mars 1891. À cette époque, La Nouvelle-Orléans accueille la communauté italienne la plus importante des États-Unis devant New York avec près de quinze mille membres vivant principalement dans un quartier surnommé Little Palermo (le petit Palerme). Après une année de troubles impliquant deux bandes rivales pour le contrôle du port et du marché du fruit, l'assassinat du commissaire de police de la ville et l'utilisation pour la première fois dans la presse américaine du terme « mafia », un comité de vigilance composé de notables locaux pousse une foule en délire vers la prison de la ville où onze Italiens que le tribunal de la ville vient d'innocenter attendent leur libération. Les autorités ayant reçu l'ordre de ne pas intervenir, la prison fut prise d'assaut et les onze Siciliens lynchés. Le lendemain, le quotidien local titrait sur « une juste insurrection qui avait vengé les lois violées et outragées par une conjuration d'étrangers ». Malgré les plaintes officielles de la diplomatie italienne, aucun participant aux lynchages ne fut poursuivi, les États-Unis versant simplement une indemnisation au gouvernement de Rome.

Pour en conclure avec La Nouvelle-Orléans, il faut ajouter qu'elle fut la première ville à tomber sous le contrôle exclusif d'une famille sicilienne après avoir contrôlé les gangs irlandais et noirs. C'est aussi ici que le système de boutiques d'import-export vers la Sicile (telles les enseignes spécialisées dans l'huile d'olive) fut mis sur pied afin de faciliter l'importation d'héroïne aux États-Unis. C'est pour l'ensemble de ces raisons que le parrain de La Nouvelle-Orléans héritera d'une

Luciano, respecté et craint par la génération montante des chefs de clans new-yorkais et certain de l'aide des gangs juifs et irlandais, décide donc de jouer son va-tout et d'éliminer les deux parrains en charge de New York, Giuseppe Masseria et Salvatore Maranzo. Les montant l'un contre l'autre, il déclenche la guerre dite de Castell-marese. Pour, après trois années de règlements de comptes et l'élimination des deux anciens parrains, se poser en grand vainqueur[1]. Immédiatement il prend les rênes en main et propose de mettre en place une organisation moderne du crime, toujours dominée par les Siciliens mais travaillant cette fois avec les autres gangs sans distinction d'origines. Ainsi, au mois d'octobre 1931, il préside la première convention du crime organisé qui se tient à l'hôtel Blackstone de Chicago. Comme s'il s'agissait du conseil d'administration d'un grand groupe d'affaires, Luciano présente ses résolutions. D'abord, revenant sur les déconvenues de Johnny Torrio, il constate que le premier ennemi de la mafia n'est pas la répression mais la concurrence interne. Aussi soumet-il un découpage des États-Unis et du Canada en vingt-quatre territoires placés sous la responsabilité – et il s'agit là d'une nouveauté – des sept membres de la Commission. Car Luciano a en effet décidé de partager le pouvoir entre chaque membre influent afin d'éviter les guerres de succession et les inutiles défenses de territoires. La Commission où siègent les représentants

---

voix prépondérante dans le conseil d'administration de la Cosa Nostra.

1. Lucky contribua directement à l'élimination de Joe « The Boss » Masseria, l'un des deux parrains, en le piégeant dans un restaurant de Coney Island. Quant à Salvatore « boss of bosses » Maranzano, l'autre chef new-yorkais, il fut abattu dans son bureau sur ordre de Luciano. Quelques heures plus tôt, Maranzano avait demandé à Vincent « Mad Dog » Coll d'éliminer Lucky. Son patron mort, Coll se mit au service de Luciano.

des cinq familles new-yorkaises plus le parrain de Chicago et celui de Buffalo[1] devient l'autorité absolue de ce nouveau système. Avec pour rôle d'arbitrer le plus justement possible tout conflit d'intérêt dans les vingt-quatre territoires, d'établir une manière de travailler et de se comporter ensemble, de décider les axes de développement, d'assurer leur financement et surtout de mettre cette toute jeune autorité au diapason de la société américaine. Ce qui, concrètement, signifie la nécessité d'élargir le réseau d'influence grâce au chantage et à la corruption, de proposer une gamme de « produits » conforme aux besoins, d'investir la majeure partie des revenus dans des activités légitimes, d'éradiquer la concurrence, en particulier celle des triades chinoises dans l'opium, en commercialisant un dérivé plus « attractif » : l'héroïne. Enfin, de décider d'un meurtre seulement lorsqu'il s'agit d'une réelle nécessité. Pour donner un signe fort de « l'internationalisation » de cette nouvelle organisation criminelle, Luciano fait nommer Meyer Lansky *consigliare*, autrement dit tête pensante de la Commission en charge plus particulièrement du développement des intérêts du groupe dans les entreprises montantes telles que le cinéma ou l'automobile. Enfin, placé sous le contrôle d'Umberto « Albert » Anastasia et de Louis « Lepke » Buchalter, la Commission se dote d'un bras armé, la redoutable « Murder Inc.[2] »

---

1. Les cinq « familles » new-yorkaises sont : Genovese, Gambino, Bonanno, Colombo et Lucchese. Le parrain de Buffalo était Stefano Maggadino et celui de Chicago Frank Nitti.

2. Littéralement, « Meurtre, SA », la Murder Inc. fut le bras armé de la Cosa Nostra jusqu'au milieu des années quarante. Ses troupes étaient essentiellement composées de tueurs recrutés dans les gangs juifs d'Ocean City et d'East New York. Envoyés sur l'ensemble du territoire nord-américain, les employés de Murder Inc. exécutaient ceux dont le comité directeur de la Cosa Nostra avait décidé de se séparer. L'avantage de la formule fut un temps d'embrouiller les enquêteurs qui étaient

Ce changement de mode opératoire, tournant le dos à la mafia ethnique et insulaire d'autrefois afin de mieux épouser la modernité et la diversité d'un pays en devenir, se veut si radical qu'*in fine*, les membres de la Commission décident d'attribuer un nouveau nom à cette organisation criminelle inédite. Un nom qui a fait fortune depuis : la Cosa Nostra [1].

★
★ ★

La création de la Cosa Nostra place Luciano dans une position que jamais personne avant lui n'a connue. Instigateur de l'organisation, la Commission lui reconnaît inconsciemment un rôle de leader. De plus, très rapidement, le système rapporte ses premiers bénéfices en particulier grâce au travail de Meyer Lansky devenu le banquier du groupe. Son intelligence des affaires lui permet de lancer les premiers réseaux internationaux de blanchiment d'argent permettant aux membres de la Commission d'échapper aux poursuites du fisc américain qui fut responsable de la chute d'Al Capone, mais égale-

---

habitués à des règlements de comptes. Là, le tueur, étranger à la ville où il exerçait une mission ponctuelle, n'avait aucun lien avec sa victime. Extrêmement bien payés, salariés au mois et avec les garanties d'assistance à leurs familles, les membres du groupe agissent sans problème jusqu'en 1941 et l'arrestation d'Abe « Kid Twist » Reles, l'un d'entre eux. Brisant la sacro-sainte loi du silence, celui-ci livra les secrets de Murder Inc. Suite à sa confession, cinq de ses anciens collègues passèrent sur la chaise électrique. Quelques jours avant son procès, Reles chuta « accidentellement » du sixième étage de l'hôtel où il se trouvait sous protection de la police.

1. Littéralement « Notre chose ». L'expression fut rendue publique pour la première fois lorsqu'en 1962, Joseph Valachi, repenti, l'utilisa devant un sous-comité d'enquêtes du Sénat américain.

ment de réaliser de formidables intégrations horizontales dans l'univers du jeu en achetant un à un les différents hippodromes du pays.

Aussi Lucky s'installe-t-il dans le luxe, vivant à l'année dans la suite royale du Waldorf où le rejoignent les plus belles call-girls des États-Unis. Se déplaçant uniquement en limousine avec chauffeur, il devient un pilier des boîtes à la mode tel le fameux Cotton Club. À sa manière, l'immigré sicilien né en 1897 dans le petit village de Lercara Fridi dans les environs de Palerme vit le rêve américain. Un rêve qui tourne toutefois au cauchemar lorsque, en 1935, le nouveau maire de New York, Fiorello La Guardia, décide de faire de la guerre au crime l'une des priorités de son mandat, s'attaquant, par l'intermédiaire de Thomas Dewey, district attorney de la ville, à la toute jeune Cosa Nostra. Dewey, un juriste doué et populaire, a déjà fait preuve de sa détermination dans la partie sud de New York entre 1925 et 1931 quand il a fait tomber les gangs spécialisés dans le racket des commerces et des entreprises. Sa nomination et les importants moyens mis à sa disposition par La Guardia sont immédiatement couronnés de succès. Après dix-huit mois à « nettoyer » les rues de ses nombreux délinquants, il oriente ses efforts vers deux hommes, l'un étant responsable de la prostitution, l'autre du jeu : Charlie Luciano et Dutch Schultz.

En quelques années, Schultz, un ancien voyou du Bronx, est devenu incontournable dès qu'il s'agit de jeu et d'argent. Du pari à quelques *cents* au local à machine à sous, rien ne lui échappe. En 1935, grâce à une équipe de tueurs particulièrement efficaces, il étend son pouvoir à l'extérieur de New York, s'intéressant notamment au New Jersey limitrophe. C'est à ce moment que Dewey décide de s'attaquer à lui. Après avoir tenté, en vain, de le faire tomber pour fraude fiscale, le district attorney choisit l'affrontement en ordonnant plus d'une centaine d'opérations de saisies de « bandits-manchots » dans différentes salles de jeu gérées par Schultz. Avec un succès foudroyant. Philipp Kastel et Frank Costello, les deux partenaires de Schultz, craignant le pire, décident d'envoyer par bateau plus d'un millier de machines à sous à La Nouvelle-Orléans où le gouverneur de l'État, Huey Long, est à leur solde.

Refusant de voir son empire s'écrouler, Schultz se présente devant la Commission et, conformément aux statuts, demande l'élimination de Dewey. Fait à noter, Schultz n'est pas membre de la Cosa Nostra, même si sur certains « marchés » il travaille avec des « hommes d'honneur ». Sa volonté de suivre les règles établies démontre donc qu'en à peine quatre ans la Cosa Nostra est devenue une autorité incontournable.

Le 23 octobre 1935, c'est donc l'ensemble du « comité de direction » du crime organisé américain qui écoute sa requête. Puis, un à un, chaque membre de la Commission donne son avis. Johnny Torrio, le plus ancien, s'oppose d'emblée à l'idée de tuer Dewey, cible selon lui bien trop importante. Même réaction de Luciano, qui se sait pourtant dans le collimateur du district attorney. Pour lui, se débarrasser de Dewey c'est courir le risque de mettre l'ensemble du crime organisé sous pression. Aussi préconise-t-il une manière plus subtile, persuadé que comme tout un chacun, même un ennemi redoutable a un prix. Au final, l'ensemble de la Commission, à la surprise de Schultz, repousse sa demande. Ce dernier, furieux, quitte la séance avec éclat, en jurant qu'il se fera justice seul et dans les quarante-huit heures. Les menaces qu'il émet et les risques qu'elles peuvent faire courir à la Cosa Nostra représentent la première crise traversée par la nouvelle organisation. De son comportement dépendra sa légitimité à venir. Aussi la marche à suivre s'impose-t-elle naturellement : demander à Albert Anastasia de mettre ses tueurs de la Murder Inc. sur la piste de Dutch Schultz pour l'éliminer et sauver la tête de Dewey.

Quelques mois plus tard, Lucky Luciano a tout le temps de songer au côté ironique de sa décision. Dewey, après l'assassinat de Schultz, s'est en effet focalisé sur lui. Et, après l'avoir présenté à l'opinion comme « l'ennemi public numéro un de New York, l'héritier d'Al Capone à l'Ouest », il vient de le faire tomber pour proxénétisme aggravé. Amenant près d'une centaine de prostituées à la barre, le district attorney a même arraché une double condamnation de trente et cinquante ans.

Emprisonné, Luciano n'est évidemment pas un captif comme les autres, achetant en prison des privilèges impensables, telles les visites fréquentes de femmes et continuant à gérer ses affaires en homme de pouvoir. Un pouvoir limité cependant puisque par deux fois, en 1938 et 1942, il se heurte à l'autorité pénitentiaire qui refuse sa liberté conditionnelle. Jusqu'à deux événements inattendus qui précipitent sa libération.

Le 8 décembre 1941, au lendemain de l'attaque de Pearl Harbor par les forces japonaises, Franklin D. Roosevelt soutenu par le Congrès déclare la guerre aux forces de l'Axe. L'effort de guerre américain est massif, la jeune démocratie engageant hommes et matériel dans le conflit. La première priorité de l'état-major est la sauvegarde de la Grande-Bretagne, dernière tête de pont libre sur le continent européen. Aussi le début de l'année 1942 est-il consacré à l'envoi à travers l'océan Atlantique de Liberty Ships en direction du Royaume-Uni. Pour y parvenir, le port de New York et les rives de l'Hudson sont réaménagés en ateliers transformant les paquebots présents en navires transporteurs. C'est ainsi que le *Normandie*, réfugié aux États-Unis depuis 1940 et soustrait au régime de Vichy, doit devenir le *La Fayette*. Mais, dans la nuit du 9 février 1942, le *Normandie*, en cours de transformation et victime d'un acte de sabotage, prend feu et coule. Cet accident est une révélation pour les services secrets de la Navy : la présence massive de forces armées ne suffit pas à garantir la sûreté du port de New York. Aussi l'ONI, au fait de la présence du crime organisé sur les docks, décide de se tourner vers la Cosa Nostra et de lui demander assistance. À cette époque, c'est Joseph « Socks » Lanza qui contrôle le port. Mais devant l'importance de l'enjeu et suivant les règles édictées par la Cosa Nostra, il refuse d'agir seul et oriente ses interlocuteurs officiels vers la Commission. Et c'est ainsi qu'en mars 1942, alors que sa deuxième demande de liberté vient d'être rejetée, Luciano reçoit dans sa cellule des émissaires de la Navy. Lucky leur propose un marché simple : il garantit la sécurité du port en échange de sa liberté. L'ONI transige pour lui proposer son soutien à l'occasion de son prochain passage devant la Commission des Paroles de l'État de New York prévu pour le début de l'année 1944. Le marché est scellé et l'Amérique désormais sûre de ses ports intensifie son effort[1].

Aussi est-ce tout naturellement qu'en 1943, préparant le débarquement en Sicile, les services secrets de la Navy font-ils une nouvelle fois le voyage à la Clinton Prison de Dannemora. N'ignorant pas le pouvoir des mafias locales et leur volonté de voir Mussolini chuter au plus tôt, l'armée américaine veut s'assurer de leur collaboration lors de l'invasion de l'île prévue pour l'été prochain. Quel intermédiaire solliciter, sinon l'inévitable Lucky qui a des contacts dans l'île ? Les négociations sont cette fois-ci plus longues. En plus de sa liberté, Luciano exige en effet que les mafias siciliennes qui aideront les Alliés se retrouvent en position de force à la fin des combats. Les Américains promettent des élections municipales et affirment qu'ils n'effectueront aucune pression en révélant le passé de

---

1. Voir annexes.

chaque candidat ni aucun contrôle sur le déroulement du scrutin. Sans vraiment le dire, l'ONI vient, sans s'en rendre compte, d'offrir la Sicile à la mafia.

De son côté Luciano fait demander à Don Calegoro Vizzini, le parrain de Palerme, le soutien à la cause alliée. Et lorsque le 10 juillet 1943 les armées britannique et américaine débarquent sur les côtes siciliennes, elles peuvent apprécier le pouvoir de Lucky. La mafia livre non seulement des informations vitales sur le nombre et l'emplacement des troupes italiennes mais assure également la sécurité des opérations et guide les troupes de Libération à travers les terres siciliennes[1].

Le succès américain en Europe et la paix dans ses ports auraient pu suffire à rassurer Luciano quant à sa prochaine relaxe. Mais, en homme prudent, l'ancien « roi des maquereaux » préfère assurer ses arrières et tabler sur un deuxième facteur : l'annonce de Thomas Dewey d'embrasser une carrière politique.

Lors de la création de la Cosa Nostra, sous l'impulsion de Meyer Lansky, Luciano avait insisté sur la nécessité d'élargir le cercle d'influence du crime organisé. Cela signifiait évidemment établir un solide réseau de corruption, notamment bien implanté dans le monde politique américain. Même s'il n'existe pas de documentation à ce sujet, on peut imaginer que durant les années trente, la

---

1. De nombreux spécialistes du crime organisé américain tel que Jay Robert Nash affirment aujourd'hui que c'est Meyer Lansky qui se chargea d'être l'intermédiaire entre l'ONI et Luciano et que c'est lui à nouveau qui le convainquit d'intervenir une seconde fois en préparation du débarquement en Sicile. Certains vont plus loin en avançant que Lansky aurait été impliqué dans l'incendie du *Normandie* afin de contraindre la Navy américaine à négocier. Dans tous les cas, cela confirme son rôle essentiel au sein de la Cosa Nostra. Ainsi il aimait à dire qu'il ne faisait pas de politique, mais possédait beaucoup d'hommes politiques.

Cosa Nostra a dû essayer d'acheter le district attorney. La condamnation de Luciano, puis l'exécution de Lepke Buchalter[1] en 1944 démontrent à tout le moins l'échec de ce genre de transaction. Pourtant, cette même année, alors que l'élection présidentielle s'annonce, la donne apparaît différente. Dewey, lassé de poursuivre le crime organisé, a décidé d'utiliser sa popularité pour briguer la candidature à la Maison-Blanche au nom du parti républicain. Soutenu par l'extrême droite américaine qui voit en lui un chevalier blanc ayant balayé le crime et l'immigration italienne, il paraît bien placé contre Roosevelt en course – fait exceptionnel – pour décrocher un troisième mandat.

Si l'Amérique des années quarante n'est pas celle d'aujourd'hui, elle s'y apparente. Les campagnes électorales ressemblent à des kermesses de plus en plus chères où la question du financement devient un thème sensible. De fait, à la fin de sa vie, Luciano avouera avoir fait verser une contribution de 90 000 dollars en liquide au quartier général de Dewey. Une accusation à prendre au sérieux si l'on observe certains faits. Comment en effet expliquer qu'au fil de sa campagne, Dewey délaisse peu à peu son thème de prédilection : la mise en cause du crime organisé. Et que, battu par FDR, il décide d'arrêter toute carrière politique pour faire fructifier ses affaires. En 1950,

---

1. Louis « Lepke » Buchalter reste à ce jour la plus haute personnalité de la Cosa Nostra à avoir été exécutée. Buchalter était, entre autres, responsable de la tentaculaire implantation du crime organisé américain dans le monde du vêtement. Il gérait ainsi plusieurs millions de dollars des fonds de retraites de l'habillement. En 1944, les journaux du groupe Hearst révélèrent que Lepke avait tenté en vain de négocier sa grâce avec Dewey. Dans la balance, Buchalter avait proposé de charger Sidney Hillman, le président de The Amalgamated Clothing Workers, le plus important syndicat de l'époque. Mais également de dévoiler le nom d'un des proches conseillers du Président Franklin Roosevelt, acheté par la Cosa Nostra.

lorsque le Sénat américain sous l'impulsion d'Estes Kefau-ver mène sa première commission d'enquête sur le crime organisé, Dewey ne souhaitera même pas apporter son témoignage. Pourquoi ? Parce qu'il s'agit d'un refus révé-lateur lorsque l'on sait que Kefauver souhaitait l'interroger sur les dessous de la libération de Luciano et la présence tout à fait légale depuis des années d'un casino dans le centre de loisirs pour millionnaires de Saratoga, une cité pourtant placée sous la juridiction de l'ancien district attorney ? Précisons que le casino de Saratoga était sous le contrôle de Meyer Lansky. Enfin, dernier élément à ver-ser au dossier Dewey et qui vaudra le prix Pulitzer à la rédaction du *Wall Street Journal,* sa présence au début des années soixante comme important actionnaire dans la société Mary Carter Paints[1]. Or cette compagnie était en fait une société écran finançant l'implantation d'une chaîne de casinos et de centres de loisirs dans les Baha-mas. Une opération dirigée par Meyer Lansky au bénéfice de Lucky Luciano ayant nécessité la corruption de poli-tiques, des assassinats et l'ouverture de comptes en Suisse.

En décembre 1945, Luciano se présente donc à nou-veau devant le Prison Parole Board de l'État de New York. Cette fois, le fondateur de la Cosa Nostra détient deux jokers dans sa manche. D'abord le soutien de l'ONI pour services rendus et, selon toute apparence, la bénédiction de Dewey à condition que Luciano, né en Sicile, soit ren-voyé dans son pays d'origine.

Aussi le 10 février 1946, Charlie Luciano embarque-t-il sur le *Laura Keene* en direction du port de Naples. Sur le

---

1. Malgré la pression de la presse américaine, de nombreux casinos furent ouverts et à leur tête furent placées des « figures » du crime organisé, toutes proches de Lansky, telles qu'Eddie Cellini. (Son frère Dino était, lui, en charge des intérêts de Lansky à Londres). Rebapti-sée depuis, la société est toujours extrêmement présente dans la zone Caraïbes où chaque année de plus en plus d'Américains se rendent.

quai, Franck Costello[1] et Meyer Lansky accompagnent leur patron jusqu'au départ[2]. Le symbole est clair : même absent, Luciano continuera à être représenté.

De sorte que les États-Unis, persuadés qu'il suffisait d'extrader la tête dirigeante de la Cosa Nostra pour l'anéantir, venaient sans le savoir de bâtir les fondations de l'internationale du crime organisé !

---

1. Dont le surnom au sein du comité directeur de la Cosa Nostra était « The Prime Minister », le Premier ministre.

2. Présents également, Bugsy Siegel, ancien de La Murder Inc. et bientôt « promoteur » de Las Vegas, et Mike Lascari, un des premiers partenaires de Lucky. Une information non vérifiée rapporte que le maire de New York attendit que le bateau sorte du port pour, à bord d'une estafette, le rejoindre et saluer Luciano une dernière fois.

CHAPITRE 2

« Je décide de collaborer parce que Cosa Nostra est une bande de lâches et d'assassins. »

Salvatore CONTORNE, repenti sicilien, au juge antimafia Giovanni Falcone.

Lucky Luciano n'a jamais aimé l'Italie. Une haine tenace qui englobe aussi bien le pays, ses habitants que leur mentalité[1]. Aussi, dès son installation dans le luxueux hôtel Quirinale de Rome, sa première préoccupation est-elle de préparer son départ. Et comme un retour aux États-Unis semble délicat, il choisit de mettre le cap sur Cuba.

Le voyage sur les terres de Batista et la conférence de La Havane qui en découle démontrent le pouvoir et la parfaite organisation de la Cosa Nostra au sortir de la Seconde Guerre mondiale.

Lucky quitte en effet Rome sans l'ombre d'un problème, usant de son pouvoir de corruption pour se faire établir non seulement un passeport mais aussi un visa lui

---

1. Cet élément est détaillé dans le livre *The Luciano Story* de Sid Feder et Joachim Joasten paru en 1954 et basé sur une série d'interviews avec Lucky Luciano lui-même.

41

permettant de s'arrêter en Colombie, en Bolivie, au Venezuela, au Brésil et au Mexique, où selon toute vraisemblance il fit une halte [1], avant d'atterrir à Camagüey, Cuba. Là, il s'installe à Miramar dans une superbe villa ouvrant sur l'océan et entame aux yeux de tous une vie publique le menant des champs de courses aux réceptions les plus prestigieuses sans négliger les haltes dans l'un des nombreux casinos dont il est propriétaire. Lucky séjourne donc dans l'île en toute impunité. Il faut attendre quatre mois pour qu'un quotidien cubain, *El Tiempo de Cuba*, ose évoquer sa présence à un gala donné par Frank Sinatra. Mais ce que le journal ne dévoile pas, c'est que Luciano n'est pas seul, l'île connaissant, au même moment, une activité sans pareille. Frank Costello [2], Bugsy Siegel, Meyer Lansky, mais également Wille Moretti, responsable des paris sur la Côte Est américaine et Joe Adonis, membre du comité directeur de la Cosa Nostra, défilent en effet dans la villa de Lucky !

S'il s'agit pour Luciano de réasseoir son autorité alors qu'à New York Vito Genovese louche sur ses intérêts, cette conférence dite de La Havane est essentiellement l'occasion pour tous de réactiver le trafic d'héroïne vers les États-Unis via l'utilisation de Cuba comme tête de pont vers la Floride et la Louisiane. Mais aussi de traiter du problème épineux de Las Vegas. En 1935, seule la Californie échappait encore à la mainmise de la Cosa Nos-

---

1. Lorsque l'on connaît le rôle prépondérant de Luciano dans le commerce de l'héroïne, il est intéressant de noter que dès 1947 – l'année de la probable venue de Lucky au Mexique – les routes utilisées par les trafiquants de drogue depuis l'Amérique latine pour se fondre dans le Texas et la Californie intensifièrent leur activité.

2. Costello, avec un affront extraordinaire, expliqua aux autorités américaines que c'était par hasard, en rentrant sur New York depuis la Floride [*sic !*], qu'il s'était retrouvé nez à nez avec Charlie Luciano dans les rues de La Havane.

tra. Aussi, le comité directeur décide de faire de l'implantation sur ces terres porteuses d'avenir l'une de ses priorités. Benjamin « Bugsy » Siegel, un tueur de la Murder Inc., est choisi comme représentant à Los Angeles. Les premières années de Siegel sont couronnées de succès. Utilisant le système télégraphique de Moses Annenberg, il reverse chaque année 8 millions de dollars à ses patrons new-yorkais. De plus son implantation à Hollywood permet au crime organisé de prendre pied dans une entreprise légale aux profits prometteurs[1]. Enfin, il est à l'origine du développement, en plein milieu du désert, de Las Vegas et de ses casinos. Un projet qui, justement, après l'avoir emballé, inquiétait Luciano depuis quelques années. En 1943, alors qu'il était encore en prison, il avait, sur les conseils de Lansky, prêté 5 millions de dollars à Siegel afin de lancer « The Flamingo Hotel and Casino ». Mais quatre ans après, Lucky n'ayant pas vu le début d'un dollar remboursé, est persuadé que Bugsy essaie de le posséder. La présence de ce dernier à Cuba est donc une dernière chance offerte par Luciano, sur l'insistance de Lansky. Mais Siegel ne s'en rend pas compte, s'emporte et annonce qu'il paiera lorsqu'il aurait décidé le moment venu et pas avant. Son sort est dès lors scellé : profitant de la réunion du comité directeur, Luciano demande sa liquidation[2].

---

1. Ainsi Siegel se rapprocha-t-il de stars du cinéma comme Clark Gable, Gary Cooper, Norman Shearer, George Raft ou encore Jean Harlow. Il établit également une relation d'affaires avec Jack Warner, Harry Cohn et Louis Mayer.

2. Le 20 juin 1947, Bugsy Siegel fut abattu dans sa villa de Beverly Hills. Dans les semaines qui avaient précédé sa mort, Lansky avait tenté en vain de le ramener à la raison en lui demandant de payer une part de l'argent qu'il devait à la Cosa Nostra. Dans la décennie qui suivit son assassinat, sa vision d'une ville ne dormant jamais, aux néons brillants et aux milliers de tables de jeux, devint une réalité et

La conférence de La Havane est une révélation pour Luciano sur l'Amérique de l'après-guerre et de ses besoins. D'abord, il constate avec plaisir que de Montréal à Los Angeles, l'emprise de la Cosa Nostra est totale. Ensuite que le marché de l'héroïne, aux profits colossaux, est non seulement en train d'exploser mais semble sans limites.

Et ce n'est pas son expulsion de Cuba suite à des pressions américaines puis son retour en Italie qui altèrent son optimisme [1]. Il a compris que les années cinquante toutes proches seront celle d'une Amérique plus puissante et plus riche. Un pays désormais prêt à assumer ses besoins de consommation et de divertissement. Un eldorado qui ne demande qu'à s'offrir à lui et aux « estimés » membres du Syndicat [2].

★
★ ★

Le contraste entre la modernité des États-Unis et l'efficacité de la Cosa Nostra américaine est, face à la situation italienne archaïque et passéiste, saisissant en 1947.

L'Italie de l'après-guerre est un pays en reconstruction où l'agriculture domine encore largement l'économie. Trois organisations criminelles, à forte identité régionale,

---

par là même Las Vegas une des activités les plus lucratives du crime organisé.

1. Le gouvernement italien indisposé par l'escapade cubaine de Luciano et conscient de son pouvoir de corruption, lui interdira Rome pour le confiner à Naples. Une initiative malheureuse car, comme nous le verrons, cela permettra à Lucky d'établir avec d'autant plus de facilité les ponts entre la mafia sicilienne et la Camorra napolitaine.

2. En version originale « The Syndicate », surnom donné à la Cosa Nostra américaine.

se partagent alors les activités illégales. En Calabre, et au moins depuis 1860, la 'ndrangheta[1] fait régner la terreur avec une prédilection pour le racket et l'enlèvement. À Naples et sa région, depuis près de deux cents ans, la Camorra[2] s'est solidement implantée dans les quartiers populaires où elle gère les jeux de hasard, les paris clandestins et la prostitution. Comme sa consœur sicilienne, elle prélève également un « impôt » obligatoire pour l'ensemble des activités économiques de la ville et a réussi à s'implanter dans les rangs de la Garde Nationale. Mais c'est surtout plus au sud, en Sicile, que la mafia fait parler d'elle. Même si ses origines sont confuses, la mafia apparaît bien avant l'unification de l'Italie en 1860, même si l'arrivée au pouvoir de Garibaldi va lui donner un essor supplémentaire[3]. En fait dès 1838, un magistrat en poste en Sicile parle de « petits gouvernements dans le gouvernement[4]. » Il s'agit d'associations de malfaiteurs, souvent organisées sur le modèle des loges maçonniques où, autour d'un personnage important, gravitent des hommes forts prêts à profiter des opportunités offertes par la corruption du règne des Bourbons. Dans ces activités, on retrouve les racines de la mafia de l'après-Seconde Guerre

---

1. Nom à l'origine inconnue, probablement grecque.

2. Nom à l'origine incertaine signifiant probablement racket. En 1860, Marc Monnier, un Suisse né à Florence, écrivait : « Faire la camorra, dans le langage ordinaire, c'est prélever un droit arbitraire et frauduleux ».

3. Dans son excellent ouvrage, *Histoire de la mafia*, Salvatore Lupo écrit, en désaccord avec la plupart des « spécialistes » du crime organisé sicilien : « On parle de mafieux pour la première fois en 1862-1863, dans une comédie populaire à succès intitulée, précisément, *I mafiusi di la Vicaria*, dont l'action se déroule en 1854, parmi les *camorristi* détenus dans la prison de Palerme. » In *Histoire de la mafia, des origines à nos jours*, Salvatore Luppo, Flammarion, 1999.

4. In *Les Mafias*, Paolo Pezzino-Casterman, Giunti, 1999.

mondiale. Il est question de contrôle de territoire, de vol, de commerce d'influence, de corruption de fonctionnaires et « d'impôt » obligatoire. Il faut noter qu'en 1860 comme aujourd'hui, la mafia sicilienne collecte déjà une partie de cet argent pour alimenter une caisse commune afin de couvrir les frais judiciaires de ceux capturés par les forces de l'ordre. En fait, dans une Italie rongée par l'affairisme et presque organisée en castes, la mafia sicilienne apparaît pour beaucoup comme un moyen d'enrichissement et de progression sociale. Cet intérêt personnel le plus souvent exercé aux dépens de la communauté est contraire au mythe propagé bien souvent par des politiques à la solde du crime organisé palermitain qui veut que la mafia soit non seulement une illustration du caractère sicilien mais également une réponse quasi indépendantiste à la centralisation garibaldienne.

Mais il est exact, en revanche, de voir l'Unité de Garibaldi comme un moment clé de son essor. Si, avant 1860, la mafia sicilienne a profité d'un État faible et d'une société en complet bouleversement pour s'implanter[1], elle tire parti de l'opposition de la population sicilienne aux réformes de Garibaldi, comme la levée de l'impôt, pour s'assurer un soutien important et procéder à une mutation dont, aujourd'hui encore, elle porte les signes. En effet, les organisations de malfaiteurs s'entendent désormais avec les notables locaux, les « riches (qui) achètent leur sécurité personnelle, la liberté d'aller et venir sur leurs propriétés, d'aller en somme là où leurs affaires les appellent[2] ». Dès lors

---

1. Le même terreau est encore aujourd'hui à l'origine de nombre d'organisations criminelles. Le cas de la Russie rentre parfaitement dans cette catégorie.

2. Extrait d'un rapport d'un magistrat en poste à Palerme en 1863 cité in *Les Mafias, op. cit.*

devenue le « parti » des mécontents[1], la mafia s'implante à tous les niveaux de la société sicilienne, un enracinement qui fait sa force et qui, grâce à l'*omerta*[2], lui assure l'impunité. Aussi l'autorité garibaldienne, complètement dépassée par la puissance d'un ennemi insaisissable et organisé, va commettre l'irréparable, aujourd'hui encore au cœur du problème mafieux : proposer une collaboration.

Les desseins du pouvoir légal sont clairs. Il pense contrôler de l'intérieur un pouvoir criminel en pleine expansion. Les magistrats envoyés en Sicile sont ainsi persuadés qu'en devenant officielle, la puissance des mafiosi s'atténuera. En fait, c'est le phénomène inverse qui se produit. La main tendue de l'État italien est vécue comme un aveu de faiblesse et jette sur Rome un discrédit qui, plus

---

1. « La mafia était considérée comme une sorte de parti politique omnipotent, qui regroupait tous les mécontents de l'île : paysans rebelles à l'impôt, employés des services publics mis sur le pavé par la réorganisation intervenue après l'Unité, religieux frappés par la privatisation des biens ecclésiastiques, opposants aux gouvernements modérés », *Les Mafias, op. cit.*

2. L'origine du terme « omerta » est disputée. Certains y voient une dérivation du mot « humilité ». D'autres comme Luppo des origines dans le mot « uomo », homme, par extension « capable de répondre aux offenses, virilement par lui-même, sans faire recours à la justice de l'État ». Le 22 mars 1862, dans son Rapport au ministre des Grâces, le procureur du roi d'Agrigente décrit ainsi la loi du silence : « Celui qui parle est accusé d'infamie et celui qui se hasarde à parler à la justice se met en danger de mort, et s'expose à voir ses propriétés endommagées. Les victimes offensées, soit par crainte, soit parce qu'elles savent la difficulté d'obtenir des preuves, se réservent parfois le droit de se venger, plutôt que de s'en remettre à la loi [...]. À partir de là, que peuvent faire les officiers de police judiciaire devant le manque de tout élément de preuve, alors qu'aucune aide ne vient de la sécurité publique et de ses agents ? Des agents qui, au lieu de faciliter la tâche de la justice, assurent l'impunité aux criminels, des agents qui, malgré leur uniforme, ne rechignent pas à commettre eux-mêmes des méfaits. »

de cent ans après, est encore vivace. Deuxième effet, aussi dramatique, le pacte des juges offre aux « hommes d'honneur » une légitimité nouvelle, et leur ouvre des postes clés dans la gestion de l'ordre public. La mafia découvre alors l'importance du contrôle politique et la manne de fonds publics qui en découle. Désormais, alors que le XXᵉ siècle s'annonce, la mafia implantée solidement se tourne de plus en plus vers le monde des affaires et de la politique, brouillant un peu plus encore les frontières entre légalité et illégalité. Le meilleur exemple est – en dehors de l'achat de voix lors d'élections au niveau local – l'ascension d'Antonio Starrabba Di Rudini, ancien maire de Palerme, préfet puis, consécration suprême, président du Conseil des ministres. À une époque où l'opinion publique italienne s'étonne de l'impunité des « brigands » siciliens, Di Rudini profite de sa tribune politique pour apporter son aide à la mafia. À l'écouter, il ne s'agit pas d'une organisation criminelle mais d'une illustration du noble caractère des gens de Sicile. Avec Di Rudini, on ne parle plus de contrôle de territoire par l'utilisation de la force, de racket du petit commerce, de collusion avec les autorités, mais d'honneur et de sens de la justice sain [1]. Cette théorie dite de la mafia réelle ou bénigne rencontre un franc succès. Pour preuve en 1904, lorsque le Président américain Theodore Roosevelt s'inquiète du développement de la mafia d'origine sicilienne aux États-Unis, le marquis San

---

1. « La mafia bénigne est cette espèce d'esprit de bravoure, ce je-ne-sais-quoi comme une disposition à ne pas se laisser déborder soi-même, cette attitude de "farceur", comme disent les Français. Donc mafieux "bénin", pour le dire ainsi, moi aussi je pourrais l'être ; je ne le suis pas, mais pourrais l'être, en somme, toute personne qui se respecte, et qui serait douée d'une fébrilité exagérée et aurait cette disposition, [...] à ne pas se laisser dominer mais à dominer, cette volonté de se montrer courageux, de s'exposer aux luttes tout en discutant. » Discours du député Di Rudini, Rome, 10 mars 1876.

Guiliano, futur ministre des Affaires étrangères italien, lui annonce qu'il ne « s'agit pas d'une association mais d'une façon de savoir et de sentir ». Pourtant des informations précises sur le vrai visage de la mafia sont déjà disponibles. Ainsi en 1885, lors du procès de la « famille » Fratenzella, les magistrats n'ont laissé planer aucun doute sur la structure du mal sicilien : « L'organisation était d'une grande simplicité : un ou plusieurs chefs (*capi-testa*) commandaient plusieurs chefs de dizaine (*capi-decina*), dont chacun avait sous ses ordres un maximum de dix associés, lesquels ne communiquaient qu'avec leur "chef de dizaine" respectif, et ce dernier, directement avec le chef.[1] » Dix ans plus tôt, toujours dans le cadre d'une action de justice, c'est la cérémonie du serment qui était rendue publique : « Marsala me lia l'index de la main droite fortement avec de la ficelle, puis il me perça le bout du doigt avec une épingle, sécha le sang avec l'image d'une sainte, brûla ensuite l'image, partagea en deux morceaux le papier brûlé et m'en donna un. Après quoi, Marsala et moi avons froissé les cendres dans nos mains et les avons jetées en l'air. Une fois terminée cette cérémonie qui constitue l'acte du serment, ils me déclarèrent que j'étais inscrit à la Société qui a pour chef Don Vito Vita et pour but d'attenter aux personnes et aux personnalités. [...] Ils m'avertirent que la Société a des affiliés dans d'autres villages, que chaque village a son chef, et que celui qui manque à l'une des obligations s'expose à être

---

1. In *Les Mafias*, *op. cit.* Il est intéressant de noter qu'aujourd'hui encore, tel que l'ont montré les procès fleuves initiés par la cellule antimafia de Giovanni Falcone, le crime organisé sicilien utilise toujours cette compartimentation des responsabilités. Une manière de se protéger des fuites.

jugé par la Société et condamné à mort. Puis ils m'ensei-
gnèrent le moyen de se reconnaître entre affiliés. [1] »

En fait l'aveuglement des responsables politiques italiens est la preuve de l'influence de la mafia hors des
limites de la seule Sicile. Une emprise qui touche principalement les libéraux de la Démocratie chrétienne. Profitant
de la démocratisation du vote sous l'influence du socialiste
Giovanni Giolitti convaincu à tort qu'il s'agit de la seule
manière d'anéantir le pouvoir sicilien, la mafia devient une
formidable machine à faire élire ses alliés et à faire tomber
ses ennemis. Implantés dans de nombreuses coopératives
agricoles, présents dans les nouvelles organisations politiques telles que le Parti populaire, infiltrant les syndicats
et les groupuscules de gauche, contrôlant les notables, les
« hommes d'honneur » profitent même de la Première
Guerre mondiale et de la quasi-absence de représentants
de l'État italien en Sicile pour remettre en question, par
la violence, les accords de protection avec les grands propriétaires.

C'est dans ce contexte d'une mafia active sur la marche
politique du pays, s'impliquant de plus en plus dans le
monde des affaires et ne reconnaissant plus les biens des
riches propriétaires, qu'il faut replacer l'acharnement de
Benito Mussolini à son sujet. Une lutte qui était loin d'être
totale. L'action du gouvernement fasciste du Duce et en
particulier de son représentant à Palerme, le préfet Cesare
Mori[2], a été souvent citée en exemple à l'analyse de ses
résultats. Pourtant, à y regarder de plus près, il semble
que les motivations de Mussolini étaient uniquement poli-
ticiennes et la lutte antimafia un moyen de frapper ses

---

1. Procès-verbal de l'interrogatoire de Leo Pellegrino, Sciacca,
15 mars 1876.

2. Surnommé « le préfet de fer », Mori a gouverné Palerme d'octobre 1925 à juin 1929.

ennemis politiques. L'idée du Duce était, avec l'aide des propriétaires terriens lésés de leurs biens, de briser l'alliance entre les notables siciliens, souvent libéraux, et les « hommes d'honneur », et d'écarter les mafiosi du milieu paysan pour, *in fine*, les remplacer par des syndicats fascistes aux méthodes similaires. En quelque sorte substituer une mafia par une autre.

S'offrant les moyens de réussir, le Duce donne le ton lors d'un discours fleuve à la Chambre le 26 mai 1927. Mussolini annonce clairement que la lutte contre la mafia sicilienne est un des objectifs majeurs de son gouvernement et qu'il s'agira d'un combat sans répit : « La presse internationale devra admettre que la chirurgie fasciste est vraiment courageuse, vraiment opportune. De temps en temps arrivent à mes oreilles des voix critiques qui voudraient donner à entendre qu'en Sicile, actuellement, on exagère, qu'on humilie une région tout entière. [...] Vous me demanderez mais quand finira la lutte contre la mafia ? Elle finira lorsqu'il n'y aura plus de mafiosi. Elle finira également lorsque le souvenir de la mafia aura définitivement disparu de la mémoire des Siciliens. »

En Sicile s'installe alors un véritable État policier où, sous prétexte de la lutte antimafia, s'effectue une purge dans les rangs des opposants de Mussolini. Sous le préfet Mori, le droit d'association est dénié et le besoin de témoins pour condamner est supprimé, un rapport de police suffisant alors à emprisonner. Giuseppe Guido Lo Schiavo, un magistrat aux ordres, impliqué dans les grands procès de 1928-1929, déclare ainsi : « Un mafioso, ça se flaire, et on le reconnaît facilement au milieu de mille personnes. [1] »

Si la mafia ne disparaît pas complètement, ses forces vives sont atteintes et c'est avec soulagement que « les

---

1. In *Les Mafias, op. cit.*

51

hommes d'honneur » constatent un relâchement de la pression des forces de Mussolini qui, désormais, se concentrent, au côté de l'Allemagne nazie d'Hitler, sur son plan de conquête de l'Europe et de l'Afrique.

La Seconde Guerre mondiale est une période où progressivement la mafia sicilienne se reconstruit. Son rôle, comme nous l'avons vu, lors du débarquement allié et de la progression des forces de Libération, démontre dans tous les cas que, quelle qu'ait été la violence de la répression fasciste, ses relais et son pouvoir sur la Sicile sont bien réels. Une présence que note le capitaine W.E Scotten dans un mémorandum écrit le 19 octobre 1943 et intitulé « Le problème de la mafia en Sicile » : « Tous les contacts avec la population sicilienne lors d'une récente visite poussent à conclure que, dès l'occupation de l'île et la chute du fascisme, la mafia a donné des signes de résurgence. [...] Après quinze ans de relative inactivité, elle n'a pas encore retrouvé sa force première et son organisation est encore considérablement démantelée et délocalisée ; la population n'est pas encore tenue sous l'emprise de la peur et du silence que la mafia sait si bien imposer. Mais cette peur est en train de se réinstaller et, une fois qu'elle sera là, les problèmes se multiplieront pour la police. Le problème le plus sérieux auquel est confrontée l'administration du gouvernement militaire allié en Sicile est celui des réserves en argent et du marché noir de nourriture et autres produits essentiels. C'est une situation créée par la mafia qui, selon diverses sources, a su très vite en tirer profit. »

★
★ ★

Lucky Luciano s'installe donc à Naples en 1947 alors que la mafia sicilienne tente de renaître. Son influence à

Rome est pratiquement nulle, tout comme sur le reste de la péninsule. Et sur l'île même, les familles s'entre-déchirent à nouveau pour reconquérir le territoire perdu. Si cette situation rappelle au condamné américain celle des États-Unis des années trente, là où le pire ennemi du profit était non pas la police mais une bande concurrente, Luciano voit néanmoins matière à espérer. D'abord, et c'est le plus important, parce que les routes de l'héroïne continuent à fonctionner et que les perspectives d'implantation dans le reste de l'Europe ouvrent un marché presque aussi important que celui qu'il vient de quitter contraint et forcé.

Les années qui suivent sont donc une période d'apprentissage pour lui. Tandis que Meyer et Costello veillent à ses intérêts américains, Lucky apprend la géographie si particulière de la carte du pouvoir sicilien. Il découvre l'art de s'adresser à une famille tout en étant certain qu'une autre n'en prendra pas ombrage. Un souci de diplomatie qui lui permet de réactiver progressivement les réseaux siciliens présents dans les pays où l'on compte une importante communauté italienne. C'est le cas de l'Espagne, de la Belgique, de la France, de la Tunisie, du Maroc et du Liban. Des pays qui vont bientôt jouer un rôle essentiel dans sa volonté de conquête du marché mondial de la drogue.

En 1957, certain de ses alliances, reconnu par les « Don » comme l'un des leurs, présent aux côtés de la Camorra et ayant pris langue avec la 'ndrangheta exportant 95 % de l'héroïne arrivant aux États-Unis, Lucky Luciano décide qu'il est temps de repenser la criminalité italienne et d'importer des États-Unis un modèle d'une efficacité redoutable : celui de la Cosa Nostra.

L'arrivée de Joe Bonanno, représentant des cinq familles new-yorkaises, à Rome fin août 1957 où il est accueilli comme un dignitaire à la sortie de son avion par

Bernardo Matarello, ministre des Affaires étrangères[1], marque le début de plusieurs mois de palabres culminant avec la conférence de Palerme sous les dorures des salons du Grand Hôtel des Palmes.

Là, du 10 au 14 octobre, va non seulement naître la mafia italienne sous sa forme actuelle mais vont également être jetées les bases de l'internationalisation du crime organisé.

Le premier jour, Luciano reçoit la délégation américaine au Spano's, un restaurant traditionnel du port de Palerme. Et, pendant près de six heures, il va mettre au point le rendez-vous du lendemain, celui prévu avec les représentants des plus importantes « familles » siciliennes. Au Spano's, autour de Lucky et de Joe Bonanno, on reconnaît Carmine Calante, son *consigliere*, Frank Garafalo, son dauphin désigné, John Bonventre, *capo*, et, venu de Detroit, Santo Jorge dont le cousin n'est autre que Don Genco Russo, le parrain le plus important de Sicile. La famille de Buffalo est également représentée avec les trois frères Maggadino[2]. Tour à tour, les Américains relatent pour Luciano les difficultés croissantes à contourner le Narcotic Control Act de 1956. Pour la première fois de son histoire, la Cosa Nostra faiblit devant la répression américaine. Une situation d'autant plus embarrassante que, comme l'explique Bonanno, la demande d'héroïne n'a jamais été aussi forte. Le deuxième sujet abordé est le sort d'Albert Anastasia, l'ancien responsable de Murder Inc., « parrain » de la famille Gambino, qui, selon les infor-

---

1. Mattarella et Bonanno étaient originaires du même village de Sicile, Castellamare del Golfo. C'est en tout cas comme cela que le ministre a justifié sa présence et la présence du tapis rouge pour recevoir une des personnalités les plus importantes du crime organisé américain.

2. Sont également présents du côté américain : Vito Vitale, John Di Bella et John Prizola.

mations transmises par Vito Genovese, aurait déclenché dans l'ombre une guerre pour le contrôle de New York et donc d'une partie essentielle du commerce de la drogue. Luciano, sûr de son rang, et avec le soutien de Bonanno, représentant le reste du Comité de la Cosa Nostra, prend la décision d'éliminer celui qui fut pourtant l'un de ses amis de jeunesse. Dix jours plus tard, confortablement installé sur le fauteuil d'un barbier du Sheraton Hotel de New York, Albert Anastasia n'a même pas le temps de réagir lorsque Joe et Larry Gallo vident leurs revolvers sur lui. Deux heures après, Carlo Gambino le remplace à la tête de la famille.

Le 11 octobre 1957 et, pour presque quatre jours, c'est donc une délégation américaine unifiée qui entame le dialogue avec ses homologues siciliens. Face à Luciano, Bonanno et les autres, il ne manque aucun des représentants des plus importantes familles de l'île. Angelo et Salvatore Barbera, les principaux responsables de l'importation d'héroïne sont là. Don Gencu Russo et son consigliere Salvatore « Cichiteddu [1] » Greco également. La famille Cinsi est présente par l'intermédiaire de Gaetano Badalamenti. Celle de Porta Nuova a envoyé Calcedonio di Pisa et Tommaso Buscetta [2].

Luciano débute par un état des lieux de la situation de la mafia sicilienne. Si, peu à peu, son influence à Rome est redevenue substantielle, elle reste bien trop divisée pour espérer s'imposer sur le marché florissant de la drogue. Lucky le sait et n'hésite pas à le faire savoir : si les Siciliens ne mettent pas rapidement de l'ordre dans leurs luttes internes, d'autres, mieux organisés, s'empareront du commerce de l'héroïne. De Naples où il travaille déjà avec

---

1. Littéralement petit oiseau.
2. Sont également présents : Nicola Gentile, Vincenzo Rimi, Mimi La Fatta, Diego Plaia, Luciano Leggio et Franco Coppola.

la Camorra, l'Américain compare la situation avec les États-Unis des années trente. Très clairement, si la mafia sicilienne veut affronter les mutations du monde moderne, elle doit radicalement évoluer et adopter un modèle similaire à celui de la Cosa Nostra. L'idée du partage du pouvoir entre parrains est loin d'être acquise. En fait, depuis le départ des forces alliées et l'élection des maires pro-mafia, les Siciliens sont entrés dans une suite de combats sans fin pour, souvent, un dérisoire contrôle de territoire. Bien sûr, l'île reste sur la route de l'héroïne venant de Turquie, ce qui lui assure un rôle essentiel, mais déjà Luciano, lassé des problèmes siciliens, préfère utiliser des « convoyeurs » corses.

À force de discussions – un informateur de la police précisera que le deuxième jour, les « hommes d'honneur » sont restés enfermés plus de douze heures – Lucky emporte la partie. La mafia est décidée à effectuer sa mue. Et, à l'image du Comité américain, se dote d'une « commission interprovinciale », plus connue sous le nom de Coupole. Ses responsabilités sont identiques à celles attribuées au comité directeur du crime organisé des États-Unis. Le mimétisme est tel que, désormais, le terme de la Cosa Nostra est utilisé pour désigner l'organisation italienne.

La création de la Coupole est l'occasion de revenir sur une idée fausse, véhiculée à la fois par le cinéma et par la terminologie utilisée pour aborder le problème mafieux. Bien souvent la mafia italienne est présentée comme une entité régionaliste très forte, fière de ses racines, exaltant des valeurs que certains associent à une forme particulière de code d'honneur. Le terme « famille » est utilisé, gommant le fait qu'il s'agit d'abord et avant tout d'une organisation criminelle, au passé et au présent sanglants. Le sort réservé aux membres de la commission interprovinciale est l'exemple parfait pour rappeler que la Cosa Nostra est constituée d'hommes dont les seules motivations sont l'argent et le pouvoir. Une soif de réussite apaisée dans l'illégalité et bien souvent dans la trahison au cœur même de la « famille ». Ainsi lorsque le juge Giovanni Falcone s'intéresse en 1991 aux treize dirigeants originaux [1] de la Coupole, le constat est sans appel. Un d'entre eux est derrière les barreaux, un autre est en fuite, deux sont décédés de mort naturelle. Quant aux neuf derniers, ils ont été assassinés par des rivaux ou quelquefois par leurs propres lieutenants, gardes du corps ou cousins !

La naissance de la Coupole s'accompagne d'une deuxième décision prise à Palerme à la mi-octobre 1957. Lorsque Lucky, Lansky, Genovese et les autres avaient créé la Cosa Nostra, un des buts était d'éradiquer la concurrence des autres gangs. Le partage du territoire, l'intégration d'autres nationalités ou religions au sein du Comité et de son bras armé, Murder Inc., avaient permis au crime organisé américain de fructifier malgré la fin de la prohibition. Le commerce de l'héroïne nécessitant le même style de collaboration, Luciano propose l'utilisation du principe de la frontière. Chaque territoire est défini et personne n'a le droit d'y « travailler » sans l'accord du parrain en charge. Le côté restrictif garantit aux Dons italiens le contrôle du territoire pour lequel ils s'entre-tuent depuis des années. Mais la théorie des frontières de Lucky est surtout à comprendre au sens positif du terme. En clair cela signifie, une fois l'accord du parrain acquis, que sur une même zone peuvent « travailler » en accord deux familles ou mieux encore, une organisation différente telle

---

1. Il s'agit de Salvatore Greco, Antonio Matranga, Mario di Girolamo, Francesco Sorci, Mariano Troia, Michele Cavataio, Salvatore Manno, Salvatore La Barbera, Cesare Manzella, Giuseppe Panno, Antonio Salamone, Lorenzo Motisi et Calcedonio di Pisa.

la Camorra ou la 'ndrangheta[1]. Exactement le genre de situation que le commerce de l'héroïne impose.

★
★ ★

Il ne faut pas se méprendre, Luciano n'est évidemment pas un misanthrope ayant convoqué une conférence de plusieurs jours dans le but de rendre la mafia sicilienne plus efficace et plus puissante. Sa priorité est en vérité d'assurer l'arrivée de l'héroïne sur le marché américain. Depuis son installation en Italie, l'approvisionnement en poudre des États-Unis est devenu sa priorité. Si son escapade cubaine lui avait permis de s'assurer du rôle pivot de La Havane dans l'envoi de drogue vers la Floride puis la Louisiane et le Texas, la révolution cubaine avec l'arrivée au pouvoir de Fidel Castro en janvier 1959 ont changé la donne. Certes, dans un premier temps, le crime organisé américain pense pouvoir négocier avec le Lider Maximo, mais il doit vite déchanter face à la vague de nationalisations. La Havane, paradis annoncé du jeu, tourne au cauchemar pour la Cosa Nostra qui doit quitter l'île et perdre des investissements de plusieurs millions de dollars. Mais, et il faut insister pour comprendre l'implication de la mafia américaine aux côtés de la CIA dans la lutte contre

1. Comme nous venons de le voir avec le « sort » réservé aux membres de la Coupole, le principe des frontières illustre parfaitement le véritable visage de la mafia. Ainsi, en 1978, les Siciliens décident de jouer cavalier seul à Montréal, une des plaques tournantes du trafic de drogue en Amérique du Nord. À l'époque le parrain est Paul Violi, un représentant de la famille Bonanno de New York. Mettant en avant la loi de la frontière, il refuse aux Siciliens l'autorisation de venir travailler sur « son » territoire. La réponse des Italiens est sanglante puisque, en désaccord avec les décisions de 1957, Violi est assassiné.

Castro [1], bien plus que les casinos et la possibilité de blanchir de l'argent facilement, c'est la place géostratégique de Cuba dans le trafic de drogue qui constitue la perte la plus difficile à encaisser. L'île, en plus de sa proximité des côtes américaines, représente une étape quasi obligatoire de la route de contrebande de la zone Caraïbes. Une étape qui, avec le développement de la cocaïne en Amérique latine, va s'avérer essentielle dans les années à venir.

Mais parler de Cuba, c'est obligatoirement s'arrêter sur le financement de la révolution et les moyens trouvés par Fidel et Raoul Castro pour lutter contre l'embargo américain. Car, au fil des années, de multiples rapports officiels l'ont montré, l'intégrité du régime communiste et sa lutte antimafia ont vite tourné à la rodomontade de façade. Grâce, entre autres, au témoignage de Ileana de la Guardia, il est même possible aujourd'hui d'affirmer que le trafic de drogue n'a jamais cessé depuis Cuba. Ileana est la fille d'Antonio de la Guardia, un colonel de l'armée cubaine fusillé en 1989 après une parodie de procès [2] aux côtés du général Ochoa, héros de la révolution et de la guerre en Angola [3]. Le plus ironique dans ces exécutions d'anciens hommes forts du régime de Castro, c'est que le chef d'accusation était justement le trafic de drogue.

Ironique car depuis des années, le régime de Castro s'est montré fort conciliant avec les trafiquants de drogue. En effet, depuis au moins 1975, le bureau de la Drug Enforcement Agency (DEA) de Floride chargé de lutter contre ce trafic a reçu de nombreuses informations accu-

---

1. À ce sujet lire du même auteur *JFK, autopsie d'un crime d'État, op. cit.*
2. L'avocat, désigné d'office, déclarant que c'était « une offense de défendre des hommes tels Antonio de la Guardia ».
3. C'est en tout quatorze officiers qui ont été condamnés.

sant Cuba[1]. D'abord sceptiques, les Américains ont dû se rendre à l'évidence.

Une prise de conscience rendue possible par l'arrestation de Juan B. en novembre 1981. Un Colombien qui, au début des années quatre-vingt, fut l'un des plus célèbres passeurs de cocaïne et de marijuana du cartel de Medellín. À bord de son bateau, il a effectué de nombreux voyages entre la péninsule de La Guajira en Colombie et les côtes de Floride. Le 21 juillet 1981, le passeur entreprend une nouvelle mission : récupérer un chargement à Cuba et le transporter aux États-Unis. Le rendez-vous est fixé dans le récif de Cayo Pared, au cœur des eaux territoriales cubaines. Là, sous la surveillance de deux agents du DGI, les services secrets cubains, une tonne de marijuana est chargée à bord du bateau de Juan B. La drogue provient d'un navire colombien arrivé une semaine plus tôt avec, à son bord, cinquante-six tonnes de marchandise. Avant de partir pour la Floride, les agents de la DGI rappellent à Juan que lors de son prochain voyage, il doit leur rapporter de Miami du matériel de surveillance électronique ainsi que des armes de combat américaines. Avant sa capture par les gardes-côtes de Floride, Juan B. a effectué à au moins trois reprises le trajet entre Cuba et les États-Unis. À chaque fois, la procédure est la même avec, dès la cargaison à son bord, la présence d'une escorte marine militaire jusqu'à la limite des eaux territoriales.

Si l'ensemble de ces détails figurent dans différents rapports de la DEA et du Florida Departement of Law Enfor-

---

1. Certains rapports de la CIA avancent que l'argent de la drogue permet à Castro non seulement de tenir à flot Cuba mais également de financer et d'armer différentes guérillas communistes en Colombie, au Guatemala, au Nicaragua et au Salvador. Intox ? Ce qui est clair dans tous les cas, c'est, comme nous le verrons un peu plus loin, que les routes du trafic de drogue et celles du trafic d'armes sont les mêmes.

cement c'est parce que Juan B., risquant une peine de prison ferme d'au moins trente ans, a décidé de coopérer avec les autorités. En échange de son placement dans le Witness Protection Program, le programme de protection des témoins, il a livré l'ensemble de ces informations.

Et le cas de Juan B. est loin d'être isolé lorsqu'on part à la recherche des liens entre Cuba et la drogue. Ainsi Robert Vesco, un Américain impliqué dans l'importation de cocaïne sur la Côte Ouest et le Sud des États-Unis, a trouvé refuge à La Havane. Une ville où il ne serait pas en terrain inconnu puisque s'y trouverait vraisemblablement José Medaro Alvero-Cruiz, accusé d'être un trafiquant de marijuana et de cocaïne ayant « travaillé » avec Cuba de 1976 jusqu'à 1979, date à laquelle il fut arrêté par la DEA[1]. Or, durant ces trois années, il est suspecté d'avoir importé illégalement aux États-Unis plus de trois tonnes de drogue. Également pendant cette période, la CIA et la DEA avancent l'existence de quatre rencontres avec Raoul Castro. Enfin, Alvero-Cruiz aurait pris part en 1978 à l'envoi de plus de cinq mille armes aux guérillas sandinistes du Nicaragua. Il faut parler au conditionnel dans cette affaire, car sa capture, en septembre 1979, lors d'une opération montée par les autorités de Floride, n'aboutira à aucune condamnation, l'ensemble des témoins à charge se rétractant ou étant victimes « d'accidents » de la route. La DEA essaiera alors de le faire tomber pour évasion fiscale, mais, alors qu'il risque une peine de dix ans de prison, José Medaro Alvero-Cruiz disparaît opportunément. Depuis, de nombreux rapports de renseignements prétendent qu'il se trouverait de nouveau à La Havane.

---

1. La DEA est persuadée que sa collaboration avec Cuba a débuté avant novembre 1976. Cette date correspond à l'obtention par Alvero-Cruiz d'un passeport cubain via l'ambassade de Cuba en Espagne.

Mais le cas le plus intéressant est celui de Jaime Guillot-Lara, qui atteste de la volonté politique cubaine de profiter des immenses revenus du trafic de drogue. En effet, le parcours de ce parrain colombien permet de mettre en lumière le rôle joué depuis 1975 par Fernando Ravelo-Renedo, ambassadeur cubain en poste à Bogotá.

Au début des années soixante-dix, profitant d'une désaffection des consommateurs américains pour l'héroïne et d'un prix de vente en baisse, les cartels colombiens décident d'inonder le marché américain de cocaïne et de marijuana. Mais comme ils le feront pour l'Europe, d'abord en jouant cavalier seul. Comme la route de leur drogue croise les eaux agitées du passage Windward entre Haïti et Cuba, profitant de courants rabattant les navires dans leur zone territoriale, les gardes-côtes cubains saisissent des dizaines de cargos colombiens avec leur précieuse marchandise. Après plus d'un an de ce régime et de ces revenus évanouis, les cartels décident de prendre langue avec Cuba et son représentant en Colombie : Fernando Ravelo-Renodo. Si, selon les différents rapports de surveillance, le but premier est de récupérer la drogue et les navires saisis, la conversation s'oriente rapidement sur une collaboration en bonne et due forme. En fait, à en croire les services américains, ce serait l'ambassadeur qui aurait fait une proposition pour le moins curieuse : en échange de 800 000 dollars par embarcation, les Cubains se seraient dits non seulement prêts à fermer les yeux sur les cargos croisant dans leurs eaux territoriales, mais auraient proposé l'utilisation de leurs ports pour les réparations et le ravitaillement en carburant. Enfin, l'officiel cubain aurait précisé qu'une escorte armée accompagnerait chaque bateau jusqu'à la limite avec les États-Unis.

Le plus étonnant dans le marché du représentant de Cuba, c'est l'apparente ignorance des prix. À l'époque, la plupart des cargos colombiens transportant au moins cinquante tonnes de drogue, soit une valeur moyenne de 24 millions de dollars, un péage de 800 000 dollars est une formalité qu'ils s'empressent évidemment d'accepter. En fait ce prix se justifie peut-être par l'aspect idéologique du marché. En échange de leur collaboration, les Cubains exigent que les cargos fassent le voyage retour avec des cales remplies d'armes, le but étant de livrer aux frères marxistes d'Amérique latine de quoi pouvoir continuer leurs luttes. Un souci très particulier de redistribution des profits issus de la drogue qui atteint son paroxysme avec la rencontre entre l'ambassadeur et Jaime Guillot-Lara. Or, en plus de ses activités sur ce marché illicite [1], Guillot-Lara soutient le groupe de guérilla marxiste M-19. Aussi l'accord qu'il négocie avec Cuba au mois d'avril 1980 tient-il compte de son engagement politique. Au lieu des 800 000 dollars habituels, il verse 200 000 dollars par envoi de dix tonnes de drogue. Au début de l'année 1981, après une année de coopération au bénéfice de tous, les autorités cubaines décident même de l'utiliser comme unique « convoyeur » d'armes à la guérilla colombienne. Les services de renseignements américain, mexicain et colombien plaçant le trafiquant sous surveillance sont alors témoins de différentes rencontres entre Guillot-Lara et l'ambassadeur Ravelo-Renodo à Bogotá, Mexico et Panama City. D'autres hautes personnalités cubaines sont également présentes. De manière plus certaine, il leur apparaît alors que l'ambassadeur n'est plus qu'un inter-médiaire et que le double trafic drogue-armes se voit

---

1. La DEA a estimé que Guillot-Lara était responsable – annuelle-ment – de l'importation sur le territoire américain de vingt tonnes de marijuana, dix tonnes de cocaïne et plus de vingt millions de pilules d'acide. Selon les mêmes sources, Guillot-Lara aurait été actif pen-dant une période de quinze ans.

désormais géré depuis La Havane[1]. Au mois de mars de la même année, un grain de sable inattendu vient toutefois enrayer la machine. L'armée colombienne[2], après avoir découvert une importante cache d'armes de la M-19, remonte la filière cubaine, laquelle la conduit directement à l'ambassade de Cuba à Bogotá. Ravelo-Renodo est immédiatement renvoyé dans son pays et la Colombie cesse ses relations diplomatiques avec le régime de Castro[3]. La révélation incite les Américains, et plus particulièrement le bureau de la DEA de Miami, d'intensifier sa pression sur Guillot-Lara. Le 7 novembre, alors que la marine colombienne a coulé sans sommation l'un de ses cargos, le trafiquant s'envole pour La Havane puis pour le Nicaragua où – selon la CIA – il aurait rencontré Raoul Castro. Les Cubains, loin de s'inquiéter, l'informent que désormais l'ambassade de Mexico prendra le relais de Bogotá. C'est d'ailleurs dans la capitale mexicaine, alors qu'il vient encaisser le paiement d'une livraison de 500 000 dollars d'armes, que Guillot-Lara est arrêté[4]. Torturé par la police mexicaine, Guillot-Lara aurait avoué sa participation au trafic de drogue entre la Colombie et

---

1. La DEA et la CIA sont persuadées qu'un membre du comité central du Parti communiste cubain, intime de Castro et président de nombreuses associations, était le contact de Guillot-Lara à La Havane.

2. Aidée selon toute vraisemblance par la CIA.

3. Il faut noter que suite à cette affaire, l'administration du Président Carter négociera avec Cuba un accord d'échanges de biens de première nécessité contre la promesse d'une « vigilance » plus accrue contre les cargos colombiens. En avril 1982, le *Miami Herald* citant des témoignages de membres de la DEA et des gardes-côtes assurait toutefois que Cuba ne respectait pas son engagement.

4. Au moment de son arrestation, Guillot-Lara s'apprêtait à quitter le pays. La veille, deux employés de l'ambassade lui avaient remis 700 000 dollars et des faux papiers. La destination de sa cavale devait être la France.

les États-Unis via Cuba[1]. Le 8 janvier 1982, le tribunal de Miami demande son extradition mais, à la place, le Mexique l'expulse vers La Havane où, selon plusieurs informations concordantes, il réside toujours.

C'est également le cas de Carlos Alonson Lucio qui vit, depuis septembre 1998, dans une luxueuse villa de la capitale de l'île. Ancien membre du groupe de guérilla colombien M-19 devenu sénateur, s'il a fui la Colombie en emportant plusieurs millions de dollars c'est parce que la justice de son pays, sous pression américaine, voulait lui demander des comptes pour d'éventuels liens avec le cartel de Cali. Son procès par contumace a permis néanmoins de mettre à jour toute une série de voyages effectués au début des années quatre-vingt vers Cuba afin de négocier la « location » d'une piste d'atterrissage pour des avions chargés en cocaïne. À en croire les autorités cubaines contactées au moment du procès, la proposition – réelle – avait été refusée.

Si ces cas sont déjà extrêmement précis pour accréditer la thèse de l'implication de La Havane dans le trafic de drogue, le témoignage d'Ileana de la Guardia va bien plus loin. Même si cette femme dédouane son père d'y avoir participé, ses récits ont donné de multiples détails sur la mise au point d'un trafic organisé par l'État cubain lui-même.

Avec l'embargo américain, Castro se trouve dans l'obligation de trouver des devises. Le « grand frère » soviétique participe certes à l'effort révolutionnaire, mais les besoins

---

1. Craignant qu'il parle, les autorités cubaines ont approché en vain et à quatre reprises en moins de vingt-quatre heures le gouvernement mexicain afin d'obtenir sa libération. Le premier résultat de sa « confession » fut l'arrestation de son réseau à Miami. Il faut noter, une nouvelle fois pour mettre à bas le concept même d'honneur et de famille, que la plupart des associés de Guillot-Lara ont négocié une peine de prison allégée en échange d'un témoignage à charge contre leur ancien patron.

de Cuba, bientôt impliqué en Angola et au Chili, sont beaucoup plus importants. Aussi, au sein du ministère de l'Intérieur, est créé le département Z dont le rôle est de contourner la pression américaine et de permettre l'arrivée de devises dans les caisses de l'État. Comme au temps des corsaires, les Cubains se lancent dans la contrebande à tout-va. Laquelle passe aussi bien par l'exportation illégale de cigares aux États-Unis, la contrefaçon de blue-jeans ou de champagne, l'utilisation de Panama comme fournisseur de produits médicaux. Au début des années quatre-vingt, le père d'Ileana est transféré à la tête de ce département crucial. Profitant de ses amitiés africaines, il tisse un réseau de trafic d'ivoire et de diamants. Curieusement, quelques semaines avant son arrestation, Antonio de la Guardia venait de démissionner de ce qui reste aujourd'hui le secteur d'activité le plus secret de la politique de Castro. Toujours est-il que durant sa présence à la tête du Z, La Guardia a été, selon sa fille, confronté au trafic de drogue. Mais, toujours à l'en croire, ce commerce n'était pas placé sous son autorité. Au milieu des années quatre-vingt, le département a été rebaptisé MC, pour « monnaie convertible », mais avec beaucoup d'esprit, les habitants de La Havane l'ont surnommé « Marijuana et Cocaïne ».

En toute objectivité, et sans se référer, afin de ne pas tomber dans un débat idéologique, aux rapports de la DEA pointant du doigt Cuba, il paraît impossible que le régime castriste se soit consacré à la contrebande sans « toucher » au juteux commerce de la drogue[1] ; dans la mesure où il s'agit des mêmes itinéraires, des mêmes acheteurs, des mêmes convoyeurs.

1. Au sujet des accusations américaines mettant directement en cause le Lider Maximo, certains observateurs pensent que le procès Ochoa-La Guardia n'était qu'un prétexte pour rassurer l'opinion publique mondiale et laver Castro des accusations américaines. D'autres remarquent qu'Ochoa et La Guardia avaient, dans les mois

★
★ ★

Et puis, s'il subsistait encore des doutes sur ce point, le parcours de John P., rencontré durant l'hiver 2000-2001 aux États-Unis, est sans appel. Trapu, le visage buriné et le cheveu rare, cet homme de soixante-dix ans correspond parfaitement au stéréotype du baroudeur *made in USA*. Du reste, sa spécialité pendant de nombreuses années fut le transport aérien clandestin. Habile dans un cockpit, il avait la réputation de pouvoir faire atterrir puis repartir un petit avion dans n'importe quelle zone du bassin des Caraïbes. Ses employeurs furent nombreux et, sans trahir un secret, il a effectué dans les années soixante d'effectuer des missions aériennes vers Cuba pour le compte de la CIA. S'il s'agissait principalement de missions de reconnaissance photographique, il lui est également arrivé de récupérer ou de déposer un commando en opération sabotage. Hormis ses qualités de pilote, la CIA avait notamment fait appel à lui parce que les côtes cubaines ne lui étaient pas inconnues. Or, dès le début des années cinquante, John P. a émargé aussi régulièrement pour deux « familles » américaines, l'une en Louisiane, à La Nouvelle-Orléans, l'autre en Floride, à Miami. Des révélations instructives faites durant un entretien dans un domicile neutre où cette figure connaissant tous les dessous des relations entre les deux pays comme l'intérêt de la Cosa Nostra pour cette île plaque tournante, ne s'embarrassa pas de formalités pour confier ses petits secrets.

« Avant l'arrivée de Castro, les missions à Cuba étaient faciles, raconte-t-il en veine de confidences. Les atterris-

---

précédant leur arrestation, critiqué le régime cubain et demandé un changement à la Gorbatchev pour le pays.

sages se déroulaient de jour sur des pistes propres et nos contacts sur place s'assuraient que la police locale regarde dans une autre direction. L'héroïne était conditionnée sur place et nous la transportions aux États-Unis.

— Vous en connaissiez la provenance ?

— Je ne me posais pas trop de questions, mon boulot ce n'était pas les relations publiques. Mais d'après ce que je sais, une partie venait d'Europe et l'autre était raffinée sur place. En tout cas, ce qui est certain, c'était le nombre impressionnant de laboratoires chimiques sur l'île[1]. Lorsque Castro est arrivé, il les a vite nationalisés mais je peux assurer qu'ils ont continué à tourner.

— Vos vols avaient-ils uniquement pour objectif de récupérer de la drogue ?

— Non, j'ai effectué pas mal de vols sur La Havane comme taxi lorsqu'il fallait débarquer quelques gros joueurs pour les casinos. Et puis quand Fidel a commencé sa guerre contre Batista, il m'est arrivé de faire le voyage aller avec l'appareil plein d'armes. Je ne sais pas pour quel camp elles étaient, mais je sais qu'"'ils" ont fait du commerce avec tout le monde.

— Ils ?

— (Sourire et silence.)

— Que s'est-il passé avec l'arrivée de Fidel Castro ?

— Bien entendu après 1959 et pendant une partie des années soixante, les choses furent plus compliquées. Je ne vais pas m'en plaindre puisque j'étais mieux payé, mais les vols étaient de nuit et on sentait bien le danger. C'est là que j'ai commencé à rendre des services à l'Agence[2]. En fait, on ne faisait jamais le déplacement pour rien. Si j'al-

---

1. Il faut remarquer à ce sujet que c'était l'activité des frères Ochoa avant la Révolution. Et qu'une fois nationalisé, le laboratoire a continué à fonctionner.
2. La CIA.

lais à Cuba pour débarquer un commando, je repartais chargé avec de la poudre.

— Mais était-ce la mafia, officiellement bannie de Cuba, qui fournissait la drogue ?

— Je ne sais pas d'où cette drogue venait et je ne veux pas le savoir. Ce qui est certain c'est que Fidel n'est pas bête et qu'un homme intelligent est toujours prêt à discuter business.

— C'est-à-dire ?

— Écoutez, Cuba avait besoin d'argent, "nous" avions besoin de l'île, de ses eaux territoriales et de ses ports. Maintenant je n'étais pas là lorsque tout ce petit monde s'est mis d'accord. En tout cas, au bout d'un moment nous craignions plus les gardes-côtes américains que les Cubains. À vous de comprendre pourquoi. »

Plus tard dans cette discussion, alors que le ton est devenu moins informel, John évoque aussi la collaboration entre la CIA et la Cosa Nostra américaine. Alors que je lui présente des documents déclassifiés des Archives nationales américaines concernant des opérations de sabotage mettant en cause des hommes du crime organisé et des agents de la CIA, il lâche avec gravité :

« Vous savez, cette histoire selon laquelle la mafia voulait reprendre Cuba à cause des casinos de La Havane, c'est rien de plus que des conneries pour l'opinion publique... »

Devant mon air surpris, il savoure son effet. Ce qu'il ignore, c'est qu'il est le troisième de mes contacts à avancer cette thèse.

« Il est sûr que la perte des casinos a été difficile à digérer, précise-t-il. Mais il y avait déjà Atlantic City et Las Vegas marchait vraiment fort. Et puis, les endroits paradisiaques des Caraïbes pour monter, avec la bénédiction des autorités, des casinos et blanchir de l'argent, ce n'était pas ce qui manquait. Non, le vrai motif, caché, c'était la drogue.

— Pourquoi caché ?

— Parce qu'il fallait trouver quelque chose de légitime à invoquer en cette période du Watergate où l'opinion était fort sensible. Imaginez-vous un instant le patron de la CIA déclarer en pleine audition au Congrès que son service avait travaillé avec la Cosa Nostra pour, volontairement ou non, lui permettre de contrôler le trafic de drogue ?[1] »

Et John, maintenant lancé, de renchérir :

« Et puis, éliminer Castro comme le voulait la CIA, cela n'a amusé la Cosa Nostra qu'un temps. Celui de trouver un deal avec lui. Après, plus personne n'était prêt à se battre pour Cuba. Fidel étant devenu un partenaire, les vols pour l'île ont pu reprendre. Et quand l'héroïne est passée de mode dans les années soixante-dix, la cocaïne est arrivée. Là, la combine était encore plus simple : Cuba achetait la coke aux milices communistes de Colombie qui, avec l'argent, achetaient des armes. Une fois la cocaïne à Cuba, le régime dealait soit avec certaines familles de la Côte Est soit avec un ou deux gangs mexicains, histoire d'arroser la Californie. C'était tout bénéf' pour le pays, ou même lui, qui engrangeait des dollars pour survivre et envoyait sa merde chez le grand ennemi américain. Moi, c'est là que j'ai tout arrêté. Parce que je n'avais plus l'âge et que les Colombiens étaient trop dangereux, incontrôlables. »

Et puis, pour être sûr que j'ai bien compris, John conclut :

---

1. Ici, John fait référence à la vague d'enquêtes conduite par le Congrès sur les activités illicites de la CIA. C'est lors de ses auditions que les responsables de la CIA ont reconnu avoir demandé la collaboration de la Cosa Nostra pour tenter d'abattre Castro.

« De toute manière, sans l'argent de la drogue, comment Castro aurait-il pu s'en sortir toutes ces années ? Et encore plus depuis que l'aide de Moscou a fondu ? C'était pas possible autrement... »

★
★ ★

Ce serait accorder trop de crédit aux qualités de visionnaire de Lucky Luciano que de penser qu'en convoquant les responsables du crime organisé sicilien et américain à Palerme, en octobre 1957, il pressent le rôle grandissant de Cuba dans le commerce mondial de la drogue, mais force est de constater qu'il ne manque assurément pas de flair. Et, après avoir réglé des problèmes internes tels que le sort d'Albert Anastasia, convaincu la mafia sicilienne de se réorganiser en Coupole, fait adopter le principe des frontières, l'Américain, qui poursuit un grand dessein illégal, aborde devant ses invités la véritable raison des quatre journées au Grand Hôtel des Palmes : le trafic d'héroïne. Car la situation cubaine et son expérience de bientôt dix ans en Europe l'ont conduit à penser qu'une mise à plat des routes de la poudre s'impose. En redessinant les cartes de la drogue, Luciano pose, sans le formuler ainsi, la première pierre de la mondialisation du crime organisé.

CHAPITRE 3

« La population mondiale dépense plus d'argent pour l'achat de drogue qu'elle le fait pour l'achat de nourriture. Plus que ce qu'elle dépense pour se loger, s'habiller, se soigner, s'amuser ou s'éduquer. L'industrie internationale des narcotiques est la plus importante activité économique mondiale. Ses revenus annuels dépassent les cinq cents milliards de dollars. »

James MILLS, *The Underground Empire,* 1986.

Le 24 juin 1998, Donnie Marshall, numéro deux de la DEA, se présente devant le Congrès[1]. Pour livrer aux hommes politiques américains un aperçu de la situation du trafic d'héroïne à l'aube de l'an 2000. Solennel et très documenté, son exposé débute par un rappel historique où Marshall ne mâche pas ses mots :

---

1. La déposition, dans sa totalité et en version originale, peut être consultée sur Internet à l'adresse suivante :
www.usdoj.gov/dea/pubs/cngrtest/ct980624.htm.

« Dans les années soixante et au début des années soixante-dix, nous avons assisté à une explosion de la consommation de l'héroïne. Une progression due aux groupes de crime organisé italiens basés à New York via les réseaux de la French Connection. Cette héroïne était fabriquée en France à partir de morphine base venant de Turquie. La drogue était envoyée aux États-Unis, où elle a ravagé nos banlieues et a coûté la vie à certains musiciens dépendants de l'héroïne comme John Coltrane, Billie Holliday, Jimi Hendrix et Janis Joplin. » Un peu plus tard, développant la partie de son exposé intitulée « L'histoire du trafic d'héroïne », Marshall va plus loin : « La première importante vague d'héroïne aux États-Unis s'est déroulée entre 1967 et 1971. Il s'agissait d'opium turc transformé en héroïne dans des laboratoires en France et livré aux familles du crime organisé italien de New York par l'infâme French Connection. »

Des propos forts, violents mêmes mais... grandement erronés. Ces quelques lignes sont même cruellement emblématiques de la vision faussée de la DEA lorsqu'elle analyse l'évolution du trafic de drogue. Efficace sur le terrain, cette agence a en effet le défaut d'irriter bien souvent ses partenaires par sa manière, bien américaine, de se dégager de ses propres responsabilités en n'hésitant pas à livrer une version révisée de l'histoire. Car Marshall ne fait là que mettre en avant deux messages typiques de la grille de pensée US. D'abord que l'héroïne aux États-Unis est un problème étranger puisqu'il est question de Turcs, d'Italiens et de Français, problématique biaisée et limite raciste qui habitait déjà les autorités américaines au début du XXe siècle lorsqu'elles dénonçaient la délinquance organisée vue comme un mal ethnique prompt à disparaître si la cause – les immigrés italiens – quittait le territoire américain. Autre thèse véhiculée par ces propos, l'idée selon laquelle la prolifération de la drogue tient à des valeurs sociologiques et à des « sous »-classes sociales. En évoquant les banlieues urbaines, majoritairement habitées par la communauté noire, on débouche sur les arts « décadents » comme le jazz et le rock, et, *in fine,* sur les années de « permissivité » comprises entre 1968-1971. Bref, si l'on voulait faire court, on pourrait schématiser le discours de Donnie Marshall de la manière suivante : les Noirs américains et les jeunes hippies de Woodstock sont les victimes, plus ou moins consentantes, d'une conspiration étrangère !

Cette vision rassure peut-être la classe politique américaine mais, hélas pour eux, elle est complètement fausse[1]. L'héroïne est un mal rongeant l'Amérique depuis fort longtemps et qui ne se soucie pas des races.

★
★ ★

Lorsque, en octobre 1957, Lucky Luciano décide de réunir la crème du crime organisé américain et italien afin de mettre sur pied un réseau efficace de trafic d'héroïne, l'histoire de cette drogue est déjà vieille de plusieurs centaines d'années.

La présence de pavot[2] est même retrouvée plus de 3400 avant J.-C. quand, cultivée en Basse-Mésopotamie par les Sumériens, cette fleur, baptisée Hul Gil, plante de joie, est consommée pour ses effets euphorisants. Le commerce se développant, les siècles suivants voient son

---

1. D'autant plus étrange que, alors que la DEA tient ce discours publiquement, ses rapports internes, qui eux restent secrets, font une analyse pertinente du problème de la drogue aux États-Unis.

2. En latin *papaver somniferum,* le pavot est une fleur mauve dont les graines sont utilisées pour préparer l'opium dont l'héroïne est un dérivé.

utilisation par les Assyriens, les Babyloniens puis les Égyptiens. Là, en 1300 avant J.-C., sous le règne de Thutmose IV, puis d'Akhenaton, les graines de pavot se propagent via l'entremise des Phocéens dans le bassin méditerranéen où elles deviennent un bien d'échange. Les conquêtes romaines, mais aussi la campagne d'Alexandre le Grand en 330, ouvrent la Perse et l'Inde à la consommation des graines. Puis, en 400, par l'intermédiaire de marchands arabes, la Chine les découvre. Il existe peu de documents quant à sa propagation en Europe durant cette période et il faut attendre la Réforme pour qu'en 1527, l'opium fasse son entrée dans la littérature médicale sous le nom de « pierre d'immortalité ». Ses vertus reçoivent un tel écho qu'en 1606, Elizabeth I, reine d'Angleterre, envoie sa flotte en Inde avec mission d'en rapporter le meilleur opium possible. L'intérêt royal marque le début d'un nouvel âge d'or dans la longue histoire de la consommation et du commerce de l'opium. Bientôt, il devient l'un des remèdes les plus populaires du royaume et connaît un succès similaire dans le reste de l'Europe[1]. Un tel engouement place pour la première fois l'opium au centre d'une bataille commerciale. En 1750, les Anglais établissent The British East India Company, un comptoir contrôlant les zones indiennes de production d'opium. En quelques années, la compagnie domine le marché et propose sa drogue de Calcutta à la Chine où la consommation ne cesse d'augmenter. Puis, profitant de sa position dominante et du soutien de l'armée royale, le comptoir obtient le monopole de la vente d'opium en 1793. Par décret, les

---

1. Les lecteurs de *Tintin et le Lotus bleu* se souviendront des fumeries d'opium chinoises. Il faut noter que cette manière de consommer la drogue vient d'Europe. Ce sont plus précisément les Hollandais qui, en 1700, introduisirent cette pratique en Chine. À partir de 1729, les autorités chinoises tenteront en vain de proscrire la consommation d'opium sous cette forme et d'en réserver l'usage à la médecine.

cultivateurs de pavots indiens sont désormais obligés de réserver la totalité de leur production aux représentants de la couronne. Mais cela ne suffit bientôt plus aux besoins mondiaux. Aussi, un an plus tard, les Britanniques créent-ils The British Levant Company, une société s'adjugeant la moitié de l'opium produit en Turquie pour l'exporter ensuite vers l'Europe et un nouveau marché en pleine expansion : les États-Unis.

1803, date fondamentale dans la marche vers l'héroïne. Cette année-là, Friedrich Sertuerner, chimiste de la cité universitaire de Paderborn en Allemagne, après avoir dissout de l'opium dans de l'acide puis l'avoir passé à l'ammoniaque, isole un ingrédient actif appelé à rencontrer un grand succès. Il baptise sa découverte *Principium somniferum*, laquelle va bientôt connaître une renommée foudroyante sous le nom de morphine. La médecine pouvant désormais contrôler plus aisément l'alcaloïde, il devient incontournable et donc forcément plus cher. C'est de ce nouvel attrait financier que va naître la contrebande. Face au quasi-monopole de la Grande-Bretagne et à l'interdiction de sa consommation dans certains pays comme la Chine, le marché de l'opium devient attrayant pour qui est prêt à contourner les lois.

Le premier trafiquant d'opium se nomme Charles Cabot. Et, au grand dam de la DEA et de sa vision particulière de l'histoire, il s'agit d'un Américain établi à Boston. Cabot, à partir de 1805, va faire fortune en achetant de l'opium aux Britanniques pour l'exporter illégalement en Chine. Si l'Américain fonctionne à l'ancienne, c'est-à-dire en utilisant les réseaux de contrebande existants, ce n'est pas le cas de John Cushing qui, en 1812, des États-Unis, utilise la société de ses oncles, la James and Thomas H. Perkins Company, comme couverture pour transporter l'opium turc jusqu'à la ville de Canton en Chine. L'activité est tellement profitable que, depuis New York, John

Jacob Astor décide d'y prendre part. Grâce à l'American Fur Company, il introduit plus de dix tonnes d'opium turc en Chine. Puis, comprenant l'enjeu du débouché européen, il se met à vendre clandestinement de l'opium en... Angleterre. En 1827, à Darmstadt, Allemagne, la société E. Merck & Company débute la fabrication industrielle et la commercialisation de morphine. Trois ans plus tard, les besoins britanniques atteignent des sommets avec plus d'une tonne de matière première importée d'Inde comme de Turquie. Chiffre d'autant plus alarmant que la consommation d'opium dépasse alors son utilisation médicale. Géré par la Jardine-Matheson & Company à Londres, le commerce de l'opium permet au royaume britannique de tenir la Chine et sa production de soie sous contrôle. Grâce à leur force armée, les Anglais obligent les Chinois à échanger leur soie contre de l'opium. Pressurée, la Chine se réveille et, le 18 mars 1839, ordonne à l'ensemble des négociants étrangers d'opium de cesser leur activité. La Couronne ne pouvant accepter une telle remise en cause de son autorité déclenche les hostilités en envoyant ses troupes d'élite. La première guerre de l'opium se conclut en 1841 par une défaite lourde de conséquences pour la Chine [1]. Les Britanniques, en position de force, imposent à l'empereur des conditions drastiques d'échange soie-opium, le paiement d'une forte amende et la cession à la Couronne de Hong-Kong. Mais l'appétit anglais ne s'arrête pas aux frontières de la Chine. Le royaume s'installe en Birmanie où, après avoir mis sous

---

1 La même année, face à l'afflux d'opium arrivant de Grande-Bretagne, les douanes américaines décident d'agir et instaurent un droit de péage sur chaque arrivage. Autre fait saillant, en 1843, cette fois-ci avec la première injection de morphine en intraveineuse. Laquelle est le fait du docteur Alexander Wood, d'Édimbourg, qui constate qu'ainsi la morphine agit presque immédiatement sur ses patients.

tutelle la vente d'opium importée depuis la Turquie, il contrôle désormais la production locale. Bien entendu, le marché de l'opium ne laisse pas insensible l'autre grande puissance colonisatrice du XIXe siècle. En 1856, la France décide d'affronter les Britanniques sur l'immense marché chinois en apportant son soutien à l'empereur. Mais la deuxième guerre de l'opium se conclut à nouveau au bénéfice des Anglais qui, cette fois, imposent à la Chine la légalisation de l'importation et de la consommation d'opium. Et pour faire face à cette importante nouvelle demande, la production intensive de pavot débute dans le Sud-Est asiatique[1].

Les États-Unis sont alors le premier pays à réagir contre le nombre croissant de fumeurs d'opium. Mais une nouvelle fois, comme elles le feront pour la mafia, les autorités transforment ce mal en devenir en menace ethnique. Ainsi San Francisco, la ville la plus prompte à s'inquiéter dans les années 1860, confine la consommation d'opium aux fumeries de Chinatown. Dix ans plus tard, la Grande-Bretagne mesure à son tour l'ampleur de la « contamination » du royaume et vote l'Opium Act. Ainsi, en Chine et afin de réduire la consommation, la vente d'opium est-elle désormais réservée aux fumeurs inscrits sur des registres. En Inde, la même mesure est prise[2] tandis qu'en Birmanie toute consommation se voit prohibée. Bien évidemment ces décisions ont pour principal effet de relancer la contrebande organisée par des « affairistes » anglais et américains.

En 1890, alors que l'on est bien loin de « l'infâme

---

1. Ce bassin asiatique, contrôlé par les Français et les Britanniques, deviendra dans les années 1940 le Triangle d'or. Aujourd'hui encore il est une des zones mondiales de la production d'héroïne.

2. Il faut noter qu'en Inde l'opium ne se fume pas mais se mâche et s'ingurgite.

French Connection », le Congrès américain vote sa première loi antidrogue. Laquelle se contente principalement de mesures de taxation à une époque où lutter contre l'opium fait désormais partie des sujets de la presse populaire. Ainsi le magnat William Randolph Hearst[1] propose à la une de ses journaux de dramatiques « comptes rendus » mettant en garde contre le « péril jaune » et le risque encouru par la population blanche en consommant de l'opium[2].

Mais, en 1895, alors que les gouvernements américain et britannique tentent d'enrayer le fléau, le chimiste allemand Heinrich Dreser, qui travaille pour la société Bayer, crée un nouveau dérivé à base d'opium. En diluant de la morphine dans l'acétyle, il obtient une drogue dont les effets secondaires, telle la dépendance, lui semblent absents[3]. Bayer débute alors la production de la diacétylmorphine. Trois ans plus tard, lorsque la compagnie entame sa commercialisation, elle lui donne un nom plus aisé à retenir : héroïne[4].

La propagation du produit de Bayer est fulgurante, mais le monde médical, qui avait été étrangement silencieux pour ne pas dire complaisant face à l'arrivée de la morphine, réagit. Dès 1902, diverses publications scientifiques mettent en cause l'héroïne. Ce qui n'empêche pas, un an

---

1. Dont la vie a inspiré le film *Citizen Kane* à Orson Welles.

2. Il y est question entre autres, d'innocentes Américaines qui, sous l'emprise de la drogue, s'abandonnent à « de vils Chinois ».

3. Ainsi, persuadée que cette nouvelle drogue permettra de guérir les dépendants de l'opium et de la morphine, la Saint-James Society, une association philanthropique américaine, fournira à ceux qui en feront la demande et gratuitement au début des années 1900 de la diacétylmorphine.

4. Pour être exact, il faut noter qu'en 1874 déjà, un chercheur anglais, C. R Wright, avait réussi à synthétiser de l'héroïne en faisant simplement bouillir de la morphine.

plus tard, le nombre d'héroïnomanes aux États-Unis et en Angleterre de dépasser celui des consommateurs de morphine. La population blanche étant largement touchée, il est difficile cette fois-ci de rejeter la responsabilité de ce nouveau fléau sur les Asiatiques ou sur la communauté noire. En 1905, le Congrès américain interdit l'importation d'opium sur son territoire. Un an plus tard, c'est le vote d'une loi fondamentale, la Pure Food and Drug Act qui oblige les fabricants d'élixir pharmaceutique à indiquer leurs ingrédients sur l'emballage. Il est vrai qu'à l'époque, de nombreux breuvages miracles utilisent abondamment l'héroïne et la cocaïne dans leur composition. C'est le cas, par exemple, d'une boisson née à Atlanta en 1886, le Coca-Cola. Afin de survivre à la nouvelle loi, la compagnie décide de retirer de sa recette les extraits de feuilles de coca.

Le réveil américain correspond à son implication sur la scène internationale. Face à la recrudescence d'opium de contrebande, les États-Unis estiment que la seule solution est de contraindre la Grande-Bretagne, via le problème chinois, à revoir sa politique commerciale. C'est ainsi que le 1er février 1909 se tient à Shanghai la première convention internationale sur l'opium[1]. La conférence est un succès puisque après cent cinquante ans de lutte contre la Grande-Bretagne, la Chine obtient de celle-ci qu'elle démantèle immédiatement ses réseaux commerciaux d'importation depuis l'Inde.

---

1. Comme s'il s'agissait d'un écho dans le passé au discours de Donnie Marshall de 1998, la délégation américaine place déjà le problème de la drogue sur le plan des valeurs. Menée par le Dr Hamilton Wright et par Henry Brent, évêque de l'Église épiscopale, la délégation insiste sur l'immoralité de la prise d'opium.

★
★ ★

Poursuivant sur sa lancée, le 17 décembre 1914, le Congrès américain vote le Harrison Narcotics Act complété en 1923 par la création, au sein du Trésor américain, d'un département antinarcotiques. Des décisions qui ont des conséquences capitales et vont susciter l'intérêt des gangs américains puis de la Cosa Nostra américaine dans le trafic de drogue. Et ce parce que la première loi oblige les docteurs et pharmaciens prescrivant des dérivés d'opium ou de cocaïne à s'enregistrer auprès des autorités, s'exposant ainsi à de contraignants contrôles et à la crainte d'une suspension en cas d'infraction. En outre, ils doivent désormais payer une importante taxe sur chaque dose et répercuter ensuite la hausse sur le prix de revente à leurs patients. Dans le même esprit, l'unité répressive du Trésor interdit toute vente légale d'héroïne, réservant la morphine à un usage médical.

Pour le consommateur, bien trop accroché pour se soumettre à de nouvelles lois, l'équation prix élevé-difficulté d'approvisionnement ne laisse qu'une solution : se tourner vers la rue et ses vendeurs d'héroïne de contrebande. Dans un premier temps, avant que les gangs de Lucky Luciano ou de Vito Genovese comprennent l'inestimable valeur de l'héroïne, ce sont les organisations criminelles chinoises qui s'emparent de ce nouveau marché. En 1925, à New York, Chinatown est le centre névralgique du marché noir. Pendant presque dix ans, la majorité de la drogue introduite aux États-Unis va transiter par là et il s'agit principalement d'opium chinois raffiné à Shanghai.

Le début des années quarante et la Seconde Guerre mondiale se révèlent une période charnière. Les routes traditionnelles où convergent l'opium d'Inde et de Perse sont coupées. La France comprenant qu'il s'agit d'une complète redistribution des cartes du commerce de l'opium, encourage désormais les paysans d'Indochine à augmenter leur production. Autre changement majeur, l'indépendance de la Birmanie en 1945 qui, une fois libérée de la tutelle britannique, comprend l'intérêt financier à jouer un rôle actif sur ce marché lucratif.

La montée en puissance du bassin asiatique face à l'Inde est à l'origine de la prépondérance du crime organisé français dans le commerce de l'héroïne d'après-guerre. Et cela bien avant les années soixante-dix chères à Donnie Marshall de la DEA. En fait c'est dès 1946 que le milieu corse devient un partenaire incontournable du marché américain, contrôlé par la Cosa Nostra de Lucky Luciano.

Ironiquement, c'est probablement son exil forcé en Italie qui conduit ce dernier à jouer un rôle actif dans le commerce international de l'héroïne. En 1947, l'opium de contrebande provient de deux sources : l'Indochine et, en très grande majorité, la Turquie. Un filon contrôlé depuis la fin des années trente par le milieu corse depuis sa base marseillaise [1]. Aussi, dans un premier temps, Lucky utilise-t-il cette filière pour répondre à la demande croissante du marché américain. L'opium, acheminé depuis la Turquie, débarque en Sicile. De là, il est transporté vers Milan et Gênes où Luciano utilise pour le raffinement le complexe pharmaceutique italien [2]. Profitant d'une absence de législation et de contrôle sur la fabrication d'héroïne lorsqu'il s'agit de besoin médical, Lucky fait ainsi produire sa poudre, et ce en toute impunité, pendant près de quatre

---

1. Paul Carbone, parrain marseillais, est à l'origine du premier laboratoire clandestin de fabrication d'héroïne dès le début des années trente. Installé à Bandol, il recevait la matière première depuis la Vallée du Nil en Égypte.

2. Sciaparelli, le plus respecté des laboratoires pharmaceutiques italiens, sera ainsi utilisé à son insu par Luciano.

ans. Une fois conditionnée, la drogue est expédiée vers l'Amérique via Hambourg, Marseille ou Tanger, l'étape finale étant New York où transite au moins 80 % de l'héroïne destinée au marché intérieur. Bien souvent, la drogue est entrée sur le territoire via Montréal ou la Floride qui profite de la proximité de Cuba. En 1952, la Cosa Nostra a donc de quoi se réjouir : le chiffre des utilisateurs réguliers d'héroïne a explosé. Alors qu'ils n'étaient que vingt mille en 1946, ils sont désormais plus de soixante mille Américains « accro » à la poudre de Luciano.

Mais pourtant celui-ci s'inquiète. D'abord, sans qu'il soit lui-même menacé le moins du monde, le Bureau des narcotiques [1] a communiqué au gouvernement italien des informations précises sur les activités illicites de son complexe industriel. L'enquête des Américains a démontré que sept cents kilos d'héroïne avaient ainsi été produits puis envoyés aux États-Unis. Mettant sous pression les autorités de la péninsule de représailles économiques, le pouvoir américain obtient la mise en place d'une nouvelle législation contraignante.

Ensuite, si pour répondre à ce changement Luciano a mis sur pied un réseau de laboratoires clandestins en Sicile, la qualité de l'héroïne produite s'avère décevante et les chimistes capables de l'améliorer fort rares. Pire encore, il semble que Palerme ne soit plus aussi sûre ni propice à la pratique discrète de cette activité. Le 11 avril 1954, la police italienne n'a-t-elle pas démantelé le plus grand laboratoire de la ville où, sous couvert d'une usine de bonbons, un cousin italien de Luciano produisait de l'héroïne depuis 1949 ?

Ces coups d'arrêt successifs poussent Luciano en Italie et Meyer Lansky aux États-Unis à envisager de nouvelles solutions. Une quête de chimistes performants et d'un

---

1. U.S. Federal Bureau of Narcotics.

contrôle de l'autorité politique et policière qui va les conduire à tourner leurs regards vers la France. Et plus particulièrement Marseille qui va devenir, pendant plus de vingt ans, la plaque tournante du trafic mondial de l'héroïne.

★
★ ★

La conférence de Palerme d'octobre 1957 permet donc à Lucky Luciano d'exposer la nouvelle route de la drogue telle qu'il la teste depuis déjà deux ans.

D'abord, plus question d'expédier des graines de pavot directement depuis la Turquie. Luciano a mis au point une halte par Beyrouth où l'opium va être transformé en morphine base. L'étape du Liban lui est amenée sur un plateau par Sami El Khoury, une valeur sûre de la haute société et du monde politique local. Lequel se charge d'importer depuis les plateaux turcs la matière première, le passage aux frontières se faisant sous le contrôle de la section antiémeutes de la police libanaise corrompue. La corruption est d'ailleurs au centre de ce système. En moins de deux ans, le réseau « achète » ainsi le directeur de l'aéroport de Beyrouth, une multitude de douaniers et même de nombreux membres de la brigade antidrogue. Une fois la morphine base obtenue, le Libanais la fait transporter par bateau vers les côtes siciliennes. Là, le produit est récupéré par des pêcheurs italiens collaborant avec la mafia insulaire. Une fois à terre, des courriers corses se chargent de son acheminement vers Marseille où la morphine base est transformée en héroïne d'une pureté quasi absolue. Ensuite conditionnée en sachets de cinq cents grammes, la drogue est prête à rejoindre les États-Unis. En plus des classiques portes d'entrée que sont la Floride et Montréal, le milieu corse utilise Mexico, Bogotá, Port-au-Prince, le Texas et la Louisiane. Souvent les routes passent aussi par Bruxelles, Munich, Barcelone, Tanger, voire tout autre endroit du globe où Luciano comme le milieu français sont certains de trouver un groupe de compatriotes immigrés prêt à apporter sa collaboration [1].

★

★ ★

Turquie, Liban, Italie, France, Allemagne, Belgique, Colombie, Venezuela, Haïti, Mexique, Canada, États-Unis... La vision de Luciano n'a plus de limites et ne connaît aucune frontière. Avant même que les géants de l'agroalimentaire, des loisirs, de la chimie ou du pétrole aient inventé le mot « mondialisation », Lucky l'applique au crime organisé. Terminé le marché intérieur, dépassé le contrôle du territoire régional, la mafia de Luciano, celle qui unit, le soir du 14 octobre 1957, les « Dons » italiens et leurs cousins américains pense désormais global.

---

1. Dans le même état d'esprit, une des demandes de Luciano à la mafia sicilienne est l'utilisation de ses soldats afin d'acheminer la drogue vers les États-Unis. Ce qui permet d'utiliser de nouvelles têtes qui ne sont ni fichées par Interpol ni connues des autorités américaines.

CHAPITRE 4

« La dope est le produit ultime, la marchandise suprême. Ici pas de marchandage. Le client est prêt à venir en rampant dans un caniveau et ensuite à supplier pour pouvoir en acheter. »

William Burroughs

Depuis le début des années cinquante, le trafic de drogue est l'activité principale et la plus lucrative du crime organisé. Et ce qui était vrai au lendemain de la Seconde Guerre mondiale l'est encore largement de nos jours. Historiquement, la Cosa Nostra a toujours éprouvé une sorte de « pudeur » à révéler son implication massive dans le commerce de stupéfiants, y compris lorsqu'elle se trouve malgré elle confrontée à l'évidence. Un étrange silence frappant aussi bien les repentis de Falcone que ces « parrains », prétendument retirés des affaires et se livrant à des confidences le temps d'une autobiographie à gros tirage [1]. Un mutisme qui n'est pas vraiment complexe à

---

1. Ce fut le cas par exemple de Joe Bonanno qui, dans ses mémoires, nie avec véhémence la participation de sa « famille » au trafic d'héroïne alors que celle-ci, à en croire les spécialistes, était un lien essentiel dans l'entrée et la commercialisation de la drogue sur le marché américain.

comprendre : la drogue est un produit sale, destructeur, avilissant et qui rend dépendant. La Cosa Nostra n'étant plus depuis longtemps une organisation secrète mais discrète, celle-ci devient du coup soucieuse de son image. Il est donc plus plaisant, même si c'est erroné, d'être associé à un code d'honneur, à des valeurs mêlant famille et tradition qu'aux dégâts causés par la consommation et la commercialisation de l'héroïne.

Évidemment l'immoralité du trafic n'est pas la seule cause de la discrétion de la Cosa Nostra. Dans les années cinquante et soixante, la peur de lourdes peines de prison constitue également un facteur important. Mais comment renoncer aux immenses profits de la drogue lorsque, comme Meyer Lansky l'explique, la Cosa Nostra n'est qu'une émanation du capitalisme à l'américaine, sa forme suprême et perverse, prête à toutes les compromissions pour satisfaire les besoins du consommateur ? Lorsque Luciano valide la mondialisation de l'héroïne à Palerme, un kilo de morphine base est acheté 300 dollars à Istanbul pour être revendu 240 000 dollars dans les rues de New York, soit huit cents fois son prix de départ ! Déjà proxénète à grande échelle, mais aussi ancien trafiquant d'alcool, organisateur de paris clandestins, il n'hésite donc pas longtemps à s'enrichir via ce nouveau trafic. Et même s'il rompt alors, il faut le signaler, avec les préceptes de l'Union sicilienne, qui de la fin du XIXe siècle jusqu'au début des années trente regroupait une grande partie des gangs originaires de l'île.

De 1948 à 1972, le commerce de l'héroïne va en fait permettre à la Cosa Nostra et à ses alliés de se bâtir des empires à coups de milliards de dollars[1]. Luciano, puis

---

1. Le Bureau of Narcotics and Dangerous Drugs, l'ancêtre de la DEA, estime que, durant ces vingt-quatre années qui correspondirent à l'âge d'or de l'héroïne et du système mis en place par Luciano,

Lansky et enfin Santo Trafficante Jr, furent bien les architectes de cette propagation massive. Tandis que Marseille
et le milieu corse en étaient respectivement la capitale et
les artisans.

★

★ ★

Comme nous l'avons vu, Luciano délocalise la production d'héroïne lorsque, sous la pression des États-Unis et
de la Commission des stupéfiants des Nations unies, le
gouvernement italien impose une législation restrictive à
son secteur chimique et pharmaceutique. En fait, ce n'est
pas l'unique motif. D'abord Luciano recherche depuis
longtemps un moyen pour éviter de remonter trop haut
dans les terres italiennes, le trafic de drogue, comme toute
autre forme de commerce illégal, préférant les villes portuaires, étapes sur la route menant des plateaux turcs aux
rues de New York. En lorgnant sur Marseille et ses docks
contrôlés par le milieu, il facilite donc l'acheminement du
produit. Autre raison, moins connue, les craintes qu'il a
pour sa propre sécurité. En 1964 en effet, un comité du
Congrès américain enquête sur le crime organisé et le trafic de drogue[1] et remet des conclusions, rendues
publiques en pleine publication du rapport Warren sur
l'assassinat de JFK et au milieu de la campagne présidentielle, qui passent inaperçues. Or ces travaux dessinent un
portrait plutôt juste des routes de la drogue et reviennent

---

un minimum de mille tonnes d'héroïne fut introduit chaque année
clandestinement sur le marché américain. Ce qui, ramené au prix
de la revente dans les rues, donne le total étourdissant de
576 000 000 000 000 dollars sur cette période.

1. US Congress, Senate, Committee on Government Operations,
Organized Crime and Illicit Traffic in Narcotics.

également sur la décision de Luciano de confier la transformation de morphine base en héroïne au milieu marseillais. En expliquant qu'il s'agit avant tout pour le parrain
américain de se protéger. Rapports de police et fiches de
renseignements à l'appui, l'enquête dévoile que l'étau se
resserre sur Lucky et que ses soutiens politiques italiens
ne pourront plus guère affronter la pression américaine
réclamant son arrestation[1]. Apparemment prévenu,
Luciano choisit donc sans hésiter Marseille, tout en se
réservant un rôle semi-public de parrain retiré des affaires
et en se lançant, aux yeux du monde, à la recherche d'un
producteur américain prêt à adapter sur grand écran une
version tout à fait personnelle de ses exploits[2].

En vérité, l'implantation à Marseille est un choix réfléchi, préparé par Meyer Lansky et Charlie Luciano, la naissance de la French Connection, son succès comme sa
longévité étant sans doute la réussite principale de ce duo.
Une nouvelle fois, prenant le contre-pied des généralités

---

1. L'enquête avait alors prouvé son rôle d'intermédiaire entre le
trafiquant sicilien Joseph Biondo et Egidio Calascibetta, le directeur
du laboratoire pharmaceutique Saci installé à Milan. Interrogé par la
police italienne, Luciano déclare à l'époque avoir été abusé par
Biondo et explique qu'il s'agissait pour lui d'une transaction tout à
fait légitime de produits chimiques.

2. Cette quête hollywoodienne connaîtra un épilogue à la hauteur
du personnage. Le 29 janvier 1962, Lucky Luciano se trouve à l'aéroport Capodichino afin d'accueillir un producteur américain. Et alors
qu'il s'avance sur le tarmac, Luciano est terrassé par une crise cardiaque. Une disparition soudaine qui suscite aujourd'hui encore de
nombreuses questions. En effet, le jour même, à New York, le
BNDD, en coopération avec les autorités italiennes, avait prévu l'arrestation du parrain des parrains. Le patron Henry L. Giordano de
l'agence antidrogue venait d'achever la mise sur pied d'un dossier
prouvant la participation active de Lucky dans l'importation sur le
territoire américain de l'équivalent de 150 millions de dollars en
héroïne.

accompagnant l'univers mafioso, les deux hommes ont mené cette importante mutation en capitaines d'industrie préparant une phase essentielle du développement de leur entreprise.

Le concept même du trafic de drogue repose sur une règle immuable, celle du contrôle complet de toutes les étapes de la production et de la commercialisation. Le groupe qui décide de se lancer dans ce genre d'activités doit en effet être à même d'assurer un approvisionnement continu aux lieux de fabrication, de prendre en charge le transport de la marchandise, son conditionnement, son entrée illégale sur le territoire, ainsi que sa mise sur le marché, la gestion de sa vente et enfin le blanchiment du profit. L'expérience de Lansky et de Luciano acquise dans les années trente va donc être déterminante. Depuis 1914 et la promulgation de l'Harrison Act, la fabrication de morphine, d'héroïne et de tous les dérivés de l'opium est interdite sur le territoire américain. Mais les premiers à deviner qu'une loi ne suffira pas pour arrêter la consommation sont les gangs juifs de New York dont celui de Lansky. Dès lors, il ne faudra pas longtemps à la génération montante du crime d'origine sicilienne pour comprendre les bénéfices de ce commerce où les risques encourus sont moins importants que ceux liés au jeu ou à la prostitution. Vito Genovese et Lucky Luciano sont donc les premiers à rompre avec les traditions de l'Union sicilienne et à s'associer avec Lansky dans ce trafic d'héroïne. À cette époque, et cela aura son importance après la Seconde Guerre mondiale, la manière la plus simple de se fournir en héroïne et en morphine consiste à s'adresser aux pays producteurs de l'autre côté de l'Atlantique. Parmi eux, évidemment l'Allemagne et ses géants pharmaceutiques, mais aussi la France où il est complètement légal de fabriquer de l'héroïne, de la cocaïne et de la morphine. La France dont les liaisons nautiques vers les États-

Unis et le Canada sont nombreuses et dont le milieu, profitant de la présence d'expatriés en Amérique du Nord, est
tout à fait disposé à travailler avec les New-Yorkais. D'autant que, dans un premier temps, il s'agit d'opérations relativement simples. Les Français achètent légalement l'héroïne
dans les laboratoires des régions parisienne et lyonnaise et,
via Le Havre et Marseille, l'expédient, dissimulée dans des
bagages, vers Montréal ou New York. Là, les mafias locales
se chargent de corrompre les douaniers pour se faire livrer à
domicile les malles contenant la poudre.

Mais en 1931, de nombreux pays, prenant conscience
des dégâts des dérivés de l'opium, signent les accords de
la Convention internationale sur les stupéfiants. Les gangs
américains, désormais organisés au sein de la Cosa Nostra,
comme le milieu français, sont contraints de trouver de
nouvelles solutions pour alimenter le marché. Et c'est ainsi
qu'en région parisienne puis à Bandol, comme nous
l'avons vu, s'édifient les premiers laboratoires clandestins.
Avec, à l'origine de cette implication française dans le trafic d'héroïne, deux figures étonnantes : François Spirito et
Paul Bonaventure Carbone.

*
* *

Spirito, Corse né à Marseille[1], s'est associé au début
des années vingt à Carbone, un truand d'origine napolitaine, alors même que la cité phocéenne ne connaît pas
encore de milieu structuré. Leur premier business ? Gérer
en commun le plus grand bordel du Caire, une maison
close où les filles sont exclusivement françaises. Rapidement pourtant, les deux hommes se diversifient et consa-

---

1. En janvier 1900 sous le nom de Charles Henri Faccia.

crent l'essentiel de leurs activités à l'Hexagone. À Marseille, où ils contrôlent la ville et son port, ils se rapprochent du maire Simon Sabiani. En échange d'une tranquillité et de l'accès à certains postes clés, ces deux malfrats assurent le service d'ordre de la municipalité qui, en ces années troubles, a choisi d'opter pour le fascisme[1]. L'emprise des deux parrains dépasse vite les limites de Marseille pour s'étendre sur la Côte ainsi que sur Paris et ses clubs. Également à leur tableau d'honneur, la mise au point de la première filière internationale de trafic d'héroïne, partant de Turquie pour aboutir dans les rues de New York, ayant simplement recours, pour transporter la drogue en Europe, à l'Orient-Express. Ils diversifient peu à peu leurs sources d'approvisionnement, trouvant aussi de l'héroïne en Grèce, en Yougoslavie et en Indochine française. En fait, leur coup de génie réside dans l'utilisation massive de l'ensemble des ressources du réseau corse.

Un groupe qui, en l'étudiant de près, partage de nombreux points communs avec la mafia sicilienne. D'abord, et avant même de parler de criminalité, il convient de remarquer que les deux îles, relativement proches, se ressemblent intimement : deux siècles d'appartenance française n'ont pas effacé, en Corse, l'influence italienne. Les vestiges religieux corses sont empreints de cette culture catholique que l'on peut admirer en Sicile. Le relief, le climat sont d'autres points communs. Mais plus encore, ce sont les hommes qui se ressemblent. Il ne s'agit pas de proximité physique mais de communion morale. Le Corse comme le Sicilien ont en commun un héritage culturel,

---

1. Le soutien à Sabiani puis au régime de Vichy et enfin leur participation active aux exactions de la Gestapo feront de Spirito et de Carbone des cibles privilégiées de la Résistance. Ainsi Carbone sera-t-il abattu en 1943. Quant à Spirito, il quittera la France pour, après un passage par l'Espagne, se réfugier au Canada. Où, nous allons le voir, il permettra à Luciano et à Lansky de fonder les bases solides de la French Connection.

des traditions, des valeurs, une vision de la société. La vendetta n'est-elle pas, à l'origine, une manifestation de cette semblable identité, comme l'est cette fierté partagée à résister, armes au poing, à l'envahisseur.

Mais plus encore, la Corse et la Sicile connaissent depuis la fin du XIXe siècle une pauvreté à la hauteur de l'aridité de certaines parties de leur territoire. Une détresse qui fut la cause du départ massif de leurs forces vives vers des contrées meilleures, non par rejet des origines et des racines mais comme seul moyen de survie. Alors que les Siciliens choisissent les États-Unis et les cités industrialisées du nord de l'Italie, les Corses, eux, tentent l'aventure de Marseille et de l'empire colonial français. Si bien qu'en quelques années, de véritables communautés d'anciens insulaires se créent en Afrique du Nord, en Indochine, en Amérique latine, au Canada et dans le Pacifique Sud. Spirito et Carbone solidement implantés dans la collectivité corse de Marseille[1] sont donc les premiers à se servir et à profiter de cette implantation internationale.

Évoquer l'origine corse du milieu marseillais et son rôle primordial dans le trafic d'héroïne est, soit dit en passant, l'occasion de tordre le cou à une idée fausse propagée par la presse américaine à la fin des années soixante. Comme nous l'avons vu à différentes reprises, les autorités et les médias d'Amérique du Nord ont une tendance assez forte à condamner une communauté ethnique pour masquer leurs

---

1. Les enquêteurs du BNDD estimeront la communauté corse à 10 % de la population totale de la ville à la fin de la Seconde Guerre mondiale.

propres faiblesses. Ainsi, refusant de comprendre les raisons de l'arrivée d'un flot massif d'héroïne sur leur territoire, ils en ont imputé la responsabilité à la puissante Union Corse. À les en croire, ce comité très structuré, bâti sur le modèle de la Cosa Nostra puis de la mafia sicilienne après les accords de Palerme en 1957, serait en effet l'unique responsable de l'épidémie de poudre s'étant alors abattue sur les États-Unis. Évidemment, les choses furent beaucoup plus complexes. Et cette vision est totalement erronée !

D'abord parce qu'elle néglige le rôle catalyseur de la Cosa Nostra américaine, plaçant les Corses au simple niveau de fournisseurs. Ensuite, et surtout, parce qu'elle atteste d'une grave méconnaissance du crime français. En fait, cette fameuse Union Corse n'existe pas car, contrairement au modèle sicilien ou américain, il n'y a pas de mafia corse, de structures ou de comités à proprement parler. Le terme exact est plutôt celui d'un milieu où évoluent de manière assez élastique différents gangs, travaillant ensemble sur certains « projets », mais s'opposant sur d'autres ou s'ignorant le plus souvent ! La seule « entité » qui pourrait rappeler le crime organisé sicilien est en fait le rôle joué par les anciens, ces *pace ri*, ou faiseurs de paix, qui tiennent une place de médiateurs et interviennent pour mettre fin aux guerres de gangs.

Carbone, Spirito et le milieu corse occupent toutefois un rang essentiel dans le trafic d'héroïne depuis la fin des années vingt[1]. Non seulement parce qu'ils contrôlent les

---

1. Pour preuve, la double condamnation par contumace de François Spirito en 1929 et 1939 par le tribunal de Boston. La première

routes de la drogue mais surtout parce qu'ils en connaissent les secrets de fabrication. La Convention internationale sur les stupéfiants de 1931 place néanmoins les trafiquants dans une position inédite. Ils sont désormais contraints de produire eux-mêmes l'héroïne. Or si les marchés turcs proposent de la morphine base[1], sa transformation en héroïne représente une opération complexe.

Dans un premier temps, la morphine base subit une acétylation. Le chimiste mélange au dérivé d'opium de l'eau, du chloroforme, du benzol, du carbonate de sodium, de l'acétone, de l'anhydrique acétique et de l'acide tartrique, un bain ensuite chauffé et filtré. Le mélange obtenu se voit à nouveau chauffé et filtré avec l'aide cette fois d'alcool, d'acétone et de charbon de bois. S'il a réussi l'ensemble de ces étapes, le chimiste se retrouve alors avec de l'héroïne base brute. Maintenant, il s'agit de la précipiter à l'aide d'alcool, d'acide chlorhydrique et d'éther. C'est une fois séchée et broyée qu'apparaît l'héroïne base pure appelée encore héroïne blanche[2]. En somme, un processus particulièrement long et dangereux. Qui exige un dosage précis et un temps de chauffage exact.

On le voit, la recette exacte de l'héroïne n'est pas à la portée de tous et encore moins à la disposition du milieu corse de Marseille. Mais Spirito et Carbone sont chanceux puisqu'un de leurs clubs de Pigalle reçoit la visite régulière

---

pour importation illégale de produits pharmaceutiques, la seconde pour importation de vingt kilos d'opium. Dans ce cas, la drogue était dissimulée dans les bagages d'un « courrier » voyageant en première classe à bord du SS Exeter.

1. La morphine base est obtenue après trempage et filtration d'opium brut dans un bain d'eau, de chaux éteinte et de chlorhydrate d'amonium.

2. Ou encore héroïne n° 4, en référence à l'héroïne pourpre, ou n° 3, fabriquée essentiellement en Asie du Sud-Est et dont la pureté est moins importante.

d'un savant, retraité d'un laboratoire pharmaceutique de la région lyonnaise. L'homme, amateur de boisson, de filles faciles et de films pornographiques offre, en échange d'un accès illimité aux prostituées de Spirito et de Carbone, les secrets de la fabrication de l'héroïne au milieu français. Et forme lui-même le premier chimiste qui sera au seul service de ce trafic de drogue : Dominique Albertini, élève brillant et talentueux dont l'héroïne frôle la pureté absolue [1] et dont les cadences de travail se révèlent impressionnantes. Par ailleurs, et c'est la signature de « l'école française », il n'a besoin ni de laboratoire ni de matériel de précision pour réaliser cette manipulation, se satisfaisant d'une cuisine discrète et de quelques accessoires [2].

Avec de tels atouts, l'école française acquiert rapidement une réputation internationale et place les Corses dans une position incontournable. Désormais, l'héroïne raffinée par leurs soins est revendue à la Cosa Nostra américaine et commence à se répandre dans les rues de New York. Seule la Seconde Guerre mondiale fut en mesure de stopper ce flux, l'un des effets méconnus du conflit étant

---

1. Jusque dans les années soixante-dix, pour être vendue sur le marché américain, l'héroïne devait avoir un taux de pureté minimal de 95 %. Aujourd'hui, avant même d'être recoupée par les revendeurs, sa pureté excède rarement les 50 %. Les chimistes utilisent fréquemment du benzoil-tropeine pour altérer l'héroïne sans que cela se décèle au moment de la vente en gros.

2. Cet aspect artisanal de la fabrication de l'héroïne surprendra les autorités américaines impliquées dans le démantèlement de la French Connection. Les Américains s'attendaient à voir des laboratoires ultra-perfectionnés là où ils ne découvrirent que des sous-sols et autres terrasses de villas où l'héroïne séchait à l'air libre. Cet aspect fut aussi une des armes de la French Connection. Sans équipement lourd ni matériel de pointe, camouflés dans les quartiers résidentiels de la région aixoise, les « laboratoires » clandestins étaient presque impossibles à repérer.

la rupture soudaine des routes de la drogue. L'effet sur le marché américain fut d'ailleurs tellement radical qu'en 1945 le nombre de consommateurs d'héroïne avait atteint son plus bas niveau ! Et aujourd'hui les plus importants experts estiment que si les autorités américaines s'étaient montrées plus vigilantes, il aurait été possible d'éradiquer la demande en moins de deux ans [1]. Mais c'était sans compter sur le génie et l'organisation de Luciano et de Lansky.

★
★ ★

La conférence de Cuba en 1947, comme nous l'avons vu, jeta les bases de l'internationalisation du trafic. Or un point de cette rencontre au sommet est capital à connaître pour comprendre les deux décennies à venir, bien qu'ignoré par les historiens du crime organisé.

Comme déjà expliqué, le séjour de Lucky Luciano à La Havane fut l'occasion pour le « directeur » de la Cosa Nostra de recevoir diverses délégations afin de « répondre aux enjeux des nouveaux équilibres mondiaux ». Personne aujourd'hui n'ignore donc la présence des représentants des plus importantes « familles » américaines. En revanche, une information a été passée sous silence, sûrement parce qu'elle ancrait encore un peu plus le crime organisé dans la sordide réalité du trafic de drogue. Une évidence qu'avec une étrange pudeur la Cosa Nostra tente aujour-

---

1. Même s'il s'agit d'histoire prospective, force est de remarquer qu'au lendemain de la Seconde Guerre mondiale l'Europe semble en avoir terminé avec son problème de consommation des dérivés de l'opium. Une tendance qui, pour des raisons qui serons développées plus tard, perdurera jusqu'au début des années 1970. À noter en outre que les statistiques allemandes pour 1971 font état d'une population d'héroï-nomanes ne dépassant pas les vingt-cinq cas pour l'ensemble du pays !

d'hui encore de nier. C'est la présence, parmi les visiteurs de Luciano, d'un groupe d'hommes venus de Montréal ayant à sa tête François Spirito lui-même[1].

Comme Luciano se trouve dans une logique d'affaire et d'expansion et que, sans la Seconde Guerre mondiale les deux hommes seraient sûrement restés associés, cette rencontre n'a rien d'illogique. Mieux, le trafic de drogue supportant mal l'imprévu, c'est en fait tout naturellement que Luciano se tourne vers son ancien partenaire, un associé dont les connections dans le milieu marseillais sont loin d'être évanouies malgré son choix de la collaboration.

★

★ ★

Après la mort de Carbone en décembre 1943, Spirito a pris soin de quitter Marseille pour se réfugier en Espagne avant de rejoindre Montréal. La fin de son règne arrive. Et coïncide avec l'émergence de celui des frères Guerini, Antoine et Barthélémy, ce dernier étant connu sous le sobriquet de « Mémé ». Tous deux sont d'anciens membres du gang Spirito qui, au début du conflit, ont choisi de manière active le camp de la Résistance. Un de

---

1. L'information m'a été communiquée par une de mes sources qui fut un membre actif de la French Connection. Si, au départ, il s'agissait pour moi d'une simple probabilité, l'étude des événements découlant de la conférence de Cuba m'amène à donner aujourd'hui le plus grand crédit à cette révélation. D'après la même source, l'un des autres Canadiens présents était Lucien Rivard, lequel, en 1952, figurait depuis près de trois ans au fichier de la Gendarmerie Royale comme l'un des patrons du trafic d'héroïne de Montréal. De plus, ses nombreux voyages à Cuba sont documentés. Différentes informations avancent même que Rivard possédait des parts dans différents casinos de La Havane.

leurs clubs fut en effet une cache pour officiers parachutés ou maquisards, tandis qu'eux-mêmes n'hésitèrent jamais à prêter main-forte et à fournir hommes et matériel pour diverses opérations de sabotage. Étant politiquement proches de la SFIO, l'ancêtre du parti socialiste, grâce à cette couleur politique et à leurs faits d'armes, les Guerini purent prendre la tête du milieu marseillais. Une prépondérance validée par la CIA elle-même qui fit appel à leurs services à deux reprises en 1947 et 1948 afin de casser les mouvements de grèves lancés par le parti communiste et d'empêcher la CGT de contrôler les docks.

Les Guerini étant évidemment des acteurs du trafic d'héroïne – les navires en provenance d'Indochine ne transitent-ils pas par Marseille ? – c'est le plus naturellement du monde qu'ils reprennent contact avec leur ancien patron dont la présence sur le territoire nord-américain constitue une formidable tête de pont. Un geste d'autant plus apprécié que Spirito lui-même a commencé à reconstruire son réseau, étant entré en contact avec Antoine Cordoliani. Lequel joue alors un rôle pivot dans le trafic d'héroïne entre la France et les États-Unis puisqu'il traite directement avec les « Siciliens », appellation qui désigne en fait l'organisation mise en place par Luciano dès son arrivée sur le territoire italien.

Les trois frères Aranci[1], anciens de son réseau ayant servi de lien entre les Guerini et les représentants de Luciano, sont également approchés par Spirito. Lequel, enfin, reprend langue avec Joseph Renucci, truand corse qui tient d'une main de fer depuis le milieu des années trente les routes de la contrebande en Méditerranée. Utilisant le Liban comme port d'attache, il a établi de solides connections au Moyen-Orient et en Afrique du Nord, or Beyrouth est alors une plaque tournante du trafic de mor-

---

1. Georges, Marius et Joseph.

phine base sortie de Turquie. Utilisant la corruption au plus haut niveau de l'État, Renucci a transformé l'ancien protectorat français en succursale de la drogue. Et, après-guerre, son empire s'étend encore. L'héroïne reste, certes, son activité principale, mais il y ajoute tout ce qui peut s'échanger, se consommer et se vendre sur le marché européen alors en pleine reconstruction. Prostitution, or, cigarettes, drogues, alcools, œuvres d'art, d'Ajaccio à Tanger en passant par Marseille, Renucci devient l'incontournable contrebandier de la Méditerranée. Une activité qu'il exerce en intouchable depuis son alliance du début 1947 avec ce « père fondateur » de la Cosa Nostra américaine, récemment expulsé en Italie, l'inévitable Lucky Luciano.

★
★ ★

Guerini, Cordoliani, Renucci, Montréal apparaissent donc comme des atouts essentiels dans le jeu de Spirito en cette époque de nouvelle donne et de redistribution des cartes dans le trafic de l'héroïne tel que Luciano le conçoit. Mais Spirito a encore mieux, un joker qui lui permet de remporter la partie.

Se satisfaisant un temps du complexe pharmaceutique italien, Luciano comprend rapidement que les quantités d'héroïne réclamées par le marché américain dépassent les capacités de production des laboratoires milanais. Il faut donc, comme après les accords de 1931, que le crime organisé prenne en charge la transformation de morphine base en héroïne pure, tâche dont « l'école française » s'est acquittée avec succès par le passé et qui pousse Luciano à contacter Spirito.

Albertini décédé, ce dernier est en contact avec l'un des anciens « élèves » du chimiste dont la pratique a rapidement dépassé celle du maître. Joseph « Joe » Cesari, la quarantaine, est un expert de la fabrication de l'héroïne, un « artisan [1] » dont le métier est recherché par les fondateurs de la French Connection.

Payé à prix d'or [2], réinvestissant son argent dans les voitures de luxe, les propriétés sur la Côte d'Azur et à Paris [3], Cesari met aussi au point des techniques de camouflage rendant difficile la détection des laboratoires. Ainsi, en 1970, la police française devra-t-elle le placer sous surveillance pendant plus de dix-huit mois avant d'aboutir le 28 avril 1972 et de découvrir que dans la villa que Cesari avait louée à Aubagne, pour ne pas attirer l'attention du voisinage sur son labo, une famille avec enfants avait emménagé ! Cesari ne se rendait sur son lieu de travail qu'une fois la nuit tombée afin de remarquer plus facilement les phares d'une éventuelle voiture suiveuse. Il lui arrivait même de quitter Marseille en matinée pour arriver à Aubagne après vingt heures, passant sa journée sur la route pour égarer les forces de l'ordre. Évidemment, il ne rencontrait jamais ses contacts sur place et imposait ses conditions de négociation. Enfin, il ordonna le port de la barbe à l'un de ses assistants dont le visage avait été

---

1. Le 28 avril 1972, la police française saisit un des « laboratoires » de Joe Cesari. À la surprise générale, elle ne trouve pas de mélangeur automatique ni de sécheur électrique. Le chimiste travaillait encore à la cuillère et séchait son héroïne en terrasse.

2. Cesari reçoit en moyenne 500 dollars par kilo traité et ne travaille pas pour moins de cinquante kilos. Une livraison lui demandait entre vingt-quatre et quarante-huit heures de travail en continu. Dans les années soixante, avant son arrestation d'octobre 1964, il préparait au moins deux livraisons par mois. Son salaire faisait alors de lui l'intermédiaire le mieux payé du trafic d'héroïne.

3. Les chimistes tels que Cesari recyclent également une partie de leur revenus dans les nombreux pressings de la région marseillaise.

marqué par l'exposition aux fumées nocives de la transformation de la morphine base[1].

Un vrai « expert » donc que cet homme de Spirito qui se retrouve impliqué, directement ou à travers ses « élèves », dans la fabrication d'une grande partie de la production mondiale d'héroïne entre 1948 et 1972[2].

★

★ ★

La rencontre Luciano-Spirito est confirmée par d'autres faits et éléments. On sait ainsi que jusqu'à la fin des années cinquante, près des trois quarts de l'héroïne retrouvée sur le marché américain a transité par le Canada, Montréal plus particulièrement. Or François Spirito, épaulé par Joseph Orsini et Antoine d'Agostino, deux anciens du temps de Marseille également en fuite pour avoir rejoint les rangs de la Gestapo, élaborent à ce propos un modus operandi qui fonctionnera jusqu'à la fin des années soixante-dix. Prenons l'exemple d'une de leurs livraisons types. Dans un premier temps Spirito, depuis Montréal, passe commande aux frères Guerini d'une cinquantaine de kilos d'héroïne, lesquels Guerini se tournent

---

1. La fabrication de l'héroïne dégage des fumées acides extrêmement dangereuses. Malgré le port d'un masque à gaz durant la presque totalité du processus, le chimiste a la peau et les poumons attaqués. Autre risque, celui d'une explosion lors de la fusion de la morphine base et de l'acétone à 212 degrés. Une fois pure, l'héroïne fusionne, elle, à 270 degrés.

2. À presque cinquante-neuf ans, incarcéré à nouveau aux Baumettes après son arrestation de 1964, Joseph Cesari a été retrouvé pendu dans sa cellule. Selon le médecin de la prison qui aurait recueilli ses confidences quelques jours plus tôt, il était prêt à partir en Amérique latine pour se lancer dans la production de... cocaïne.

alors vers Renucci pour se fournir en morphine base. Celui-ci décide de passer par le Liban et de profiter du réseau de corruption de Sami Khoury. La morphine traverse donc la frontière turque pour rejoindre Beyrouth où, par bateau, elle transite en Méditerranée. Là, au large de la Sicile ou de la Corse, le « contrebandier » Renucci récupère la cargaison et la livre à Marseille, le plus souvent en échange d'un « titre de copropriété » sur une partie du produit final. Au lieu de demander de l'argent au départ, il préfère en effet recevoir un pourcentage plus élevé de la vente de l'héroïne aux trafiquants américains. Le risque de saisie est certes plus grand mais les bénéfices, une fois la morphine raffinée, proportionnellement bien plus conséquents.

Les hommes de Guerini se chargent ensuite de fournir la morphine à Joe Cesari qui, en quarante-huit heures, leur retourne de l'héroïne pure. Conditionnée en paquets de cinq cents grammes, elle est ensuite dissimulée pour effectuer la traversée vers les États-Unis. Des caches très variées. Il peut s'agir d'un véhicule dont une partie égale au poids de la cargaison a été supprimée par un mécanicien complice, d'une livraison de produits typiquement « sudistes » comme l'huile d'olive, commandée par une des nombreuses sociétés écrans de la Cosa Nostra. Sans parler des solutions plus originales comme un faux ventre de femme enceinte ou l'estomac d'animaux vivants ! Dans le cas, très classique, d'une voiture, celle-ci est ensuite confiée à un « courrier », généralement sans casier judiciaire, qui va la convoyer jusqu'au Canada. Pour tromper la vigilance, celui-ci n'hésite pas à parcourir des milliers de kilomètres avant de rejoindre les ports de Hambourg, d'Anvers ou du Havre. De leur côté, tandis que le « courrier » effectue sa traversée, les Guerini envoient par avion un de leurs hommes de confiance chargé de réceptionner la marchandise avant de la remettre au clan Spirito et de payer le « courrier ». Spirito, lui, a pris soin de prévendre l'héroïne à la Cosa Nostra new-yorkaise. Une fois qu'il s'est assuré de la qualité du produit[1], il choisit à son tour un « courrier », prépare un véhicule et fait livrer la drogue en territoire américain, non loin de la frontière canadienne, quelquefois même à New York directement. Une fois approvisionné, le parrain local divise son stock par quartiers. Là, chaque responsable revend sa part aux trafiquants de rue, à charge pour eux de fournir le consommateur. Bien évidemment, cette extrême morcellisation des tâches, où les transactions se déroulent oralement et où il n'est pas rare que le corse et le sicilien soient plus utilisés que l'anglais[2], constitue une garantie de sécurité pour les hauts responsables du trafic. Dès lors, si les autorités américaines soupçonnent Spirito, Luciano ou Lansky, il leur est impossible de prouver leur implication, situation extrêmement humiliante pour le BNDD et les douanes américaines[3] qui prendra toutefois fin en 1952 lorsque François

---

1. Au début des années soixante-dix, les douaniers français placés à la frontière belge arrêtent un « courrier » qui se rendait à Marseille et dont la voiture de sport dissimulait près de soixante kilos d'héroïne. Interloqués par cette saisie dans le sens contraire des habituelles routes de contrebande, ils apprennent de la bouche même du trafiquant qu'il s'agit en fait d'une livraison refusée par les Américains parce que sa pureté était inférieure aux 95 % promis. Mécontents, ils retournaient la marchandise pour échange !

2. Le problème des langues régionales ou généralement étrangères a toujours été source de difficultés pour les autorités. Autre exemple, l'Allemagne où, dans les années soixante-dix, la police, bien que connaissant les lieux de rencontre et les responsables du trafic de haschich, assistait impuissante à sa propagation sur son territoire. Le réseau était entièrement turc et la police allemande n'avait aucun enquêteur parlant cette langue dans ses rangs.

3. Il faut noter ici que le BNDD et les douanes (US Customs) se livreront à une malsaine concurrence, au point même de faire « capoter » des enquêtes menées par l'agence concurrente afin d'éviter un

Spirito est arrêté à New York où il réside désormais. Après deux ans de bagne à Atlanta [1], expulsé des États-Unis, il rejoint secrètement la France. Là, toujours sous le coup d'une condamnation à mort par contumace pour collaboration, il est écroué. Après à peine huit mois d'incarcération, il est toutefois libéré et peut, officiellement retiré des affaires, s'installer à Sausset-les-Pins près de Toulon où il se lance dans la restauration.

Une reconversion qui a dû faire sourire du côté américain où en 1965, le BNDD place encore François Spirito dans sa liste des parrains français jouant un rôle actif dans le trafic d'héroïne ! Une place qu'il méritait semble-t-il encore lors de son décès en octobre 1967.

★

★ ★

L'expulsion des États-Unis de Spirito et d'une partie de ses hommes ne signifie pas une baisse d'influence du

---

succès à celle-ci. Cette guerre interne sera bien souvent une aubaine pour les trafiquants.

1. Une condamnation légère, le BNDD ne parvenant pas à prouver son implication dans le trafic d'héroïne au sens large mais sa participation, comme quinze autres Corses installés en Amérique du Nord, dans l'affaire dite de la Pizzeria Corso. À noter que cette affaire mettant en cause directement Luciano aurait pu causer sa perte sans la « légendaire » efficacité des tueurs de la Cosa Nostra. En effet, le 20 septembre 1952, Eugenio Giannini est assassiné à New York. Deux ans plus tôt, il se trouvait à Naples pour régler avec Luciano lui-même l'expédition d'héroïne « médicale italienne » vers les États-Unis. Coincé par le BNDD, Giannini avait négocié sa clémence en échange d'informations contre Lucky. Mais, prévenu à temps par une source au sein même du BNDD, le parrain se chargea de faire taire « le canari avant qu'il ne chante ».

réseau corse dans la contrebande de drogue. Bien au contraire même.

À la fin de 1949, Meyer Lansky entreprend un voyage en Europe qui va durer plusieurs mois. Au programme la Grande-Bretagne, la France, la Belgique, la Suisse et l'Italie. Évidemment, le « cerveau » de la Cosa Nostra ne se trouve pas sur le vieux continent pour faire du tourisme. En homme d'affaires avisé, il visite sa chaîne de distribution, passe des accords avec ses fournisseurs et effectue plusieurs étapes à Naples où réside son patron, Lucky Luciano.

Dans la biographie qu'il a consacrée à Meyer Lansky[1], Hank Messick révèle que l'essentiel du séjour du truand en Europe se déroule en France. Plus précisément entre Nice et ses palaces, Marseille et ses laboratoires, Paris et ses clubs. Où il rencontre à plusieurs reprises les responsables du milieu français dont Joseph Renucci et les frères Guerini. Évidemment, les discussions tournent autour du trafic d'héroïne, Lansky étant clairement en France pour évaluer l'efficacité de l'infrastructure « corse » et négocier les marges. Satisfait, il conclue son périple par Naples. Rassuré par l'avis de son consigliere, Luciano donne alors son aval à cette mondialisation du trafic d'héroïne que les médias américains baptiseront, de manière incomplète, la French Connection.

Si ce retour en arrière peut sembler assez long, il est indispensable pour démontrer que l'expulsion de Spirito n'a constitué qu'un contretemps mineur. Car au-delà des

---

1. *Lansky*, Hank Messick, Putnam's, 1971.

hommes, les structures mises en place par les Marseillais existent bel et bien et, une fois validées par le duo Luciano-Lansky, continuent à fonctionner sans être tributaires du sort de ses « ingénieurs ». L'importance du réseau corse va même s'accroître avec la nécessité pour les contrebandiers de trouver de nouvelles routes afin de contourner la pression policière au Canada et aux États-Unis.

À la fin de la Seconde Guerre mondiale, une importante partie du milieu français ayant collaboré avec les Allemands, et plus précisément avec la Gestapo à laquelle les truands apportaient une aide considérable en pratiquant l'infiltration, la délation, la trahison, le racket et la torture, pour beaucoup il fallut fuir. Direction le Canada, l'Indochine et l'Amérique latine qui, tour à tour, vont devenir les lieux stratégiques du commerce de l'héroïne.

À Montréal dans le sillage de Spirito, on retrouve ainsi Joseph Orsini, qui apporta son aide à La Milice et acquit la réputation de pouvoir faire parler n'importe qui, mais également Antoine d'Agostino alias Michel Sisco. Né en Algérie française[1] de parents napolitains, celui-ci possède un pedigree chargé puisqu'il a été condamné pour la première fois en 1935 pour vol qualifié. Après deux ans de prison, il rejoint le gang Spirito et Marseille où, en octobre 1938, il se voit interdit de séjour pour viol et proxénétisme aggravé. Monté à Paris, il s'installe près de Montmartre et, parallèlement à une activité de braqueur de banques, apporte sa collaboration aux services chargés des interrogatoires pour la Gestapo. Au moment de la Libération, il se réfugie un temps en province avant de se réinstaller dans la capitale en propriétaire de restaurant et cabaret. Nouvel éclat en novembre 1947 lorsqu'il se retrouve impliqué dans un trafic de tickets de rationnement. Il disparaît à nouveau mais est condamné à ce titre

---

1. Le 18 décembre 1918 à Bône.

à cinq ans de prison par contumace. Une sentence qui est l'occasion pour la justice française de se plonger dans son passé et de mettre à jour ses activités de collaborateur. Résultat, le 23 juillet 1948, il est condamné à mort, toujours en son absence. Comme il lui devient impossible de rester, même caché, en France, d'Agostino rejoint alors l'Italie où, depuis San Remo, il se lance dans la fabrication de fausse monnaie. Ce réseau étant démantelé rapidement, il s'envole alors pour le Canada où son ancien patron marseillais est prêt à l'accueillir. En somme, Antoine d'Agostino n'est ni un parrain, ni un consigliere, mais l'exemple parfait de cette « armée » issue du milieu français et de la collaboration qui, constituée de « bons soldats », va établir la réputation de la French Connection.

★
★ ★

Un autre homme, au profil équivalent, lui aussi proche de Spirito, va jusqu'en 1972 permettre aux trafiquants d'héroïne d'inonder le marché de poudre blanche. Son nom : Auguste Joseph Ricord, père de la Latin Connection.

Ricord est né le 26 avril 1911 à Marseille de parents, corses, Pierre et Joséphine, et commence très tôt à faire parler de lui. Avant ses seize ans, il est déjà coupable de vol et d'extorsion. Quelques mois plus tard, en novembre 1927, on le condamne pour voie de faits, violence sur agent et port illégal d'arme. L'air de Marseille devenant irrespirable, Ricord s'installe à Paris. Une nouvelle fois, il se fait remarquer pour vol et recel avant, subitement, de ne plus faire parler de lui jusqu'en 1939[1]. Une

---

1. Une nouvelle fois pour port d'arme sans permis.

rédemption que ce silence ? Évidemment pas. C'est juste que la « petite frappe » étant désormais intégrée au milieu n'a plus besoin de rapine pour subsister. Remarqué par le duo Carbone-Spirito, Ricord a en effet été pris en main et a débuté dans le proxénétisme. Pour le compte de ses patrons marseillais, il « gère » une dizaine de prostituées dans le XVIIIe arrondissement. Bientôt, comme il est écrit dans un rapport de police du 27 mars 1971 : « Il vit des profits que lui rapporte la prostitution mais ne sera jamais arrêté pour cela. »

L'arrivée des troupes allemandes à Paris et les bonnes relations qu'il instaure rapidement avec elles sont une confirmation de son engagement, sur conseil de ses patrons marseillais, au sein du parti populaire français et dans la lutte contre le communisme.

Les stratèges nazis, conscients de cette proximité idéologique, se rapprochent alors sans peine du milieu à Marseille et à Paris. Or Ricord va être l'un de ceux qui pousseront la collaboration avec l'ennemi à son apogée. Un rapport du BNDD rédigé en 1970 contenant sa notice biographique avance qu'il « était membre de la Gestapo dans la France occupée ». Ce qui est certain en tout cas c'est que Ricord, en compagnie de nouveaux compagnons issus eux aussi du milieu tels Joseph Orsini et Antoine d'Agostino, prend part à des séances de torture organisées dans le quartier général de la Gestapo à Paris. Selon un agent du BNDD à Washington ayant eu un entretien avec Ricord en 1972 : « S'il ne faisait peut-être pas partie officiellement de la Gestapo, c'était tout comme. Son boulot, c'était de faire parler. [1] » Dans tous les cas, les nazis reconnaissent ses services ainsi que ceux de ses associés et fer-

---

1. In *Contrabandista !* par Evert Clark et Nicolas Horrock, Prager Publishers, 1973.

ment les yeux sur leurs activités illégales [1]. Ainsi, il devient propriétaire de clubs, de restaurants et de maisons closes, à Paris comme dans le nord du pays. À Paris, ses établissements sont des lieux tellement appréciés par l'envahisseur que Ricord amasse une fortune estimée par les services américains à 100 000 dollars de l'époque, soit près d'un million de nos jours.

Un pactole qui lui permet de quitter la France quelque temps avant la Libération. Sa première destination semble être l'Italie et Milan qu'il atteint en passant par l'Allemagne et l'Autriche. S'il faut employer le conditionnel ici, c'est que certains rapports retrouvent sa trace en Espagne dès 1944. Mais, toujours selon les mêmes sources, sa demande d'asile rejetée, il rejoint Rio de Janeiro en 1946 pour finalement s'installer à Buenos Aires un an plus tard. Là, il retrouve certains de ses confrères corses ayant eux aussi travaillé pour les nazis. Selon différentes informations de la CIA, Ricord croise également la route de Klaus Barbie dans cette Argentine d'après-guerre au fort accent allemand [2]. Devenu citoyen argentin avec l'aide de sa demi-sœur, Maria Traversa Bonsignour, il se lance avec succès dans la restauration [3] puis dans la gestion de clubs [4].

---

1. Une autre preuve de la relation privilégiée entre Ricord et les nazis figure dans un rapport du SDECE le concernant. On y apprend que le 9 septembre 1942, il est arrêté par la police française pour vol à main armée et est incarcéré, mais que sur ordre des forces d'occupation allemandes il est immédiatement libéré et les poursuites abandonnées.

2. Il faut préciser qu'à l'époque la toute-puissante armée argentine, qui contrôle les rênes du pouvoir, s'inspire ouvertement de la discipline et des méthodes des troupes d'élite du régime hitlérien, les tristement célèbres S.S.

3. Il possède El Nido, La Pompadour, Le Monsieur André, L'Étoile, L'Auberge provençale et Chez Danielle.

4. D'abord avec Le Fétiche puis ensuite Le Lido, lieu de rencontre du pouvoir argentin.

Une activité de façade[1] qui lui permet d'avoir les coudées franches pour des actions bien plus lucratives : le proxénétisme et le trafic de drogue.

Car Joseph Ricord, alias Dédé alias Cori alias André, n'a jamais cessé de communiquer avec le milieu marseillais, qu'il s'agisse des patrons de l'ancienne génération comme Spirito ou des nouveaux tels les frères Guerini. Un milieu qui va rapidement comprendre l'intérêt de travailler avec l'Argentin. D'abord, l'Amérique latine est une terre vierge où il n'est pas difficile à quelques hommes organisés, déterminés et armés, de tirer de gros bénéfices. Les ports sont nombreux, les officiels facilement corruptibles. De plus Interpol n'y a que peu de pouvoir et le pays s'oppose généralement à l'extradition. Enfin, la présence de Ricord assurant un travail, des faux papiers et un point de chute à beaucoup d'hommes ayant des choses à cacher, cette partie du continent va devenir une nouvelle zone d'activité pour truands « grillés » en France. Le plus célèbre d'entre eux est peut-être Christian David dit « le beau Serge[2] », ancien braqueur devenu porte-flingue du milieu. Encarté au SAC, il aurait également effectué quelques missions pour le SDECE et été recruté pour opérer en Algérie contre les militants du FLN. Là, avec d'autres barbouzes, on prétend qu'il pratique la torture.

---

1. Son intégration est si parfaite que, comme le note un officiel du BNDD, « il disparaît. C'est étonnant – à la lumière de ses réelles activités – de se retrouver face à des dossiers presque vides ».

2. En plus de David, l'équipe de Ricord est un mélange hétéroclite de Corses de Marseille et d'anciens collaborateurs. À noter les noms de Lucien Sarti, recherché pour le meurtre d'un policier en Belgique, Claude Pastou, Michel Nicoli, René Santamaria ou encore Armand Charpentier suspecté d'avoir organisé une tentative d'assassinat du général de Gaulle lors d'un voyage officiel en Amérique du Sud en 1964. Plus tard, envoyé par la Cosa Nostra sicilienne, Tommaso Buscetta rejoindra le réseau.

En 1966, il abat de sang-froid le commissaire Maurice Galibert qui tente de l'interpeller. En fuite, mais protégé par les frères Guerini, il est exfiltré vers l'Argentine et le réseau Ricord. Là, il devient le lieutenant du Corse et, jusqu'en 1972 et son arrestation au Brésil[1], supervise la Latin Connection[2].

★
★ ★

Les activités du réseau Ricord lui donnent un autre avantage aux yeux du crime organisé. Ses clubs et ses maisons closes drainent une clientèle issue directement du pouvoir financier et politique d'Argentine mais aussi des pays voisins[3]. Ce qui permet d'obtenir informations, autorisations et protections. La puissance de Ricord prend tout son sens avec les incidents de 1957. Cette année-là, deux de ses hommes, Jean Lunardi et François Capezza, sont recherchés par Interpol pour un triple meurtre à Pigalle. Capturés à Buenos Aires, craignant une extradition, ils chargent Ricord et livrent les moindres détails du réseau de prostitution de « Monsieur Dédé » pour lequel ils travaillent depuis bientôt un an. Prévenu de sa présence en Argentine, la France demande donc son extradition afin de le juger pour crime de guerre. Bien que le dossier soit solide, le gouvernement argentin refuse. Toutefois, pour

---

1. C'est lors d'une des séances de torture conduites par la police brésilienne qu'il dira avoir participé au meurtre de Medhi Ben Barka.
2. D'autres informations sur Christian David et plus particulièrement ses « révélations » sur l'assassinat de John Kennedy sont disponibles dans *JFK, autopsie d'un crime d'État* du même auteur.
3. Il n'est pas impossible d'ailleurs que, voulant profiter de cet accès direct à l'information, dans le cadre de sa lutte contre le communisme, la CIA ait enrôlé Joseph Auguste Ricord.

donner le change, sous prétexte que la prostitution est interdite dans la ville de Buenos Aires, il demande à Ricord de quitter le pays[1]. Sa prochaine étape est Montevideo en Uruguay où il réside sous le nom de Lucien Darguelles[2]. Mais pas pour longtemps puisque après avoir établi un réseau similaire à celui constitué en Argentine fait de restaurants, de clubs, de maisons closes et de sociétés d'import-export, il emménage un an plus tard à Caracas. Où, à nouveau, Ricord achète plusieurs établissements et, selon un rapport de la police de la ville, se montre « très actif dans le monde du proxénétisme[3] ». Enfin, Ricord conclut son odyssée sud-américaine par le Paraguay et sa capitale Asunción où il ouvre à nouveau une dizaine de restaurants et de clubs. Dont le plus célèbre s'appelle le Paris-Nice[4], lequel arbore en enseigne, une reproduction illuminée de la tour Eiffel, qui va rapidement devenir le signe de ralliement de l'internationale du crime organisé. Des visites qui, en 1971, alertent les services américains. Cette année-là en effet, une note des services de renseignements français atterrit sur le bureau du direc-

---

1. Il s'agit en vérité d'une condamnation de façade. Tout d'abord, il faut savoir que Ricord, au fait des lois argentines, avait installé ses maisons closes aux limites de la ville et qu'il aurait donc pu faire appel de cette décision, ce qu'il ne fit pas. Premièrement parce qu'il n'est nullement question d'obligation de fermer ses établissements ni encore moins d'interdiction de territoire. D'ailleurs, durant les dix années suivantes, le Franco-Argentin effectuera très souvent les allers-retours entre Buenos Aires et ses lieux de résidence. Enfin ce sont les autorités argentines qui lui conseillent de rejoindre l'Uruguay dont la politique de refus d'extradition est systématique.

2. Ou bien encore Lucien Dorguelle, Lucien Gegelles et Lucio Maria Darguelles.

3. En particulier avec sa discothèque Le Domino qui, grâce à la présence de filles venant de France, acquiert rapidement une grande renommée dans toute l'Amérique du Sud.

4. Que l'on rencontre parfois sous le nom de Paris-Niza.

teur du BNDD à New York. Un document qui révèle en ces termes et sans ambiguïté la principale activité de Joseph Ricord :

« Parallèlement à son séjour au club Le Domino de Caracas, Ricord a mis sur pied un important réseau qui importe de grosses quantités de narcotiques aux États-Unis. Ses protégés lui servent de courriers. Leur nombre est si grand que les multiples arrestations n'atteignent pas ses affaires qui demeurent excellentes. Il est aujourd'hui officiellement le patron du restaurant Paris-Nice situé dans les environs d'Asunción au Paraguay. »

Si les services français aiguillent les autorités américaines vers le restaurant de Ricord, c'est parce que celui-ci se trouve à proximité de l'aéroport international du Président-Général Stroesser. Un terrain d'où, tous les mois, décollent des avions Cessna chargés d'héroïne[1].

★
★ ★

---

1. Une héroïne qui provient de Turquie via Marseille mais aussi d'Indochine et du Viêtnam. Une nouvelle fois, il s'agit d'une des conséquences de la fin de la guerre. Comme nous l'avons vu, de nombreux membres du milieu français, anciens collaborateurs, ont choisi la « discrétion » à travers la lointaine colonie française. Là, ils vont jouer un rôle actif dans l'envoi d'héroïne n° 3 vers l'Amérique du Sud. Les réseaux de Ricord sont suffisamment solides pour ne pas souffrir ni de la campagne française en Indochine ni de l'engagement américain au Viêtnam. En 1970, Ricord, avec Santo Trafficante, le successeur de Luciano et de Lansky, devient même l'un des seuls responsables du crime organisé à négocier l'achat d'héroïne avec Ma Sikh U, le chef de guerre birman contrôlant le trafic de drogue dans le Triangle d'or.

Il paraît assez étonnant que les Américains aient mis aussi longtemps à comprendre l'étendue de la Latin Connection, réseau reliant Rio de Janeiro, Buenos Aires, Montevideo, Caracas et Asunción. Et encore plus de temps pour établir le rapprochement avec l'étrange itinéraire de Joseph-Auguste Ricord, ce Corse de Marseille.

Cet aveuglement, aux conséquences graves puisque la Latin Connection est en charge d'au moins 35 % de l'héroïne revendue aux États-Unis, s'explique sans doute par une hypothèse audacieuse où l'intérêt d'une agence de renseignements passe avant la lutte contre le trafic de drogue. Le réseau Ricord constitué d'anciens truands mais aussi de policiers, de financiers, de militaires et de politiques, représente une formidable source d'informations ne laissant vraisemblablement pas insensible la CIA. Or l'agence américaine est extrêmement impliquée en Amérique du Sud où elle craint une contagion communiste après le succès de Castro à Cuba et la popularité de Che Guevara. Les différentes enquêtes effectuées par le Congrès américain après 1975 ont du reste peu à peu démontré que le rôle de la CIA ne s'est pas limité à des conseils techniques et à de la propagande politique, mais que des Américains ont participé, souvent fomenté même, des opérations de sabotage, des tentatives de coups d'État, voire des meurtres de politiques et de leaders associatifs. Mais aussi que dans cette guerre de l'ombre contre le communisme, la CIA n'a pas hésité à s'associer avec des représentants du crime organisé, le cas le plus connu étant évidement la double implication CIA-Cosa Nostra dans les multiples tentatives d'assassinat de Fidel Castro[1].

Dans les années soixante, le BNDD dispose d'une seule antenne en Amérique du Sud, au Brésil plus précisément.

1. À ce sujet, lire du même auteur *JFK, autopsie d'un crime d'État*, *op. cit.*

Pour le reste du continent, il est redevable des informations transmises par les autorités locales lorsqu'elles le désirent et lorsqu'elles ne protègent pas les trafiquants. Conscient des limites d'un tel système, le bureau de lutte antidrogue américain s'appuie donc essentiellement sur une source réputée plus fiable : la CIA. Le seul problème c'est qu'apparemment l'agence a préféré parfois protéger des alliés anticommunistes comme Ricord au passé lourdement chargé, et fermer les yeux sur leurs activités. En tout cas, selon certains enquêteurs du BNDD puis de la DEA que j'ai rencontrés lors de mon enquête, cette hypothèse expliquerait l'absence d'informations sur la Latin Connection durant près de vingt ans.

L'absence d'intérêt des États-Unis envers les réseaux sud-américains s'explique également par une faille entrevue par Luciano, Meyer et Spirito, laquelle les a incités à travailler avec Ricord. Parce que tout au long des années 1950 et 1960, les autorités américaines et canadiennes intensifient la lutte contre l'héroïne arrivant de Marseille, ce qui implique une présence plus accrue en Europe mais également dans les lieux traditionnels d'arrivée de marchandises, les ports et aéroports, les hommes du BNDD ne manquent pas de travail. Occupés ailleurs et de plus en plus efficaces, ils ont contraint les architectes de la mondialisation de la drogue à ouvrir la nouvelle route de la Latin Connection. Une route qui s'est développée grâce à l'absence d'informations et parce que le BNDD et les douanes travaillaient déjà à plein temps sur la Côte Est de l'Amérique du Nord, tout en surveillant la Floride et l'Europe. Dès lors, tandis que la quantité d'héroïne rentrant à Montréal diminuait et que les autorités avaient l'illusion d'y être pour quelque chose, le Texas, le Nouveau-Mexique, l'Arizona, la Californie et la Louisiane devenaient de nouvelles destinations pour la poudre blanche.

★
★ ★

Pour en conclure avec la French Connection, il faut aborder sa chute au début des années 1970. Les Américains qui, il faut le reconnaître, s'impliquèrent énormément dans la lutte contre l'héroïne marseillaise, ont tendance à donner une explication simple, et même simpliste, à ce succès : la volonté d'en finir affichée par le Président Nixon.

Il est vrai que Nixon a fait de la lutte « contre l'épidémie d'héroïne » une des priorités de son mandat, offrant des moyens financiers colossaux aux différentes agences américaines. Mais, contrairement aux croyances entretenues outre-Atlantique, l'argent et la volonté politique ne suffisent pas lorsqu'il s'agit de lutter contre les trafiquants de drogue. Une vérité d'hier, d'aujourd'hui et malheureusement de demain.

Avant Nixon, Eisenhower et Kennedy avaient également attribué des crédits, fait voter des lois, instauré des commissions. Certes Lyndon B. Johnson, englué dans le bourbier vietnamien, avait globalement négligé ce mal devenant préoccupant tellement il semblait toucher la jeunesse américaine et, après l'échec à Hanoï, Nixon avait besoin d'une nouvelle guerre qu'il pensait pouvoir gagner. Poussé par une pression médiatique inédite titrant désormais sur les multiples cas d'overdose, il fit de l'héroïne un fléau moderne et se proposa ni plus ni moins de l'abattre.

Aussi, en mai 1970, le Président nomme-t-il un nouvel ambassadeur en France, Arthur Watson, ancien directeur d'IBM. Quelques jours plus tôt, le Président des États-Unis lui a clairement défini sa mission : en terminer avec la production de l'héroïne en France, désormais priorité principale du gouvernement américain. La première salve de Watson est tirée par l'intermédiaire de John Cusak, le nouveau patron du BNDD pour l'Europe. Dans un entretien repris dans différents quotidiens de l'Hexagone, l'Américain parle pour la première fois sans tabou des laboratoires de la région marseillaise et de l'impunité des trafiquants pourtant connus des services de police. Une impunité que Cusak n'hésite pas à mettre sur le compte d'un soutien politique aux niveaux local et national. L'accusation fait tellement de bruit que le directeur du BNDD se retrouve décrié par l'ensemble de la classe politique française déchaînée. Mais l'attitude la plus équivoque apparaît surtout dans la presse marseillaise. À l'époque, trois quotidiens de différentes couleurs politiques se partagent la ville. Il y a la communiste *Marseillaise*, le *Méridional*, clairement de droite, et *Le Provençal* avec son édition de fin d'après-midi, *Le Soir*, lequel est socialiste et appartient au maire de Marseille, Gaston Defferre.

Defferre, ancien avocat, est un héros de la Résistance marseillaise. Maire de 1944 à 1945, il retrouve son fauteuil en 1953 et depuis lors ne le quitte plus. Sur le plan national, celui qui fut sénateur des Bouches-du-Rhône de 1959 à 1962 est devenu l'un des leaders de la SFIO puis du parti socialiste aux côtés de François Mitterrand. En 1969, il se présente d'ailleurs à l'élection présidentielle sous l'étiquette du parti.

Or, depuis la fin de la guerre, les services américains sont convaincus d'une collusion entre le clan Defferre et le milieu marseillais. Une « collaboration » bâtie à les en croire sur les mêmes bases que celles qui unissaient Sabiani à Spirito et à Carbone. En échange d'une relative tranquillité et d'un accès privilégié aux marchés publics, le milieu lui aurait fourni service d'ordre, colleurs d'affiches, interventions musclées lors des meetings d'opposants ainsi qu'un électorat fidèle. Le BNDD se dit persuadé que Gaston Defferre, après avoir fait de même avec les frères Guerini[1], entretiendrait des relations d'intérêts avec l'un des nouveaux parrains de la ville, Dominique Venturi. Ce que le maire de Marseille a bien évidemment toujours contesté. Au demeurant, aucune preuve formelle n'a jamais été avancée.

Lequel Venturi, avec son frère Jean, est depuis le début des années cinquante placé sous surveillance par l'Office central pour la répression du trafic illicite des stupéfiants de la Sûreté française. Inscrits au fichier du grand banditisme français, leur implication active dans le commerce de l'héroïne ne fait pas de doute. Nés en Corse au début des années 1920, ils rejoignent Marseille à la fin de la Seconde Guerre mondiale. Officiellement navigateurs aux Messageries maritimes, ils rencontrent Antoine Paolini, un Corse travaillant pour Joseph Renucci. Or, si Marseille et ses laboratoires sont en majorité placés sous l'influence des frères Guerini, le transport de la morphine base des champs turcs aux plages du sud de la France est le terrain privilégié de Renucci. Qui, afin de parfaire son assise au Moyen-Orient et plus particulièrement au Liban, a expédié à Tanger puis à Beyrouth l'un de ses protégés : Marcel Fransisci.

Fransisci est né le 30 novembre 1919 en Corse. Au premier regard, rien dans son passé ne semble le prédisposer à rejoindre le milieu marseillais. Appelé sous les couleurs en 1939, il est capturé par les troupes allemandes puis s'évade pour rejoindre l'Afrique du Nord. Là, il incorpore les troupes de Leclerc et participe à la libération de l'Italie puis de la France pour terminer sa campagne en Alle-

---

1. Le quotidien du New Jersey, *Newsday* avance ainsi que Gaston Defferre a assisté aux funérailles d'Antoine Guerini en 1967 en Corse. Guerini venait d'être abattu dans le cadre de la guerre des gangs l'opposant au clan Venturi. *Newsday* obtiendra le prix Pulitzer pour l'ensemble de son enquête sur les routes de l'héroïne.

magne. Combattant de valeur, il reçoit la croix de guerre. La guerre terminée, Fransisci est à Marseille où, par l'intermédiaire d'un cousin, il se retrouve engagé dans le gang Renucci. Avant la morphine, il participe au trafic de cigarettes et d'alcool entre la France et l'Afrique du Nord. Jusqu'au jour où, impressionné par son intelligence, Renucci l'envoie à Tanger en 1948 pour entrer en relation avec Sami Khoury, l'homme d'affaires libanais sans lequel il est impossible de rapatrier la morphine depuis la Turquie.

Et quand, au milieu des années cinquante, Joseph Renucci décède, il laisse les rênes de son empire au duo Fransisci-Venturi. Une idée fort brillante puisque l'un, Dominique Venturi, est socialiste tandis que l'autre est depuis la fin de la guerre un soutien de la cause gaulliste. Un dossier de la Brigade criminelle à Paris en date du 27 mars 1969 affirme d'ailleurs que « depuis 1946, Marcel Fransisci appartient au mouvement gaulliste, le RPF » et ajoute que « depuis 1958, il a mené des campagnes électorales en Corse en faveur de candidats de l'UDR [... et] ne cache pas son amitié avec le député Jean Bozzi et M. Sanguinetti avec qui il partage les mêmes idées politiques. »

Bozzi, ami d'enfance de Fransisci, est un député corse qui compte au sein de l'UDR. Mais plus encore, entre 1962 et 1967, il dirige la police française directement sous les ordres du ministre de l'Intérieur, Roger Frey. Une fonction occupée de 1960 à 1962 par Alexandre Sanguinetti, député et membre de la direction de l'UDR.

Il est intéressant de se plonger dans le dossier judiciaire et de remarquer qu'à partir de 1958, il ne sera plus jamais arrêté, alors qu'il l'avait été neuf fois dans les dix années précédentes. Or cette date ne correspond-elle pas au retour au pouvoir des gaullistes ? Une coïncidence certes troublante mais qui ne prouve pas pour autant une protection au plus haut de l'État. Quoi qu'il en soit, elle laisse perplexes les autorités américaines qui remarquent que les années gaullistes furent celles du règne de Fransisci. Une impression renforcée lorsqu'en 1971, les journalistes du quotidien du New Jersey, *Newsday*, passent plusieurs semaines en France sur les traces des filières de l'héroïne. Rapidement, alors qu'au départ les autorités françaises les reçoivent ouvertement, ils remarquent que le nom de Fransisci leur ferme des portes. Un responsable du BNDD en poste à Paris leur confie d'ailleurs sous couvert d'anonymat : « À chaque fois que nous avons mentionné le nom de Fransisci, la police française est comme pétrifiée. Ils ne veulent surtout pas en entendre parler. C'est un sujet complètement tabou.[1] »

Quoi qu'il en soit, les relations de Fransisci lui permettent de mener ses activités depuis Paris, et le Club Haussman qu'il dirige, en toute impunité. Financier, organisateur, vraisemblablement corrupteur, il a délégué le traitement de l'héroïne à son associé Dominique Venturi, resté lui sur Marseille. Car si Fransisci peut compter sur le soutien des cadors de l'UDR, Venturi semble proche de la municipalité détenue par Gaston Defferre. À l'appui de cette information, il est possible de citer les pages 14 et 15 du *New York Times* en date du 6 février 1972 où un article détaille les relations Venturi-Defferre. Il y est question de meetings politiques, de services d'ordre musclés, de passion commune pour le yachting et du fait que, cette année-là, l'entreprise chargée de refaire le hall d'accueil de l'hôtel de ville appartenait à Dominique Venturi. Une autre analyse intéressante pour comprendre l'éventuelle relation existant entre le maire et le truand est esquissée par les journalistes de *Newsday*. Dès leur arrivée à Marseille, une source proche de la municipalité les met sur la piste du quotidien *Le Provençal*, en leur affirmant

---

1. In *The Heroin Trail*, Signet, 1974.

que Venturi passe au moins une fois par mois à la rédaction et a demandé parfois à Gaston Defferre, directeur de la rédaction, de ne pas évoquer certains dossiers. L'informateur avance même qu'il était arrivé à ce dernier de se rendre à son avis. Intéressés, les enquêteurs du journal américain remarquent qu'en seize ans, jamais *Le Provençal* n'a publié une photographie de Venturi ou évoqué son nom. À une exception notable toutefois, en février 1956 quand le malfrat est jugé. En soi le cas est intéressant puisqu'on découvre que Venturi est autorisé à assister à son procès depuis le couloir au lieu de se retrouver dans le prétoire avec d'autres truands[1]. *Le Provençal*, donc, dresse un compte rendu du jugement et cite pour la première fois le parrain. Seule ombre au tableau, une coquille, bienvenue pour les uns, malheureuse pour les autres, transforme le nom du trafiquant en Dominique Ventura !

En fait, c'est surtout à l'occasion de la publication des propos de John Cusak, le directeur pour l'Europe du BNDD, que le comportement du quotidien socialiste se révèle le plus troublant. Dans un premier temps, le journal décide de ne pas reproduire les accusations de l'Américain et sa mise en cause des pouvoirs politiques protégeant les truands. En somme, l'article est publié dans la France entière à l'exception de la région marseillaise, pourtant la plus concernée par l'attaque de Cusak. Le lendemain en revanche, en pleine tempête politico-médiatique, alors que *Le Méridional* annonce son intention de proposer à ses lecteurs le coup de colère du patron du BNDD, Defferre fait machine arrière et, coupant l'herbe sous le pied de son concurrent, publie le fameux papier. Dans une version tronquée, expurgée de toute référence à la collusion présumée entre la mairie et le milieu. Les noms mêmes des truands cités par Cusak ont disparu.

---

1. In *The Heroin Trail, op. cit.*

123

Lorsqu'un politique est confronté à ce genre de révélations, il est tenté de jouer la carte de l'ignorance. Mais aussi bien dans le cas de Defferre que des hauts responsables de l'UDR, cette carte paraît difficile à jouer. Le dossier établi par la Brigade criminelle à Paris en date du 27 mars 1969 et relatif à Marcel Fransisci avance que Sanguinetti et Bozzi détiendraient des informations compromettantes sur les uns ou les autres. Des éléments sous forme de rapport des services français, américains et d'un dossier Interpol.

La Brigade détient aussi nombre d'informations sur Venturi. Une fiche de renseignements de 1964 précise en effet : « Dominique "Nick" Venturi est un malfaiteur à l'échelle internationale [...] Fait partie d'un réseau de trafiquants de drogue se fournissant directement en (morphine) base au Liban. Complicités connues : Cecchini Achille, Fransisci Marcel. » Mais cette note porte, malheureusement sans explications, la mention : « Ne pas arrêter » ! Un autre document accable Venturi, à savoir une liste dressée en 1965 par le Federal Bureau of Narcotics où sont recensés les deux cent quarante-six « acteurs » du commerce de l'héroïne. Dans ce document, transmis aux autorités françaises, les noms de Fransisci et Venturi figurent en bonne place. Au sujet du premier on peut même lire : « important responsable du milieu français. [...] Participe à l'organisation du trafic de morphine base depuis le Moyen-Orient. [1] » Quant aux renseignements donnés sur Venturi, ils se révèlent également sans équivoque : « Source majeure d'approvisionnement d'héroïne provenant de la région marseillaise. [2] »

Il y a même jusqu'à Charles Pasqua qui déclare aux

---

1. U.S. Bureau of Narcotics and Dangerous Drugs, « Persons Known To Be ».
2. Idem.

journalistes de *Newsday* en 1971, après avoir présidé deux ans plus tôt un groupe d'enquête de l'Assemblée nationale sur le problème de la drogue en France, que dès que de grosses sommes d'argent sont en jeu, les gens sont soudains prêts à prendre beaucoup de risques. Et de déclarer qu'il « n'est pas exceptionnel de retrouver impliqués dans ce genre de commerce, des gros bonnets de la finance et du monde des affaires ». Ne croyant toutefois pas que ce type de trafic soit réellement organisé au sommet de l'État, il commente seulement une « probable » implication, directe ou indirecte, de hauts responsables français dans le commerce de la drogue.

Quant à Jean Venturi, le frère de Dominique, lui aussi évoqué dans des documents à maintes reprises, en 1958, alors que les laboratoires marseillais permettent l'importation de quatre tonnes huit d'héroïne par an sur le territoire américain, il s'installe au Canada. Le réseau peut désormais tourner à plein régime. De Paris, Fransisci commande la morphine base au Liban et la fait livrer entre Antibes et Marseille où elle est raffinée sous l'œil superviseur de Dominique Venturi. Une fois prête, celui-ci « l'expédie » à son frère qui, de Montréal, fournit New York et notamment la famille Galante. Fiché en France, aux États-Unis et par Interpol, Jean Venturi apparaît d'ailleurs dans la liste des deux cent quarante-six trafiquants avec la mention : « principal distributeur d'héroïne sur le territoire nord-américain[1] ».

Mais le plus intéressant reste sans doute la couverture qu'il utilise pour dissimuler ses affaires illégales. Car, officiellement, il représente au Canada la société Francavin-Ricard, fabriquant du célèbre pastis. Alerté par le fait que la presse américaine commence à parler des origines canadiennes de son épouse et s'interroge sur la soudaine for-

---

1. Idem.

tune du député, Charles Pasqua, qui fut de 1952 à 1967 l'un des principaux dirigeants de l'entreprise, est contraint de monter au créneau pour démentir les insinuations en train de se propager. L'argent, dit-il, vient d'affaires rondement menées telle la vente de la formule d'un apéritif qu'il a créé : l'Américano. Et concernant Venturi, s'il ne peut nier les liens de ce dernier avec la société Ricard, il rétorque que celui-ci était un simple importateur et distributeur de l'apéritif anisé pour la région de Montréal, qui plus est choisi bien avant son arrivée quand lui-même n'était qu'un directeur des ventes en poste à Paris. Pour conclure, Charles Pasqua annonce que ses seuls contacts avec Venturi ont été deux lettres sans réponse et, *in fine*, son remplacement par un autre importateur[1] ! Quant à la question des raisons de la présence massive d'hommes de Guerini, Fransisci et Venturi au sein du SAC, le responsable politique explique : « Lorsque la maison brûle, on ne demande pas la religion du pompier.[2] »

★
★ ★

Pour être complet sur la question des éventuelles protections politiques obtenues par le milieu français et afin de comprendre la longévité puis la chute de la French

---

1. Sur ce point, les journalistes de *Newsday* notent certaines inexactitudes. Selon eux, Venturi aurait travaillé pour la société de 1958 à 1967. Par ailleurs, un porte-parole de l'entreprise cité dans leur enquête avance qu'à l'époque Charles Pasqua était le responsable du développement à l'étranger.

2. In *The Heroïn Trail, op. cit.* Ici Charles Pasqua fait référence à la création du SAC décidée en 1968 pour « répondre » au mouvement étudiant et ouvrier.

Connection, il faut aussi évoquer les relations existant entre les trafiquants et les services secrets français.

Or le financement du Deuxième Bureau puis d'une partie du SDECE par la vente de l'héroïne a été prouvé de manière admirable et indiscutable par le chercheur Alfred McCoy dans son livre *The Politics of Heroïn*. Dès lors, inutile de revenir sur le sujet. Tout comme il est secondaire de développer les liens unissant le SDECE, les barbouzes de la Françafrique à certains trafiquants comme Christian David, Joseph Attia, André La Bay, Ange Simonpieri, Michel Mertz ou Roger Delouette ! En revanche, il est important de citer un document qui traduit l'état d'esprit, sur ce point, des Américains. Pourquoi, aujourd'hui encore, une grande partie des archives du BNDD, des US Customs, de la DEA, du FBI et de la CIA concernant les hommes évoqués plus haut et plus généralement une probable implication du SDECE dans la French Connection sont-ils classés secrets ? Parce que, comme un mémorandum de la CIA l'écrit, on y avance qu'il « est possible, sans que cela soit certain, que les services français et plus particulièrement le SDECE, ou des individus travaillant pour le SDECE mais agissant à leur compte, soient compromis avec un groupe majeur de trafic de drogue » ? Et le texte de poursuivre : « Ces suspicions ont vu le jour suite à l'implication majeure de deux agents du SDECE dans le trafic et les déclarations d'un troisième. Les informations disponibles ne sont pas définitives. D'un certain côté, il est probable que l'implication des agents de la SDECE dans le trafic d'héroïne n'ait rien à voir avec leurs fonctions au sein de l'agence. Mais on peut évoquer aussi fermement que si les services français sont impliqués dans les expéditions concernées, ils auront monté l'ensemble de l'opération en se gardant la possibilité de nier leur implication. [...] Les plus hauts rangs du gouvernement français, de l'industrie et de la société civile, incluant le *"cabinet"* [1], la police et l'armée ont des connections financières et sociales avec les leaders internationaux du milieu corse. [...] Les criminels utilisent cette source d'influence afin d'accomplir leurs objectifs. »

En fait, qu'elles soient vraies ou fausses, ces suppositions instillent le doute dans l'esprit des enquêteurs américains. Pour eux, à tort ou à raison, les responsables hexagonaux ne sont pas fiables. C'est du reste dans cet état d'esprit de suspicion envers les autorités françaises qu'Arthur Watson est nommé ambassadeur des États-Unis en France. Mais, plus que de l'animosité de la part de la France, il va surtout rencontrer une certaine indifférence. Même si, depuis deux ans, vingt-cinq à trente Français décèdent chaque année d'un surdosage d'héroïne, la consommation de poudre blanche apparaît alors chez nous comme un mal américain. Un sentiment partagé par le reste de l'Europe. L'Allemagne, l'Autriche, la Belgique, les Pays-Bas sont prêts à aider les Américains mais sans que cela les oblige à un engagement massif. Aussi est-ce avec un regard au mieux curieux mais bien souvent lassé que les autorités françaises assistent aux « gesticulations » de Watson.

Pourtant, force est de constater que l'efficacité des Américains en Europe même, là où l'héroïne est fabriquée, s'avère réelle. Tout comme leur présence sur le nouvel itinéraire de la drogue, qui part désormais de la Turquie pour aller en Bulgarie et ensuite en Allemagne avant d'arriver sur Marseille. Mais si les succès américains

---

1. Le rapport utilise le terme « cabinet » sans plus de précision. Il peut s'agir de l'entourage de l'Élysée comme de celui de Matignon... Ou peut-être des deux.

sont spectaculaires[1], bien souvent ils se révèlent hélas insuffisants. En plus de méthodes différentes, d'une stérile concurrence entre le BNDD et les US Customs, les Américains découvrent que si le crime organisé se moque des frontières, les autorités légales, elles, doivent demander des autorisations avant d'agir dans un pays étranger. Un processus long fréquemment voué à l'échec !

★

★ ★

Autre tentative de Watson, digne d'un scénario à la James Bond, le recours à l'arme technologique. Pour ce faire, il demande en effet au docteur Edgar Piret, attaché scientifique de l'ambassade, de mettre au point une technique permettant de découvrir les laboratoires marseillais. Des saisies réclamées avec insistance par Nixon, le Congrès et la presse américaine. Après avoir compilé l'ensemble des informations disponibles sur le raffinage de l'héroïne, Piret pense avoir trouvé la faille. Selon lui, il suffirait de développer un appareil capable de « sentir » la présence d'anhydrides acétiques dans l'air pour débusquer les chimistes. Bien qu'en apparence farfelue, l'idée n'est pas aussi infondée qu'on pourrait le croire. Une société californienne, Varian Associates, a d'ailleurs déjà élaboré une technique similaire durant la guerre du Viêtnam afin de détecter la présence de drogue dans l'urine. Forte de ce précédent, la compagnie est donc contactée et commanditée par le gouvernement américain pour fabriquer le premier « renifleur d'héroïne » de l'histoire. Fin

---

1. À ce sujet, lire l'ouvrage *French Connection* de Robin Moore. S'il s'agit, sur la forme, d'un roman policier efficace, il est entièrement basé sur des faits réels.

1971, cette nouvelle technologie testée avec succès aux États-Unis et installée à l'intérieur d'un Combi Volkswagen, commence donc à sillonner les rues de Marseille à la recherche de fumées s'échappant de laboratoires clandestins. Rapidement, le système fonctionne et les services de Watson peuvent dessiner une carte pointant des dizaines de laboratoires au sein même de la cité phocéenne. Mais l'ambassadeur doit vite déchanter quand il constate que chaque point de sa carte indique en fait... un restaurant : le renifleur avait détecté la présence de vinaigrette et n'avait pas pu faire la différence entre de l'acide acétique et une préparation à salade !

Ne désespérant pas de trouver un moyen scientifique permettant d'abattre la French Connection, le docteur Piret, recevant une partie de ses fonds directement par la CIA, se remet au travail. Et décide de ne plus chercher des traces d'héroïne dans l'air mais sous terre, plus précisément dans le réseau d'égouts de Marseille, parce qu'il a remarqué que l'eau utilisée en grande quantité pour transformer la morphine base en héroïne en gardait des traces et terminait dans les égouts. Dans son esprit, il suffit donc de procéder à un échantillonnage scientifique d'eaux usées pour déduire la présence de laboratoires. Dès lors, durant plusieurs semaines, les agents du BNDD jouent les fouilleurs de sous-sol et collectent des échantillons pour analyse. Si la nouvelle méthode Piret va de nouveau échouer à cause de la présence d'autres éléments perturbant l'analyse scientifique, cet entêtement américain aura au moins un mérite : ne pas laisser le gouvernement français insensible !

D'autant que Watson a eu l'habileté de demander à son premier assistant Thomas Murphy, ancien rédacteur du magazine *Fortune*, de faire comprendre aux médias et à l'opinion que le problème américain va devenir un futur mal français. Murphy entame donc un formidable travail de propagande pour certains, de relations publiques pour d'autres. Pour débuter, il livre « clé en main » des articles à la presse française. Des reportages d'autant plus intéressants qu'ils évoquent la propagation du mal dans l'Hexagone à travers l'itinéraire tragique d'accros à l'héroïne[1]. Des vies brisées et des visages éteints qui provoquent un choc parce qu'étant la première confrontation de l'opinion publique française avec les ravages de la poudre. Cette impression de malaise et de peur est même renforcée après que les services de documentation[2] de l'ambassade des États-Unis ont fourni à la télévision française un documentaire américain sur le quotidien d'utilisateurs d'héroïne. Le film, adapté pour le marché hexagonal par l'USIS, frappe les consciences. Tout comme les livres et les conférences gratuites que les Américains proposent à un pays qui commence à s'inquiéter. Selon Murphy, les résultats de cette offensive médiatique dépassent ses espérances. Se fondant sur une série de sondages effectués en 1973 et 1974, il affirme que la propagation de l'héroïne est désormais devenue la préoccupation principale du Français moyen. Même s'il faut sans doute modérer cet enthousiasme, force est de constater que l'héroïne est bel et bien rentrée dans les consciences hexagonales. Obligeant ainsi le gouvernement à prêter main-forte aux agents du BNDD.

Mais là encore, l'explication de l'implication soudaine de la police française dans la chasse aux trafiquants est peut-être, une nouvelle fois, plus complexe que celle avancée par les États-Unis !

---

1. Qui, d'après la petite histoire, ont été débusqués par Watson lui-même dans les quartiers autour de la place de la République.

2. United States Information Services, USIS.

CHAPITRE 5

« Lorsque vous combattez pour la survie d'une nation, vous faites beaucoup de choses que vous ne feriez pas ordinairement. »

Commissaire principal Gilbert RADIGEAU, 1974.

« Si nous ne réussissons pas à détruire la menace de la drogue pesant sur l'Amérique, alors elle nous détruira sans aucun doute. Je ne suis aucunement disposé à accepter cette alternative. Aussi je propose la mise à disposition de nouveaux fonds afin de couvrir le coût de la réhabilitation des consommateurs de drogue. Et je demanderai des fonds supplémentaires pour augmenter nos efforts de répression. Il nous faut serrer le nœud autour du cou des trafiquants de drogue afin de desserrer celui étouffant les consommateurs. »

Le 17 juin 1971, Richard Nixon s'adresse en ces termes au Congrès pour justifier un nouvel arsenal de lois et obtenir le vote de fonds massifs contre le trafic d'héroïne. Bien plus que de convaincre les élus américains, le Président espère que sa déclaration de guerre dépassera les limites de Washington pour résonner jusqu'à sur le port de Marseille.

Avec le tournant des années soixante-dix, le nombre de consommateurs d'héroïne a explosé aux États-Unis. Les estimations les plus optimistes font état d'un demi-million d''« accros », chiffre dont certains, à Washington, estiment qu'il est en dessous de la vérité et qu'il pourrait s'élever au double. Le budget alloué à la lutte contre ce fléau connaît une progression semblable. De 69 700 000 dollars en 1969, il passe à 365 millions deux ans plus tard. En 1974, à l'apogée de la lutte contre la French Connection, il atteindra même le record de 719 millions de dollars. Des sommets qu'il ne quittera pas pendant longtemps[1].

Cette surenchère des chiffres est aussi une réalité chez les contrebandiers. En 1973, l'héroïne mérite plus que jamais son surnom d'or blanc. Alors que le kilo de morphine base est acheté à 220 dollars sur les marchés turcs, une fois transformé en n° 4, il se négocie à 240 000 dollars, soit plus de mille fois son prix initial. Et ce n'est pas en kilos mais en dizaines de tonnes que se compte la quantité de produit entré illégalement aux États-Unis. Latin Connection, Canadian Connection, French Connection et bientôt Mexican Connection, le territoire américain est devenu un luxueux paquebot à la dérive dont les écoutilles prennent l'eau de toutes parts.

Pourtant, alors que l'épidémie semble sans limites, en quelques années la French Connection va s'effondrer comme un château de sable. Et alors que les Américains, Nixon et la toute nouvelle DEA en tête, aiment à s'en attribuer le mérite, une étude minutieuse montre que tout fut beaucoup plus complexe.

---

1. Le total des fonds engagés dans la guerre contre la drogue par les États-Unis depuis Nixon jusqu'à aujourd'hui dépasse les 300 milliards de dollars. Une somme colossale supportée par les contribuables américains dont les résultats peuvent être considérés comme très mitigés. Lire, à ce sujet, l'excellente enquête de Mike Gray, *Drug Crazy*, Routledge, 2000.

★

★ ★

Comme on l'a vu au chapitre précédent, les efforts américains pour atteindre la French Connection sur son propre territoire sont réels. À travers l'itinéraire de l'ambassadeur Watson, les trouvailles du Docteur Piret et les tours médiatiques de Murphy, les États-Unis ont tenté de faire croire à l'opinion publique que c'étaient eux qui avaient terrassé des réseaux existant pour certains depuis le milieu des années trente. Certes, le BNDD a mené des opérations sur le territoire européen et certaines d'entre elles ont abouti à des saisies spectaculaires, à l'interpellation de courriers ou à la découverte de laboratoires clandestins[1], mais de la France à l'Allemagne en passant par la Belgique ou les Pays-Bas, nombre d'observateurs, policiers en tête, ont aussi relevé et dénoncé l'inefficacité des méthodes de leurs homologues américains[2]. En vérité, plus que les millions de l'Amérique, c'est un changement de génération, mouvement qui va toucher simultanément le milieu marseillais, la mafia sicilienne et la Cosa Nostra américaine, ainsi que la prise de conscience du pouvoir français et de sa première agence de renseignements, le

_____

1. Ainsi en 1972, année prolifique, cinq laboratoires sont découverts en France. Seuls deux d'entre eux étaient en activité dont un géré par le légendaire Joe Cesari. Les trois autres étaient à l'abandon. Comme l'indique « triomphalement » l'US Cabinet Committee on International Narcotics Control dans son rapport annuel, il s'agit tout de même d'un total supérieur à celui des saisies effectuées en France durant les dix années précédentes. In Fact Sheet : The Cabinet Committee on International Narcotics Control – A year of progress in drug abuse prevention, Washington D. C., September 1972.

2. Voir à ce sujet, *The Heroin Trail, op. cit.*

SDECE, qui furent responsables de la fin de la French Connection.

Les suspicions américaines relatives à une certaine connivence entre les dirigeants hexagonaux et les trafiquants de drogue remontent au retour au pouvoir du général de Gaulle en 1958, date qui incite à observer avec une grande prudence les informations fournies par le BNDD ou la CIA, le contexte politique de l'époque et les tensions permanentes entre Paris et Washington pouvant faire croire à une manipulation. L'OTAN, le tiers-monde, les bases américaines, les relations avec Moscou, l'Afrique du Nord constituent en effet autant de dossiers extrêmement sensibles qui opposent les deux pays. Dans ce climat épaissi par une espionnite aiguë, il convient donc d'avoir toujours à l'esprit de discerner l'information de la désinformation !

Comme il ne faut pas oublier non plus la vieille tendance américaine à se défaire d'un rôle autre que celui de victime sur l'échiquier du commerce de l'héroïne. Ni sa propension à nier ou à minimiser la collaboration entre certains de ses services et le crime organisé. Et ce alors que, du rôle de Luciano dans la préparation du débarquement en Sicile à la collaboration avec Sam Giancana et Santo Trafficante afin d'abattre Castro, les exemples ne manquent pas de collusion entre l'État américain et les parrains du trafic de drogue ! Et puis plus généralement, comme l'écrit *Le Monde* dans son édition du 17 juin 1973, la frontière entre le monde du renseignement et le crime organisé est floue : « Fort de son expérience de collaboration avec les services de renseignements américains, Lucky Luciano recommandait aux honorables correspondants de son réseau éclaté de Beyrouth à Tanger via Ankara et Marseille, de faire de même. Et c'est ainsi que les trafiquants de drogue et les courriers devinrent les informateurs du MI5 [1], de la CIA, du SDECE, de l'organisation Gehlen [2] et même du SIFFAR italien ».

Enfin, point confirmant une nouvelle fois la tendance nord-américaine à vouloir écrire l'histoire de la contrebande de drogue sans s'y impliquer, il est inexact de lier totalement la collaboration entre les trafiquants et le pouvoir hexagonal au début de la Ve République. En effet, comme l'important travail d'enquête de l'universitaire Alfred W. McCoy [3] l'atteste, les services de renseignements français, du Deuxième Bureau au SDECE, ont utilisé l'opium d'Indochine pour financer la lutte contre la menace communiste dès la fin de la Seconde Guerre mondiale. Et s'il ne fallait retenir qu'un seul passage de l'imposant livre du chercheur américain, c'est celui où il relate son entretien avec le général Maurice Belleux au printemps 1971. Le témoignage de ce militaire, ancien chef des services de renseignements français en Indochine, est essentiel parce qu'en plus de valider l'implication de ses hommes dans le commerce de l'opium, il dévoile la raison principale du révisionnisme américain. « Répondant à une question d'ordre général sur l'opium, Belleux expliqua en détail, raconte le chercheur, comment ses services contrôlaient le marché illégal de l'opium et l'utilisaient pour financer des opérations clandestines contre la guérilla communiste. Le général ajouta que "votre CIA" a hérité du réseau lorsque les Français ont quitté le Viêtnam en 1954. Il suggéra ensuite qu'un voyage à Saïgon révélerait que les services de renseignements américains, comme avant eux les français, étaient impliqués dans le trafic d'opium. D'autres anciens combattants français, notamment le colonel Roger Trinquier, le commandant des

---

1. Service de renseignements britannique.
2. Service de renseignements de l'Allemagne de l'Ouest.
3. *The Politics of Heroin, op. cit.*

parachutistes, confirmèrent à la fois les informations du général et le bien-fondé de sa suggestion. » McCoy effectua donc de nombreux voyages dans cette partie de l'Asie parvenant, grâce à une enquête minutieuse et à des preuves irréfutables, à confirmer les informations du général. En somme, si les services français avaient contrôlé un temps le trafic d'opium indochinois, les Américains avaient bel et bien ensuite pris le relais[1].

★

★ ★

Une fois ces éléments pris en considération, il faut toutefois reconnaître que la majorité des accusations américaines concernant une collaboration entre les trafiquants et le monde politique français semblent reposer sur une part de réalité. S'il est souvent difficile, voire impossible, de parler et de prouver une implication directe du pouvoir dans le commerce de l'héroïne, il est cependant permis de s'interroger sur l'étrange impunité dont va bénéficier le milieu français durant près de quinze ans. Les cas d'Achille Cecchini et de Michel Mertz[2] donnent d'ailleurs une dimension particulière aux suspicions américaines.

Le 5 juillet 1971, débute devant la XVIe Chambre du

---

1. La CIA réussit à obtenir une copie du manuscrit de McCoy avant sa parution et fit pression sur l'éditeur pour ne pas le publier. L'éditeur ne céda pas mais remarqua un soudain désintérêt de la presse pour le travail de McCoy. Les réseaux de l'agence américaine et plus généralement des services de renseignements US dans le monde de l'édition et des médias ont été largement attestés depuis.

2. Michel Mertz se trouvait probablement à Dallas le 22 novembre 1963, jour de l'assassinat du Président John Kennedy. Voir à ce sujet et pour les informations biographiques sur Mertz, *JFK, autopsie d'un crime d'État*, op. cit.

tribunal de grande instance de Paris le procès de Julien Bourgand, Jacques Bousquet, Eugène Malibert, André Bourassin, Jean Mounet, Achille Cecchini et Michel Mertz. Les charges retenues ? Infraction à la législation sur les armes, les munitions et les stupéfiants. Si Bourgand, Bousquet, Malibert, Mounet et Bourassin peuvent être qualifiés de petites prises, pour les autres prévenus cela ne semble pas le cas. Mertz, qui revendique la profession d'exploitant agricole, est en vérité un maillon essentiel du trafic d'héroïne entre la France et le Canada. Son mariage avec la fille de Charles Martel, le patron du milieu montréalais d'avant-guerre, lui permet de jouer les premiers rôles. Comme Luciano, l'empire canadien de Martel est en effet basé sur la prostitution, le beau-père de Mertz possédant la majorité des maisons closes de la région de Montréal. Mais Martel fut également l'un des premiers partenaires de Spirito lorsque celui-ci recherchait un moyen de faire parvenir en Amérique du Nord d'abord de l'héroïne médicale, puis celle de contrebande. Toutefois, Mertz n'est pas seulement un contrebandier : il est aussi un agent du SDECE qui connaîtra son heure de gloire dans les années soixante lorsqu'il infiltrera l'OAS et déjouera un attentat contre le général de Gaulle[1].

Achille Cecchini, né à Marseille de parents corses, est un des éléments clés de la French Connection. Dans les années cinquante, son alliance avec Joseph Orsini et ses contacts dans les ports du sud de la France lui ont permis d'établir son propre réseau. Utilisant les services du Libanais Sami Khoury afin de se fournir en morphine base,

---

1. À noter également que selon une des sources, Mertz a effectué plusieurs missions en Turquie entre 1948 et 1950. L'enquête que j'ai effectuée pour *JFK, autopsie d'un crime d'État* m'a permis de retrouver sa présence au Maroc et au Liban. Tanger, Beyrouth, Istanbul puis Montréal... L'itinéraire de Michel Mertz coïncide parfaitement avec les routes de l'héroïne.

Cecchini gère un ensemble de laboratoires dans l'arrière-pays marseillais. Même s'il est proche des frères Venturi et de Marcel Fransisci, son principal associé s'appelle Michel Mertz. L'union des deux hommes est du reste efficace. Le BNDD estime ainsi que, de 1960 à 1968, le réseau Mertz-Cecchini a introduit plus de deux tonnes d'héroïne, soit une valeur de revente dépassant les 400 millions de dollars. Une « performance » qui leur vaut de figurer en bonne place sur la liste des deux cent quarante-six parrains de la contrebande d'héroïne.

Le 5 juillet 1971 donc, Mertz et Cecchini passent devant la justice après plus de vingt années d'activités illicites[1]. Et lorsque le verdict tombe, la salle d'audience est gagnée d'un certain murmure : les deux hommes viennent d'être condamnés à une peine de prison de cinq ans. Une clémence accentuée par l'exemption de peine pour raison médicale accordée à Cecchini et par le fait que, grâce au jeu des appels, Mertz ne sera incarcéré qu'un an plus tard, avant d'être ensuite libéré après tout juste huit mois de prison[2].

Ce verdict est vécu comme une trahison par les autorités américaines travaillant à faire chuter le réseau depuis 1965. En effet, en octobre de cette année-là, des agents du FBN arrêtent un certain Herman Conder à Colombus, en Géorgie. Lequel transporte près de quatre-vingt kilos

---

1. Il s'agit ici d'une tournure de langage car en fait seul Mertz est présent. Cecchini, âgé de cinquante et un ans, grâce à un certificat médical bienvenu, a été dispensé et est resté à Marseille. Pour les mêmes raisons, il sera condamné mais dispensé de peine. Une décision difficile à accepter pour les services du BNDD qui, ayant placé Cecchini sous surveillance, n'ignorent rien de son habileté à poursuivre ses activités alors qu'un problème cardiaque l'a exempté d'une peine de prison.

2. Lire à ce sujet le témoignage de Mme Mertz dans *The Heroin Trail, op. cit.*

d'héroïne expédiés depuis la France dans les effets person-
nels [1] d'un militaire américain... proche de Michel Mertz.
L'enquête permet l'interpellation de Nonce Luccaroti, de
Louis Douheret et de Jean Nebbia, anciens du réseau
Orsini qui, en échange d'une remise de peine, avouent le
nom de leurs nouveaux patrons : Achille Cecchini et
Michel Mertz [2]. Évidemment les autorités américaines
informent leurs homologues français qui, le 5 mai 1966,
interpellent Cecchini [3]. Après dix mois de préventive, il est
relâché sans date fixée pour son procès [4]. Et reprend
immédiatement, au côté de Michel Mertz, ses activités.

Le 24 juin 1968, près de trois ans depuis le début de
l'affaire, le BNDD surprend en flagrant délit un nouveau
courrier du réseau. Une fois de plus la piste remonte jusqu'à Mertz. Informée, la police française interpelle cinq
intermédiaires sans importance ainsi que Jacques Bousquet, le lieutenant de Mertz. Même si celui-ci refuse de
parler et assume la totalité du trafic, l'ensemble des éléments de l'enquête désignent le duo Cecchini-Mertz. Il
faut toutefois attendre le 24 novembre 1969, soit près de
dix mois après la capture de Bousquet, pour que la police
française se présente au domicile de Mertz afin de l'arrê-

---

1. Il s'agit plus précisément d'un réfrigérateur. Le réseau Cecchini-
Mertz est à l'origine de nombreuses caches insolites pour transporter
l'héroïne. Ainsi, à plusieurs reprises, ces hommes ont utilisé l'estomac
d'animaux vivants.

2. Des aveux facilités par la découverte faite par les services américains que les 20 000 dollars utilisés par Nebbia afin de s'offrir un bon
avocat proviennent du compte new-yorkais de Mertz. In *The Heroin
Trail, op. cit.*

3. Les policiers français découvrent dans sa superbe villa trois voitures de luxe ainsi que trois armes automatiques.

4. Jacques Bousquet, bras droit de Mertz, également arrêté en
1966, sera lui aussi relâché sans connaître la date de son procès après
un peu moins de dix mois de préventive.

ter. Si les forces de l'ordre découvrent six armes durant cette intervention, il est clair que le principal intérêt de la capture de Mertz est de tenter de déterminer son rôle à la tête d'un réseau de contrebande d'héroïne. Pourtant, le 26 juin 1970, Mertz est relâché dans l'attente de la date de son procès. Qui débutera donc le 5 juillet 1971 pour aboutir à une peine en 1972 et à sa libération début 1973.

1965-1971... Six années pour amener Michel Mertz et Achille Cecchini devant la justice. Six années pendant lesquelles le réseau aurait transporté près d'une tonne et demie d'héroïne aux États-Unis. Six années durant lesquelles le gouvernement français et ses autorités de police ont été informés à de nombreuses reprises mais ne se sont guère activés. Pourquoi cette lenteur ? Parce que ces hommes auraient bénéficié de protections ? La question mérite d'être posée et étudiée de près.

*
* *

Mertz, Cecchini, Venturi, Simonpieri, David et d'autres ont tous, en plus de leur participation au commerce de l'héroïne, un point commun : ils ont tous été proches du SAC[1]. En 1958, lorsque par l'intermédiaire du général de Gaulle, le RPF accède au pouvoir, certains de ses cadres[2] décident la création du Service d'action civique. Au départ mouvement de soutien au général, il devient vite le service d'ordre du RPF chargé d'assurer le bon déroulement des

---

1. La présence de Dominique Venturi dans les rangs du gaulliste SAC alors qu'il soutient le socialiste Defferre à Marseille n'est pas un paradoxe, une bonne protection n'ayant pas de couleur politique.

2. Parmi ceux-ci il faut retenir les noms de Comiti, Frey, Bozzi, Sanguinetti, Foccart, Ponchardier et Charles Pasqua.

voyages et des réunions publiques des candidats du parti. Rapidement toutefois, le rôle joué par le SAC évolue. Et l'organisation, dont les membres sont pourvus d'une carte tricolore, assume des fonctions de police parallèle. Une police flirtant parfois avec le renseignement et le milieu français.

Les liens unissant le SAC au SDECE sont multiples. D'abord du fait de la double appartenance de certains de ses membres comme Michel Mertz ou Christian David. En fait, il semble, dans cette période correspondant selon toute vraisemblance à l'âge d'or du renseignement français, que le SAC ait été régulièrement utilisé pour effectuer le « sale boulot », ne pas compromettre les services de renseignement ni trop les exposer[1]. Plus gênant, selon le chercheur McCoy, la collaboration SDECE-SAC-milieu aurait pu être une réalité du trafic d'héroïne. Dans l'une des rares informations non sourcées de son enquête, il dévoile les dessous d'une opération qui aurait été menée en février 1971 par le BNDD. À cette période, un agent se faisant passer pour un acheteur potentiel entre en contact avec les représentants du milieu marseillais dont certains émargent au SAC. Lors d'une réunion dans un hôtel new-yorkais, l'agent parvient à convaincre ses interlocuteurs de sa prétendue bonne foi, mais, alors qu'une cargaison d'héroïne est sur le point d'être envoyée aux États-Unis pour permettre au BNDD d'effectuer une saisie, les trafiquants sont informés de la véritable identité de l'acheteur. Une mise en garde, effectuée par téléphone et enregistrée par les services américains, reproduite par McCoy, formulée en ces termes : « Comment le sais-tu (qu'il s'agit d'un piège) ? L'interlocuteur répond : "Colonel XXXX m'a passé l'information." D'après des observa-

---

1. Une utilisation confirmée à McCoy par un responsable de l'US Federal Bureau of Narcotics. Voir *The Politics of Heroin, op. cit.*

teurs bien informés, le colonel en question était un haut gradé du SDECE. [1] » La participation du SAC au trafic de drogue aurait par ailleurs été discrètement confirmée par le ministre de l'Intérieur français le 10 novembre 1970 selon *l'Aurore* : « Raymond Marcellin a admis qu'un important nombre de trafiquants de drogue viennent des rangs du SAC », indique le journal.

Une autre question reste sans réponse si l'implication est confirmée, le SAC a-t-il délibérément choisi le trafic de drogue pour assurer son financement ou bien ses membres ont-ils glissé progressivement dans les filets du milieu français ? Chacune des hypothèses n'exclut pas l'autre. L'étude des informations disponibles aujourd'hui incite cependant à penser que, tels des apprentis sorciers, les « penseurs » du SAC ont été victimes de leur créature. Que leurs troupes ont dérapé et leur ont échappé. La situation algérienne, le « quarteron de généraux en retraite » et les actions de l'OAS sont à l'origine de ce virage non négocié. S'estimant trahi par une partie de l'armée et ne faisant plus confiance aux services de renseignements, de Gaulle se tourne vers Roger Frey et Jacques Foccart pour mettre fin à la contestation française en Algérie et empêcher l'OAS d'exporter son action terroriste en métropole. Ce qui conduit certains à se tourner vers le milieu français. Et ainsi, exactement comme la CIA l'a fait en 1947 avec les frères Guerini à Marseille, une branche de l'État accepte de collaborer avec le crime organisé. Il est impossible d'affirmer que de cette demande d'assistance va naître un accord d'impunité entre une partie du pouvoir et les trafiquants d'héroïne, mais force est de constater que chaque nouveau membre du SAC va longtemps bénéficier de certains passe-droits. Pire, lorsqu'il fallut recruter des hommes prêts à tout, y compris à l'assassinat

---

1. In *The politics of Heroin*, *op. cit.*

et à la torture, certains responsables du SAC n'ont pas hésité à faciliter la libération de criminels. Ainsi, Christian David déclare-t-il un jour : « On est venu me chercher en prison en 1961 pour travailler pour une organisation nommée SAC. Ma libération a été arrangée par une personne avec des connections dans les plus hauts cercles du pouvoir français. [1] »

Et dès lors, comme cela sera le cas en 1968 lorsque le pouvoir gaulliste à nouveau menacé aura recours aux services, entre autres, de repris de justice[2], le SAC accueille nombre de membres du crime organisé. Les exemples ne manquent pas. À Lyon par exemple, Félix Lesca, le parrain de la ville, est associé avec Jean Auge, le responsable du SAC pour l'ensemble de la région, lequel Auge a également rencontré Auguste Ricord au Paraguay et connaît Christian David. Le 15 juin 1973 d'ailleurs, il sera retrouvé mort, atteint de huit balles dans le ventre.

À Paris, Joe Attia[3], tueur à la solde du SDECE, financier du trafic d'héroïne, collabore avec Ange Simonpieri, un pilier du SAC, rencontré en Algérie alors que les deux hommes traquent les membres de l'OAS. À Nice, durant l'été 1970, Marcel G., en charge de l'association gaulliste pour l'ensemble de la région, se retrouve impliqué dans une affaire internationale de trafic de drogue. Il utiliserait des membres du SAC comme courriers pour transporter l'héroïne aux États-Unis. Lors des législatives de 1968, il faisait partie de l'appareil de campagne du futur député de Cannes élu avec le soutien du SAC[4]. À Grenoble, la

---

1. In *The Great Heroin Coup*, Henrik Krüger, South End Press, 1980.

2. La campagne de recrutement menée par Jacques Foccart au moment des événements de Mai 68 permet au SAC de s'enrichir de cinq mille nouveaux membres.

3. Joseph Brahim Victor Marie Attia dit Joe Le Terrible.

4. In *The Heroin Trail, op. cit.*

maîtresse du responsable du SAC pour l'Isère, est arrêtée en novembre 1969 alors qu'elle franchit la frontière franco-italienne. Dans son véhicule, les douanes découvrent cinquante kilos d'héroïne pure. À Marseille, Antoine B., condamné à quatre reprises, est arrêté en août 1972 après le braquage d'un café de la ville. Sur intervention d'un policier local, l'affaire est oubliée et le truand relâché. Or les deux hommes étaient tous deux membres du SAC, le policier ayant même servi de garde du corps à l'UDR Joseph Comiti, un temps ministre de la Jeunesse et des Sports[1]. Marseille toujours où le SAC a l'habitude de se retrouver dans un café qui appartient à Philippe P. dont on trouve la trace dans la contrebande méditerranéenne de morphine base. Enfin, un des faits-divers les plus célèbres de l'après-guerre atteste du rôle ambigu du SAC. Le 2 février 1966, le commissaire Maurice Galibert demande à Christian David dit le Beau Serge de le suivre sans opposer de résistance. Un peu plus tôt dans la soirée, le policier avait reçu une information de première main selon laquelle David, habitué du restaurant-dancing le Saint-Clair, serait impliqué dans l'affaire Ben Barka[2]. David proteste, exhibe sa carte tricolore du SAC, et demande à prendre au moins son manteau. Rassuré par l'appartenance de David à un service pro-gouvernemental, Galibert relâche sa surveillance laissant sans s'en rendre compte au truand le temps de prendre une arme dans sa poche et de faire feu sur les trois policiers, tuant Galibert sur le coup.

Pourtant, les temps vont changer. Car le départ du général de Gaulle et de son entourage marque un tournant

---

1. In *The Heroin Trail, op. cit.*

2. Si la vérité sur l'enlèvement et l'assassinat de l'opposant marocain n'est toujours pas entièrement connue, l'implication des barbouzes ne fait, elle, aucun doute.

dans l'histoire du SDECE, du SAC et du milieu français. Élu en 1969, Georges Pompidou, au grand dam des gaullistes historiques, a fait de l'amélioration des relations franco-américaines l'une de ses priorités. Ainsi, au début de l'année 1970, il se rend en voyage officiel à Washington pour rencontrer Richard Nixon. Évidemment son homologue américain oriente la rencontre sur la situation préoccupante du trafic d'héroïne. Si l'on ignore encore aujourd'hui les éléments avancés par Nixon, il faut reconnaître leur effet sur le Président français. Concernant le SAC d'abord, puisque Georges Pompidou ordonne un sévère nettoyage de ses rangs suscitant le départ de près de sept mille membres, pour la majorité appartenant au milieu[1]. Le SDECE ensuite dont le Président confie les rênes à Alexandre de Marenches avec mission, sous prétexte de modernisation, de se séparer des brebis galeuses. De Marenches, que les Américains considèrent comme un allié, restructure les services et se sépare de huit cent quinze agents. Enfin, Pompidou donne de nouveaux moyens à la police et, en retour, exige des résultats. Ainsi à Marseille, les services spécialisés dans la répression du trafic de stupéfiants passent de huit à quatre-vingt-sept inspecteurs en deux ans. Au total, les services antidrogues français, qui comptaient seulement trente membres en 1970, sont six fois plus nombreux en 1973. Bien évidemment, ce changement de mentalité se traduit par une augmentation du nombre d'interpellations. En 1970, vingt-six trafiquants sont arrêtés en France. Soit un de plus que le total des deux dernières années de présidence du géné-

---

1. Il faut remarquer que si Pompidou purge le SAC des éléments qui lui sont soit défavorables soit encombrants, il ne dissout pas le groupe. Le SAC est devenu une machine à gagner les élections bien trop importante pour s'en séparer. Il faudra attendre 1982 pour que François Mitterrand mette fin à ce qui aura été bien souvent, pendant vingt-quatre ans, la police parallèle de la Ve République.

ral de Gaulle. En 1972, toujours sur le sol français, ce sont cent huit d'entre eux qui se retrouvent derrière les barreaux. Un phénomène amplifié à l'étranger avec de multiples arrestations en Amérique du Sud et au Canada, bien souvent grâce à la collaboration entre les services de police régionaux et ceux américains et français.

★

★ ★

Mais le réveil français n'est pas seulement une affaire de politique étrangère. Depuis deux ans, l'héroïne n'est plus uniquement un problème américain, la France comme le reste de l'Europe étant désormais touchée par la tornade de la poudre blanche. Ainsi en 1969, une commission de l'Assemblée nationale enquête-t-elle sur l'importance de l'héroïne en France. Et les conclusions de son président, Charles Pasqua, se révèlent alarmantes. Interrogé par les journalistes de *Newsday*, il déclare : « La France n'est plus seulement une étape pour la drogue en partance vers les États-Unis. Désormais nous avons un problème interne avec la drogue. À ce rythme, il y aura bientôt entre vingt mille et trente mille utilisateurs réguliers en France. [1] »

Cette situation est en fait un paradoxe. Alors que l'Hexagone représentait un maillon primordial de la route de l'héroïne, la France a été longtemps peu touchée par le mal. Pour quelles raisons ? Soit on croit à un regain de moralité du milieu français refusant d'empoisonner son propre pays, soit, comme la plupart des spécialistes du sujet, on se satisfait de la thèse d'une *pax romana* entre les représentants du crime organisé et le pouvoir politique local. Une sorte de traité tacite où, dès lors que chacun

---

1. In *The Heroin Trail, op. cit.*

respecte le territoire de l'autre, les affaires peuvent fructifier. L'étude, dans les lignes précédentes, des compromissions du SAC, et éventuellement du SDECE, voire de certains appartenant à l'appareil gaulliste avec les contrebandiers de la drogue donne, il faut le reconnaître, à cette hypothèse une saveur troublante. Mais dans chacune des deux hypothèses, le constat est le même. Après avoir refusé d'écouler sa marchandise sur le territoire français pendant près de vingt ans, le milieu change son fusil d'épaule. Et là encore, comme ce fut le cas au sein du pouvoir, ce changement est à mettre au crédit de l'émergence d'une nouvelle génération.

★

★ ★

Depuis les années cinquante, la répartition du pouvoir au sein du milieu français est relativement simple. Cecchini, Venturi, Guerini, Fransisci et les autres se partagent l'immense gâteau du trafic d'héroïne en travaillant de concert sur certains projets, mais séparément sur d'autres. Dans cet ordre d'idées, si l'on veut absolument dégager un groupe dominant, c'est le nom des frères Guerini qui revient le plus souvent. D'abord parce que c'est le plus ancien mais aussi parce que c'est le plus diversifié. De Paris à Marseille en passant par Lyon, « Mémé » et Antoine « touchent » à la drogue, à la cigarette de contrebande, à la fausse monnaie, au trafic d'or, à la prostitution et au jeu. Or, justement, les casinos sont un élément essentiel du trafic d'héroïne, les contrebandiers marseillais se faisant payer en liquide et en dollars, à eux ensuite de blanchir l'argent.

Les casinos, avec leur clientèle internationale et l'afflux d'argent liquide, sont l'un des moyens les plus efficaces de transformer les bénéfices de la drogue. Un mécanisme que Marcel Fransisci a intégré dans son développement. À Paris, Tanger, Hong-Kong et Beyrouth, le Corse développe un réseau de salles de jeux empiétant dès 1965 sur celui des Guerini, concurrence qui va déclencher la première vendetta d'importance du milieu français.

Si les règlements de compte concernent d'abord uniquement des truands proches des clans Guerini et Fransisci, la situation se dégrade en 1967. Désormais, les parrains sont directement visés. Ainsi le 23 juin 1967, deux tueurs envoyés par Fransisci abattent Antoine Guerini. La réponse de Barthélemy est fulgurante : à peine trois semaines plus tard, Fransisci échappe aux balles d'un assassin en pleine réunion politique en Corse. Le 14 décembre, c'est son domicile de la région parisienne qui est cette fois plastiqué. La bombe a explosé trop tôt, tuant ses deux poseurs. Le 21 juin 1968, les hommes de Guerini le traquent encore en Corse, mitraillant la terrasse d'un café où il est installé avec son épouse. Si le bilan fait état d'un mort et de cinq blessés, les Fransisci s'en sortent une nouvelle fois indemnes.

La chance de Marcel Fransisci devient quasiment insolente lorsque les autorités françaises se portent à son secours. En effet, alors que Barthélemy enterre son frère en Corse, deux monte-en-l'air ont fracturé la villa du décédé et dérobé des bijoux de famille. Le 10 juillet, l'un des cambrioleurs, Jean-Paul Mondroyan, est retrouvé par Guerini. Et, douze jours plus tard, son corps est découvert par des pêcheurs. La police s'intéresse bien évidemment à l'affaire et obtient les confidences d'un témoin affirmant avoir vu « Mémé » forcer Mondroyan à monter dans sa Mercedes.

Le 5 janvier 1970, Guerini se retrouve devant la justice. Mais, rapidement, le procès tourne au camouflet pour l'accusation. Les traces de pneus relevées sur le lieu du crime ne sont pas celles de son véhicule et l'unique témoin à charge se rétracte sans explication. Un revirement que Guerini, ses décorations de résistant épinglées à la veste, constate avec bonheur avant d'écouter, stoïque, l'argumentaire du procureur demandant une condamnation de forme en regard du passé de truand de l'accusé au lieu d'une peine pour sa participation impossible à prouver dans la mort de Mondroyan. Dix jours plus tard, le verdict tombe. À la surprise générale, Barthélemy Guerini est condamné à vingt ans de prison. Son frère cadet, Pascal, à quinze ans de réclusion. Immédiatement, les observateurs avisés comprennent qu'une page vient de se tourner. Si l'intouchable n'est désormais plus craint, c'est que quelqu'un, de plus puissant encore, l'a remplacé. Évidemment, tous les regards se tournent vers celui que le *Time* a surnommé « Monsieur Héroïne » : Marcel Fransisci.

La justice française a-t-elle inconsciemment ou non facilité la prise de pouvoir de Marcel Fransisci ? Dans les faits, une réponse positive est évidente, mais l'intention reste à prouver. Pour s'approcher d'une probabilité, il faut rapidement étudier le parcours des deux clans. L'un, les Guerini, se trouve en province où son cercle d'influence se limite aux couloirs de la mairie. Et si le poids de Gaston Defferre, et plus généralement des socialistes, se fait encore sentir dans la région phocéenne, son pouvoir n'est plus le même nationalement où la domination gaulliste s'avère sans partage. A contrario, Fransisci, fidèle du Général depuis la Seconde Guerre mondiale, profite d'une situation où des amis proches détiennent une partie des clés du pouvoir. De plus, le Corse est l'un des piliers du SAC pour lequel, et en particulier lorsqu'il s'est agi de combattre l'OAS, il a fourni hommes et sans doute aide financière. Certes, l'arrivée à la tête du pays de Georges Pompidou semble correspondre avec la fin des passe-droits, mais d'autres continuent à garder des contacts.

Ainsi, l'influence de Fransisci est encore bien réelle au début des années soixante-dix. L'édition du 7 septembre 1971 de *France-Soir* ne révèle-t-elle pas que le « propriétaire de la plus prestigieuse salle de jeu de Paris, le Club Haussman, Fransisci, est en contact quotidien avec les plus hauts membres du gouvernement » ?

Quoi qu'il en soit, la chute de la famille Guerini [1] constitue un tremblement de terre sur l'échiquier du milieu français. Si Fransisci et Venturi sont les premiers à en bénéficier, le marché de la drogue ressemble désormais à un territoire ouvert aux hommes prêts à investir un peu d'argent et à prendre quelques risques. Dès lors, le phénomène marginal depuis trois ans devient une soudaine réalité : en 1971, la nouvelle génération de trafiquants écoule aussi sa marchandise en France. Les raisons sont simples. D'abord, les nouveaux fabricants d'héroïne ne possèdent pas les réseaux nécessaires leur permettant l'envoi de drogue jusqu'aux États-Unis. De plus, la répression américaine s'étant amplifiée, l'entreprise s'avère plus aléatoire. Sans compter que la contrebande internationale nécessite des fonds d'avance, apport financier dont ne bénéficient pas ces « entrepreneurs » débutants. La facilité et un retour sur investissement plus rapide sont donc à l'origine de l'entrée sur le marché français de l'héroïne et... de la politique de répression du gouvernement.

Les effets combinés d'un changement à la tête du pays et de l'arrivée d'une nouvelle génération au sein du milieu entraînent la disparition progressive de la French Connection. Ainsi en 1973, Joe Flanders, le représentant de la toute jeune DEA à Paris, note dans son rapport annuel intitulé « The Key to Success : Franco-American Cooperation » que les actions de la police à Marseille ont « réduit

---

1. Même si les miettes de l'empire sont gérées par l'épouse de Barthélemy et par Pierre, le plus jeune de ses frères.

l'exportation de drogue depuis la France ». Un avis partagé, avec un enthousiasme... marseillais par le chef de la brigade des stupéfiants de la cité phocéenne : « Il apparaît impossible de désormais obtenir de l'héroïne pure à Marseille, écrit-il [...]. Les fournisseurs ont presque disparu. [1] »

Les certitudes américaines et les croyances françaises négligent toutefois un fait essentiel. Le milieu marseillais n'était qu'une étape sur les routes de la drogue. Un marché dont la Cosa Nostra américaine et la mafia italienne sont les acteurs principaux !

---

1. In *France* par Aimé Blanc, cité in *The Politics of Heroin, op. cit.*

CHAPITRE 6

« Nous pouvons affirmer avec une raisonnable certitude que la CIA, Trafficante et d'autres mafiosi dont certains de l'Asie du Sud-Est, et quelques *personnes à la Maison-Blanche étaient dans le secret. »*

Henrik KRÜGER, *The Great Heroin Coup.*

Le milieu français n'est pas le seul à évoluer au tournant des années 1970. Le trafic d'héroïne est en effet également responsable d'un changement profond de la nature de la mafia sicilienne. Une mue qui s'effectue dans un bain de sang.

La restructuration du crime organisé italien, telle qu'imaginée par Lucky Luciano durant la conférence de Palerme en octobre 1957, est en vérité loin d'être un succès total. Son souci de modernisation se heurte à un problème générationnel que le parrain américain a complètement sous-évalué. Dans son sillage, la mafia est partagée en deux écoles. Les modernes, fidèles aux préceptes de l'Américain, aimant se poser en chefs d'entreprise du crime et disposés à participer activement au marché de la drogue ; les anciens, attachés à la valeur du contrôle du territoire, qui s'épanouissent dans le racket et le détournement des fonds publics. Si la contrebande d'héroïne ne leur pose aucun problème moral – ils y apportent même leur contribution –, il s'agit pour eux d'une activité secondaire. Dont le principal défaut est d'être complexe alors que, selon eux, la priorité doit aller au développement local de la mafia. Il s'agit en quelque sorte, transposé à l'univers du crime organisé, d'un avant-goût du combat opposant les défenseurs et les promoteurs de la mondialisation.

La différence, bien entendu, est que l'opposition au sein de la Cosa Nostra tourne rapidement à la vendetta. Ainsi, en 1955, la ville de Palerme est-elle secouée par une série de règlements de comptes marquant le début d'une guerre de huit ans. Durant la seule première année, soixante « hommes d'honneur » sont abattus dans les rues de la ville. Et si au départ, il s'agit de « soldats », bientôt ce sont les parrains et leurs lieutenants qui sont visés. En 1960, les forces de l'ordre italiennes estiment que dix-huit hauts responsables de la mafia ont « péri » dans le combat. Évidemment si la première victime de cette guerre est le crime organisé lui-même, Rome se doit quand même d'intervenir. D'abord parce que la main de la mafia est aveugle et que les attentats à l'explosif n'épargnent pas les civils. Ensuite parce qu'il en va de l'autorité de l'État. La disparition d'un ennemi n'autorise pas à l'État le droit de voir son rôle de régulateur de l'autorité écorné. D'autant que l'histoire de la Sicile a prouvé que, chaque fois que Rome a laissé le champ libre au crime organisé, celui-ci, malgré les victimes des vendettas, en est ressorti plus fort, la population insulaire interprétant l'absence d'action du pouvoir comme la preuve de la puissance de la mafia.

Aussi en 1963, huit ans tout de même après la « bataille de Palerme », Rome se décide-t-il à intervenir massivement, la mort accidentelle [1] de sept carabiniers servant de

---

1. Les policiers effectuaient un contrôle de routine sur une Alfa Romeo suspecte. Or le véhicule contenait cent kilos de dynamite qui

prétexte à l'envoi des troupes du général Aldo de Marco. Ses dix mille soldats, qui patrouillent dans les rues de Palerme et la région, gênent considérablement la mafia. En quelques mois, ce sont près de deux mille personnes suspectes d'appartenance à l'organisation criminelle qui sont traduites en justice. Soutenu par l'opinion publique, le Parlement italien met en place une commission d'enquête sur les activités de la mafia. À son crédit, une législation plus performante entraînant en 1964 l'arrestation de huit cents mafiosi. Mais si la tendance à la répression se poursuit jusqu'en 1971, avec l'exil sur les îles de Filicudi et Linosa de trente-trois dirigeants du crime organisé, peu à peu l'État relâche sa pression.

Et comme en France après la disparition du clan Guerini, une nouvelle génération de truands émerge de la guerre des clans. Laquelle est désormais majoritairement fidèle aux préceptes de Luciano et place le trafic d'héroïne en tête de ses activités.

★

★ ★

Mais, contrairement au système mis en place par Lansky et par Luciano, une partie de la mafia sicilienne des années soixante-dix ne tient pas à collaborer avec la Cosa Nostra américaine ou avec le milieu marseillais. Bien

---

explosèrent lorsque les policiers ouvrirent le coffre. Accidentelle aussi parce qu'à l'exception de – peut-être – l'affaire Mattei et la mort du journaliste Moro di Moro, la mafia ne s'attaque ni aux forces de l'ordre ni aux magistrats ni aux représentants de la presse ni aux politiques. Elle préfère utiliser d'autres armes telles que la corruption ou le chantage. Il faudra attendre l'opération « Mani pulite » du juge Giovanni Falcone pour que la mafia, menacée pour la première fois de son histoire, entame l'épreuve de force avec l'État italien.

entendu, comme elle ne peut se passer ni de l'un ni de l'autre, rien ne semble avoir changé sous le soleil de Palerme. En fait, dans les coulisses et avec discrétion, elle envoie ses « soldats » en mission en Amérique du Nord. Dans le but de mettre sur pied de nouvelles alliances régionales et, lorsque ce n'est pas possible, pour installer ses propres têtes de pont aux États-Unis comme au Canada.

L'intention est la même lorsque les Siciliens contactent les Corses en leur proposant l'installation de laboratoires sur l'île. L'offre italienne tombe à point pour le milieu français qui rencontre des difficultés croissantes à « travailler » dans la région de Marseille.

Aussi le 24 septembre 1971 constitue-t-il une date importante dans l'histoire du crime organisé. Ce jour-là, les Américains interpellent un certain Francisco Rappa en possession de quatre-vingt-six kilos d'héroïne n° 4. Or l'enquête dévoile que le produit a été expédié depuis la Sicile par Gaetano Badalamenti lequel, avec Stefano Bontate et Salvatore Riina, se trouve à la tête du Triumvirat ayant remplacé la Coupole mise en place par Luciano. Autant dire que la mafia sicilienne, à son sommet, a pris la décision de s'impliquer directement dans le trafic de drogue. De plus, l'investigation du BNDD dévoile que si l'héroïne est bien l'œuvre de chimistes marseillais, elle a en vérité été fabriquée dans un laboratoire clandestin de Sicile. De fait, les autorités françaises ne saisiront aucun laboratoire de 1973 à 1978 sur le sol national. Et lorsqu'elles en découvriront une poignée en 1978 et 1979, il s'agira de labos certes installés en France mais surtout gérés par la mafia sicilienne[1]. Mais il ne faut pas se

---

1. Particulièrement à La Ciotat, où la police confisque quarante kilos de morphine base. Un rapport de la DEA cité par Alfred McCoy note que « le produit a été livré au laboratoire par des trafiquants italiens ». Pareillement, McCoy cite le cas d'une interception d'un « courrier » en août 1979 par la police italienne. L'homme transportait

méprendre, exactement comme ils le font aux États-Unis en installant leurs propres relais, les Siciliens n'ont pas l'intention de travailler longtemps avec les Français dans la mesure où ils perdent une part importante des bénéfices de la drogue. Ainsi, en échange de « l'asile » qu'elle accorde aux chimistes déchus de la French Connection, la mafia demande que ses propres chimistes soient formés aux secrets de la fabrication de l'héroïne. Une stratégie permettant au crime organisé italien d'acquérir peu à peu son indépendance !

Si les méthodes siciliennes[1] trahissent l'esprit même du système mis en place au lendemain de la Seconde Guerre mondiale par Luciano, Lansky, Spirito, Renucci et Ricord, elles ne sont en fait qu'un ajustement au marché. Voire, plus simplement, une réponse à l'étrange stratégie de la Cosa Nostra américaine depuis le milieu des années soixante.

★
★ ★

L'un des axes principaux de la politique de Nixon contre la French Connection est une pression continue sur la Turquie. Ce pays étant le principal fournisseur des

---

deux kilos et demi d'héroïne pure qu'il devait livrer à Palerme. La drogue provenait d'un laboratoire corse dissimulé dans l'arrière-pays niçois.

1. Parmi elles, à noter également la découverte de Francesco Marrino Manoia, le chimiste vedette de la mafia sicilienne. En utilisant du benzoïl-tropeine lors de la transformation de la morphine base, il ne modifie pas le degré de fusion de l'héroïne. Le degré de fusion est la seule manière de juger de la pureté de la drogue. En agissant ainsi, la mafia coupe sa drogue, économise du produit, augmente ses profits et en termine avec l'héroïne pure à au moins 95 %.

laboratoires marseillais en morphine base, Nixon souhaiterait que le gouvernement turc interdise la culture de l'opium[1]. Pour emporter la partie, le Président américain est même prêt à d'importants sacrifices financiers. Ainsi, en juin 1971, il annonce le versement à l'État turc d'une aide de 100 millions de dollars. Quelques mois plus tard, au début de l'année 1972, des vingt et une provinces cultivant originalement l'opium, seules quatre poursuivent leur activité. Enfin, après une rallonge de 35 millions de dollars, la Turquie annonce officiellement que la culture de l'opium sera désormais interdite sur l'ensemble de son territoire, la récolte de 1972 restant la dernière de son histoire.

C'est la même année, en mars, que la police française effectue elle aussi sa dernière saisie de morphine provenant de Turquie. Dans la région de Grasse, elle interpelle le sénateur turc Kudret Bayhan qui tente de livrer au milieu français cent cinquante kilos de morphine base. De la même manière, les saisies opérées par les agents du BNDD en poste en Europe se réduisent drastiquement. De quatre mille kilos en 1969, le total passe à tout juste deux cent cinquante kilos quatre ans plus tard.

Mais c'est toutefois aux États-Unis que les résultats de cette politique étonnent le plus. Alors qu'en 1971, le nombre total de consommateurs d'héroïne atteint le chiffre record de cinq cent cinquante-neuf mille, un an plus tard, ils ne sont plus que cent cinquante mille. Une évolution spectaculaire tombant à pic pour Nixon qui brigue alors un second mandat.

---

1. Il faut noter que la pression sur la Turquie débute en 1967. Grâce notamment aux efforts conjugués des Nations unies et du gouvernement de Lyndon Johnson finançant pour 3 millions de dollars la première section antidrogue de la police turque.

★

★ ★

En fait ces chiffres américains sont faux. Il s'agit d'une manipulation, révélée par Edward J. Epstein dans son livre *Agency of Fear* [1], dans la droite ligne de la réputation sulfureuse du Président américain, cette réputation qui culminera avec l'affaire du Watergate.

Lorsque Nixon arrive à la Maison-Blanche, le nombre officiel de consommateurs réguliers d'héroïne est de soixante-huit mille quatre-vingt-huit. Si le comptage est précis, c'est parce qu'à l'époque les statisticiens américains n'intègrent que les usagers sous le coup d'une condamnation de justice. Évidemment, une telle méthode de recensement est une ineptie et ne correspond pas aux grands projets de Nixon. Aussi lorsque la présidence demande que ces chiffres soit réévalués afin de justifier l'immense effort financier que Nixon s'apprête à proposer au Congrès, les agents du Federal Bureau of Narcotics multiplient la statistique de 1969 par huit. Un coefficient justifié par aucune règle mathématique mais fondé sur une rapide étude de « la réalité de la rue [2] ». En tout cas, il garantit le vote d'un budget de 365 millions de dollars.

Un an plus tard, lorsqu'il s'agit de porter l'effort américain au double, tout en justifiant des résultats afin de séduire l'électeur, le chiffre officiel fond à cent cinquante mille. Ce qui signifie qu'en tout juste douze mois, quatre cent mille drogués ont disparu des listes ! Et que, durant la même période, aucun Américain n'a cédé aux tentations de l'héroïne. Là encore, les origines de ce chiffre sont sus-

---

1. *Agency of Fear : Opiates and Political Power in America*, Edward J. Epstein, G.P. Putman's Sons, 1977.
2. In *Agency of Fear, op. cit.*

pectes. Selon Epstein, la statistique de 1972 est le résultat d'une pression de la Maison-Blanche sur le Federal Bureau of Narcotics. Dans son prérapport, le FBN s'inquiétait en effet plutôt d'une recrudescence de la consommation d'héroïne aux États-Unis. Mais après que le cabinet de Nixon eut ordonné la publication de chiffres plus avantageux pour son administration, le FBN rétracta arbitrairement quatre cent mille personnes à l'estimation de 1971[1]. Certains pensent même que le FBN a procédé à une coupe aussi importante pour attirer « involontairement » l'attention des médias sur une aussi étrange statistique.

Quoi qu'il en soit, le nombre de consommateurs d'héroïne devient un enjeu de pouvoir incontrôlable, chacun y allant de sa vérité. Ainsi, au début de l'année 1973, le département de la Santé[2] américain affirme-t-il que le pays compte au moins six cent mille utilisateurs réguliers. Une estimation pourtant presque immédiatement divisée par deux par une autre branche de l'administration[3]. Et quand, en 1974, le chef des opérations internationales de la DEA, John Cusak, témoigne devant la commission d'enquête du Congrès sur le contrôle international des narcotiques, il assure que le nombre total de consommateurs d'héroïne n'excède pas deux cent mille !

En fait, durant près de quatre ans, l'administration Nixon a caché la vérité au peuple américain. Du reste, le 7 octobre 1974, soit six semaines après la démission du Président, le Special Action Office on Drug Abuse, une entité dépendant directement de la Maison-Blanche, révèle avoir reçu des instructions de la même Maison-

---

1. In *Agency of Fear, op. cit.*
2. *Department of Health, Education and Welfare.*
3. *Alcohol, Drug Abuse and Health Administration.* Rapport présenté par le docteur Robert Egebjerg.

Blanche ordonnant de garder secrète une étude du docteur Robert Dupont. Le chercheur, responsable d'un travail de fond sur l'épidémie d'héroïne, concluait que la consommation était en progression dans toutes les tranches de la société américaine, touchant même pour la première fois les classes moyennes.

Le 27 avril 1976, c'est au tour du Président Ford de s'adresser au Congrès. S'il se refuse de dresser le bilan de son prédécesseur en matière de politique antidrogue, en quelques lignes et négligemment il révèle le mensonge de l'administration Nixon : « Au milieu de l'année 1973, nombre d'entre nous étaient persuadés en avoir terminé avec le problème de la drogue. Malheureusement, et même si nous avons gagné une bataille contre la drogue, nous n'avons pas gagné cette guerre. En 1975, il était désormais évident que la consommation de drogue était en progression, que les gains des années précédentes étaient oubliés et qu'en termes humains, la drogue est devenue une tragédie nationale. [1] »

Les motifs du bilan truqué de Nixon sont multiples. D'abord, le plus évident, est électoral. Les républicains ont construit leur victoire de 1968 sur le laxisme de l'administration démocrate sortante. Tout au long de sa campagne, Nixon s'était offusqué du regain de violence partout aux États-Unis, pointant du doigt une jeunesse décadente et réduisant le problème des émeutes raciales à une consommation importante d'héroïne dans la communauté noire. Une fois au pouvoir, il dut donc justifier son discours électoraliste en livrant des statistiques conformes à son discours et en prenant des décisions en accord avec son programme. Et dans le même temps, camoufler la

---

1. Une tendance confirmée en 1977 alors que le House Select Committee on Narcotics Abuse and Control annonce le nombre de huit cent mille consommateurs réguliers.

vérité de la drogue, l'épidémie d'héroïne n'étant évidemment pas cantonnée aux jeunes hippies et aux émules de Malcom X. Par le même balancier, briguant un nouveau mandat, Nixon se vit dans l'obligation de mettre en avant des résultats positifs pour sa méthode.

★

★ ★

Si l'on souhaite s'arrêter à la surface des choses, la lutte contre l'héroïne comme argument de campagne est parfait. Mais l'étude de la présidence de Nixon révèle peut-être un autre intérêt ayant poussé le Président républicain à faire la guerre à la drogue.

Le 23 juillet 1970, Richard Nixon approuve le Plan Huston, projet secret qui valide la création d'une sorte de super-agence de renseignements dont les moyens [1] seraient supérieurs aux services existants tels la CIA et le FBI. De plus, Huston reconnaît le Président comme seule autorité en charge de cette nouvelle agence. Toutefois, assez rapidement le plan est abandonné, notamment après l'intervention du vieillissant patron du FBI, J. Edgar Hoover [2].

---

1. Parmi lesquels, par exemple, l'espionnage des citoyens américains à travers la surveillance du courrier et des communications téléphoniques. Exactement, le courrier électronique en plus, comme le programme « Carnivore » du FBI se propose de le faire aujourd'hui et comme la NSA le fait en Europe depuis des décennies avec la complicité de la Grande-Bretagne à travers le projet « Échelon ».

2. Connaissant le parcours et les méthodes de Hoover, il est fort peu probable qu'il se soit opposé au Plan Huston parce qu'il menaçait les libertés individuelles des citoyens américains et donnait au Président un pouvoir total. Il est plus aisé de croire que le directeur du FBI craignait que le Plan menace *son* agence. En 1970, J. Edgar Hoover, dont on dit qu'il possédait des dossiers compromettants sur la totalité de la classe américaine, était malade et presque sénile. Aussi,

Cet échec n'est toutefois que de façade dans la mesure où Nixon n'a pas du tout renoncé à placer à son service une puissante agence de renseignements. Exactement comme le pouvoir gaulliste ressentira la nécessité d'utiliser le SAC. Et tandis que des proches du général de Gaulle avaient capitalisé sur la guerre d'Algérie pour justifier les excès des barbouzes, Nixon va, lui, choisir la guerre à la drogue. Ainsi le 9 juillet 1972, le Président américain crée The Office of National Narcotics Intelligence, l'ONNI[1], qui a pour vocation de coordonner l'ensemble des activités domestiques de renseignement liées au trafic de drogue. À sa tête, Nixon nomme William Sullivan, ancien numéro deux du FBI et patron de la Division Five, l'unité du Bureau en charge de l'espionnage, du sabotage et de la subversion. À son actif, on peut évoquer le projet Cointelpro, une opération de déstabilisation et de terreur menée par le FBI contre les associations culturelles et les dissidents politiques[2]. William Sullivan avait même d'ailleurs été choisi par Nixon pour assurer la direction de son projet d'agence du Plan Huston. L'avantage de l'ONNI pour le Président est décisif. Sous prétexte de coordination, il permet à la Maison-Blanche de récupérer le travail de renseignements effectué par le BNDD, or une part importante des informations utilisées par le BNDD provient de la CIA. En chapeautant ces deux sources de renseignements, l'ONNI offre à Nixon un accès direct et sans contrôle à une partie essentielle du renseignement américain. Et si l'ONNI de Sullivan représente en quelque sorte la tête du monstre créé par le Président, la Special Investigation

---

il est intéressant de noter que c'est devant un homme affaibli, mais sûrement encore dangereux, que Richard Nixon a plié.

1. À ne pas confondre avec l'ONI, les services de renseignements de la marine américaine.

2. Tels Martin Luther King, Malcom X ou encore The Black Panthers.

Unit du Special Action Office for Drug Abuse Prevention, existant depuis l'été 1971, en devient son bras armé. L'acronyme SIU est inconnu du grand public, sans doute parce que ses membres préféraient se désigner entre eux sous le terme de « plombier[1] », lesquels sont entrés dans l'Histoire lorsque, dans la nuit du 17 juin 1972, la police de Washington arrête cinq d'entre eux au quartier général du parti démocrate dans l'immeuble du Watergate. L'information est importante car dans le tumulte de révélations liées au scandale et se concluant par la démission de Nixon, la presse oublie l'aspect essentiel selon lequel, sous prétexte de guerre contre la drogue, Nixon a réuni au sein même de la Maison-Blanche une équipe où se côtoient stratèges de la CIA comme du FBI[2], membres de la Cosa Nostra et exilés cubains anti-Castro. Et en réclamant carte blanche, le chef de l'État a donné aux plombiers un pouvoir immense utilisé désormais à des fins électorales[3].

Le Plan Huston prévoyait la mise à disposition de la présidence d'une force de renseignement et d'action à l'intérieur et à l'extérieur des États-Unis. Si l'ONNI, l'ODALE et les « plombiers » sont un grand pas dans cette direction, la création de la DEA en juillet 1973 permet à

---

1. Ainsi, un des membres du SIU, David Young, un avocat proche de Kissinger, placarde sur la porte de son bureau, « Mr Young, Plumber ».

2. Parmi eux les « célèbres » Howard Hunt, de la CIA, et Gordon Liddy, du FBI. Les deux hommes furent impliqués dans l'affaire du Watergate et condamnés à des peines de prison. Liddy est également à l'origine de la création en janvier 1972 de The Office for Drug Abuse Law Enforcement. Si les « plombiers » du SIU sont spécialisés dans les coups tordus, ODALE ressemble plutôt à un groupe d'assaut. Sa particularité de pouvoir agir sans se soucier de la loi lui vaut le surnom d'American Gestapo, la gestapo américaine. In *Agency of Fear*, *op. cit.*

3. Le parallèle avec les barbouzes du SAC est décidément saisissant.

Nixon, utilisant une fois de plus l'alibi de la lutte contre la drogue, de franchir le Rubicon. Imaginé par Walter Minnick, un ancien de la CIA, et par Egil Krogh, le « cerveau » des « plombiers [1] », la Drug Enforcement Agency absorbe l'ODALE, le BNDD, l'ONNI et les services de renseignement des Douanes. Forte de quatre mille membres dont cinquante venant directement de la CIA, la DEA ressemble trait pour trait à l'agence imaginée par les architectes du Plan Huston.

★
★ ★

Reste une question : Nixon a-t-il vraiment utilisé le drame de la propagation de l'héroïne pour tenter d'asseoir son pouvoir ? Ou s'agit-il d'une nouvelle théorie de la conspiration ?

Le premier élément de réponse, ce sont les statistiques accablantes de la progression de « l'épidémie » déjà évoquées alors que Nixon dispose de moyens et d'une liberté qu'aucun Président américain n'a eus avant lui. Pourquoi ne réussit-il pas à enrayer le mal ? Est-ce parce que les services originalement dévoués à la lutte contre la contrebande d'héroïne sont utilisés à d'autres fins ? Peut-être. En tout cas, le journaliste de *New Times* Ron Rosenbaum écrit : « Le BNDD et les douanes obtiennent finalement des résultats. Ils brisent la French Connection. Ils apportent devant la justice des grosses affaires de trafic. Et sou-

---

1. Krogh, qui sera incarcéré pour avoir organisé le cambriolage du cabinet du psychiatre de Daniel Ellsberg, avait une vision extrémiste de son action au sein des « plombiers » : « Nous détruirons ceux qui s'opposeront à nous. Mieux encore, nous détruirons ceux qui ne nous accorderont pas leur soutien. » In *The Great Heroin Coup, op. cit.*

dainement la Maison-Blanche intervient, mélange tout ce petit monde et lorsque enfin on se remet à travailler, la Mexican Connection est en exercice, sous protection et faisant de grosses affaires. Qu'est-ce que cela signifie pour vous ?[1] »

Un autre aspect troublant de l'activité de la DEA sous Nixon concerne certains éléments de sa structure. Les cinquante agents de la CIA que l'on retrouve à la création de la DEA sont en majorité des exilés cubains. Certains d'entre eux sont même des vétérans des opérations de l'agence tel le débarquement manqué de la baie des Cochons. Une grande majorité a également collaboré à la branche dure d'ODALE. Au sein de la DEA, ils sont regroupés dans la Special Operation Branch sous l'autorité de Lucien Conein, un Corse qui a rejoint l'agence lors de la guerre d'Indochine.

Conein est un ancien agent de liaison de l'OSS parachuté en France pour aider la Résistance. Ses nombreuses missions dans le sud de la France l'ont amené à travailler avec le milieu corse pour qui il a un important respect[2]. Sa spécialité, au sein de la CIA et au côté du général Lans-

---

1. Cité in *The Great Heroin Coup, op. cit.*
2. Un respect partagé, puisque lorsque Conein quittera le Viêtnam, ses amis corses lui offriront un pendentif représentant un aigle impérial en or. Au dos est gravé : *Per Tu Amicu Conein.* Parlant du milieu corse, Conein, avec admiration, déclare : « Les Corses sont plus intelligents, plus durs et mieux organisés que les Siciliens. Ils ne montrent aucune pitié, équivalent les Siciliens sur tous les tableaux et dissimulent mieux leurs luttes internes. » L'avis de Conein est partagé par les instances de la CIA, puisque dans les années cinquante, en mettant sur pied le programme ZR/RIFLE, – une opération d'élimination par le meurtre des opposants politiques des États-Unis dans le monde entier –, il est recommandé d'enrôler en priorité des tueurs corses. Pour leur efficacité mais aussi pour l'impossibilité de les lier au gouvernement américain. Au sujet de ZR/RIFLE, lire *JFK, autopsie d'un crime d'État, op. cit.*

dale[1] est la « black-op », les opérations de déstabilisation de gouvernements non favorables à la politique extérieure américaine. Évidemment les moyens utilisés par Conein passent par l'assassinat. Et justement, le profil de la Special Operation Branch de la DEA est celui d'une escouade de tueurs que l'on retrouve au Viêtnam, au Brésil, en Argentine et au Guatemala. S'agit-il d'assassins au service de la lutte contre la drogue ou aux desseins épousant la politique et les intérêts de la Maison-Blanche ?

Troisième élément, le rapport Defeo du département de la Justice de 1975. Lequel dresse le bilan de trois ans d'activités de la DEA. Avec des conclusions accablantes. Jamais dans l'histoire des États-Unis une agence officielle n'a, à l'en croire, cumulé autant de charges contre elle. Les accusations du département de la Justice sont multiples puisqu'en vrac on y trouve corruption, torture, trafic de drogue, trafic d'armes, collaboration avec la mafia, protection de parrains et assassinats.

Quatrième point, la tendance répétée de la DEA à modifier la réalité du trafic de drogue. Aujourd'hui encore, et même si apparemment elle est débarrassée de ses « excès » des années soixante-dix, l'agence prend

---

1. Au sujet du général Lansdale, un des responsables du meurtre de Kennedy d'après le réalisateur Oliver Stone, voir *JFK, autopsie d'un crime d'État, op. cit.* Lors d'un entretien en juin 1971 avec Alfred McCoy, le général confiera avoir été au courant du rôle joué par les Corses dans les prémices du trafic d'opium en Asie du Sud-Est et même d'avoir proposé « une paix des braves » afin de mener à bien sa mission contre l'ennemi communiste. Ainsi, il raconte avoir « pris la décision d'une rencontre avec les responsables corses. Je leur ai dit que je ne souhaitais pas mener d'enquêtes sur les activités criminelles. Que je n'étais pas venu au Viêtnam pour cela. Et ils ont convenu de me laisser tranquille. Nous avions une sorte de contrat moral ». In *The Politics of Heroïn, op. cit.*

quelque liberté avec l'histoire pour se dégager de ses responsabilités. C'est le cas, je l'ai expliqué, lorsqu'elle réduit l'évolution de l'héroïne à « l'infâme French Connection » des années soixante-dix et la vague « *love and peace* » de la même période. Ce qui n'est qu'aujourd'hui qu'un détail a toutefois une tout autre importance à l'étude des informations communiquées par la DEA au milieu des années soixante-dix. En effet, comme le raconte le journaliste danois Henrik Krüger dans *The Great Heroin Coup*, la DEA a affirmé de 1975 à 1978 que 90 % de l'héroïne consommée aux États-Unis venait du Mexique. Or cette statistique est fausse. D'abord le Mexique fabrique de l'héroïne n° 3, autrement dit de la drogue brune, alors que la drogue en vente dans les rues des grandes villes américaines est blanche. De plus, la demande augmentant constamment, la production des champs d'opium mexicain n'est pas suffisante, surtout depuis 1975 et la destruction par voie aérienne de 60 % des plants. Enfin, les informations de différentes agences de renseignements européens comme les rapports de police de la ville de New York ou de Los Angeles expliquent que, désormais, la majeure partie de la drogue saisie provient d'Asie du Sud-Est.

Dès lors, de multiples questions surgissent. Pourquoi la DEA communique-t-elle des informations erronées ? Pourquoi implique-t-elle le Mexique ? Pourquoi ignore-t-elle l'Asie du Sud-Est ? Et par là même, pourquoi l'action de Nixon s'est-elle toujours cristallisée contre la French Connection et la Turquie ?

La réponse à la première interrogation est évidente : parce que la DEA couvre des opérations n'ayant aucun rapport avec sa mission. Des opérations où, sous couvert de chasse aux trafiquants, il est question d'influence américaine et de lutte contre le communisme. La preuve ? La mise en avant de la Mexican Connection. Prétendre que 90 % de l'héroïne vendue aux États-Unis provient du

Mexique permet à la DEA de justifier sa présence en Amérique Centrale et du Sud. Et comme elle n'y est pas pour intercepter l'héroïne puisque celle-ci provient d'Asie, elle y est pour faire *autre chose*. Durant les années soixante-dix et une partie des années quatre-vingt, l'Amérique du Sud figure dans les priorités du gouvernement nord-américain. De Nixon à Reagan en passant par Ford et Carter, tous craignent une propagation de la cause communiste. Ainsi les États-Unis collaborent-ils avec les dictatures sud-américaines de l'époque comme le Chili de Pinochet, les militaires brésiliens ou le régime de fer argentin. Ou envoient des instructeurs de la CIA pour former les guérillas au coup d'État. La DEA a-t-elle été utilisée pour la lutte contre le communisme en Amérique du Sud ? C'est aujourd'hui la seule réponse envisageable. Une certitude confirmée par sa propension, entre 1975 et 1978, à nier la véritable provenance de l'héroïne : l'Asie du Sud-Est.

Le Triangle d'or où est produit au milieu des années soixante-dix l'essentiel de l'opium est également un haut lieu stratégique de l'Asie, surtout depuis l'échec américain au Viêtnam. Dans une zone où l'influence de la Chine communiste est grandissante, la Thaïlande paraît un point d'ancrage capital pour les États-Unis. On peut aussi comprendre aisément pourquoi ils n'ont aucun intérêt à impliquer un allié si précieux dans l'internationale du trafic de drogue. Mieux encore, les parrains de l'opium, Lo Hsing-han, Tsai Chien Cheng et le général Li Mi, sont des anciens du Kuo-min-tang, donc des opposants féroces au communisme. Aussi, et c'est selon certains la raison principale du silence de la DEA, les producteurs de la morphine base reçoivent-ils vraisemblablement l'aide de la CIA[1].

---

1. Qui ne fait par là que reproduire la stratégie mise en place par les Français du Deuxième Bureau et du SDECE en Indochine, la vente d'opium servant à financer la lutte contre l'ennemi.

Prouvé sur six cents pages par Alfred McCoy, le soutien de la CIA aux parrains du Triangle d'or est même évoqué lors d'une enquête du Congrès en 1977 dont les résultats seront classés secrets jusqu'à ce que le *Boston Globe* parvienne à s'en procurer les conclusions : « Ironiquement la CIA s'est retrouvée avec la responsabilité du renseignement sur le trafic de narcotiques, alors que dans le même temps, elle apporte son support aux principaux acteurs.[1] »

Restent alors deux questions capitales, liées à l'intérêt américain dans le Triangle d'or, qui concernent la French Connection et la Turquie.

Éradiquer la filière marseillaise fut la priorité de l'administration Nixon. Pour cela, les Américains ont versé d'importantes sommes à la Turquie. C'était effectivement la bonne chose à faire. Hélas pas en 1973 mais dix ans plus tôt. Au moment où la Turquie effectue sa dernière récolte, elle ne représente, selon la CIA, plus que 3 à 8 % de la production mondiale d'opium. En fait, sous la présidence de Nixon, l'opium acheté par les trafiquants est cultivé principalement dans deux zones. L'Iran d'abord, dont le shah est un allié du Président américain, qui produit de l'opium sur vingt mille hectares, soit une zone de 50 % plus importante que celle de Turquie[2]. Mais surtout le Triangle d'or, alors responsable de 80 % de la production mondiale d'opium. C'est d'ailleurs en Asie que la Latin Connection de Joseph Ricord se fournit désormais.

Pourquoi, alors, Nixon porte-t-il l'essentiel de sa guerre contre la Turquie et la French Connection ?

Nous l'avons vu, le Triangle d'or est sous l'influence de la CIA. Cela signifie-t-il, comme certains chercheurs le suggèrent, que le Président des États-Unis a agi selon une pure et perverse logique commerciale ? Que la bataille

---

1. J. Anderson et L. Whitten, *Boston Globe*, 3 octobre 1977.
2. In *The Agency of Fear*, *op. cit.*

contre la French Connection fut en fait l'élimination d'un concurrent au profit d'un trafic contrôlé par la CIA ? D'aucuns l'avancent, notant par exemple l'implication américaine dans l'éradication de la Latin Connection de Joseph Ricord et Christian David. Que constate-t-on encore une fois ? Que les États-Unis évitent de s'attaquer au producteur pour se débarrasser d'un distributeur dont les réseaux ne restent pas bien longtemps inoccupés sur un continent où la DEA et la CIA sont largement présentes. Conclusion : Nixon a-t-il œuvré pour favoriser les desseins de la CIA ? Même pas. Prétendre cela, c'est en effet se méprendre sur le rôle réel de l'agence américaine dans ce domaine. Si, effectivement, elle protège les parrains du Triangle d'or, leur apportant une aide technique et matérielle, mettant même à disposition sa flotte d'Air America pour transporter de l'opium [1], elle n'est ni l'architecte du trafic partant d'Asie et se terminant sur le sol américain ni le financier de ses nouvelles routes. Comme la CIA n'est ni l'acheteur de la morphine base du Triangle d'or, ni le commanditaire des laboratoires de fabrication d'héroïne et encore moins le distributeur de l'héroïne dans les rues de New York, Los Angeles, Chicago ou Dallas.

Le véritable et unique bénéficiaire de cette politique antidrogue n'est autre que le crime organisé américain, la Cosa Nostra.

---

1. Voir à ce sujet *The Politics of Heroin, op. cit.*

CHAPITRE 7

« Ce que je veux dire, c'est que vous pouvez avoir un million de dollars… Et les avoir en liquide. Je sais où on peut le prendre. Il n'y a aucun problème. »

Richard NIXON, enregistrement de conversation à la Maison-Blanche, 21 mars 1973.

Lorsqu'en octobre 1957, Lucky Luciano se proposa d'unifier la mafia sicilienne sur le modèle américain et de redéfinir les filières de la drogue, il réunit les représentants des plus importantes familles dans un hôtel de Palerme.

Lorsqu'en juillet 1970, Santo Trafficante Jr décida de se passer des services de la French Connection et de s'approvisionner en héroïne en Asie du Sud-Est, il fit exactement la même chose.

Le 4 juillet 1970, le Grande Albergo Sole de Palerme abrite une réunion au sommet entre les représentants du comité directeur de la Cosa Nostra américaine et les membres du Triumvirat de la mafia. Là, sous la surveillance discrète d'au moins un agent infiltré du BNDD [1], les

---

1. Selon les informations publiées par Frank Wulff dans l'édition du 14 avril 1975 du magazine *Rapport,* un deuxième agent infiltré du BNDD aurait été découvert et liquidé par le crime organisé. In *The Great Heroin Coup, op. cit.*

parrains vont redessiner la carte internationale du trafic d'héroïne. Une nouvelle donne dont l'architecte se nomme Santo Trafficante Jr.

Si l'on voulait présenter rapidement les activités gérées par Santo Trafficante Jr, le résumé écrit par le journaliste d'investigation Scott Deitch est parfait : « S'occupait des casinos à La Havane avant d'être viré par Castro, soupçonné d'avoir mis sur pied les réseaux de trafic de drogue d'Amérique latine et d'Asie du Sud-Est, impliqué dans les complots de la CIA pour tuer Castro, arrêté au célèbre sommet d'Appalachin, soupçonné d'être impliqué dans l'assassinat de John Kennedy, présent au Waldorf Astoria le jour où Albert Anastasia est tué, supervise l'univers du jeu clandestin sur la totalité du golfe du Mexique, complice privilégié de la famille Marcello à La Nouvelle-Orléans, et, c'est le plus important, n'a jamais passé une nuit dans une prison américaine[1]. »

★
★ ★

Santo Trafficante Jr[2] est né le 15 novembre 1914 à Tampa en Floride. Son père, un Sicilien, est membre d'une des familles se battant depuis le début des années trente pour le contrôle du pari clandestin dans l'ensemble de l'État. À l'issue de ce que la presse désignera comme

1. Scott Deitch, auteur de *The Tampa Mob*. Article disponible sur le site Internet www.AmericanMafia.com
2. Utilisant également les noms de Santos Trafficante, Louis Santos, Enrique Chacon et Samuel Balto. La plupart des renseignements biographiques, comme la liste de ses alias, proviennent de sa fiche de renseignements, établie par les services du Bureau of Narcotics du département du Trésor en septembre 1961. Réf. Dade County OCB file # 1-139.

« l'ère sanglante de Tampa », le 5 juin 1950, Santo Traffi-cante Sr succède au premier parrain de la ville, James Lumina. Mais le père de Santo Jr, atteint d'un cancer à l'estomac, ne règne que quatre ans avant de laisser la place à son fils.

La Floride est un État clé pour la Cosa Nostra à cause de sa proximité avec Cuba, que le crime organisé utilise comme point d'ancrage dans la contrebande de drogue. Avant 1955, Trafficante dirige l'un des deux seuls casinos de La Havane, Le Sans-Souci, et détient des parts dans l'autre, Le Tropicana, dont le propriétaire n'est autre que Lucky Luciano. Le développement des casinos sur l'île est une idée de Meyer Lansky, le conseiller financier de la Cosa Nostra cherchant tous les moyens pour blanchir l'argent de l'héroïne. Ainsi, pendant de nombreuses années, Lansky[1] utilise-t-il un système assez rudimentaire pour transférer ses fonds vers la discrète Suisse. D'abord en achetant ses propres établissements bancaires aux États-Unis, comme la Miami Nation's Bank, et en transférant ses fonds en Europe sans le signaler aux services fiscaux américains. Ensuite, en faisant appel aux dévoués chargés de comptes helvétiques, lesquels se rendent en Amérique du Nord pour rapatrier ensuite des valises garnies de grosses coupures.

Face à cette arrivée massive de liquidités, Lansky comprend la nécessité de trouver de nouvelles solutions. C'est ainsi qu'il achète pour le compte de la Cosa Nostra la Banque d'échange et d'investissement de Genève ainsi qu'un autre établissement financier situé à Beyrouth. Puisqu'il se lance dans les casinos cubains[2] avec deux intentions : installer le crime organisé américain dans un lieu

---

1. Dont la fortune fut estimée à 2 milliards de dollars.
2. Lorsque Castro interdira le jeu à La Havane, Meyer Lansky financera le même style d'opération à Nassau.

stratégique et blanchir l'argent de la drogue[1]. Car le jeu n'est évidemment pas l'intérêt principal de l'opération. Comme le révèle un rapport du représentant du Trésor américain en poste à La Havane, les conditions imposées par Batista sont telles que les salles de jeux ne dégagent quasiment pas de bénéfice. Le 27 mars 1958, William Johnston écrit d'ailleurs que le gouvernement cubain accorde les permis de construction des casinos à la condition sine qua non que ceux-ci soient systématiquement adossés à un hôtel d'une valeur minimale d'un million de dollars. À cette première exigence vient s'ajouter une licence annuelle de 50 000 dollars plus une taxe de 20 % sur les bénéfices. L'agent poursuit que les casinos se trouvent dans l'obligation de faire payer les boissons et les repas pour couvrir une partie des coûts de fonctionnement. Quant aux revenus du jeu, selon Johnston ils n'excèdent pas 5 000 dollars par jour. Enfin, l'Américain remarque qu'au moins 90 % des activités proposées dans les casinos sont totalement légales et que les Américains ne s'investissent pas dans les jeux clandestins, tel la bolita, un jeu de paris extrêmement populaire sur l'île[2].

Ce refus de l'argent facile, comme la volonté affichée de la Cosa Nostra américaine de travailler dans la légalité sont bien entendu suspects. Pour William Johnston, fidèle

---

1. L'implantation, sous l'impulsion de Meyer Lansky, de la Cosa Nostra à Cuba s'est déroulée en deux temps. D'abord avant la Seconde Guerre mondiale et jusqu'en 1944 lorsque, suite à des élections libres, Fulgencio Batista perd une première fois le pouvoir. Ce premier camouflet cubain est, pour certains spécialistes du crime organisé américain, à l'origine du développement de Las Vegas. Quoi qu'il en soit, Lansky et les siens seront très actifs dans la campagne permettant le retour de Batista.

2. En revanche, Santo Trafficante s'empressera de contrôler ce jeu en Floride lorsque, après l'arrivée de Castro, des centaines de milliers de Cubains se réfugieront dans l'État américain.

à l'aveuglement américain en matière de trafic de drogue, la raison en est simple, les propriétaires de casino considèrent leur installation sur Cuba « strictement temporaire ».

En somme, un représentant du département du Trésor des États-Unis, après avoir longuement expliqué le coût élevé du lancement et du fonctionnement des casinos cubains et après avoir rappelé que les premiers furent construits dès 1948, soit dix ans avant la rédaction de son rapport, ose avancer comme explication de ce comportement particulier du crime organisé la volonté de celui-ci de rester provisoirement à La Havane ! Qui peut croire à une telle théorie alors que la Cosa Nostra n'a jamais été une association misanthropique ? Si elle supporte le poids financier exigé par Batista et évite une attitude lui faisant courir le risque d'une expulsion de l'île, c'est bien parce qu'elle gagne plus qu'elle n'y perd.

Il existe un autre indice du rôle essentiel joué par les salles de jeux cubaines dans l'économie de l'héroïne : les noms des actionnaires des fameux casinos. Aux côtés de Luciano, Lansky, Trafficante, Gambino, Cellini, Costello et Genovese figurent les grands patrons du trafic d'héroïne. Ainsi, Joseph Ricord, le père de la Latin Connection, est associé à la gestion du Sans-Souci, le premier casino ouvert à Cuba et placé sous la supervision de Trafficante Jr. C'est également le cas de Paul Mondolini[1], un Corse de Marseille, partenaire de Spirito, Martel, Mertz et Cecchini dans la French Connection. Lucien Rivard, un des architectes de la filière canadienne, est, lui, associé

---

1. Mondolini est l'un des voleurs, en août 1949, des bijoux de la Bégum, l'épouse de l'Aga Khan. Un butin estimé à plus de 200 millions de francs de l'époque. Il est également l'un des architectes de la présence corse en Indochine.

avec deux autres membres du milieu français : Albert Bistoni[1] et Jean-Baptiste Croce[2].

★
★ ★

Ironiquement, l'arrivée au pouvoir de Fidel Castro en 1959 va permettre à Santo Trafficante Jr d'acquérir une autre dimension. Tandis que le « Lider Maximo » accorda une année au crime organisé pour quitter La Havane, Meyer Lansky fut chargé de trouver une rapide solution de rechange. Le consigliere décida que les Bahamas, et plus particulièrement la ville de Nassau, pourraient remplacer avantageusement Cuba. L'installation des casinos, restaurants et clubs de la Cosa Nostra, le montage financier de l'opération, la corruption généralisée qu'elle impliqua éloignèrent Lansky un long moment du commerce de l'héroïne[3]. Ironiquement, alors qu'il avait été l'un des organisateurs de la French Connection, Lansky fut absent des négociations entreprises par la Cosa Nostra pour ouvrir une nouvelle route de la drogue. Luciano en Italie, Lansky absent, Trafficante comprend donc qu'il est face à une occasion historique : prendre la tête du Syndicat.

Meyer Lansky n'a jamais fait confiance à Santo Traffi-

---

1. Bistoni, dit Monsieur Albert, Corse lui aussi, est le patron du milieu de Montmartre à Paris. Avant-guerre, également pour Spirito et Carbone, il transporte de l'opium entre l'Indochine et Marseille. Plus important encore, Bistoni est un proche de Lucky Luciano et de son associé milanais dans l'affaire de l'héroïne pharmaceutique, Francesco Pirico.

2. Croce, né à Bastia, est un vétéran du transport de morphine base pour Spirito et Carbone avant la Seconde Guerre mondiale.

3. Dans le même temps, Lansky installait une « filiale » de la Cosa Nostra à Londres.

cante. Peut-être parce que, comme lui, le natif de Floride est brillant et habité par une énorme ambition. Ainsi, dans l'ouvrage qu'il lui consacre, Hank Messick raconte-t-il que Lansky hésite à faire appel à Trafficante afin de gérer les casinos cubains. Mieux encore, Lansky n'ayant pas trouvé d'alternative crédible, décide de faire prononcer à Trafficante un serment d'allégeance au moment même où il lui signifie sa nouvelle mission. Messick cite le témoignage de Vincent Alo, présent au moment de la cérémonie, digne des anciens rituels siciliens : « Avec une ancienne dague espagnole – ils n'avaient pas réussi à en trouver une de Sicile – Trafficante se coupe au poignet, laisse son sang couler puis frotte sa main droite contre sa plaie. Ensuite il lève sa main ensanglantée et entonne solennellement : "Aussi longtemps que du sang coulera dans mon corps, moi, Santo Trafficante, jure allégeance à la volonté de Meyer Lansky et l'organisation qu'il représente. Si je viole ce serment, que je brûle en Enfer pour l'éternité". [1] » Vieillissant, bloqué en Italie, Luciano prend conscience de l'appétit sans limites du parrain de Tampa. Il sait aussi, comme il le confie d'ailleurs à ses biographes, que Lansky rencontre des difficultés grandissantes pour imposer son autorité et craint l'affrontement direct avec Trafficante. Lucky n'ignore pas non plus que face à sa situation d'exilé, avec un Lansky appartenant à l'ancienne génération et un Genovese enfermé dans un pénitencier américain, la survie de la Cosa Nostra passe par Trafficante [2].

Mais le départ de Batista est une mauvaise nouvelle pour le crime organisé en général et pour Santo Trafficante en particulier. Le parrain a investi massivement dans

---

1. In *Lansky*, *op. cit.*

2. Surtout depuis que ce dernier a obtenu le soutien de Carlo Marcello, le parrain de La Nouvelle-Orléans, branche historique de la mafia américaine.

l'île où, en plus de casinos, hôtels, clubs et restaurants, il possède cinémas, drive-in, commerces et immobilier. D'ailleurs, sentant l'arrivée au pouvoir de Castro imminente, il n'a pas hésité à apporter son soutien financier à ce dernier et à lui fournir des armes introduites clandestinement depuis les États-Unis. Pour lui, il ne s'agit évidemment pas d'un choix idéologique mais d'un placement d'avenir : n'use-t-il pas des mêmes procédés avec Batista ? Aussi la nationalisation de Cuba et le renvoi de la Cosa nostra sur ses terres américaines sont-ils un choc pour Trafficante. D'autant que Castro n'hésite pas à l'enfermer dans une prison de La Havane et à lui faire payer une rançon révolutionnaire pour qu'il regagne sa liberté.

★

★ ★

De retour en Floride, Trafficante est proche de la ruine. Bien évidemment, les deux cent cinquante mille réfugiés cubains s'installant dans l'État[1] sont une manne, mais celle-ci ne suffit pas pour le remettre à flot. Au début 1960, un rapport du Federal Bureau of Narcotics, qui reprend une information relayée par le FBI, explique : « Selon une récente information non confirmée, Santo Trafficante serait "complètement ruiné" et devrait de l'argent à ses associés. Des dettes qui seraient de plusieurs centaines de milliers de dollars ».

Sans être acculé à la ruine, Trafficante a toutefois vrai-

---

1. Les estimations de la population cubaine réfugiée dans le monde en 1960 font état, en sus des deux cent cinquante mille installés en Floride, de cent mille personnes en Espagne, cinquante mille en Amérique latine et cent mille sur la Côte Est des États-Unis, en particulier Washington, New York et l'ensemble du New Jersey.

ment besoin de se refaire. Or il sait que le moyen le plus rapide est le trafic de drogue. En 1960, il envoie donc son lieutenant Benedetto Indiviglio négocier avec Joseph Orsini de la French Connection. Dans le même temps, il établit une connexion avec Montréal afin de faciliter l'introduction de l'héroïne aux États-Unis. Toujours dans cette optique, il s'associe avec Jimmy Hoffa, le puissant patron du syndicat des camionneurs, dont la flotte est l'un des moyens les plus sûrs pour véhiculer de l'héroïne à travers le pays[1].

★
★ ★

C'est également à cette époque que Trafficante prend conscience des ressources en héroïne de l'Asie du Sud-Est.

En 1965, il envoie Franck Furci en mission au Viêtnam. Où ce dernier doit nouer des liens avec le milieu corse présent depuis la guerre d'Indochine et s'informer du *modus operandi* du trafic d'opium dans ce pays en guerre. Sur place, Furci en profite pour prendre le contrôle des clubs et boutiques réservés aux soldats américains. Un marché de plusieurs millions de dollars en pleine croissance depuis l'arrivée de centaines de milliers de GI's. En août 1967, Furci quitte Saïgon pour Hong-Kong où, officiellement, il devient restaurateur. Hong-Kong qu'Alfred

---

1. Au sujet de l'implication de Hoffa dans le trafic d'héroïne, le Comité McClellan sur le crime organisé déterminera que de nombreux « Locals », les antennes syndicales, sont en fait des activités de façade pour couvrir la contrebande de poudre. Le comité mettra en avant plus particulièrement le Local 320, installé à Miami et géré par Trafficante et David Yaras, le représentant en Floride de Sam Giancanna, le parrain de Chicago.

McCoy assimile à une version asiatique de Marseille, possède aux yeux de la Cosa Nostra toutes les qualités nécessaires pour devenir un relais essentiel de la nouvelle route de la drogue. Les chimistes locaux sont nombreux et maîtrisent des techniques éprouvées sur plusieurs générations qui leur permettent de produire de l'héroïne supérieure à celle de la French Connection. Autre avantage, les triades, la mafia détenant le marché de l'opium, sont beaucoup moins gourmandes que le milieu corse[1]. Enfin, la cité ne figure pas sur la liste des priorités du BNDD contrairement au sud de la France.

L'enthousiasme de Furci se matérialise fin 1968 lorsque Santo Trafficante, suivant l'exemple de Lansky et de son tour d'Europe en 1949-1950, décide de s'envoler pour l'Asie du Sud-Est. Non pour faire du tourisme évidemment, mais afin d'évaluer l'ensemble des structures et de passer des accords avec les mafias locales. Trafficante reste plusieurs semaines à Hong-Kong avant de rejoindre Saïgon où il descend au Continental[2]. Là, selon les services de l'ambassade américaine cités par McCoy, il rencontre le milieu corse. Si cette information est vraie, il peut s'agir des représentants d'Air Opium que la French Connection utilise pour compléter la production de morphine base turque, Air Opium étant le surnom donné à un ensemble de petites lignes aériennes privées quadrillant le Laos et plus généralement l'ensemble du Triangle d'or. Composé principalement d'anciens officiers français de la campagne

---

1. Le prix de l'héroïne est si bas qu'en 1970, Hong-Kong est la ville dont la proportion de consommateurs réguliers d'héroïne est la plus importante du monde. Selon les chiffres de la police de Hong-Kong publiés par McCoy, le total serait de cent mille consommateurs pour une population globale de quatre millions. In *The Politics of Heroin*, *op. cit.*

2. Le palace appartient à la famille Franchini de Corse. In *The Great Heroin Coup*, *op. cit.*

d'Indochine, Air Opium est dirigé par le Corse Bonaventure « Rock » Fransisci[1]. Et même si la « compagnie » connaît son âge d'or de 1955 à 1965, ses réseaux sont toujours efficaces. Poursuivant son périple, le missi dominici rejoint Singapour afin de négocier avec une branche de la mafia chinoise avant de terminer son voyage par les Philippines.

Le système mis en place par Trafficante est testé au début de l'année 1970. Transportée sous forme de morphine base depuis le Triangle d'or, la drogue est transformée en héroïne à Hong-Kong. Là, utilisant le plus souvent les lignes aériennes régulières, la poudre quitte l'archipel pour rejoindre la zone Caraïbes. Les trafiquants ont alors trois options : les voies maritimes, où les nombreux réfugiés cubains de Miami servent de courrier, un réseau philippin aux complicités mexicaines, et les services de Joseph Ricord et de Christian David. Si les contrebandiers choisissent cette troisième option, l'héroïne arrive au Chili où, par avion léger type Cessna, elle est transportée au Paraguay, véritable territoire de Ricord. Ensuite, la Latin Connection utilise ses différents itinéraires pour rejoindre les États-Unis[2]. L'essai se transforme vite en succès. En un an, Trafficante fait entrer une tonne d'héroïne pure sur le marché américain, soit près de 20 % de la consommation annuelle du pays[3].

1. Voir le livre d'Alain Jaubert, *D... Comme Drogue, op. cit.*
2. Lire à ce sujet et en particulier celui des réseaux Cessna, *Contrabandista !, op. cit.*
3. In *The Politics of Heroin, op. cit.*

★

★ ★

Mais pour parfaire son entreprise et la développer, l'Américain doit franchir une dernière étape : se rendre à Palerme pour obtenir la bénédiction de la Cosa Nostra et de la mafia sicilienne.

La conférence du Grande Albegro Sole de début juillet 1970 se tiendra pendant douze jours. Le délai est exceptionnel et témoigne des difficultés de Trafficante même si, *in fine,* il va obtenir une victoire et se voir sacré grand patron du crime organisé.

En fait les discussions s'éternisent sous la chaleur sicilienne parce que Trafficante ne propose rien moins que de briser l'une des raisons d'être de la Cosa Nostra. Lorsqu'au début des années trente Luciano, Lansky et les autres ont créé l'organisation c'était, entre autres, pour permettre la fin de la guerre des gangs. La philosophie de Lucky tenait en une formule : pour m'enrichir, je t'enrichis. Ce que propose Trafficante, à savoir se débarrasser de la French Connection, remet donc en question ce principe. Mais pourquoi tient-il tant à se débarrasser du milieu corse ? D'abord, dans l'optique d'une utilisation de l'héroïne asiatique, parce que la drogue venant de Marseille devient une concurrence dans un marché, certes toujours en progression, mais qui ne pourra pas s'étendre éternellement. Autre argument de poids, des économies d'échelle. La filière asiatique coûte environ un tiers de moins que celle mise en place par les Français. Enfin, Trafficante ne souhaite plus que l'argent américain vienne enrichir le milieu marseillais dans la mesure où, depuis deux ans, la French Connection utilise une partie des revenus de la drogue pour bâtir son propre réseau sur le territoire américain avec l'aide de gangs noirs et haïtiens. Le parrain américain est persuadé que s'il perdure, l'expansionnisme corse posera rapidement un problème de survie aux « familles » américaines.

En fait, une fois les raisons idéologiques évacuées[1], c'est la réelle portée de la proposition de Trafficante qui gêne les pontes du crime organisé. Éliminer les Corses du marché de la drogue, remplacer la Turquie par l'Asie ne posent pas vraiment de difficulté. En revanche, cela signifie porter un sérieux coup au réseau Lansky, encore largement tributaire de la French Connection. L'ancien consigliere et ses hommes constituent donc le dernier obstacle à la complète mainmise de Trafficante sur le crime organisé américain. Soutenu par Marcello à La Nouvelle-Orléans, Giancanna à Chicago, Gambino à New York et Cotrone à Montréal, proposant une part plus importante au Triumvirat sicilien, Trafficante emporte finalement la partie. Désormais le Triangle d'or maîtrisera 90 % de l'héroïne, le solde étant fourni par l'Iran et le Mexique ; la French Connection sera éliminée et Meyer Lansky rangé au rayon des gloires passées du crime organisé.

Lorsque Trafficante quitte Palerme, il a également obtenu l'envoi de Giancanna à Mexico afin de superviser l'entrée de la drogue sur le territoire américain, un investissement de 300 millions de dollars dont la totalité va servir à corrompre des officiels, des militaires et des policiers en Thaïlande, au Laos, au Sud-Viêtnam, en Birmanie et à Hong-Kong. Enfin, il a « décroché » une autre centaine de millions de dollars destinés à être injectés

---

1. D'autant plus facilement que les deux organisations criminelles sont désormais majoritairement représentées par des membres de la nouvelle génération, plus soucieuse d'obtenir à son tour les profits de l'héroïne que l'équilibre d'un système ancien.

directement dans le Triangle d'or pour améliorer les moyens de transport de l'opium [1].

★
★ ★

Pour atteindre le sommet de la Cosa Nostra et par là même prendre la tête de l'internationale du trafic d'héroïne, Trafficante a fait preuve de génie, d'intuition, de courage et de machiavélisme. Et, si l'on en croit la DEA et les manuels d'histoire, de chance. Car comment désigner autrement cette suite de coïncidences favorables ?

Richard Nixon est élu Président des États-Unis en novembre 1968. Un mois plus tard, Santo Trafficante Jr s'envole pour l'Asie du Sud-Est. En juillet 1970, la conférence de Palerme valide l'élimination du milieu français de la carte mondiale de la drogue, tandis que deux mois plus tard Nixon déclare la guerre à l'héroïne, combat visant uniquement « l'infâme French Connection ». Lors du même sommet, le crime organisé décide d'investir massivement dans les champs d'opium du Triangle d'or au détriment de la Turquie dont les Corses et Lansky tirent l'essentiel de leur pouvoir ; un an plus tard, Nixon annonce la cessation progressive de la culture de l'opium en Turquie, processus achevé en 1973. Dans le même temps, la DEA ignore superbement l'Asie. Les nouvelles routes de la drogue, « tracées » par Trafficante, passent par l'Amérique latine contrôlée par Joseph Ricord et ses commissions élevées mais la DEA et la CIA, pourtant bien implantées sur le continent sud-américain, éliminent la Latin Connection tout en ignorant les autres réseaux de distribution développés par Trafficante. Enfin, le seul obs-

---

1. In *Rapport*, Frank Wulff, *op. cit.*

tacle à la marche vers le pouvoir de Trafficante, à savoir le réseau Lansky, se voit, en 1969, avec le soutien de Nixon, démantelé par les États de Floride et du Nevada. Aussi certains spécialistes se posent la question : est-ce le seul fruit du hasard ?

★

★ ★

Les liaisons dangereuses entretenues par certains pensionnaires de la Maison-Blanche avec le crime organisé remonteraient à loin, selon certains chercheurs. Ainsi, dans les années trente, Meyer Lansky fut-il l'un des plus généreux contributeurs de Franklin D. Roosevelt puis de son successeur Harry Truman[1]. Eisenhower, lui, aurait bénéficié des largesses de l'industrie pétrolière texane dont certaines des plus grosses fortunes se sont faites dans l'illégalité. Les rapports entretenus par John F. Kennedy, via son père, avec quelques responsables de la Cosa Nostra, dont Sam Giancanna de Chicago, sont également largement documentés. Lyndon B. Johnson, pour sa part, éleva le clientélisme électoral au rang d'institution[2]. Quant à Nixon, il ne fallait pas compter sur lui pour briser le cercle.

Le premier contact de ce dernier avec le crime organisé pourrait remonter à 1943. À cette époque, il occupe un poste au Bureau du contrôle des prix[3] où, en cette période de restriction due à l'effort de guerre américain, il est l'un des responsables de la surveillance des prix des biens en

---

1. In *On the take, From Petty Crooks to Presidents*, William J. Chambliss, Indiana University, 1978.

2. Lire à ce sujet *The Washington Pay-Off* par Robert Winter-Berger, édifiante chronique par un de ces acteurs de la corruption régnant dans la capitale des États-Unis sous la présidence de LBJ.

3. Office of Price Administration.

caoutchouc. Ses activités l'amènent à se lier d'amitié pour la vie avec Bebe Rebozo et George Smathers [1], le premier, un Américain d'origine cubaine, possédant un garage dont la particularité est de ne jamais manquer de pneus en ces temps difficiles. Smathers, lui, est avocat en Floride. Ses clients ? Des contrebandiers travaillant avec Cuba. Or à l'époque, déjà depuis l'île, la Cosa Nostra est impliquée dans le trafic de... pneus. Autre connaissance du trio, Richard Danner qui, à la fin des années soixante, gérera l'un des plus importants casinos de Las Vegas. Il ne faut pas oublier non plus Tatum Wofford qui, pour Meyer Lansky, supervise le Wofford Hotel à Miami, palace qui est en fait, comme le révèle le Comité Keffauver, la plus grosse salle de jeux clandestine de Floride.

En 1946, Nixon se présente en Californie afin de briguer pour la première fois un siège au Congrès, campagne dirigée par un avocat célèbre de Los Angeles, Murray Chotiner. Or Chotiner est également le défenseur attitré de la Cosa Nostra. Ce qui explique peut-être pourquoi Mickey Cohen, le représentant de Luciano en Californie, fut le principal contributeur du jeune candidat.

En 1952, Nixon se rend à de nombreuses reprises à La Havane, accompagné par Danner mais le plus souvent par Rebozo et Smathers qui y auraient investi une partie de leur bénéfice du commerce du pneu [2]. Or, les liens unissant Nixon à Cuba sont forts. Vice-président d'Eisenhower, il revient dans l'île pour y décorer Batista. Mais c'est surtout son implication, sous couvert de lutte contre le communisme, dans les tentatives avortées de recon-

---

1. Smathers mènera de front durant de très nombreuses années une carrière politique et une carrière d'homme d'affaires. Ses liens avec Cuba d'avant Castro lui vaudront plus tard dans la presse américaine le surnom de « sénateur de Cuba ».
2. In *The Great Heroin Coup, op. cit.*

quête de l'île dont il faut se souvenir. Nixon est, par exemple, directement impliqué dans le plan du débarquement de la baie des Cochons, projet qui sera finalement exécuté dans des conditions dramatiques sous la présidence de JFK. Quoi qu'il en soit, son engagement contre Castro ne peut que lui attirer les grâces du crime organisé américain, viscéralement anticommuniste et soucieux de reprendre au plus vite pied sur l'île.

Autre élément étonnant, les investissements réguliers de Nixon en Floride, territoire contrôlé par Meyer Lansky pour une part et Santo Trafficante de l'autre. Il acquiert ainsi des terrains à Key Biscane en partenariat avec Bebe Rebozo soupçonné de liens avec le crime organisé. Nixon multiplie aussi les apparitions publiques lors d'inaugurations de casinos dans les Bahamas. En 1967, il fait partie des célébrités invitées au Nassau Bay Club, propriété de la société Mary Carter Paint Co., une création de Lansky dont, nous l'avons vu, Thomas Dewey est l'un des actionnaires. En 1968, en pleine campagne électorale, il va à l'inauguration de Paradise Island, une opération contrôlée par Resorts International, nouveau nom de Mary Carter Paint Co. depuis que la presse américaine a révélé ses accointances suspectes.

Une fois à la tête des États-Unis, selon certains, Nixon aurait usé de son influence pour réduire certaines peines de prison de membres de la Cosa Nostra et étouffer des enquêtes embarassantes. Ce fut le cas de Karl Covens, un responsable Teamster de Floride, condamné à la prison pour avoir détourné plusieurs millions de dollars mais gracié par le Président au bout de six mois. Un Covens qui sera un important contributeur de la campagne de réélection de 1972.

Autre contributeur, Morris Senker, l'un des avocats de la Cosa Nostra. Or, au moment de l'élection de Nixon, le département de la Justice enquête sur lui depuis près de trois ans et cherche à démontrer sa participation à une opération d'évasion fiscale. Finalement, Richard Kleindienst, le nouvel attorney général, choisit de classer ce dossier pour manque de preuves. Hasard, un mois plus tôt l'ensemble de l'enquête avait disparu des bureaux de l'U.S. attorney de Saint-Louis[1]. Une baraka judiciaire qui bénéficie aussi, au milieu des années soixante-dix, à Max Orovitz quand Robert Morgenthau, procureur du district sud de New York, entame une investigation sur cet avocat spécialiste de la finance proche de la Maison-Blanche. Morgenthau pense qu'Orovitz se serait rendu coupable de tours de passe-passe pour camoufler la présence de la Cosa Nostra dans l'actionnariat d'importantes compagnies et parle d'un réseau de blanchiment d'argent sale. Avant d'aboutir en Suisse, il passerait par la société Investor Overseas Service dont le président est John M. King, un proche de Nixon. Mais, alors qu'il se prépare à demander officiellement l'arrestation de King[2], première étape pour remonter l'ensemble de la filière, Morgenthau est muté sur décision de l'attorney général du gouvernement. Sans que personne ne reprenne son enquête.

Autre homme trouble dans les soutiens de Nixon, Robert Vesco. Or, en 1973, Frank Peroff, agent de la DEA qui vient de passer plusieurs mois d'infiltration au sein de la « famille » Cotroni à Montréal, témoigne devant une

---

1. In *The Great Heroin Coup*, *op. cit.*

2. King figure sur la liste des gros contributeurs historiques des campagnes de Nixon. Henrik Kruger y ajoute également les noms de Lou Chester et Richard Pistell, chargés d'opérations financières pour la Cosa Nostra en Floride, Howard Hughes, le milliardaire texan propriétaire de casinos à Las Vegas, James Crosby, le président de Resorts International et le millionnaire californien C. Arnholdt Smith, proche de différentes figures du crime organisé

commission d'enquête du Sénat[1]. Après avoir avancé sous serment que les deux frères Cotroni contrôlent le marché de l'héroïne non seulement au Canada mais également sur une partie de la Côte Est américaine, il évoque les réseaux de financement du trafic de drogue et cite le nom de Robert Vesco. Lequel est un important soutien financier de Nixon depuis son passage à la vice-présidence, ainsi que l'un des actionnaires d'Investor Overseas Service, la société soupçonnée de servir à l'envoi en Suisse de l'argent de la Cosa Nostra. Présent dans de nombreuses sociétés, Vesco, qui servira de garantie financière à la campagne de réélection de Nixon, est même associé au frère du Président et à son neveu[2]. La chute de Nixon correspondra d'ailleurs à son départ précipité des États-Unis et à son installation au Costa Rica. En novembre 1979, le Grand Jury de la ville de New York parlera encore de son implication dans un réseau de trafic d'armes avec la Libye[3].

★
★ ★

En somme, un faisceau de relations pour le moins troubles. Mais c'est principalement à travers ses relations avec les Teamsters, le puissant syndicat des camionneurs américains, que le rôle de Nixon est trouble.

1952 est une très mauvaise année pour les Teamsters. L'Amérique vient de s'offrir pour la première fois depuis près de trente ans une administration républicaine, un changement de couleur politique qui précipite Dave Beck,

---

1. Senate Committee of the International Speculator and Smuggler.
2. In *Peroff*, L.H. Wittemore, Ballantine, 1975.
3. *The New York Times*, 4 novembre 1979.

le président du syndicat, dans l'œil du cyclone. En effet, le FBI et l'IRS, le fisc américain, ont décidé de mener une enquête sur les liens financiers unissant les Teamsters à la Cosa Nostra. Si Beck en fait une question politique, puisque depuis Roosevelt son organisation apporte dollars et électeurs au parti démocrate, il lui est néanmoins difficile de nier la véritable utilisation de l'imposant fonds de pension des camionneurs. Car Beck, ami et partenaire de Meyer Lansky, a fourni à ce dernier des liquidités quand il voulait investir dans des casinos à Las Vegas, Cuba, Londres ou encore aux Bahamas. La condamnation du patron du syndicat à sept ans de prison après une procédure judiciaire fleuve de six années agit comme un révélateur pour les Teamsters : le soutien unilatéral à la cause démocrate les laisse sans relais lorsque le pouvoir se trouve entre les mains des républicains.

Jimmy Hoffa, le successeur désigné par Beck, va, lui, s'empresser de corriger cette erreur. Si, dans un premier temps, il joue la carte de la tranquillité en finançant les deux partis, la campagne présidentielle de 1960 marque pour la première fois le soutien unique des Teamsters au candidat républicain. Et Hoffa choisit Nixon parce que, comme la majorité des observateurs, il ne croit pas à une victoire du jeune et catholique John F. Kennedy. La défaite *in extremis* du vice-président sortant apparaît donc comme un nouveau coup dur pour le syndicat. Surtout lorsque l'attorney général, Bobby Kennedy, entame sa croisade contre le crime organisé en décidant de s'attaquer aux origines de son financement, autrement dit aux Teamsters[1]. Le face-à-face sera long, coûteux pour le contri-

1. Il est fort probable que les intentions de Bobby Kennedy aient été également électorales. Son action contre les Teamsters, alors qu'il néglige d'autres figures, démocrates, de la mafia américaine est en effet un moyen de priver le parti républicain d'une partie importante de son financement et d'un électorat fidèle aux consignes de votes des

buable américain, et douloureux pour Bobby qui obtiendra la condamnation[1] d'Hoffa à peine deux mois après l'assassinat de son frère à Dallas. Ce jour-là, Jimmy Hoffa se trouve à Chattanooga dans le Tennessee, où se tient un des procès entamés par le gouvernement américain. Lorsque la nouvelle de la mort de JFK est confirmée à la radio, Hoffa lâche : « Maintenant, Bobby Kennedy est juste un avocat comme les autres. »

Aussi Hoffa fait-il appel de son jugement, espérant qu'avec le retrait de Bobby Kennedy de la scène politique, l'administration de Johnson modérera son action. Une attente vaine puisque Hoffa, ayant épuisé tous ses recours, est condamné fin 1967 à une peine de treize ans dans la prison fédérale de Lewisburg. De sa cellule, il continue toutefois à assumer la présidence des Teamsters et à agir en coulisse. L'arrivée au pouvoir de son ancien allié, Richard Nixon, constitue pour lui une bonne nouvelle. Et, de fait, au début 1971, le républicain le gracie sous la condition expresse qu'il quitte la tête du syndicat. Son successeur, Frank Fitzimmons, poursuit les bonnes relations unissant

---

leaders du syndicat. Pareillement, RFK s'acharne sur le républicain Carlos Marcello, parrain de La Nouvelle-Orléans. Une croisade dont le point culminant sera le moment où des agents fédéraux enlèveront Marcello pour l'accompagner en avion jusqu'au Guatemala, puis prétextant qu'il s'agissait de son pays d'origine, l'abandonneront là. Quoi qu'il en soit, dans une Amérique où Hoover, trop occupé à chasser les communistes où il n'y en a pas, déclare que le crime organisé n'existe pas, l'action du cadet Kennedy est novatrice. De nombreux anciens du FBI rencontrés durant cette enquête et celle effectuée pour *JFK, autopsie d'un crime d'État*, reconnaissent à Bobby le crédit d'avoir « réveillé » le Bureau et de l'avoir obligé à considérer la menace Cosa Nostra. Avant cela, comme me l'a raconté un vétéran de Dallas, « lorsque nous faisions une saisie de drogue, c'était par accident ».

1. Hoffa est condamné à huit ans de prison. Quelques jours plus tard, le jury fédéral de Chicago prononce la même sentence. Les deux peines sont confondues.

son organisation au parti de Nixon. Un Président qui déclare : « Fitzimmons est le bienvenu, quand il le veut, dans mon bureau. Mes portes lui seront toujours ouvertes. [1] »

Dans un autre dossier, Nixon interviendra via son attorney général. En janvier 1973, le FBI de Los Angeles est sur le point de clore une enquête de deux ans sur le détournement d'au moins 500 millions de dollars. L'arnaque, perpétrée par la Cosa Nostra avec la participation active de la présidence des Teamsters, consistait à ponctionner une partie des fonds d'une complémentaire maladie souscrite par l'ensemble des camionneurs. Grâce à la présence d'un agent infiltré, le FBI apprend le lieu et la date d'une réunion entre le crime organisé et le syndicat, réunion où Fitzimmons lui-même doit intervenir. Soixante-douze heures avant la rencontre, le lieu doit être placé sur écoute. Mais quand le FBI demande aux services de l'Attorney général la permission de pouvoir enregistrer les conversations, il reçoit une réponse négative non négociable. Le Bureau écarté, l'enquête s'enlise. Une série de déclarations sur l'honneur d'agents du FBI, de la police d'Orange County et de San Diego, citées par William Chambliss, dévoilent la raison de l'empressement du département de la Justice à empêcher l'écoute. À leur lecture, on y apprend que dès la réunion terminée, Fitzimmons s'était rendu à La Costa, un centre privé et select de remise en forme, où il rencontra longuement un patient appelé Richard Nixon. Et que par la suite Fitzimmons le patron des Teamsters avait embarqué, en compagnie du Président, à bord de l'avion Air Force One en partance pour Washington. Et selon la source du FBI, celle qui avait parfaitement indiqué le lieu et le jour du rendez-vous, cette fameuse réunion de janvier 1973 devait décider du partage du pactole entre les différents acteurs de l'affaire.

---

1. In *Off the take*, op. cit.

★

★ ★

Pourquoi insister sur les éventuelles relations entre Richard Nixon et les Teamsters ? Parce que depuis l'arrivée de Jimmy Hoffa et le tournant républicain du syndicat, le parrain de la Cosa Nostra bénéficiant des faveurs de l'organisation des camionneurs n'est autre que Santo Trafficante Jr.

1960 est une année charnière pour le parrain de Tampa. À cause, bien évidemment, de son expulsion de Cuba et de ses contacts plus approfondis avec le commerce de l'héroïne afin de se remettre en selle, mais c'est surtout un autre événement qui va mettre Santo sur la piste de l'or blanc asiatique. En effet, cette année-là, Santo Trafficante Jr rejoint la CIA parce que l'agence décide de rentrer en contact avec la Cosa Nostra américaine afin de renverser Fidel Castro[1]. Via Robert Maheu, un de ses « pigistes » naviguant dans l'univers du crime organisé, l'agence propose à John Roselli de participer à une tentative d'attentat contre le Lider Maximo. Pourquoi la CIA fait-elle appel à la mafia ? Pour deux raisons. Premièrement, parce que cela lui permet de monter des opérations à la limite de la légalité sans obtenir l'accord de la Maison-Blanche, présidence où l'arrivée de John F. Kennedy risque de remettre en question plusieurs projets validés par celui qui était en charge du problème cubain sous Eisenhower, Richard Nixon. Deuxièmement parce qu'en cas d'échec, la CIA pourra faire jouer le « plausible denial ».

---

1. L'ensemble des informations concernant la collaboration entre la Cosa Nostra et la CIA provient des travaux du Congrès américain sur le sujet. Consulter sur ce point l'US Congress, Senate, Select Committee to study Governmental Operations with respect to Intelligence Activities, *Alleged Plots Involving Foreing Leaders*, Interim Report, 94 th Cong., 1 st Ses., Senate Report No 94-463, 1975.

La collaboration étant secrète, une éventuelle arrestation d'un membre de la Cosa Nostra ne permettra pas de remonter jusqu'à l'agence et, à travers elle, au gouvernement américain.

La proposition de Maheu ne laisse pas Roselli indifférent. S'il existe des raisons idéologiques à son choix, il sait surtout qu'il a tout à gagner à être celui qui va permettre le retour des familles de la Cosa Nostra sur l'île. D'où le contact qu'il noue avec les deux autorités de la Cosa Nostra de l'époque : Sam Giancanna et Santo Trafficante[1].

Les deux parrains approuvent le plan, mais Trafficante est celui qui s'implique le plus dans le projet, participant même à des opérations commando de nuit sur l'île. En février 1961, décidé à se séparer de Castro au plus tôt, Trafficante rencontre de nouveau Roselli et Maheu à l'hôtel Fontainebleau de Miami. Là, Maheu confie à Santo des pilules empoisonnées préparées par la CIA afin que, profitant de son réseau cubain, il puisse atteindre Castro. Un plan qui n'aboutit pas, on le sait. Mais en 1961 et 1962, il tente quand même à trois reprises d'empoisonner son ennemi. Évidemment, Trafficante sera aussi partie prenante de la tentative – ratée – de débarquement dans la baie des Cochons.

★
★ ★

Ces multiples opérations vont permettre à la CIA d'apprécier les services de la Cosa Nostra. De telle sorte que

---

1. Lansky voyage a ce moment-là entre Londres, Beyrouth et Nassau afin de préparer l'installation des nouveaux casinos de la Cosa Nostra. Giancanna, à Chicago, est un fidèle de Meyer et représente les parrains de l'ancienne génération.

le modus operandi défini pour Cuba devient une norme. Désormais, l'agence américaine fait appel à la collaboration de la mafia américaine lorsqu'il s'agit de frapper en Afrique, en Amérique latine, en Europe et en Asie.

En Asie justement où la CIA, prenant la suite des Français, surveille désormais le commerce de l'opium. L'un des agents américains impliqués dans la reprise des réseaux du SDECE au Viêtnam se nomme Howard Hunt qui, en 1960, se trouve en Floride où il prépare les opérations anticastristes avec son ami Johnny Roselli. Et où il rencontre Santo Trafficante Jr.

Or, contrairement à l'idée reçue, Kennedy n'était pas en guerre contre la CIA entre 1961 et son assassinat à Dallas. En fait, il était en lutte contre une partie de celle-ci, celle qui opérait sans se référer à son autorité ou qui, comme dans l'échec de la baie des Cochons, lui dissimula une partie des informations. Une méfiance qui l'incita à décider l'arrêt d'une partie des opérations anticastristes. Pour des hommes comme Hunt, Trafficante et Roselli, qui se battaient contre Castro depuis 1959 avec l'espoir de reprendre le contrôle de Cuba, l'ordre de Kennedy fut sans effet. Ils voulaient éliminer le Lider Maximo. N'ayant toutefois plus de soutien officiel, se posa rapidement pour eux la question du financement de cette lutte armée. L'évidence les poussa à utiliser les mêmes méthodes que les guérillas de l'Asie du Sud-Est contre l'ennemi communiste : de la drogue contre des armes.

La rencontre entre Trafficante et certains membres de la CIA fut donc à l'origine de l'arrivée massive d'héroïne asiatique dans l'Amérique des années soixante-dix. Reste une grande interrogation : l'hypothèse formulée par certains chercheurs d'une collaboration entre Nixon et Trafficante est-elle plausible ?

★

★ ★

En 1959, le vice-président Richard Nixon participe à la préparation du débarquement de la baie des Cochons, présidant les discussions du groupe 54/12, le comité du National Security Council en charge des opérations d'infiltration. La campagne présidentielle de 1960 approchant, Nixon est persuadé que la chute de Castro fera définitivement pencher la balance en sa faveur. Mais de mauvaises conditions météorologiques vont empêcher la mise à exécution du plan avant le scrutin. Quoi qu'il en soit, la mise au point de l'opération est l'occasion pour Nixon de travailler avec les spécialistes des « coups tordus » de la CIA, lesquels ont notamment à leur tête le fameux Howard Hunt, ce même Hunt qui, un an plus tard, collaborera avec Roselli et Santo Trafficante.

Or les routes de Nixon et de Hunt vont se croiser à nouveau car l'agent de la CIA est aussi membre de la Special Investigation Unit, groupe hétéroclite d'anciens du FBI et de la CIA chargé de mener la guerre à la French Connection et placé sous l'autorité directe de Nixon. Ce sont ces fameux « plombiers » déjà évoqués qui deviendront célèbres avec l'affaire du Watergate, opération dirigée pour Nixon par Howard Hunt. Et quand on décortique la liste [1] des « plombiers » interpellés au siège de campagne du parti démocrate le 7 juillet 1972, on fait de surprenantes découvertes. Sur sept personnes, quatre travaillent ou ont travaillé pour la CIA, quatre sont originaires de Miami, quatre ont participé au fiasco de la baie des Cochons et trois, au moins, sont impliqués dans le trafic de drogue dans la zone Caraïbes. Si tous agissent au service de Nixon et collaborent, ou ont collaboré, avec Santo Trafficante Jr, l'un des noms à retenir est celui de Frank Sturgis.

Sturgis et Hunt se connaissent et s'apprécient depuis la

---

1. Bernard Barker, Gordon Liddy, Howard Hunt, Frank Sturgis, James McCord, Virgilo Gonzalez, Eugenio Rolando Martinez.

fin de la Seconde Guerre mondiale. Une amitié forgée là où l'Amérique envoie ses spécialistes des opérations d'infiltration afin de lutter contre le communisme. Lorsqu'en 1960, Maheu, Roselli et Trafficante décident de participer à un attentat contre Fidel Castro, leur contact à La Havane se nomme Frank Angelo Fiorini, trafiquant d'armes qui a fourni les troupes de Castro avant la chute de Batista. Or, pour le remercier, Castro lui a confié la délicate mission de liquider les casinos de la Cosa nostra. Ce qu'il ignore, c'est que Fiorini travaille pour les Américains et s'appelle en réalité : Frank Sturgis.

Une fois découvert, Sturgis quitte l'île pour s'installer à Miami où il crée la Brigade internationale anticommuniste[1] avec des fonds de la CIA et de la Cosa Nostra. Un groupe dont la plupart des membres participent au fiasco de la baie des Cochons, mais servent également de courrier au réseau de drogue de Santo Trafficante. Un parrain dont les liens avec Sturgis sont si évidents que Richard Whattley, membre de la brigade, dira un jour : « Trafficante ordonnait à Sturgis d'envoyer ses hommes et Sturgis le faisait. Nos ultimes conclusions c'était que Trafficante était notre financier. C'était notre généreux sponsor.[2] »

En 1971, Hunt et Sturgis, plombiers de Nixon dont les bureaux se trouvent à la Maison-Blanche, ne sont pas à Washington. Mais en Amérique latine entre Panama et le Paraguay où ils organisent des actions commando contre la Latin Connection. Le réseau de Joseph Ricord étant incontournable pour qui veut faire passer de la drogue vers les États-Unis, ces opérations ont pour but de permettre à Trafficante de récupérer les structures créées par le Français et d'éviter de payer un coûteux droit de passage.

---

1. International Anti-Communist Brigade (IACB).
2. H. Kohn in *Rolling Stone*, 20 mai 1976, in *The Great Heroin Coup*, *op. cit.*

D'autres missions sont effectuées par ces hommes liés à la Maison-Blanche. Dans une interview à la chaîne de télévision américaine CBS en 1977, Bernard Baker, l'un des plombiers, dévoile qu'en 1971 Howard Hunt avait été chargé par la présidence d'une mission particulière. Classé sous le nom de code « Opération Diamond », le projet consistait à monter un commando fantôme au service de Richard Nixon dont la juridiction et la compétence dépasseraient celles du FBI et de la CIA. Hunt, chargé de former un groupe d'une centaine d'hommes, se rendit à Miami pour recruter dans le réseau d'anticastristes travaillant désormais pour Trafficante. Selon Baker, l'un des leurs, Hunt enrôla cent vingt volontaires. Une fois constitué, le groupe fut confié aux instructeurs de la CIA avant de devenir opérationnel. Or le but ultime de « Diamond » était, sous couvert de guerre à la drogue, l'enlèvement et l'assassinat des ennemis politiques des États-Unis et donc de Nixon.

Un Président qui, comme Roosevelt l'avait fait en temps de guerre, songeait de plus en plus à modifier la Constitution afin de briguer un troisième mandat, qui sans l'affaire du Watergate, lui aurait permis de rester douze ans à la tête du pays [1].

★

★ ★

La montée en puissance de Santo Trafficante s'effectue au détriment d'autres grands pontes de la Cosa Nostra.

---

1. Ainsi, un Comité pour changer la Constitution fut créé à Philadelphie en 1972 afin de sensibiliser l'opinion publique à l'idée d'un troisième mandat. Il effectua un travail de lobbying à Washington. Financé uniquement par les dons publics, le Comité présentait un solde créditeur d'un million de dollars avant même son lancement officiel. La liste de ses mystérieux, généreux et précoces donateurs ne fut jamais communiquée. In *On the take, op. cit.*

Notamment de Meyer Lansky. De son vrai nom Maier Suchowljansky, né en Pologne le 4 juillet 1902 – une date qui porte déjà en elle le destin américain[1] du futur consigliere de la Cosa Nostra –, il devient Meyer Lansky[2] avec l'arrivée de sa famille aux États-Unis en 1907[3]. L'enfance du jeune immigrant ne ressemble en rien à l'habituel parcours chaotique des autres futurs responsables du crime organisé. Bon élève, respectueux de l'autorité de Max et Yetta, ses parents, échappant à l'influence des multiples gangs de New York, il débute comme apprenti avec l'espoir de devenir contremaître. Quand, le 24 octobre 1918, un étrange coup du destin va orienter sa vie vers une autre destination.

Ce jour-là en effet, Lansky rentre à pied au domicile familial, sa boîte à outils à la main quand, soudain, il entend des cris provenant de l'arrière-cour d'un bâtiment. Courageux, il se précipite et découvre une femme entièrement nue, un adolescent sans plus de vêtements et un troisième personnage, en train d'insulter et de frapper la fille, en vérité un proxénète corrigeant l'une de ses prostituées pour avoir accepté une passe sans contre-partie financière. Le « client », justement, se relève et se précipite sur le maquereau qui, d'abord surpris par la pluie de coups, recule et sort un couteau à cran d'arrêt. C'est alors que Lansky, armé d'une clé à mollette, intervient et assomme le proxénète qui s'effondre sur le sol. Enfin la police arrive et arrête tout ce petit monde. Meyer se retrouve au poste,

---

1. Le 4 juillet, date anniversaire de l'Indépendance, est la fête nationale américaine.

2. Si Meyer Lansky devient son vrai nom, il utilise divers patronymes et surnoms durant ses années d'apprentissage dans les gangs new-yorkais. Dont : Morris Lieberman, Meyer Lamansky, Little Meyer, Little Big Man, Meyer the Bug, Charlie the Bug, Meyer the Lug. Les cinq derniers font référence à sa très petite taille.

3. Il obtient sa naturalisation américaine en 1928.

inculpé pour coups et blessures, et est envoyé devant le juge McAdoo dont la réputation de sévérité envers la petite délinquance new-yorkaise ne laisse rien présager de bon. Pourtant le magistrat classe l'affaire sans suite. En fait, le souteneur a décidé de ne pas porter plainte contre son « agresseur » et impressionné par le courage de « la petite teigne », l'attend à la sortie du tribunal pour discuter. Avec, à ses côtés, l'adolescent à qui il voulait couper la gorge quelques heures plus tôt. Les deux hommes se présentent. Le « client » se prénomme Benjamin Siegel dit Bugsy. Quant au proxénète, c'est un Sicilien, Salvatore Lucania, qui, quelques années plus tard, défrayera la chronique armé d'idées nouvelles et d'un nom plus en accord avec son personnage : Lucky Luciano.

Lansky, Luciano et Siegel décident de s'associer. D'abord dans le proxénétisme et les jeux d'argent, puis dans le vol de voitures[1], l'alcool[2] et enfin l'héroïne. Mais c'est Lansky qui a le premier l'idée d'investir une partie des revenus dans des activités légales et de construire un réseau de protection en ayant recours à la corruption[3].

Le premier contact politique établi par Lansky remonte à 1932 quand, cette année-là, se tient à La Nouvelle-Orléans la Convention nationale du parti démocrate. Il y

---

1. C'est l'association des trois hommes dans cette activité qui détermine leur volonté à organiser la criminalité et qui sera à l'origine de la Cosa Nostra. Siegel et ses hommes de main irlandais volent les véhicules, Lansky et ses mécaniciens juifs les maquillent et Luciano et ses Siciliens se chargent de la revente.

2. Le trafic d'alcool, prohibition oblige, rapporte au jeune Lansky 10 000 dollars par an. Ramené en valeur 2001, cela équivaut à 125 000 dollars.

3. Il est également le premier à louer les services de tueurs proposés aux chefs de gangs souhaitant régler un problème par les armes sans se retrouver directement impliqués. Un principe que l'on retrouvera plus tard à l'origine de la Murder Inc.

rencontre le gouverneur de l'État de Louisiane, Huey Long, auquel il propose un deal qui ne se refuse pas. En échange du marché du jeu à La Nouvelle-Orléans, Lansky lui offre une commission annuelle de 4 millions de dollars directement versée sur un compte en Suisse que Lansky lui-même se propose d'ouvrir. On retrouve déjà les fondements de son succès : les casinos, une offre sophistiquée « clé en main » et, enfin, le parti démocrate.

Dès lors, Lansky devient l'un des principaux contributeurs du parti qui va régner sans partage sur l'Amérique jusqu'en 1952 et l'arrivée au pouvoir du républicain Eisenhower et de son vice-président Richard Nixon. Ce choix d'un soutien à un parti unique et omniprésent se retrouve d'ailleurs dans le monde entier : les Siciliens infiltreront la démocratie chrétienne, le milieu français la droite et les Yakusa japonais le parti libéral démocrate.

Le succès en Louisiane permet à Lansky de s'installer en Floride où il va édifier l'essentiel de son empire. Il inaugure ainsi le Colonial Inn, près de Miami, dans le comté de Broward [1], un hôtel casino auquel Luciano fournit des prostituées depuis New York. Et peu à peu contrôle la totalité du sud de l'État, faisant taire les oppositions à coups de centaines de milliers de dollars [2]. Puis, la Floride

---

1. Broward County fut l'un des comtés au centre du combat politique opposant Al Gore à George W. Bush lors des dernières élections présidentielles.

2. Contrairement aux idées reçues et propagées par le cinéma, le crime organisé préfère la corruption au crime. Comme l'a dit une fois Bugsy Siegel, lui-même exécuté par la Cosa nostra : « Il ne faut pas s'inquiéter, nous nous tuons entre nous et c'est tout. » Le juge Falcone expliquait que cette tendance au refus du meurtre n'a rien d'idéologique mais rappelle que la mafia, en tant qu'organisation de l'ombre, craint par-dessus tout la lumière. Dans son livre d'entretiens avec la journaliste Marcelle Padovani, il raconte que l'assassinat est utilisé en dernier recours et que là encore, la discrétion prévaut : « C'est pour cela que l'étranglement est devenu le moyen d'élimination numéro un

ne suffisant plus, il se tourne vers Cuba où, en plus de posséder les plus imposants casinos, il « achète » la bénédiction de Fulgencio Batista. Son influence auprès du Président cubain est telle que lorsque, en 1944, Franklin D. Roosevelt souhaite accélérer le départ de Batista de peur d'une révolution, il se tourne vers Lansky pour accélérer le mouvement [1]. Cet épisode, qui vient après la négociation entre Luciano et l'ONI au sujet des docks américains, démontre, soit dit en passant, l'influence et le pouvoir du crime organisé dix ans à peine après sa création. Avec Lansky comme premier bénéficiaire de cette situation [2]. Un leadership accentué par l'emprisonnement puis l'exil en Italie de Lucky Luciano.

Le début des années cinquante est plus délicat pour Lansky avec l'arrivée d'une administration républicaine, le procès de Dave Beck, patron des Teamsters et son ami personnel dont les millions d'ordinaire facilement disponibles sont bloqués, les débuts cahotiques de Las Vegas et l'élimination du compagnon de toujours, Bugsy Siegel, la fermeture d'une partie de ses casinos en Floride et les dissensions au sein de la « famille ». En 1957 en effet, Albert Anastatia, l'un des parrains historiques, figurant au comité directeur de la Cosa Nostra, ne supporte plus le pouvoir

---

de Cosa Nostra. Pas de coup de feu, donc pas de bruit. Pas de plaie, donc pas de sang. Et après avoir été étranglée, la victime peut être tranquillement dissoute dans un bidon d'acide, dont le contenu est vidé dans un puits, une rigole ou un trou quelconque ».

1. In *On the Take*, *op. cit.*

2. Lors de son décès en 1983, le prestigieux *New York Times* écrit, citant un responsable du FBI, que « Si Lansky avait choisi la voie de l'honnêteté, son génie des affaires lui aurait permis de terminer à la tête de General Motors. » Un jugement partagé par l'intéressé qui, à la fin de sa vie, revenant avec fierté sur son œuvre, déclarait la Cosa Nostra « plus grosse que le secteur américain de l'acier » alors pourtant première activité industrielle du pays.

de Lansky et décide de s'en débarrasser afin de prendre le contrôle de ses casinos cubains. Pour y parvenir, il fait appel au représentant de la génération montante qui semble partager les mêmes réserves : Santo Trafficante Jr. Le 25 octobre, Trafficante et Anastatia se rencontrent à l'hôtel Sheraton de New York pour discuter de la marche à suivre. Une heure après le rendez-vous, alors qu'Anastatia se prépare à se faire raser, il est abattu. Une fin qui éclaire d'un jour particulier la relation Trafficante-Lansky. De prime abord, la proximité du rendez-vous, du décès et le fait que Trafficante ne sera jamais inquiété par les tueurs de Lansky, indiquent que le parrain de Floride a préféré collaborer avec le consigliere. En fait, il semble que Trafficante ait agi avec une grande intelligence. Notamment parce qu'il n'ignore pas que l'idée d'Anastatia est vouée à l'échec et que d'y participer l'expose au risque de se trouver à son tour sur une liste noire. Car, en 1957, Lansky est intouchable. Las Vegas, Londres et Cuba sont des succès imposants. La French Connection et les routes de l'héroïne contribuent dans d'énormes proportions à l'enrichissement des parrains. Ses systèmes de blanchiment, ses multiples banques sur le territoire américain comme dans des pays à l'administration moins regardante sont utilisées par tous. Pour Trafficante, choisir le camp de Lansky c'est en outre accélérer la chute d'un concurrent, ayant lui-même l'intention, un jour, de prendre l'ascendant sur Meyer, l'absence d'autres concurrents lui facilitant alors la tâche.

En fait, choisissant l'ombre pour la proie, Trafficante piège Anastatia et rassure Lansky. Mais, en coulisse, il entame une révolution de velours. William Chambliss, citant une source anonyme mais bien placée à La Havane raconte : « À la fin des années cinquante, Lansky et Trafficante étaient impliqués dans une lutte à la vie, à la mort pour le contrôle des casinos à Cuba, aux Bahamas et en

Floride. Afin de destituer Lansky de ses avoirs cubains, Trafficante a courtisé et acheté tout ce qui était officiel dans le gouvernement de Batista. Bien plus que Lansky lui-même l'avait fait à la fin des années trente. Trafficante a même acheté un quotidien, *El Diario*, qu'il utilisait comme instrument contre Lansky, qualifié de "Parrain de la mafia juive". [1] »

Le départ de l'île en 1959, la perte des casinos et d'un lieu stratégique pour la distribution de l'opium vont cristalliser les positions des deux hommes. Lansky, tout en essayant de conquérir Nassau pour la Cosa Nostra, compte sur Las Vegas et ses investissements en Floride pour assurer sa position sur le territoire américain alors que Trafficante connaît un impérieux besoin de forger de nouvelles alliances afin de se développer. Comme Lansky l'a fait dans les années trente avec le camp démocrate, Trafficante décide de se tourner vers la force politique qui domine alors le parti républicain. Le choix, s'il lui permet tout de même de devenir un partenaire d'Hoffa, n'est guère judicieux au début. En 1960, le démocrate John Kennedy, soutenu par l'argent de Lansky et d'une partie importante de la Cosa Nostra, est en effet élu Président. Quant à Nixon, qui n'a pas réussi à imposer, il connaît une traversée du désert. La collaboration avec la CIA, la découverte des ressources asiatiques en héroïne, les nouvelles routes, la rencontre de Palerme en 1970 sont, nous l'avons vu, autant d'événements qui permettent à Trafficante de devenir une alternative séduisante au système vieillissant mis en place par Lansky. D'autant qu'avec le retour des républicains au pouvoir, la donne change. Restait donc pour lui à attaquer les deux derniers bastions de l'empire Lansky : la Floride et le Nevada.

Las Vegas est née de l'imagination de Bugsy Siegel et

---

1. In *On the take, op. cit.*

de Meyer Lansky. Au début des années quarante, Siegel, impliqué dans une affaire de meurtre, doit absolument quitter New York. Lansky lui propose alors de rejoindre la Californie pour faire figure de représentant du crime organisé à Los Angeles. Cuba étant devenu une luxueuse et permissive cour de récréation pour riches Américains de Floride et de la Côte Est, Lansky souhaite proposer le même style de service aux Californiens. Il demande donc à Siegel de trouver un lieu pour implanter les nouveaux casinos. Bugsy propose Las Vegas dans le Nevada, État qui non seulement autorise le jeu mais en outre n'est guère regardant sur la prostitution. Lansky est loin d'être convaincu par le choix de cette ville moyenne qui vivote mais lui confie tout de même 60 000 dollars à investir dans un hôtel. En six mois, la fin de la guerre aidant, le prix de la pierre explose. Siegel et Lansky revendent le premier hôtel, empochent un bénéfice net de 166 000 dollars et décident, rejoints par Luciano et le fonds d'investissement de la Cosa Nostra, d'entamer la construction de luxueux casinos. Le premier projet de Siegel est le Flamingo. Hélas pour lui, le New-Yorkais a vu bien trop grand et bientôt, avant même que le casino n'ouvre[1], le budget, prévu à un million de dollars, dépasse les 6 millions. Et si Siegel paiera de sa vie ce dépassement[2], en mai 1948, soit moins de deux ans après son inauguration, le Flamingo rapportera de l'argent à son propriétaire majoritaire : Meyer Lansky. L'empire de Lansky à Vegas

---

1. L'ouverture, le 26 décembre 1946, est une débâcle supplémentaire pour Siegel car les joueurs se bousculent aux tables et... gagnent gros. À la fin de sa soirée inaugurale, le Flamingo a perdu 75 000 dollars.

2. Surtout lorsque le comité directeur de la Cosa Nostra apprend que Bugsy vit dans le luxe à Los Angeles, a confié la décoration du Flamingo à sa maîtresse et a effectué plusieurs voyages en Suisse afin d'y placer une partie du budget du casino.

ne s'arrête pas au Flamingo puisqu'il possède une dizaine de casinos, dont le Sand Hotel, célèbre depuis que Frank Sinatra s'y produit exclusivement.

Pourtant en 1968 tout change : pour la première fois depuis son arrivée à Vegas en 1944, Lansky est inquiété par la justice. Le gouverneur, Paul Laxalt, fraîchement élu, décide de l'attaquer pour évasion fiscale. Deux ans plus tard, le parrain est même obligé, sur décision de l'État du Nevada, de se séparer de ses avoirs dans la ville.

Ce nouveau coup dur mérite une analyse. Il faut savoir que le gouverneur brisant vingt-quatre ans d'accord tacite entre les autorités du Nevada et Lansky est un républicain proche du nouveau Président, Richard Nixon. Ensuite, que sa volonté de nettoyer Vegas est sélective. Les autres « propriétaires », dont Trafficante et Marcello, ne sont pas inquiétés. Mieux encore, l'empire démembré de Lansky est vendu à un prix intéressant au milliardaire texan Howard Hughes lequel, proche de Laxalt, est également l'un des premiers à avoir, dans les années cinquante, géné- reusement contribué à la carrière politique naissante de Richard Nixon.

Coïncidence ou conspiration ? S'il est impossible de se prononcer avec certitude, un autre élément oriente encore vers l'hypothèse d'une volonté politique de réduire l'in- fluence de Lansky. Car, après la Turquie, après avoir apporté son soutien à Laxalt au Nevada, Nixon, via son Attorney général, frappe Lansky sur son dernier territoire, la Floride.

Souhaitant prouver des évasions fiscales à répétition, le FBI, l'IRS et le département de la Justice s'intéressent au consortium bancaire de Lansky. En 1970, menacé de toutes parts, coupé du soutien politique historique des démocrates, lâché par la Cosa Nostra préférant désormais l'héroïne sud-asiatique et ses marges confortables, Lansky doit donc quitter clandestinement les États-Unis pour

Israël. Un choix non pas religieux [1] mais pratique puisqu'il compte bénéficier de la « loi du retour » permettant aux juifs du monde entier souhaitant s'installer en Terre Sainte d'obtenir, du moment qu'ils ne sont pas une menace pour la société, la nationalité israélienne. Mais, tandis qu'il s'entoure des plus grands avocats spécialisés dans l'immigration, l'Amérique de Nixon fait pression pour obtenir son rapatriement. Bientôt, la presse de Tel-Aviv monte au créneau et dénonce le risque de voir Lansky développer son empire en Israël. Si l'hypothèse paraît peu probable, Meyer ayant alors soixante-huit ans et de graves problèmes de santé, Golda Meir, la Premier ministre, n'a pas d'autre choix que de refuser l'hospitalité au parrain. Aussi Lansky s'envole-t-il pour la Suisse où les autorités lui font vite comprendre que sa présence n'est pas appréciée. La prochaine destination est l'Amérique du Sud, et plus particulièrement le Paraguay, où Lansky compte sur l'aide de Ricord. Nouvel échec. Pire, le gouvernement paraguayen, préférant l'aide américaine à la présence de cet invité encombrant, lui demande de quitter le territoire. Épuisé par le périple, rongé par des ulcères, Lansky n'a dès lors plus d'autre choix que de se livrer au FBI.

Tandis que Lansky parcourait plus de vingt mille kilomètres en avion, la justice fédérale américaine prononçait la liquidation de son empire bancaire aux Bahamas et en Floride. Si les candidats à la reprise se montrent nombreux, le groupe d'hommes d'affaires sélectionné par l'État américain mérite que l'on s'y arrête. Notamment parce qu'on y retrouve des proches de Santo Trafficante mais aussi un certain Bebe Rebozo, ami de toujours et principal soutien financier de... Richard Nixon.

---

1. Même si, sur la fin de sa vie, Lansky se rapproche de la religion, il a élevé ses enfants en laïc et ne célèbre pas les fêtes juives.

En moins de deux ans, le pouvoir a donc mis à terre le dernier obstacle à l'ascension de Santo Trafficante au sommet de la Cosa Nostra américaine. Turquie, French Connection, Nevada, Floride, les quatre cartes maîtresses de Lansky ont été déchirées par le Président des États-Unis, au bénéfice d'autres. Du reste, la conclusion de l'action en justice menée par le gouvernement américain contre Meyer Lansky, et seulement lui, s'avère riche d'enseignements. Car l'ensemble des dossiers d'accusation élaborés par le département de la Justice ne résisteront pas à l'appel déposé par les avocats de Lansky. Mieux encore, un magistrat déterminera que les chefs d'accusation portés contre Lansky par le département de la Justice de Nixon afin d'obtenir l'extradition d'Israël, sont infondés. Obligeant, du coup, l'Attorney général à abandonner ses poursuites. Hélas pour lui, si Lansky ressort libre et apprécie sûrement le dénouement de l'affaire du Watergate, il se trouve désormais ruiné et sans pouvoir. Et, six ans après la conclusion de ses problèmes judiciaires, le 15 janvier 1983, à l'âge de quatre-vingt-un ans, l'architecte financier du crime organisé moderne meurt, terrassé par une crise cardiaque.

★
★ ★

Richard Nixon ou ses proches ont-ils collaboré au succès de Santo Trafficante Jr ? S'il n'existe aucune preuve absolue, l'accumulation de coïncidences, le nombre élevé de connaissances communes, la volonté délibérée de s'attaquer uniquement à la French Connection et aux « ennemis » de Trafficante, l'aveuglement face à l'arrivée massive d'héroïne d'Asie du Sud-Est, l'accès à d'importantes sommes en liquide et plus globalement une moralité particulière, l'utilisation comme police politique d'hommes proches du parrain et plus généralement l'étrange alliance CIA-mafia ne plaident pas en faveur d'une totale innocence de la Maison-Blanche de l'époque.

Autre élément allant en ce sens, l'étrange arrestation, le 28 février 1972, du Français Marcel Boucan, ancien soldat au pied marin devenu l'un des passeurs de la French Connection [1]. Le 27 février 1972, à la barre du *Caprice des Temps*, il quitte le port de Villefranche. À bord de son bateau de pêche à la crevette, quatre cent vingt-trois kilos d'héroïne pure. La quantité est importante et représente, en cas de revente dans les rues des métropoles américaines, plus d'un demi-milliard de dollars. Un poids d'autant plus représentatif que, depuis la répression du gouvernement turc, le milieu marseillais connaît quelques problèmes de stocks. Le lendemain, alors qu'il cabote toujours dans le bassin méditerranéen, Boucan est pris en chasse par le *Sirocco*, un navire des douanes françaises. Après une brève course poursuite et un échange de coups de feu, il se rend et les autorités françaises triomphent : elles viennent d'effectuer la plus grosse saisie d'héroïne de l'histoire.

Les conséquences de celle-ci sont dramatiques pour la déjà vacillante French Connection. Au manque à gagner vient s'ajouter le fait que la cargaison en question représentait la presque totalité des stocks d'héroïne du milieu français. De plus, avec Boucan, ce sont les derniers vestiges de l'empire de Marcel Fransisci qui s'effondrent. Son arrestation et sa condamnation à quinze ans de prison seront d'ailleurs accompagnées de peines pour onze autres prévenus. Selon John Cusak, l'ancien directeur du BNDD

---

1. Avant la drogue, sa spécialité était le trafic de cigarettes et d'alcool entre Tanger et Marseille. In *Dossier D comme drogue, op. cit.*

en Europe, l'affaire Boucan constitue le dernier procès contre le milieu corse de la French Connection[1].

Mais l'histoire prend une autre dimension quand on recherche les origines de la saisie des quatre cent vingt-trois kilos d'héroïne. Les douanes françaises ont en effet agi suite à une information communiquée par la CIA. Jusque-là rien d'anormal puisqu'il s'agit de la politique de collaboration mise au point par Pompidou et Nixon. Or, d'après Boucan lui-même, une seule personne était en mesure de fournir cette information aux services américains. Une seule personne connaissait en effet la date de son départ de Villefranche : c'était son client. Un acheteur qui, en une seule commande, venait de vider les réserves d'héroïne du milieu français et d'expédier les « derniers mohicans » de la French Connection derrière les barreaux. Or le 27 février 1972, lorsque Marcel Boucan monta à bord du *Caprice des Temps*, il mit le cap sur la Floride pour livrer ses quatre cent vingt-trois kilos d'héroïne pure à... Santo Trafficante[2].

Enfin, pour en finir avec l'éventualité d'une collaboration entre Richard Nixon ou ses hommes et la nouvelle génération de la Cosa Nostra américaine, il convient de citer le témoignage d'un ancien assistant du Président des États-Unis révélé par Dan Moldea dans son livre *The Hoffa Wars*[3] :

« Durant *"l'été de la procédure de renvoi contre le Président, quelqu'un de très haut placé, peut-être*

---

1. In *Drug Enforcement*, Spring, 1976.

2. Il est bon de rappeler qu'en février 1972, dix-huit mois après la conférence de Palerme, le machiavélique Santo Trafficante disposait de suffisamment d'héroïne grâce à la filière sud-asiatique. Il n'avait donc pas besoin de passer par les Corses et leurs prix élevés.

3. Charter Books, 1978. Les passages entre guillemets, en italique et en gras sont les propos directement tenus par la source de Dan Moldea.

même directement Haig [1]*"*, était intéressé par *"la possible implication de Nixon avec le crime organisé"*. La conversation faisait état *"d'un massif pot-de-vin"* payé par *"ceux qui étaient impliqués dans le scandale des clubs militaires au Viêtnam"* entre 1969 et 1970 [2]. L'arnaque avait rapporté *"des millions de dollars et avait impliqué la mafia"*. L'unique intérêt de *"quelqu'un de très haut placé"* à la Maison-Blanche était le fait que *"le gros bonnet de la mafia"*, celui qui gérait *"tout ce qui se passait en Asie du Sud-Est"*, avait versé des pots-de-vin à Nixon. Le criminel en question était celui connu comme *"le présumé cerveau ou architecte du trafic de drogue de l'Asie du Sud-Est, qu'il était très puissant et dont personne n'ignorait sa qualité de parrain de la mafia"*. »

En tout cas, s'il est un fait que personne à la DEA, à la CIA ni à la Maison-Blanche ne peut nier, c'est que l'architecte du trafic d'héroïne depuis le Triangle d'or jusqu'aux rues des grandes villes américaines se nomme à cette époque Santo Trafficante Jr.

---

1. Général Alexander Haig, chef de l'état-major, en poste à la Maison-Blanche.
2. Voir chapitre précédent.

CHAPITRE 8

*« Cela a été pour nous la révélation de la dimension
internationale du crime organisé. »*

William WEBSTER, ancien directeur du FBI.

Le 23 novembre 1974, les portes du pénitencier d'Atlanta s'ouvrent sur un monde nouveau pour Carmine Galante.

L'homme a marché sur la Lune, un Président a été assassiné, un autre a démissionné, Marilyn s'est suicidée et l'Amérique vient de perdre sa première guerre.

Et puis, surtout, la Cosa Nostra ne ressemble plus à ce qu'elle était douze ans plus tôt.

★
★ ★

Carmine « Lillo » Galante est né le 21 février 1910 dans le quartier d'East Harlem à New York. Quelque temps plus tôt son père, un pêcheur de Castellammare del Golfo en Sicile, avait quitté l'île en espérant trouver un monde meilleur aux États-Unis.

L'adolescence de Lillo est un apprentissage de la violence. À seize ans il effectue son premier séjour derrière les barreaux, mais la légende prétend qu'il aurait en fait commencé à tuer cinq années plus tôt. Quoi qu'il en soit, c'est cette folie meurtrière qui attire le regard de Vito Genovese, un des parrains historiques de la Cosa Nostra en charge d'une des cinq familles new-yorkaises. Et si Vito est obligé de fuir l'Amérique en 1935 afin d'éviter une inculpation pour meurtre, de son refuge italien il entre en contact avec Galante. Aussi, dès sa libération sur parole en 1939, Carmine se met-il au service de Genovese.

Le 11 janvier 1943, Carlo Tresca est abattu en pleine journée dans une des rues de Manhattan. Tresca n'est autre que le directeur d'un journal antifasciste en langue italienne, *Il Martello*. Diffusé aux États-Unis et lu par une partie de la communauté italienne expatriée, ce périodique est une épine dans le pied de Benito Mussolini. Une gêne que Vito Genovese s'est proposé de supprimer en demandant à Galante d'exécuter Tresca.

Dès lors, la réputation de Lillo dans le milieu new-yorkais ne cesse de croître. C'est pour cela que Gaetano Gagliano, un proche de Joe Bonanno[1], propose à Galante de lui servir de garde du corps puis après une « période d'essai », lui offre un poste de *capo* [2] au sein de la famille.

Les années cinquante débutent sous les meilleurs auspices pour le crime organisé de la Côte Est. Depuis l'Italie, Lucky Luciano, avec l'aide de Meyer Lansky, vient de mettre sur pied un formidable réseau d'héroïne dont la destination finale est, neuf fois sur dix, les rues de New

---

1. Joe Bonanno est, au côté de Lansky, Luciano, Gambino et Genovese, l'un des fondateurs de la Cosa Nostra. Il est également à la tête de la famille Bonanno et très certainement l'un des parrains les plus puissants de la Côte Est au moment où Galante rejoint ses rangs.

2. Capo ou Capodecina, l'équivalent de capitaine, en charge d'un groupe de mafiosi.

York. Une zone en partie contrôlée par Bonanno. Ce dernier, conscient de la formidable opportunité que représente la French Connection, décide de mettre en place ses propres routes, joignant le Canada, alors port d'entrée de la drogue, à son territoire. Une mission qu'il confie à Carmine Galante.

Lillo s'installe donc à Montréal où, grâce à l'intermédiaire de John Papalia[1], un truand canadien, il rencontre Vic Cotroni.

Vincenzo Cotroni est né en Calabre en 1911. Depuis 1924, il vit à Montréal où, après un rapide apprentissage d'aide menuisier, il est devenu lutteur professionnel sous le nom de Vic Vincent[2]. Or c'est depuis les rings, univers de matchs truqués et de paris clandestins, qu'il se retrouve plongé dans le milieu montréalais. En 1942, après une décennie de vols, de trafics d'alcool et de fausse monnaie, il détient des parts dans des clubs de la cité. Son implantation à Montréal, et plus certainement encore ses appuis politiques, en font dès lors le candidat idéal pour le projet de Joe Bonanno.

C'est ainsi que Vic, se liant d'amitié avec Lillo, rejoint à son tour la « famille » et ressuscite les routes abandonnées depuis la prohibition qui permettent de rejoindre discrètement les États-Unis. En octobre 1957, reconnaissance de la réussite du « Cigare[3] », Joe Bonanno se fait accompagner par Galante lors du plus important sommet de l'après-guerre, celui de l'hôtel des Palmes à Palerme.

Mais en 1958, Galante doit une nouvelle fois se présenter devant la justice. Nelson Cantellops, un repenti, vient

---

1. Papalia dit Johnny Pops contrôlait alors une partie de l'Ontario pour Stefano Magaddino, le représentant de la Cosa Nostra à Buffalo, ville frontière entre les États-Unis et le Canada.

2. Certains renseignements biographiques proviennent de *La Filière canadienne*, *op. cit.*

3. Surnom donné à Carmine Galante.

d'accuser Carmine, Genovese ainsi que vingt-deux autres « hommes d'honneur » de trafic de drogue. Après quatre ans de procédures et d'appels, « Lillo » est condamné à vingt ans de prison. Aussi quand, le 23 novembre 1974, il est libéré sur parole, il espère bien rattraper le temps perdu.

★

★ ★

Mais rapidement, Galante se rend compte que les règles ont changé. Luciano et Genovese sont morts, Lansky n'a plus de pouvoir, Gambino est un vieillard dont l'influence s'étiole et Joe Bonanno est en retraite à Tucson dans l'Arizona. Et ce parce que de 1964 à 1969, le milieu new-yorkais a été décimé par la « Banana War ». Initiée par Joe Bonanno afin de contrôler une plus grande part du marché de la drogue de New York, Buffalo et Los Angeles, la guerre prend un tournant particulier le 21 octobre 1964. Ce jour-là, Bonanno est enlevé en pleine journée sur Park Avenue. Pendant un an, tout le monde le croit exécuté lorsqu'il réapparaît dans l'Arizona. Détenu en fait par le Comité, en échange de sa vie, celui que l'on appelle « Joe Bananas » a promis d'abandonner New York pour se consacrer à la Côte Ouest. La direction de la Cosa Nostra approuve d'autant plus aisément le marché qu'elle craint que l'assassinat de Bonanno ne suscite une vendetta sans fin. Mais, ne respectant pas sa parole, Bonanno revient quand même à New York pour, peu à peu, à force d'explosions et de fusillades, reconquérir son territoire perdu.

En 1968, victime d'une crise cardiaque, il retourne à Tucson tout en essayant maladroitement de s'étendre sur New York en grignotant le territoire des autres « familles ». Un nouveau crime de lèse-majesté qui pousse le Comité à réagir tout en lui laissant une dernière chance. Cette fois-ci il ne s'agit plus d'exécuter un de ses soldats mais de frapper un endroit stratégique avec lequel le message de menace sera bien compris. Au début 1969, sa luxueuse villa de Tucson est en effet plastiquée durant son absence. Bonanno a saisi : la Cosa Nostra peut l'atteindre n'importe où. Il décide alors de se retirer, et, Galante au pénitencier, cède à Philip Rasteli les restes de son empire.

★

★ ★

La chute du parrain n'est pas le seul changement majeur de la décennie. Depuis le début 1971, l'héroïne de Santo Trafficante a remplacé la drogue marseillaise, rendant caducs les réseaux mis en place par Galante avant son emprisonnement. Mais Lillo n'a pas l'intention de vivoter et de se contenter des revenus du jeu et de la pornographie. En 1960, il a refusé une offre du département de la Justice lui proposant une peine allégée en échange d'un témoignage à charge contre les parrains de la mafia new-yorkaise. Galante n'ayant pas « chanté » et venant de passer douze ans dans l'un des plus difficiles pénitenciers des États-Unis, il veut désormais profiter pleinement de son titre de chef de « famille » et passe à l'offensive.

Or il n'existe qu'un moyen pour rebâtir rapidement un royaume dans les rues de New York : l'héroïne. Aussi Galante s'attaque-t-il d'abord aux gangs noirs et hispaniques qui contrôlent désormais une partie de Brooklyn. Une fois Knicker Bocker Avenue nettoyée, Lillo doit ensuite trouver un fournisseur en poudre. Un grossiste prêt à l'approvisionner en importantes quantités, mais surtout disposé à s'opposer au monopole même de Santo Trafficante.

Lorsqu'en juillet 1970 Santo Trafficante avait exposé à Palerme sa vision de nouvelles routes venant d'Asie et demandé un important financement, la mafia sicilienne avait imposé une condition au marché. Ils étaient prêts à se séparer de la French Connection, de Meyer Lansky, mais en retour exigeaient qu'une partie de l'héroïne transite par la Sicile avant d'aboutir sur le territoire américain[1]. Le but était évident. Les Siciliens avaient décidé de se préoccuper de l'Europe, et plus particulièrement de la France et de l'Allemagne, pays à grand potentiel. Mais la nouvelle génération italienne ne comptait pas s'arrêter là. Les États-Unis, marché représentant 300 millions de dollars en 1952 et près de trois fois plus au début des années soixante-dix, sont trop stratégiques pour être entre les seules mains de la Cosa Nostra. Aussi, alors que Trafficante organise le nouveau trafic, la mafia envoie ses émissaires au Canada, en Amérique latine[2] et à New York. L'acclimatation des « zips[3] » se déroule de manière à peu près correcte, les mafieux américains voyant même d'un œil intéressé l'arrivée d'une main-d'œuvre inconnue des services de police. Faisant preuve d'une naïveté incroyable, ou pis encore d'un excès de confiance, la Cosa Nostra sous-estime les intentions de la mafia[4]. Si les Sici-

---

1. En sus de l'héroïne de Trafficante, la mafia reçoit une partie de sa marchandise depuis l'Iran, le Pakistan et l'Afghanistan.

2. Ainsi Tomasso Buscetta est envoyé au Paraguay pour reprendre en main le réseau Ricord. Trouvant un accord avec Christian David et Lucien Sarti, il installe le centre de l'opération au Brésil.

3. Surnom donné aux soldats de la mafia sicilienne par les membres de la Cosa Nostra américaine.

4. Il n'est pas impossible de penser que les Américains ont fait preuve d'une confiance absolue dans les accords négociés en 1957 entre Luciano et la Cupola. En effet, comme on l'a expliqué plus haut, un des points décrivait une clause de non-concurrence sur les terres d'un autre parrain. Un enregistrement téléphonique du 10 mai

liens ont décidé de s'intéresser à l'héroïne américaine, ce n'est pas pour jouer les seconds rôles. Reste encore à trouver l'opportunité de débarquer en force. Carmine Galante, aveuglé par l'ambition et la vengeance, sera donc ce cheval de Troie.

En à peine deux ans, grâce à la poudre sicilienne, Galante a redonné à la famille Bonanno sa place sur l'échiquier du crime organisé américain. Mais, le 15 octobre 1976, le décès de Carlo Gambino fait naître chez lui une nouvelle ambition : prendre la tête de la Cosa Nostra.

La famille Gambino est alors le groupe le plus puissant de l'organisation. Sous la direction de Don Carlo, un natif de Palerme, elle s'est épanouie grâce au jeu, à sa collaboration avec Meyer Lansky, au racket et à un contrôle presque total des ports de la Côte Est. Sans négliger évidemment de solides appuis dans les mondes de la finance, de la politique et même au sein du FBI et de la CIA. Des réseaux qui, malgré seize arrestations, lui permettent d'éviter la prison[1].

Dernier dinosaure[2] du système mis en place par Luciano, sa disparition est le signal qu'attend Galante pour passer à l'offensive et déclencher un véritable bain de

---

1974 entre Paolo Voli, le parrain de Toronto, et Pino Cuffaro, un Sicilien, démontre que la clause est au centre des discussions.

1. Arrêté seize fois, condamné six fois, emprisonné une seule, tel est le bilan d'une vie à la direction de la Cosa Nostra. Son unique passage par le pénitencier de l'Ohio est à l'origine d'une étrange histoire à prendre avec précaution. Selon son voisin de cellule, le Don aurait refusé, en 1968, une offre d'un million de dollars pour abattre Martin Luther King Jr. Le marché, proposé lors d'une rencontre secrète dans un motel d'Apalachin, aurait été organisé sur la demande d'agents de la CIA et/ou, du FBI. Toujours selon la même source, Gambino aurait refusé le contrat. Une attitude partagée selon lui par les vingt-six autres familles de la Cosa Nostra.

2. Sam « Momo » Giancanna, le parrain de Chicago, est assassiné dans des circonstances jamais élucidées le 19 juin 1975.

sang[1]. Ainsi en 1978, huit des hommes clés de la famille Genovese ont été exécutés. Convoqué à deux reprises par la Commission, Galante rejette froidement l'invitation à s'expliquer[2].

★

★ ★

Le 12 juillet 1979, Lillo vient de terminer son repas au restaurant Joe & Mary sur Knickebocker Avenue. Il est quatorze heures quarante et Galante allume un cigare. Soudain, trois hommes, le visage caché par un masque de hockeyeur, font irruption et, armés de fusils à pompe, tirent sur le parrain. La fusillade n'a duré que quelques secondes, et les deux gardes du corps de Carmine n'ont pas eu le temps de réagir. Sur le sol, criblé de douze impacts, Lillo agonise, le cigare à la bouche.

La fin de Galante alimente la spéculation. Évidemment tous les regards, et plus particulièrement ceux des autorités, se tournent vers la direction de la Cosa Nostra. Une rumeur persistante mentionne même la tenue d'une réunion à Boca Raton en Floride. Là, Santo Trafficante, Paul Castellano, Jerry Catena et Frank Tieri, la nouvelle génération du crime organisé américain, auraient décidé du sort de Lillo. En fait la vérité est tout autre. Et il faudra attendre mars 1987 pour en saisir pleinement la portée.

L'assassinat du « Cigare » propulse Salvatore Catalano, un Sicilien arrivé en 1955 dans le Queens à New York, au

---

1. Dont l'épisode le plus incroyable reste le plastiquage par les hommes de Galante du caveau de Frank Costello. « Le Premier ministre » Costello, décédé trois ans plus tôt, était l'un des cofondateurs de la Cosa Nostra.

2. La deuxième tentative de conciliation de la Commission est rejetée par Galante d'un : « Qui d'entre vous est prêt à s'opposer à moi ? »

sommet de la « famille » Bonanno. S'il gravit rapidement les échelons de la « famille », c'est la collaboration de Galante avec les « zips » qui lui permet de prétendre à la succession du parrain. De fait, son arrivée coïncide avec une présence accrue des Siciliens dans les rues de New York.

L'exécution d'un parrain du calibre de Lillo en plein jour dans un restaurant de New York n'est pas chose courante. La brutalité de l'acte elle-même interpelle les limiers du FBI. Un Bureau qui, s'il s'était impliqué dans la chasse au crime organisé sous Bobby Kennedy, est depuis retombé dans une espèce de léthargie, état de fait longtemps encouragé par son directeur J. Edgar Hoover dont les relations secrètes avec des personnalités de la Cosa Nostra révélées depuis expliquent sans doute en partie l'attitude. L'arrivée, là aussi, d'une nouvelle génération, plus au fait de la réalité du terrain et soutenue par des méthodes d'enquête modernes, pousse le FBI à entrer dans le labyrinthe du crime organisé.

Les agents fédéraux remarquent immédiatement un point curieux dans la manière dont les faits se sont déroulés le 12 juillet dans le restaurant de Brooklyn. En effet, alors que Galante et son invité étaient criblés de balles, les deux gardes du corps ont, eux, miraculeusement échappé à la fusillade.

Le premier se prénomme Cesare Bonventre. Âgé de vingt-sept ans, il est le neveu de John Bonventre, un ancien capo de Joe Bonanno. L'autre, Baldassare Amato, est un ami d'enfance. Leur point commun : tous deux sont nés à Castellammare del Golfo, en Sicile. L'intuition du FBI est rapidement confirmée par les rapports de la police scientifique : l'autopsie de Lillo et les relevés effectués sur place démontrent que cinq armes ont été utilisées. Cinq, soit deux de trop.

Dix-neuf jours après le meurtre, Bonventre et Amato sont convoqués par le district attorney de Brooklyn. L'entrevue ne donne rien : les gorilles avouent avoir fui dans la bataille et l'absence de témoins renvoie toute autre hypothèse au rang de la simple spéculation. En revanche, les minutes suivant cette rencontre officielle vont apporter aux enquêteurs la pièce essentielle du puzzle en train de se dessiner devant eux. En effet, à peine sortis du bureau du D. A., sur le trottoir, Bonventre et Amato sont rejoints par Salvatore Catalano, leur nouveau patron. Les agents du FBI qui surveillent discrètement les lieux ne sont d'ailleurs pas au bout de leurs surprises. Car après une minute, le trio est rejoint par un autre homme, corpulent et portant de toute évidence un toupet grisâtre. Les photographies prises ce jour-là ne laissent planer aucun doute sur son identité : il s'agit de Giuseppe Ganci, propriétaire d'une pizzeria et voisin de Catalano. Or, lui aussi, comme Bonventre, Amato et Catalano, est né en Sicile.

Rapidement la surveillance du groupe permet d'établir l'implication de Ganci au sein de la « famille », directement sous Catalano. La révélation est un choc pour les enquêteurs. La présence de deux Siciliens à la tête d'une famille historique de la Cosa Nostra ne peut signifier qu'une chose : la mafia a débarqué aux États-Unis.

En effet, l'élimination de Galante est une opération dirigée depuis Palerme, un coup d'État au sein du crime organisé. Lillo, qui avait permis aux Italiens de prendre pied sur le continent, était devenu inutile, gourmand et même dangereux à cause de sa volonté de devenir le parrain des parrains. Dans un premier temps, la folie de Carmine avait été un avantage. Chaque capo, soldat, vendeur abattu par les hommes du « Cigare » constituait autant d'obstacles en moins sur la route conduisant au marché américain. Mais lorsque, en 1979, Catalano, Ganci, avec derrière eux une armée de « zips », avaient été estimés prêts, la mafia s'était débarrassée de Lillo.

C'est ainsi que pour la première fois de leur histoire, les autorités américaines se retrouvent face à une internationale du crime. Bien sûr, la French Connection était un réseau impliquant différentes nationalités, mais la « Pizza Connection » apparaissait totalement différente : il s'agissait d'une tentative d'implantation durable sur le sol américain d'une nouvelle organisation criminelle. Exactement ce que Santo Trafficante redoutait du milieu corse.

Face à une menace exceptionnelle, les États-Unis décident la mise en place de moyens à la hauteur. Lorsqu'en 1984, le FBI confiera ses conclusions au procureur, Rudolph Giuliani[1], cent des cent soixante-cinq agents de la division contre le crime organisé du bureau de New York travaillent à temps plein sur l'affaire. Et ils ne sont pas les seuls puisque la DEA, les douanes, l'IRS, le NYPD[2], les forces de police de Chicago, Detroit, Philadelphie et Buffalo apportent eux aussi leur collaboration. Avec, en plus, l'implication directe des groupes anticrime organisé du Brésil, de la France, de l'Espagne, de l'Allemagne, de la Turquie, de la Suisse et de l'Italie, celui-ci emmené par Giovanni Falcone. Mais pour accumuler les quatre cent dix pages de preuves, les trois cent cinquante pages de charges, les cent vingt pages contenant les chefs

---

1. Son succès contre le crime organisé lui ouvrira une voie royale jusqu'à la mairie de New York.

2. New York Police Department.

d'accusation, les enquêteurs ont quand même eu besoin de cinq années. Une moitié de décennie à mettre sur écoutes l'ensemble des cabines téléphoniques de Brooklyn afin d'enregistrer près de cent mille conversations entre les parrains, à photographier près de quinze mille suspects et à tenter de déchiffrer le code utilisé par les Siciliens pour se fournir en héroïne.

L'autre difficulté de l'enquête concernait le mode de distribution choisi par Catalano et les siens. La plus grande astuce du crime organisé étant d'effacer la frontière séparant les activités légales des autres, les illégitimes, il fallait ne pas se tromper. Ainsi, abandonnant le terrain, les Siciliens avaient envahi les pizzeria. La Pizza Connection fut en fait le détournement d'une activité légale, la mise en place d'une vitrine destinée à cacher la distribution de la drogue. La surveillance des restaurants italiens de la Côte Est permit ainsi aux autorités de remonter une des filières de Catalano. À sa tête, Gaetano Badalamenti, l'ancien dirigeant de la Cupola, exilé au Brésil sur décision de Luciano Leggo, le chef du clan Corleonisi et le nouveau patron de la mafia sicilienne. Autre acteur important du réseau, Tomasso Buscetta. Déjà présent à Palerme en 1957 et en 1970, ayant tenté de récupérer au profit de la mafia le réseau Ricord en 1972, Buscetta, après un retour en Sicile, est également exilé au Brésil depuis 1983.

Ce double exil résulte d'une vendetta sans précédent ayant opposé différentes « familles » de Palerme entre 1981 et 1983. Buscetta a même payé un lourd tribut à la guerre. Son frère, son beau-frère, l'un de ses neveux et surtout ses deux fils ont été exécutés. Lorsque la DEA l'arrête à la fin du mois de mars 1984, elle lui propose, en échange de sa protection, de livrer l'ensemble du réseau. Officiellement fatigué par une violence dont il a été longtemps l'un des acteurs, Buscetta accepte et devient le repenti le plus célèbre de l'histoire de la lutte contre le crime organisé[1].

Et c'est ainsi que le 9 avril 1984, après avoir arrêté Badalamenti en fuite en Espagne, les troupes d'assaut des unités antidrogue de la DEA et du FBI frappent, à l'aube, dans les principales villes de la Côte Est. Si les quatre cents agents impliqués ne saisissent aucun stock de drogue, ils interpellent les vingt-deux acteurs principaux du trafic, la plupart ayant été « donnés » par Buscetta dont le témoignage permet, le même jour, l'arrestation de cent cinquante-trois mafiosi en Italie.

Le 24 octobre 1985 débute à New York le procès de la Pizza Connection. Si Catalano et Badalamenti sont bien dans le box des accusés, d'autres manquent à l'appel comme Giuseppe Ganci, décédé d'un cancer quelques semaines plus tôt. Absent également César Bonventre, l'ancien garde du corps de Carmine Galante, qui a disparu depuis une semaine. Il faudra près d'un mois à la police pour retrouver son corps éparpillé en morceaux dissimulés dans des tonneaux de colle dans un hangar du New Jersey[2]. Les débats s'étendront sur vingt mois[3], coûtant des

---

1. Tomasso Buscetta restera dans le Witness Protection Program jusqu'à ce qu'un cancer le terrasse au début du mois d'avril 2000.

2. Baldo Amato, l'autre gorille, est absent du procès. Il a négocié un accord avec le gouvernement américain et en échange de son témoignage à charge ne sera jamais poursuivi. Cette succession de témoins provenant directement des rangs de la mafia écorne un peu plus la légende du silence des « hommes d'honneur ». Comme le constateront Guliani à New York et Falcone à Palerme, généralement le mafioso parle lorsqu'il se sent confronté à un appareil judiciaire fort.

3. Un des témoins vedettes de l'affaire est Joseph D. Pistone. Sous le nom de Donnie Brasco, cet agent du FBI est resté six années infiltré au sein de la mafia new-yorkaise. Lorsque l'enquête de la Pizza Connection, Pistone était sur le point d'être introduit dans la hiérarchie de la famille Bonanno.

millions de dollars aux contribuables américains, mais l'investissement en vaut la peine. Selon les informations fournies par Rudolph Guliani, de 1979 à 1984, la Pizza Connection a vendu aux États-Unis pour un milliard sept cents millions de dollars d'héroïne.

Le 22 juin 1987, soit presque huit ans après l'assassinat de Carmine Galante, le juge du district sud de New York rend son verdict. Salvatore Catalano, le successeur de Lillo, est condamné à quarante-cinq ans d'enfermement au pénitencier de Leavenworth dans le Kansas. Si la peine est similaire pour Gaetano Badalamenti, lui est envoyé à la prison de Marion dans l'Illinois, dans des quartiers de haute sécurité surveillés vingt-quatre heures sur vingt-quatre. Quant aux autres prévenus, leurs peines varient de quinze à trente années de détention[1].

★

★ ★

Mais l'aspect le plus intéressant de l'affaire de la Pizza Connection ne réside ni dans son exemplarité ou dans la collaboration internationale qui a permis sa chute, mais dans les mécanismes de blanchiment d'argent qu'elle met à jour.

« Chaque année, près de cent milliards de dollars sont blanchis à travers le système financier américain. » Lorsque, le 6 février 1986, Daniel E. Lungren, le représentant de la Floride au Congrès, entame sa présentation des conclusions des deux années de travaux de la Commission présidentielle sur le crime organisé[2], il débute par un argu-

---

1. Le seul échappant à une peine est Vito Badalamenti, le fils de Gaetano.
2. President's Commission on Organized Crime, 1986.

ment choc : le laisser-faire des organismes financiers américains. Et, tout au long des soixante minutes de son exposé sur le sort de l'argent sale, abandonnant la langue de bois caractérisant bien trop souvent les politiques du monde entier lorsqu'il s'agit de cette face cachée de nos sociétés, il dresse un portrait sans concession de la collaboration de la haute finance américaine avec les réseaux de la drogue. Pour illustrer son propos, il détaille les secrets de la Pizza Connection[1].

Le crime organisé est une entité pragmatique. Dès lors, le principal inconvénient du trafic de drogue n'est pas la répression puisqu'un soldat est toujours remplaçable par un soldat. Non, la véritable obsession des mafias mondiales c'est la manière de recycler le formidable montant généré par le trafic. Un commerce dont la nature impose l'utilisation quasi-exclusive de liquidités. Or le billet est le pire ennemi de « l'homme d'honneur ». D'abord, parce que lorsqu'il s'agit de traiter des millions de dollars, la somme prend vite des volumes considérables et rend difficile son passage d'un pays à l'autre. D'où la préférence du crime organisé pour le SWIFT, virement électronique de banque à banque rapide qui ne connaît pas de frontière. Ensuite parce que contrairement à un virement SWIFT passant en une journée par les Bahamas, la Suisse, le Luxembourg ou les îles Caïmans, une coupure laisse des traces. Ainsi la saisie d'une somme en liquide est souvent à l'origine de la chute d'un réseau. La preuve en étant une histoire directement reliée à la Pizza Connection avec l'arrestation à l'aéroport de Palerme d'un courrier trans-

---

1. La plupart des informations et citations présentées dans les prochaines pages proviennent de son discours et du débat qui l'a suivi. Le tout est disponible sous les références suivantes : Congressional Record-House-Thursday, February 6,1986-99th Cong. 2nd Sess.132 Cong. Rec H408/Vol 132. N° 11.

portant près d'un demi-million de dollars dans ses bagages. L'analyse effectuée par les douanes italiennes sur les numéros de série des billets ainsi que l'analyse chimique du papier[1] permirent aux autorités siciliennes de débusquer cinq laboratoires dissimulés en Sicile et au FBI d'avancer dans leur investigation. En Europe même, le liquide pose d'autres problèmes à la mafia. D'abord, la conversion en dollars, seule monnaie universelle, est une manœuvre au coût élevé et au processus long et dangereux. Ensuite, ce qui du même coup constitue un sérieux atout pour les autorités, la multiplication des monnaies nationales complique le blanchiment. Ainsi, en 1999, sur la Côte d'Azur, la police française a interpellé en flagrant délit un courrier sicilien. L'homme, sous surveillance depuis son arrivée dans l'Hexagone, venait de rencontrer un intermédiaire russe installé dans l'arrière-pays cannois. La confirmation d'une collaboration entre la mafia et son homonyme italien n'était pas nouvelle, en revanche cette arrestation a montré, fait nouveau, que les deux organisations s'étaient unies sur le marché espagnol de la drogue, le Russe ayant remis une valise chargée de pesetas au courrier italien qui avait, lui, pour mission de la rapatrier sur Milan.

Dès lors, pour le crime organisé, l'arrivée de l'euro constitue vraisemblablement une bonne nouvelle. À trois titres. Primo, comme cela me l'a été confirmé par un agent de la DST et un responsable de la direction centrale des Renseignements généraux, parce que l'euro va supprimer le passage obligatoire qu'était la conversion en dollars, la

---

1. L'analyse permet par exemple de retrouver des traces de drogue. Ces traces sont ensuite étudiées afin de retrouver la « signature » du chimiste. La signature est la manière unique propre à chaque chimiste de la mafia lorsqu'il s'agit de fabriquer de l'héroïne. Autres indices recherchés, les composants de la drogue qui permettent de déterminer les produits achetés ou volés et de s'approcher de leur origine.

valeur de l'euro étant fixée une fois pour toutes et sa proximité avec celle de la monnaie américaine en faisant une parfaite unité de substitution. Secundo, parce qu'à moyen terme, il fera disparaître la possibilité de remonter à l'origine d'un réseau, effet qui s'accentuera au fil des ans lorsque échanges commerciaux et tourisme permettront de trouver en grande quantité, sur le marché français par exemple, des euros venant d'Allemagne, d'Italie, de Belgique ou du Portugal. Troisième et dernière conséquence, la disparition même de l'un des inconvénients propres au liquide : son imposant volume. En décidant le lancement d'un billet de 500 euros, les technocrates de Bruxelles ont rendu un fier service aux passeurs de mallettes [1]. Si autrefois l'unité moyenne était la coupure de 100 dollars, désormais un seul billet en remplace quasiment cinq. L'équivalent d'un million de dollars se résume désormais à deux mille billets de 500 euros !

Pour être complet sur les possibles effets de l'euro dans le quotidien du crime organisé, il convient d'évoquer une autre activité contrôlée depuis toujours par les mafias : la fabrication de fausse monnaie. Ainsi, durant le mois d'août 2001, deux mises en garde officielles ont été publiées, hélas dans une indifférence quasi totale. La première, solennelle, puisque émise directement par le gouvernement allemand, n'a eu droit qu'à une dépêche

---

1. La décision d'émettre un billet de 500 euros est en partie imputable au gouvernement allemand, l'un des derniers pays européens à produire de très grosses coupures telles le billet de 1 000 DM. Comme me l'a indiqué une de mes sources, il n'est pas impossible non plus que le crime organisé se soit impliqué directement dans le mouvement de lobbying soutenant l'émission d'un tel billet. En effet, depuis au moins vingt ans, intensifiant son implication dans les activités légitimes, la mafia a investi dans de nombreuses entreprises de relations publiques. Des compagnies très actives dans le lobbying politique.

d'agence[1]. Pourtant son contenu, même si le ton se veut rassurant, est édifiant. En effet, sous le titre « Euro : l'Allemagne veut prévenir le blanchiment d'argent sale », le correspondant d'Associated Press à Berlin écrit :

« Le gouvernement allemand a annoncé jeudi son intention de multiplier les contrôles aux frontières en vue de l'introduction des billets et pièces en euros en janvier prochain. Berlin souhaite ainsi débusquer l'argent sale que les criminels pourraient tenter d'écouler à cette période charnière.

Les douaniers et la police craignent que les deux mois de transition des monnaies nationales vers l'euro permettent aux criminels de rapatrier de grosses quantités d'argent liquide vers leur pays d'origine afin de les changer en euros.

L'augmentation du risque de blanchiment d'argent sale sera "contré par des contrôles complets et renforcés de l'argent liquide à la douane, à l'approche de l'introduction de la monnaie européenne, et particulièrement pendant la phase principale du changement en janvier et février 2002" a annoncé le ministre des Finances allemand dans un communiqué.

L'année dernière, les douaniers allemands ont saisi 9,6 millions de marks (32 millions de francs/4,9 millions d'euros) destinés au blanchiment. »

La seconde mise en garde a été proférée durant une conférence de presse tenue par la section spécialisée en criminalité financière de la société internationale Deloitte & Touche à Londres à la fin du même mois. Là, Mark Tantam n'a pas mâché ses mots pour évoquer les avantages de l'arrivée de la monnaie unique pour le crime organisé : « L'arrivée de l'euro est la plus belle montée[2] que le

---

1. Dépêche Associated Press, 15 h 34, 23 août 2001.

2. Il s'agit bien ainsi d'une référence à la sensation ressentie par l'utilisateur d'héroïne lorsqu'il administre sa dose. La version originale

crime organisé s'offre depuis que la vente d'alcool a été interdite aux États-Unis. Aussi, il n'est même pas surprenant que, d'après Europol, les mafias russe, italienne et des Balkans aient décidé d'abandonner le billet de 100 dollars comme monnaie d'échange en faveur de l'euro. »

D'après les informations fournies par Interpol et Europol, on risque de voir apparaître de faux euros mais aussi des margoulins bien entraînés qui vont profiter de la nouveauté du billet pour abuser les consommateurs comme les entreprises européennes. Énième crainte, la conversion de faux francs, marks, lires ou pesetas en véritables euros. Une hypothèse s'appliquant aussi au blanchiment, le crime organisé changeant de l'argent sale contre des valeurs en euros !

★
★ ★

En 1979, les criminels de la Pizza Connection devaient juste régler le problème de la sortie du territoire américain de millions de dollars. Comment gérer l'éternelle[1] et délicate question du blanchiment ? Si, par le passé, ils avaient bénéficié du système mis en place par Meyer Lansky, désormais cette option n'était plus compatible avec l'of-

---

dit clairement : « biggest shot in the arm », littéralement « la plus grosse piqûre dans le bras ».

1. Le milieu marseillais fut lui aussi confronté à ce problème durant l'âge d'or de la French Connection. Si des solutions complexes furent mises sur pied afin d'alimenter les comptes suisses des parrains, d'autres plus artisanales furent également employées. Comme le recrutement de mannequins effectuant la navette entre New York et Paris. Les stratèges français avaient remarqué la tendance des douaniers français à ne pas fouiller les bagages des jeunes filles courtement vêtues. Aussi, ils employèrent de nombreuses « créatures » pour rapporter illégalement sur le territoire des dollars américains.

fensive en cours. Aussi, la mafia fit-elle appel au réseau milanais, déjà connu comme spécialiste du passage en contrebande de monnaie italienne vers la Suisse. L'un de ses spécialistes, l'ancien pêcheur Sal Amendolito, fut le premier recruté par les Siciliens. Sa première mission consista à transférer 9 millions de dollars sur une dizaine de comptes helvétiques. Mais comment s'y prendre ? Son idée fut d'ouvrir des comptes fictifs aux États-Unis et de profiter d'un vide juridique, les Italiens ayant appris que les autorités bancaires américaines ne déclaraient pas un paiement SWIFT s'il n'excédait pas 10 000 dollars. L'idée d'Amendolito était donc simple mais laborieuse : virer l'argent pour des montants inférieurs d'à peine quelques dollars à la limite gouvernementale. Évidemment, un tel comportement ainsi que la multiplication de comptes souvent dans le même établissement auraient dû éveiller les soupçons. Mais voilà, et c'est l'une des révélations de l'enquête sur la Pizza Connection, certaines banques américaines laissèrent faire la manœuvre en toute connaissance de cause. Une complicité le plus souvent tacite mais parfois vraiment active.

La première attitude apparut clairement à la Commission présidentielle sur le crime organisé de 1986 durant l'interrogatoire d'une employée de banque de Miami, responsable du transit de plus de 500 000 dollars. Le dialogue entre cette femme et Lugren se montre sur ce point édifiant :

« Saviez-vous que les importantes sommes d'argent que cet homme vous remettait régulièrement dans un sachet plastique étaient de l'argent du trafic de drogue ?

— Oui, je le savais, mais tout le monde trafique. L'origine de l'argent ne me regarde pas. [1] »

---

1. Congressional Record-House- Thursday, February 6,1986-99 th Cong. 2nd Sess.132 Cong. Rec H408/Vol 132. No 11.

Et la commission d'écrire : « Tant que le montant était inférieur à 10 000 dollars, elle ne commettait aucun crime en blanchissant cet argent, même si elle savait qu'il provenait d'une activité illégale. [1] »

Mais l'enquête effectuée par le FBI a dévoilé des complicités isolées mais beaucoup plus actives au sein d'établissements bancaires sérieux comme la Nation's Bank de Miami, la Citibank de New York et la Shearson/ American Express [2].

---

1. Idem. Plus loin, Lungren évoque la question de la responsabilité morale des gouvernements face à cette situation : « Nous envoyons un signal discordant à nos enfants en disant d'un côté : "Ne touche pas à la drogue, c'est mortel !" et de l'autre en ayant un système permettant à un employé de banque de dire : "Je n'en ai rien à faire si l'argent provient du trafic de drogue parce que beaucoup d'autres font la même chose et qu'il n'est pas contre la loi de prendre cet argent du moment que le montant est inférieur à 10 000 dollars. Je n'ai pas à le signaler. Je ne commets aucun crime". Quel est le signal que nous envoyons à nos enfants ? [...] Laissez-moi dire les choses très clairement : toutes ces personnes croyant être uniquement impliquées dans des transactions financières, en transformant de l'argent sale en monnaie propre, sont très certainement responsables et complices de la propagation du poison envahissant les veines de nos enfants dans ce pays comme ailleurs. »

2. Le rapport cite également, ce n'est pas une surprise, le rôle joué par les casinos d'Atlantic City et de Las Vegas. La manière la plus simple de blanchir de l'argent de la drogue consistait pour les truands à se présenter une fois par semaine dans l'un des établissements de jeu. Et ce afin de déposer un million de dollars en liquide au crédit de leur compte, d'acheter des jetons pour la valeur déposée, de jouer un moment et de perdre une petite somme, puis d'échanger les jetons restants contre un chèque dont le montant se révélait désormais propre.

★
★ ★

La stratégie d'Amendolito ne fonctionna toutefois qu'un moment. Les quantités de liquide qu'il recevait désormais quotidiennement ne pouvaient en effet plus permettre l'utilisation de dépôts inférieurs à la limite légale des 10 000 dollars. Désormais l'Italien se concentra sur les sociétés d'investissement financières habituées à effectuer d'importants virements internationaux. La quête du bon établissement fut du reste le symbole de l'inconscience mais aussi du sentiment d'invincibilité de la mafia. En effet, Amendolito fit lui-même la tournée des hauts lieux de la finance de New York, quatre valises remplies de liquide dans son véhicule ! Et si des membres de la Finagest, de la Chase Manhattan et de la Conti Commodity Services refusèrent le marché, ce fut surtout parce que leurs structures ne leur permettaient pas de gérer un tel envoi ! Finalement, c'est du siège national de la Chase Bank que le Milanais transféra plusieurs millions sur un compte anonyme du Crédit suisse de Lugano.

En fait, bien souvent, certains établissements financiers voient dans le trafiquant de drogue un client prêt à payer plus pour un service naviguant aux frontières de la légalité. Ce fut le cas, en février 1981, de membres de la Nation's Bank de Miami. En échange de frais de dossier de 20 000 dollars payables à l'avance, ils acceptèrent non seulement un dépôt de 3 millions en liquide mais produisirent un chèque certifié sur le compte de l'établissement du même montant en échange.

★

★ ★

Sal Amendolito eut aussi recours aux voies aériennes pour transférer ses fortes sommes. Ainsi, il loua pendant des mois les services d'une compagnie de jets privés qui livra l'argent liquide aux Bermudes, là où les banques sont encore moins regardantes que certains établissements financiers new-yorkais. Et quand Franco Della Torre, le remplaçant d'Amendolito disparu avec plusieurs millions en liquide, entra dans la danse, la Pizza Connection put franchir une nouvelle étape dans le blanchiment des millions de l'héroïne :

« Della Torre, un résident suisse, déposa en mars 1982 plus d'un million de dollars en coupure de 5, 10 et 20[1] sur le compte "Traex" de l'antenne à Manhattan du courtier Merryl Lynch Pierce Fenner and Smith, explique un rapport. Plus tard, Della Torre fit quatre dépôts supplémentaires de petites coupures pour un montant total de 3 900 000 dollars. [...] Face à l'importance des dépôts en liquide, Della Torre exigea que les membres de la sécurité de Merryl Lynch l'accompagnent depuis son hôtel. Après plusieurs dépôts sous haute sécurité, le personnel de Merryl Lynch décida que les conditions optimales de sécurité n'étant pas assurées, il était préférable d'effectuer directement les dépôts à la Bankers Trust où Merryl Lynch possédait différents comptes.[2] »

Non seulement la mafia faisait transiter ses millions

---

1. Des valeurs généralement désignées sous le terme de « street money », l'argent de la rue. Ce qui signifie en clair que les courtiers ne pouvaient pas ignorer l'origine des dépôts de Della Tore.

2. In Congressional Record-House-Thursday, February 6,1986-99th Cong. 2nd Sess.132 Cong. Rec H408/Vol 132. N° 11.

depuis le cœur du capitalisme mais en plus elle recevait protection et conseil pour faciliter la manœuvre. Et lorsque Merryl Lynch fermera le compte Traex en 1982, alerté par les suspicions d'un des membres de la sécurité [1], Della Torre se rendit, sans être inquiété le moins du monde, à la société de courtage voisine, la E.F. Hutton and Company. Là, durant deux ans, selon le même cérémonial et sans que personne ne découvre l'astuce, il transféra en Suisse plus de 25 millions de dollars. Une manœuvre qui cessa uniquement à la demande expresse du FBI sur le point d'interpeller le passeur !

*
* *

L'enquête sur la Pizza Connection est toutefois loin d'être un succès total, tel que Guliani et plus généralement les autorités américaines impliquées aiment volontiers à le dire.

L'opération conjuguée des forces antimafias fit certes tomber un réseau mais elle ne ralentit pas l'implantation sicilienne aux États-Unis. Aujourd'hui, la mafia sicilienne et la Cosa Nostra cohabitent sur un territoire suffisamment important. Les deux organisations collaborent sur quelques « marchés », s'ignorent sur certains et s'opposent sur d'autres comme cela semble actuellement le cas à La Nouvelle-Orléans pour récupérer l'empire de la famille Marcello.

Le FBI n'a pas non plus empêché l'arrivée massive sur le sol américain d'héroïne raffinée en Sicile. La DEA n'a

---

1. Della Torre refusait toujours de rentrer dans la Bankers Trust pour y accompagner ses dépôts en espèces. Tout cela parce que la banque était équipée en caméras.

jamais pu découvrir ni comment la poudre de la Pizza Connection entrait aux États-Unis, ni comment le réseau même fonctionnait. Et, de manière plus large, la chute de la Pizza Connection n'eut aucun effet sur la famille « Gambino » du New Jersey, les plus gros trafiquants d'héroine des États-Unis.

En Italie, les deux tiers des trois cent trente-six condamnés du « maxi-procès » tenu à Palerme suite à l'enquête du magistrat Falcone et aux confessions de Buscetta ont été, depuis, remis en liberté sur décision de la Cour Suprême italienne. Et là encore, comme à New York, les relais politiques ou financiers de la mafia n'ont pas été inquiétés.

Pourtant en relevant certains mécanismes du blanchiment de l'argent sale, l'affaire de la Pizza Connection reste exemplaire. Parce que chaque année, près de 100 milliards de dollars sont blanchis à travers le système financier américain[1]. Les États-Unis ne sont évidemment pas le seul pays à faciliter l'enrichissement du crime organisé[2]. Mais l'énormité de ce chiffre prend une résonance particulière quand on repense aux propos prémonitoires de Meyer Lansky qui décrivait la Cosa nostra comme une enfant du capitalisme.

---

1. Et il ne s'agit pas des revenus du trafic de drogue mais simplement de l'argent quittant sous une forme propre, généralement électronique, le territoire américain. Une enquête du Trésor révélait en 1985 que trois villes, Los Angeles, Miami et San Francisco, recelaient des réserves en liquide dépassant le milliard de dollars. De l'argent ne circulant pas dans le système mais retenu par le crime organisé en attendant son blanchiment.

2. Selon la liste publiée annuellement par l'U.S. State Department's Bureau for International Narcotics and Law Enforcement Affairs, les pays se rendant coupables de faciliter le blanchiment de l'argent de la drogue sont les suivants : Mexique, Canada, Grande-Bretagne, Chypre, Suisse, Luxembourg, îles Caïmans, Nigeria, Panama, Venezuela, Thaïlande, Malaisie et Russie.

Si bien que pour comprendre les difficultés rencontrées dans la lutte contre le nouveau crime organisé, il faut prendre le temps de s'arrêter sur la terrible réalité américaine. Où la DEA estime qu'annuellement le commerce de la drogue représente 50 à 75 milliards de dollars blanchis sur place. Une hypothèse basse qui équivaut à cent quatre-vingt-dix-sept fois le budget voté chaque année par le Congrès afin de lutter contre le trafic de drogue ! La Pizza Connection ainsi que l'arrivée massive de la mafia sur le territoire de la Cosa Nostra ont donc, au bout du compte, valeur d'exemple. De mauvais exemple. En démontrant que le marché américain était suffisamment important pour rassasier deux carnivores, les Siciliens avaient ouvert une voie où d'autres allaient s'empresser de s'engouffrer.

CHAPITRE 9

« La cocaïne est le talon d'Achille de l'impéria-
lisme américain. »

Pablo ESCOBAR

Aux États-Unis, les années Reagan furent celles du
capitalisme triomphant. Tandis que les files d'attente des
laissés-pour-compte du rêve américain s'allongeaient aux
portes des centres d'accueil, l'Amérique s'offrait une nouvelle génération de héros. Dont les uniformes n'avaient
rien à voir avec ceux de Superman. Chemise impeccable,
bretelles en avant, Ferrari au garage et sourire agressif, une
espèce inédite de carnassiers apparut : celle des Yuppies.
Or, lorsque les seigneurs de Wall Street, « millionnaires
aujourd'hui, milliardaires demain », eurent besoin, pour
rester au sommet, de s'amuser ou de résister à la pression,
d'un coup de main chimique, ils se tournèrent vers la
cocaïne. La coke était propre [1], moderne et branchée. Et

---

1. Contrairement à l'héroïne, la cocaïne est rarement utilisée en
injection mais se sniffe, aspirée par le nez à l'aide d'une paille. Elle
s'applique également sur les muqueuses génitales et anales. Le crack,
un mélange populaire de bicarbonate de soude et de cocaïne, se fume.
L'inhalation des vapeurs de cocaïne s'appelle le *free-basing*.

devint, en très peu de temps, le plus important succès de l'histoire du crime organisé.

★

★ ★

Cent ans avant ces années de folie, la cocaïne existait déjà sur le marché américain. Elle était également consommée en Europe et, comme l'héroïne, la médecine lui trouva même des vertus médicales. Avant de constater son impressionnant pouvoir d'adiction[1]. Exemple révélateur de l'ambivalence du produit, celui du docteur William Halsted que les Américains considèrent comme le père de la chirurgie moderne. Installé à New York, ce médecin fut le premier à constater dans les années 1880 qu'en injectant de la cocaïne sous la peau, les terminaisons nerveuses s'endormaient profondément[2]. D'où la mise au point du premier anesthésiant local de l'histoire. Mais ce

---

1. La cocaïne agit sur un neurotransmetteur, la dopamine. Les neurotransmetteurs sont sécrétés par le cerveau et responsables des sensations ressenties par l'être humain. La dopamine, présente dans le système limbique ou « cerveau des émotions », est responsable de la régulation des émotions et plus particulièrement le plaisir. Alors que, normalement, la dopamine est rapidement neutralisée, la cocaïne bloque ce processus. L'accumulation de neurotransmetteurs dans l'espace synaptique est responsable du « flash » euphorisant ressenti par les utilisateurs. L'hyperstimulation et la disparition de la sensation de fatigue se prolongent près d'une demi-heure. L'action de la cocaïne sur la dopamine est à l'origine de son pouvoir de dépendance. Tout arrêt de la drogue entraîne une baisse du taux de dopamine et enclenche un processus de manque et très souvent de dépression.

2. La paternité de la découverte ne fait pas l'unanimité dans le milieu médical. Pour certains, le découvreur est l'Allemand Köller en 1884. À noter la même année, la publication du célèbre texte de Freud : « Über Coca ».

ne fut pas la seule découverte d'Halsted dans la mesure où le jeune praticien avait pris l'habitude d'utiliser les seringues hypodermiques récemment inventées pour s'autoinjecter de la cocaïne dans les veines. L'effet était puissant mais le prix à payer lourd puisqu'en quelques mois, Halsted ne fut plus en mesure de travailler[1].

La cocaïne est un alcaloïde dérivé de la feuille de l'arbre à coca[2], arbuste populaire tout au long de la cordillère des Andes dont la culture s'avère d'une simplicité redoutable. Déjà présent à l'état sauvage, l'arbre à coca est résistant, peut vivre au moins vingt ans, ne craint presque pas la sécheresse et peut s'acclimater à des altitudes élevées. Des caractéristiques, nous le verrons, qui rendent son éradication impossible. En outre, il offre un rendement hors norme. Les paysans péruviens ou boliviens récoltent ses feuilles quatre fois par an et chaque hectare peut produire entre une et trois tonnes de feuilles annuellement.

La préparation de la cocaïne rappelle celle de l'héroïne. Dans un premier temps la récolte est séchée au soleil. Ensuite les feuilles sont mises à macérer dans un mélange

---

1. Dans un premier temps, Halsted fut mis en « quarantaine » par ses amis. Le sevrage brutal était alors la seule thérapie connue pour tenter de guérir l'addiction. Apparemment le système fonctionna puisque après un an d'isolement aux îles Vierges, le médecin fut de retour à New York. En 1886, il fonda avec trois docteurs le prestigieux Johns Hopkins Hospital où il acquit en tant que chirurgien une renommée mondiale. En 1969, pour les quatre-vingts ans de l'hôpital, le journal intime de Sir William Osler, directeur et cofondateur de Johns Hopkins, fut ouvert pour la première fois. Osler y révélait qu'Halsted avait pu se séparer de la cocaïne seulement parce qu'il l'avait remplacée par de la morphine. Une habitude qu'il cacha à ses patients et collègues durant quarante ans. In *Drug Crazy, op. cit.*

2. Il existe différentes espèces d'arbre à coca. Le plus courant, celui dont les feuilles servent à la préparation de la drogue, est l'Erythroxylum Coca Lam. Il dépasse rarement un mètre cinquante et sa feuille contient environ 3 % d'alcaloïde.

d'eau et d'alcali. Là, exactement comme les traditionnelles vendanges, le mélange est foulé au pied. Un solvant organique, le plus souvent du kérosène, est alors ajouté. Le tout se voit filtré pour retirer les feuilles et l'eau, le résultat obtenu étant complété par de l'acide sulfurique. Après précipitation, la première phase est terminée et le paysan dispose de pâte à coca. Généralement, cent kilos de feuilles sont nécessaires à la fabrication d'un kilo de pâte dont le taux d'impureté peut atteindre 40 %. Ce produit va servir à l'élaboration, dans un laboratoire cette fois, de la cocaïne base. Selon une recette simple : le chimiste le mélange à du sel de potassium, de l'eau, de l'acide et de l'ammoniaque, décoction entraînant une réaction chimique qui permet l'obtention de cocaïne pure, séchée ensuite sous lampes chauffantes.

La cocaïne base, trop puissante pour être « sniffée », subit une dernière transformation. Une étape à haut risque en raison de l'utilisation d'acétone et d'autres composants volatils. Une fois dissoute dans l'un de ces produits, le chimiste complète la mixture avec de l'acide hydrochlorique. Les cristaux[1] ainsi obtenus sont asséchés dans des fours à micro-ondes, emballés sur place et prêts à contaminer le monde entier.

★
★ ★

Les origines de la contrebande de cocaïne aux États-Unis d'abord, et en Europe ensuite, sont indirectement liées à l'arrivée au pouvoir de Fidel Castro en 1959.

À cette époque, la cocaïne est en effet déjà consommée sur l'île, et plus particulièrement dans les milieux aisés. La

---

1. D'où le nom de cocaïne cristalline ou chlorydrate de cocaïne.

« Cuban Mafia », le crime organisé local, contrôle du reste ce trafic grâce à des connections en Amérique du Sud. Le départ de Batista et le « nettoyage » de l'île effectué par le nouveau pouvoir contraignent les mafiosi à se réfugier en Floride, où la plupart se mettent à travailler avec Santo Trafficante. Mais en s'expatriant, la mafia cubaine exporte deux plaies sur le territoire américain. La bolita, autrement dit les paris clandestins, et la fameuse cocaïne. Dans un marché contrôlé par la Cosa nostra et réservé à l'héroïne, le commerce des Cubains ne se fait toutefois qu'en direction de la communauté exilée aux États-Unis. En 1965, la presque totalité de la cocaïne revendue en Floride venant de Colombie, le partage des tâches est simple : les Colombiens raffinent la drogue, les Cubains l'introduisent illégalement en Amérique du Nord et se chargent de la vente. Le système fonctionne de cette manière pendant près de dix ans jusqu'au moment où les Colombiens, sans prévenir, coupent la route de la coke. Pour être exact, il ne s'agit pas de l'arrêt de l'envoi de cocaïne aux États-Unis mais de la cessation des relations commerciales avec la mafia cubaine, changement de stratégie né d'une double origine. D'abord, les Cubains souhaitant engranger plus d'argent ont progressivement élargi leur clientèle, faisant augmenter *ipso facto* la demande locale. Un marché en hausse, suffisamment lucratif pour que les Colombiens décident de s'y impliquer eux-mêmes. Une décision, et c'est le deuxième point, précipitée aussi par la présence d'une importante communauté colombienne aux États-Unis dont certains membres sont disposés à servir de relais. Conséquence, en 1978, l'importation de cocaïne est devenue une opération totalement colombienne. Et cinq ans plus tard, le marché rapporte 8 milliards de dollars par an. Un succès dû à une nouvelle génération « d'entrepreneurs » parvenus à faire passer le trafic de drogue de l'artisanat au système industriel.

★

★ ★

En juillet 1988, le magazine *Forbes* publie, comme chaque été depuis des années, son classement des cent vingt-cinq milliardaires de nationalité non américaine[1]. En soixante-neuvième position apparaît le nom de Pablo Escobar Gaviria. Un fils d'institutrice, admirateur d'Al Capone, qui dirige alors le cartel[2] de Medellín.

Né en 1949, Escobar, ancien voleur de voitures, s'est converti au trafic de cocaïne au milieu des années soixante-dix. À l'instar de nombreux truands de Medellín, Bogotá ou Cali, il achète de la coke sur le marché noir colombien et la transporte par petit avion jusqu'aux rivages de la côte de Floride. Là, sa cargaison est jetée à l'eau, récupérée par un complice en bateau et quelques jours plus tard se retrouve sur le marché américain. À Medellín, sur le même secteur d'activité, on retrouve aussi les frères Jorge, Juan et Fabio Ochoa. Il y a également,

---

1. *Forbes Magazine*, July 1988, list of 125 non-U.S. Billionaires.

2. Le terme « cartel » est utilisé dans ce chapitre par commodité. En effet, il n'est pas étymologiquement correct pour définir le crime organisé colombien. Si Escobar et ses associés appliqueront au trafic des principes venus de l'économie libérale (tel le contrôle complet de la chaîne de production et de distribution), ils ne sont pas structurés comme une unique entité. Il s'agit plutôt d'une alliance informelle, de circonstances, entre les dirigeants de certains des deux cents groupes criminels de la ville. Le terme « cartel » est devenu toutefois l'appellation reconnue de cette union lorsque la DEA rédigea en 1988 son acte d'accusation contre Carlos Ledher. Le mot mafia appliqué au contexte colombien doit être aussi pris comme un synonyme de crime organisé. Ici, et contrairement à la mafia sicilienne, pas de rites de passage, de recrutements en milieu fermé, de code d'honneur ou de structure militaire du pouvoir. Les cartels colombiens sont, en fait, l'archétype des organisations criminelles du XXIe siècle.

effectuant la navette entre Bogotá et les autres grandes villes du pays, Gonzalo Rodriguez Gacha. Et puis, à la tête d'une flottille d'avions légers, Carlos Ledher, fils d'un ingénieur allemand. Si tous se connaissent, ils travaillent séparément mais dans la même activité. Du moins, jusqu'en 1981.

En septembre de cette année-là en effet, un groupe d'hommes masqués pénètre armes au poing dans l'université de Medellín. Là, sous la menace, ces membres d'une guérilla marxiste enlèvent Marta Ochoa, la sœur des trois trafiquants. L'opération n'a rien d'idéologique, il s'agit d'un moyen habituel de financement de la « révolution ». Mais il y a des demandes de rançon aux conséquences dramatiques. Car au lieu de payer, les Ochoa réunissent les autres chefs de bande de la ville pour préparer une contre-offensive [1]. Une action massive puisque chacun des représentants des deux cents organisations criminelles de Medellín fournit dix « soldats ». Les mois suivants sont un vrai carnage. Toute personne, ainsi que sa famille, suspectée d'alliance avec la guérilla marxiste se voit exécutée, ses biens confisqués et ses domiciles brûlés. Le 17 février 1982, après qu'un grand nombre des étudiants de la ville eurent été torturés et retenus prisonniers, Marta Ochoa est libérée. Mais la vague de terreur orchestrée par le milieu n'a pas seulement permis la libération sans versement de rançon de la sœur Ochoa, elle a également donné des idées à Pablo Escobar.

Comme Lucky Luciano, Meyer Lansky et les autres, le Colombien comprend les avantages de fondre les multiples gangs en une organisation criminelle. En mars 1982, il forme donc aux côtés des frères Ochoa, de Ledher et

---

1. Sous le nom on ne peut plus clair de « Muerto a Secuestradores », Mort aux kidnappeurs.

de Gacha, la « Medellín & Companía », premier cartel des parrains de la cocaïne.

Au sein de la nouvelle entité, les rôles sont répartis de manière pragmatique. Escobar se charge de l'organisation du réseau de laboratoires, les frères Ochoa d'une partie du transport et du bras armé du groupe tandis que Ledher met ses avions à disposition pour rejoindre la Floride. Quant à Gacha, familier des routes d'approvisionnement depuis le Pérou, il a pour mission de fournir la pâte à coca.

Le succès est foudroyant. En à peine un an, le cartel fournit 75 % de la coke vendue aux États-Unis, marché en progression constante. En 1984, alors que Ronald Reagan est réélu notamment sur la promesse de faire la guerre à la drogue, le cartel emploie six cent mille personnes [1]. Un chiffre impressionnant qui donne une idée de l'échelle de la réussite des hommes de Medellín [2].

---

1. Dont trois cent cinquante mille paysans cultivant la coca, cent cinquante mille transformant la coca en pâte, quinze mille en charge du transport aux laboratoires, deux mille cinq cents techniciens et chimistes. Le reste comprend le conditionnement, le transport aérien et sa logistique, les relais aux États-Unis, le bras armé, les conseillers financiers en charge du blanchiment et les avocats.

2. Pour être complet, il faut évoquer un autre aspect de la réussite du cartel : son action sociale à Medellín. En effet, Escobar redistribue une petite partie de sa richesse en appliquant un programme de constructions (tel l'érection de cinq cents maisons pour les récupérateurs de la décharge municipale), d'associations pour le progrès (telle « Medellín sans bidonville »), en finançant écoles, installations sportives et sponsoring de l'équipe de football. Les Colombiens s'investissent également dans la politique locale. Escobar sera un élu, au début des années quatre-vingt, du Mouvement de rénovation libérale. L'ironie veut que ce parti s'oppose au clientélisme et plus généralement à la corruption, l'une des armes préférées du parrain. Mais celui qui semble avoir poussé l'implication sociale le plus loin est Ledher. En 1982, il fonde le Movimiento lationo nacional, un parti d'obédience socialiste qui fustige la corruption de la classe politique colombienne et « sa compromission » avec les États-Unis et la CIA. Le MLN orga-

★
★ ★

Afin de se dédouaner de la responsabilité du commerce de la cocaïne, Escobar aimait à dire que le premier responsable de son succès était la frénésie des consommateurs américains pour les cristaux de cocaïne. Une logique, proche de celle de Lansky, expliquant la présence de la mafia sur le marché des jeux et de la contrebande d'alcool afin de satisfaire les besoins des consommateurs. Pourtant ce n'est pas l'habituelle explication de l'offre et de la demande qui se trouve à l'origine du succès du cartel mais bel et bien ses méthodes différentes.

Un modus operandi qui, hormis la violence armée, est celui d'une entreprise moderne. L'industrialisation du marché de la cocaïne s'apparente à une révolution industrielle dans le monde du crime organisé. En effet, contrairement au commerce de l'héroïne obligeant la Cosa nostra et la mafia à collaborer avec d'autres organisations criminelles, le cartel intègre la totalité du processus de fabrication. Les paysans cultivant les arbres de coca le font directement pour Medellín. Et ce sont les Colombiens qui se chargent eux-mêmes de la fabrication de la pâte, de la cocaïne base et des cristaux. Une méthode qui explique la fulgurante réussite financière d'Escobar. Sans intermédiaire, il gère plus efficacement sa production, ses stocks et augmente sa marge. Mais ce n'est pas tout. Le coût principal du trafic d'héroïne, hormis celui des chimistes,

---

nise des cours d'alphabétisation, distribue de la nourriture et de l'électroménager, reloge les plus pauvres et règle des frais d'hôpitaux. Cette interaction avec les couches populaires de Medellín est à l'origine du soutien d'une partie de celle-ci, en particulier lors de la cavale d'Escobar en 1993.

est depuis toujours son transport et son entrée illégale aux États-Unis, opérations nécessitant ingéniosité mais aussi une main-d'œuvre importante et bien payée pour servir de courriers. Or, alors que la French Connection avait un océan à traverser pour rejoindre l'Amérique, la côte nord de la Colombie se trouve seulement à quelques heures d'avion de la Floride. Si bien qu'au prix d'un investissement massif dans une flottille aérienne et navale, le cartel va supprimer presque systématiquement les intermédiaires coûteux, livrant désormais en direct aux grossistes installés sur le sol américain. En 1986, la President's Commission on Organized Crime publie d'ailleurs un rapport dont le chapitre trois, consacré à la menace de Medellín[1], décrit bien le fonctionnement réellement entrepreneurial du cartel :

« La cocaïne base est généralement transformée en cocaïne hydrochloryde dans les laboratoires, puis emballée et étiquetée par kilogramme. Les paquets portent très souvent un code déterminant leur destination aux États-Unis. Ils sont ensuite embarqués dans des sacs à dos et transportés en convoi jusqu'à un hangar de transit. Ces zones de stockage sont à proximité de ports ou de pistes d'envol clandestines. La cocaïne est stockée là jusqu'à son départ de Colombie.

À l'heure actuelle les organisations de trafiquants colombiens exportent – selon les estimations – 62 % de leur cocaïne par avion privé. Les 38 % restants sont transportés par bateau et quelquefois par courrier voyageant sur des vols commerciaux. La plupart des cargaisons quittent la Colombie depuis sa côte nord, la péninsule de Guajira. Les principaux centres de contrebande comprennent les villes de Santa Marta, Barranquilla, Cartagena et

---

1. President's Commission on Organized Crime, Chapter III, Part I : Drug Trafficking and Organized Crime.

Medellín. Une partie signifiante de la cocaïne quitte la Colombie depuis un réseau de pistes aériennes clandestines construites à proximité des importants laboratoires dissimulés dans la jungle. [...]

L'argent généré par la vente en gros de la cocaïne est géré pour l'organisation par des experts financiers familiers du système bancaire international Ses experts sont responsables pour le blanchiment[1], la gestion et l'investissement des profits de la drogue[2]. Ils s'assurent également qu'une partie des profits soit réinvestie en Colombie afin d'assurer le bon fonctionnement de l'industrialisation de la fabrication de la cocaïne. Les experts financiers du cartel sont secondés par un aréopage de banquiers, avocats et autres professionnels aux États-Unis. Ces derniers jouent un rôle crucial en facilitant l'ensemble de ces transactions[3]. »

---

1. À noter qu'à la fin des années soixante-dix, les Colombiens se tournent vers un Américain dont la spécialité est justement les réseaux du blanchiment international et le trafic d'armes. Son nom est Robert Vesco, l'ancien proche et financier du Président Richard Nixon – voir chapitre sept. En Europe, le choix des Colombiens se porte sur un diplômé d'Harvard, installé à Paris. De 1987 à 1990, près de 2 % de l'argent blanchi en Europe par le cartel transitera par son compte ouvert dans une grande banque française. Il établit également des dizaines de sociétés écrans au Luxembourg, au Liechtenstein, en Autriche, en Allemagne et à Monaco. Grâce à l'utilisation de cent trente-six comptes dans onze pays européens, il « renverra » à Medellín près de 36 millions d'argent propre.

2. Parmi ces investissements, toujours dans l'optique du blanchiment, l'injection de milliards de dollars de la drogue dans les plus grandes corporations américaines. L'enquête de la Commission établira en 1995 que, très souvent malgré elles, une centaine de compagnies ont contribué à l'enrichissement des Colombiens. Parmi celles-ci IBM, General Motors, Microsoft, General Electric et Apple.

3. Parmi les établissements financiers visés par les propos de la Commission figure en bonne place la Bank of Credit and Commerce International. Rebaptisée par les magistrats et les enquêteurs Bank

★

★ ★

Mais la véritable signature des Colombiens reste l'utilisation massive de technologies nouvelles afin d'acheminer la drogue jusqu'à sa destination finale.

Le cartel devient ainsi le plus important acquéreur mondial d'avions légers capables de couvrir la distance d'environ deux mille cinq cents kilomètres et de transporter une tonne de cocaïne par trajet[1]. Afin d'augmenter le rayon d'action de la flottille, ils sont équipés d'un réservoir supplémentaire escamotable en cas de contrôle. En 1985, chaque avion effectue la navette entre sa base colombienne et sa destination américaine trois à quatre fois par semaine. Cette année-là, Pablo Escobar gagne un demi-million de dollars... par jour !

Afin d'éviter les patrouilles des douanes américaines, les convois varient leurs routes, passant tantôt par les Bahamas tantôt par Belize. À l'image de l'ampleur de la puissance colombienne, les trafiquants y possèdent des morceaux entiers de territoire où, souvent avec l'aval d'autorités locales, ils ont bâti hangars, pistes d'atterrissage et tours de contrôle. L'un des pilotes d'Escobar a d'ailleurs raconté un jour, en parlant des Bahamas : « Si au début

of Crooks and Cocaïne International, l'établissement était devenu la septième banque privée au rang mondial grâce à sa collaboration étroite avec le crime organisé mondial. Selon les estimations les plus basses, la BCCI forte de sa présence dans soixante-treize pays et de ses quatre cents agences aurait blanchi 30 milliards de dollars provenant principalement de la contrebande de la cocaïne.

1. Tels la série 400 de Cessna, le Piper Atzec et le Piper Navajo. En 1984, le commerce d'avions de ce genre est une activité telle en Colombie que se crée un hebdomadaire de petites annonces réservé à ce marché.

nous effectuions des vols non-stop entre la Colombie et les États-Unis, nous avons rapidement développé un point de transbordage sur l'île de Little Derby aux Bahamas. Nous avons choisi cet emplacement pour des raisons de sécurité et parce que nous étions certains de bénéficier de la protection de la police. Sur place, nous avions six à huit employés en permanence afin de décharger et de reconditionner les cargaisons de drogue. Il n'y avait aucune interférence des autorités des Bahamas du moment que les paiements aux officiels étaient effectués dans les temps [1]. »

Autre stratégie employée, la division des risques. Au lieu d'envoyer une seule cargaison et de voir augmenter le risque d'une saisie, les Colombiens en livrent cinq en même temps. Une tactique assurant en cas de problème la livraison des quatre-cinquièmes de la cocaïne annoncée.

Enfin, les Colombiens sont friands de tous les appareils électroniques qui permettent de surveiller les communications radio de la DEA mais aussi de brouiller leurs conversations et de cacher leur présence sur les radars [2]. Sur ce point, le rapport de la Commission présidentielle sur le crime organisé livre une partie des astuces du cartel pour se les procurer : « Un pilote de l'organisation a découvert les fréquences secrètes d'opérations de surveillance aérienne de la DEA en se faisant passer pour un "fana d'hélicoptère" », raconte le texte officiel. Remarquant, en

---

1. President's Commission on Organized Crime : Drug Abuse, Drug Trafficking and Organized Crime – 1986.

2. Appareils de navigation militaire, pagers, téléphones codés, brouilleurs, du matériel de précision aux prix élevés dont la vente est autorisée aux États-Unis. Une nouvelle fois la Commission présidentielle déplora la complicité de certains citoyens américains vendant ce matériel en sachant que l'acheteur travaillait pour un trafiquant. Mais comme le dit un des membres du Congrès, il est difficile de refuser plusieurs transactions mensuelles dont le montant dépasse souvent 200 000 dollars, qui plus est payées en liquide.

stationnement près de son hangar, un hélicoptère de poursuite Cobra de la DEA, le pilote s'est fait « offrir » une
visite guidée de l'appareil et de son cockpit. À l'intérieur
de celui-ci, se trouvait accrochée sur le tableau de bord la
liste des codes. Le pilote l'a simplement recopiée. Et ainsi,
comme l'a raconté le pilote devant la Commission : « Il
nous était facile d'utiliser nos scanners branchés sur les
bonnes fréquences pour surveiller les activités de la flotte
de la DEA. Nous pouvions non seulement connaître les
plans de vol des avions, mais aussi exercer une surveillance
plus pointue sur chaque modèle. D'apprendre quels styles
d'avions la DEA utilisait nous a permis de modifier notre
stratégie de manière plus efficace. »

Et lorsque les fréquences changent et que l'électronique
ne suffit plus, les pilotes font appel à leur intelligence.
Exemples frappants de cette habileté, le cas des navettes
effectuées pendant deux ans entre la Louisiane et la
Colombie par un C-123. Pouvant transporter près de trois
tonnes de cocaïne, cet appareil est un avion de fret qui fut
utilisé par l'armée américaine durant la guerre du Viêtnam. Sa taille même fut loin d'être un handicap : « Les
avions partaient et retournaient en Louisiane toujours de
nuit afin d'éviter les contrôles [1]. [...] L'organisation Ochoa
versait à des officiels colombiens entre 10 000 et
25 000 dollars par vol pour une "fenêtre", c'est-à-dire un
horaire spécifique, une position et une altitude réservées à
l'avion du trafiquant afin de traverser sans problème l'espace aérien colombien. Si le paiement n'était pas effectué,
l'avion était susceptible de se faire intercepter par les autorités colombiennes. (Le pilote) arrivait généralement à
l'aube. La cocaïne était chargée dans son avion et le plein

---

1. Équipés de lunettes à infrarouge permettant la vision de nuit,
un appareil qui intensifie la lumière naturelle par 50 000, les pilotes
pouvaient voler sans éclairage.

de kérosène effectué. Cela prenait souvent une heure, quelquefois à peine quinze minutes, et il repartait immédiatement pour les États-Unis.

Les techniques afin d'éviter les contrôles étaient parfois simples et consistaient à profiter de l'importante circulation d'hélicoptères dans le golfe du Mexique et à proximité des plate-formes pétrolières.

D'abord, lorsque l'avion était à mi-parcours, il limitait sa vitesse entre cent et cent vingt nœuds. Ainsi, les radars électroniques le considéraient comme un hélicoptère et non plus un avion.

Deuxièmement, à proximité des côtes des États-Unis, le pilote faisait plonger son appareil et le stabilisait à une altitude comprise entre cinq cents et mille pieds pour voler à l'altitude des hélicoptères, profitant de leur grand nombre dans la zone afin de brouiller les radars.[1] »

Les cargaisons étaient généralement ensuite parachutées à un point de rendez-vous, permettant ainsi aux pilotes de se poser aux États-Unis où les contrôles au sol étaient limités :

« Posséder les douanes américaines était assez facile une fois débarrassé de la cargaison. Il suffisait d'agir normalement, de remplir correctement le plan de vol, de se poser et de les laisser effectuer l'inspection. Et puis nous avions remarqué que les inspecteurs des douanes n'étaient guère intéressés par une inspection poussée les dimanche après-midi quand nous atterrissions en plein milieu de la diffusion d'un match de football américain. Et si les Dolphins[2] jouaient, c'était encore mieux.[3] »

---

1. President's Commission on Organized Crime : Drug Abuse, Drug Trafficking and Organized Crime – 1986.

2. L'équipe de Miami, Floride, où s'effectuaient la plupart des livraisons.

3. President's Commission on Organized Crime : Drug Abuse, Drug Trafficking and Organized Crime – 1986.

Vol de nuit, à basse altitude, appareillage électronique...
Si l'on est loin des tractions avant de la French Connection traversant l'Atlantique sur des paquebots, ce n'est pas
seulement parce que les années quatre-vingt furent celles
de l'explosion électronique. Les passeurs du milieu marseillais étaient des truands alors que les pilotes du cartel,
eux, sont d'anciens soldats... américains.

★
★ ★

D'un point de vue américain, l'aspect le plus choquant
du règne du cartel, qui fut généralement sous-estimé par
les médias préférant évoquer la fausse histoire de « bébés
accros » au crack[1] et l'itinéraire sanglant d'Escobar, reste
l'implication avérée de « gringos » dans ce trafic.

Anciens de la CIA[2] ou de l'armée, mercenaires et même
quelquefois ex-pilotes de lignes commerciales, le transport

---

1. La propagation du crack sur le marché américain durant l'hiver
1985 fut à l'origine d'approximations médiatiques dont les conséquences perdurent encore aujourd'hui. L'une d'entre elles est que le
crack, au prix dérisoire et à l'effet dévastateur, est consommé principalement en milieu pauvre et afro-américain. En réalité, les statistiques démontrent qu'en 1985, deux millions de blancs
consommaient cette substance, avec moitié moins de noirs. L'histoire
des « crack babies », ces enfants nés difformes nécessitant une assistance cérébrale et respiratoire, apparue en 1987 est typique de l'empressement de la télévision américaine soucieuse de vendre une bonne
histoire en déformant et amplifiant les propos d'un médecin. À ce
sujet, lire *Drug Crazy*, *op. cit.*
2. Le nom de la CIA a été largement cité lors de l'enquête du
Congrès sur l'affaire de trafic d'armes Iran-Contra. À l'origine, il s'agit
– une nouvelle fois – de l'effort de guerre américain contre la propagation du communisme en Amérique latine. En soutenant les Contras,
une guérilla d'extrême droite en Bolivie, la CIA, très vraisemblable-

de la cocaïne entre la Colombie et les États-Unis fut la plupart du temps l'œuvre d'Américains. Ainsi la Commission présidentielle sur le crime organisé, ne citant toutefois jamais le cas d'agents contractuels de la CIA, évoque les cas de Jack Devoe et de Barry Seal.

Devoe, dont la société effectue la navette entre Miami et les principales villes de Floride, a commencé à travailler pour les Colombiens au début des années quatre-vingt. Alors que la Devoe Airlines vivotait, quelques semaines plus tard il est obligé de recruter. Pendant cinq ans, huit de ses dix pilotes travailleront exclusivement pour Medellín. L'Américain a du reste reconnu avoir organisé une centaine de vols sur cette période et introduit illégalement plus de sept tonnes de cocaïne. Devoe, lui-même impliqué dans une bonne partie des voyages, était un habitué de l'escale par les Bahamas. Il a également profité de la corruption galopante en Colombie : « Au début du trafic, nous atterrissions directement sur les pistes des aéroports colombiens. Entre autres ceux de Santa Marta et de Riohacha. Au moins une fois, la cocaïne fut chargée dans

---

ment avec la bénédiction de la Maison-Blanche, a laissé pratiquer le trafic de cocaïne afin d'acheter des armes. Il existe même de très fortes suspicions selon lesquelles – comme au Viêtnam – la CIA aurait apporté quelquefois son soutien technique et logistique à la chose. Ainsi la publication des notes du colonel Oliver North, conseiller à la Sécurité nationale et proche de George H. Bush, mentionnent « besoin d'un avion pour aller en Bolivie récupérer de la pâte, besoin d'un avion pour récupérer mille cinq cents kilos... ». La même année, alors que les États-Unis envahissaient Panama sur ordre du Président Bush et destituaient Manuel Noriega pour son aide aux trafiquants de drogue, on apprenait que Noriega travaillait depuis des années pour la CIA et, photographies à l'appui, qu'il en avait rencontré le directeur à plusieurs reprises à la fin des années soixante-dix. Pour rappel, le patron de l'Agence à cette époque était... George H. Bush. Au sujet des liaisons dangereuses de la politique américaine avec le commerce de la drogue, voir annexes.

l'avion directement sur les pistes de l'aéroport de Rioha-cha, sans que nous nous cachions. Plus tard, nous atterris-sions sur des pistes clandestines au milieu de la jungle. »

Plus que le risque de se faire arrêter, la construction de véritables aéroports de contrebande fut un autre moyen pour les Colombiens d'augmenter leurs profits. Construits à proximité des laboratoires, ils éliminaient en effet le coût du transport.

Barry Seal, ancien capitaine de la compagnie TWA habitué du Boeing 747, a travaillé sept ans pour le cartel après avoir été recruté par un ancien collègue. Sa motivation ? L'argent. Capable de piloter de nuit les fameux C-123, il touchait 5 000 dollars par kilo de cocaïne trans-porté. Ainsi chaque vol lui rapportait près d'un million et demi de dollars. En période de pointe, en 1985, alors qu'Escobar envoyait dix tonnes de cocaïne par jour, il effectua la navette trois fois par semaine. Et, comme Devoe l'indique, ses voyages ne furent jamais troublés ni par la DEA ni par les douanes.

★

★ ★

En 1985, le commerce de la drogue rapporte donc au crime organisé plus de 110 milliards de dollars. Et ce sont les Colombiens qui se taillent la part du lion[1]. En 1988, le problème de la profusion de cocaïne sur le sol américain, alimenté par un sondage démontrant que pour plus de

---

1. Le plus souvent à coups d'armes automatiques. Ainsi la « prise » de Miami par les hommes du cartel qui délogeraient la mafia cubaine causa plus de mille cinq cents morts entre 1980 et 1983. Ces événe-ments, ainsi que l'envoi massif de forces du FBI et de la DEA, ont inspiré les créateurs de la série *Miami Vice* avec Don Johnson et Philip Michael Thomas.

la moitié des citoyens du pays la drogue est devenue la préoccupation principale, apparaît comme l'un des principaux enjeux de la campagne électorale présidentielle opposant le démocrate Dukakis au vice-président sortant[1]. Une fois élu, George Herbert Bush professe donc sa ferme volonté d'intensifier la guerre à la cocaïne.

Combattre la coke, même lorsque l'on est la première puissance du globe, n'est pas une chose aisée. D'abord parce qu'il n'existe pas de recette miracle et ensuite parce que la DEA, les douanes, l'armée, les universitaires pensent tous la connaître[2]. Des certitudes qui expliquent les cafouillages des politiques américaines menées dans les années Reagan et Bush.

Dans un premier temps, la guerre contre la drogue passe, pour les stratèges des États-Unis, par l'éradication des laboratoires situés à proximité des plantations qui fabriquent de la pâte de coca. Au Pérou, dans un style rappelant le conflit vietnamien, l'armée organise des raids en hélicoptères Huey. À bord, derrière une mitrailleuse lourde AR-15, un agent de la DEA scrute la jungle[3] afin d'y débusquer les installations clandestines. Dans un premier temps, l'étrange union DEA, police locale et mercenaires payés sur fonds américains fonctionne. En 1987, l'unité spéciale établie au Pérou détruit ainsi près de trois mille acres d'arbres à coca par mois. Mais, bientôt, soute-

---

1. Durant la période électorale, près de deux cent cinquante propositions de loi contre le trafic de drogue furent déposées au Congrès.

2. Voir à ce sujet le film *Traffic* de Steven Soderbergh et plus particulièrement la scène où Michael Douglas, incarnant le nouveau « czar de la lutte antidrogue », est confronté à une multitude d'opinions lors d'une soirée rassemblant toutes les écoles de pensée de la lutte antidrogue.

3. Une jungle qui, chaque année, paye un lourd tribut au trafic de cocaïne. Afin de multiplier les plants de coca, les paysans déforestent près d'un demi-million d'acres par an.

nues financièrement par le cartel et trouvant une occasion de s'élever contre l'impérialisme américain, les troupes de la guérilla du Sentier lumineux[1] décident de déclarer la guerre à ces opérations. Leur premier gros coup est dirigé contre la base de Tingo Maria, le poste le plus avancé dans la jungle. Les guérilleros attaquent le camp à l'arme lourde, détruisent son alimentation électrique et explosent la flottille d'hélicoptères. Quelques semaines plus tard, le Sentier récidive en capturant et en exécutant une patrouille. La DEA ne pouvant plus assurer la sécurité de ses agents se replie vers le village de Santa-Lucia, où les Américains ont établi une base solidement gardée. Mais le camp tourne vite à la prison. Si derrière ses fils barbelés les troupes sont en sécurité, elles ne peuvent plus sortir. Chaque approvisionnement en nourriture se transforme en échanges de coups de feu avec les guérilleros. Au final, Santa-Lucia est abandonné, ce qui signe l'échec de la stratégie anti-laboratoires[2]. Éloignés de la jungle, limités par leur champ d'action, les Huey ne peuvent dès lors plus frapper. Et lorsque l'attorney général, Ed Meese, au printemps 1998, effectue une reconnaissance au-dessus de la vallée Huallaga, là où l'essentiel de la coca péruvienne est

---

1. « El Sendero Luminoso » est un mouvement de guérilla apparu au début des années quatre-vingt. Maoïstes et largement implantés dans la région du Haut Huallage, les guérilleros affirment défendre les intérêts des petits cultivateurs de cocaïers contre l'action répressive des États-Unis. Depuis 1986, le Sentier lumineux utilise l'argent de la drogue pour se financer. Son action est tellement violente qu'en une décennie on lui impute la disparition de plus de trente mille personnes. Fait notable, le 12 septembre 1992, l'arrestation de son fondateur Abimaël Guzman Reynoso.

2. L'idée était que sans laboratoire pour fabriquer la pâte, il n'y aurait plus de débouchés pour la culture de la coca, les paysans délaissant alors les feuilles pour se tourner vers d'autres cultures. In *Drug Crazy, op. cit.*

cultivée, il réalise l'impossibilité de la tâche. La zone « couvre trois fois la taille du Massachusetts[1] » et seul un recours à l'arme chimique pourrait y remédier. Une telle proposition n'étant même pas formulable, les Américains proposent tout de même le largage par avion d'agents toxiques. Sans même attendre la réaction des environnementalistes, Alberto Fujimori refuse. Le Président péruvien craint d'autant plus l'idée incongrue que son soutien aux États-Unis l'handicape sur le plan national, près de vingt millions de ses concitoyens vivant des retombées du trafic de drogue[2].

Le Pérou étant une cause perdue, les Américains décident de s'impliquer en Bolivie, le deuxième centre de production d'arbre à coca. Avec une stratégie nouvelle. Fini les opérations commandos contre les laboratoires, cette fois l'action se concentre sur le point de départ du processus, les cultivateurs, l'idée étant d'offrir une alternative à l'arbre à coca. La première année, les États-Unis investissent 100 millions de dollars dans le projet. Avec un certain succès d'ailleurs puisque, recevant une prime à l'arra-

---

1. *Idem.*

2. Un rapport du State Department d'avril 1994 dévoile qu'une des raisons de l'arrêt de l'implication américaine au Pérou est la corruption : « La corruption est endémique dans l'ensemble des institutions du gouvernement du Pérou du fait de très bas salaires. [...] Le plus haut officiel du gouvernement péruvien à avoir été impliqué dans une affaire de corruption liée au trafic de drogue était le directeur du service antidrogue de la police nationale péruvienne ». International Narcotics Control Strategy Report. Dans le même esprit, un article du *New York Times*, paru le 11 novembre 1991, précise que les officiers de l'armée péruvienne touchent environ 90 dollars par mois alors que les Colombiens en proposent 15 000 contre l'autorisation de vol d'un seul avion ramenant la coca à Medellín. Un diplomate européen en poste à Lima conclut : « Lorsqu'un colonel de l'armée a besoin de faire chauffeur de taxi pour boucler la fin du mois, vous comprenez l'ampleur du problème. » Cité in *Drug Crazy, op. cit.*

chage, de nombreux Boliviens se lancent dans la culture du fruit de la passion. Mais, comme le révèle Mike Gray[1], si Washington a attribué une importante enveloppe financière à l'arrachage et à la plantation de nouvelles espèces, rien n'a jamais été pensé pour écouler la première récolte. Si bien qu'au bout d'un an, les coopératives du pays croulent sous des stocks de fruits de la passion sans posséder les structures nécessaires à son exportation. Immédiatement les paysans retournent donc à leur habitude, sachant qu'ils peuvent compter sur les paiements d'avance des cartels !

Lorsque l'administration du Président Bush avait déclaré la guerre à la cocaïne, les hypothèses les plus réalistes parlaient de la destruction de la moitié de la production de coca pour 1993. Mais en 2001, après avoir investi près de 3 milliards de dollars, le nombre de plantations d'arbres à coca en Amérique latine a plus que doublé ! Dès lors, l'échec en Bolivie, après celui au Pérou, ne laisse pas d'alternative aux États-Unis. Désormais, ils doivent porter le fer au cœur des cartels, au risque de précipiter la Colombie dans l'âge de la terreur.

★
★ ★

La guerre contre Escobar débute en 1985 alors que George Bush n'est encore que vice-président. Cette année-là, le gouvernement colombien vient d'accepter de signer un accord d'extradition avec les États-Unis. Or si les dirigeants du cartel ne craignent rien de leur justice, ils ne souhaitent guère se retrouver confrontés à celle de l'Amérique. Le cas de Ledher, arrêté quelques mois plus

---

1. *Idem.*

tôt, imprègne les esprits d'Escobar et de ses associés L'ancien responsable de la flottille installée au cœur de la jungle péruvienne a en effet été condamné à la prison à vie. Mieux, pour être certain qu'il ne sorte jamais du pénitencier de Marrion dans l'Illinois, le juge a ajouté une deuxième peine non cumulable de cent vingt-trois ans de prison. Pour faire pression et éviter des extraditions vers les États-Unis, le cartel fait donc passer des messages clairs. Avec une violence inouïe. En novembre 1985, un groupe armé pénètre ainsi dans le palais de justice de Bogotá et prend trois cents personnes en otage. Une fusillade éclate. Avec un bilan particulièrement révélateur : parmi les victimes figurent les onze magistrats de la Cour Suprême colombienne qui ont signé le traité d'extradition. Un acte quasi-terroriste à rapprocher du nombre des juges tués par ailleurs : entre 1977 et 1989, quarante-deux d'entre eux sont assassinés par la mafia colombienne, chiffre auquel il faut ajouter deux cents employés des services judiciaires ! Le système inventé par Escobar est tout simplement binaire, il s'agit du *plato o dinero*, le cercueil ou l'argent. Aussi, ceux qui refusent l'argent[1] de la drogue sont-ils ni plus ni moins abattus. Un an après l'intervention de novembre 1985, trois mille six cents personnes ont été éliminées dans les rues de Medellín.

La terreur porte d'ailleurs ses fruits. À la fin 1986, la Cour Suprême locale décide de revoir les conditions du traité d'extradition... et découvre une irrégularité le rendant caduc. La même année, sans que l'on en connaisse l'issue, Pablo Escobar a proposé de racheter la dette colombienne en échange de l'annulation de l'accord avec les États-Unis.

---

1. Le « prix » d'un magistrat de la Cour Suprême est de 50 000 dollars soit dix fois moins que le revenu quotidien de Pablo Escobar.

★
★ ★

La vague de violence de 1985-1986 n'est rien en comparaison de celle qui traverse le pays en 1989, justifiant à elle seule l'invention du terme narcoterroriste.

1989 étant une année électorale en Colombie, une partie des candidats, appartenant en majorité au parti libéral, font campagne sur le thème d'un pays propre, pointant courageusement du doigt et de la voix le cartel. Courageusement car les représailles arrivent très vite.

Premier à payer de sa vie ses positions anti-Escobar, le gouverneur de la province d'Antioquia et ancien maire de Medellín. Le 4 juillet, le véhicule d'Antonio Betancur est plastiqué. Un peu plus d'un mois plus tard, c'est au tour du sénateur Luis Carlos Galan, favori de l'élection présidentielle qui, grâce à la promesse d'une fermeté absolue contre le cartel, possède trente points d'avance dans les sondages et a annoncé son intention en cas de victoire de remettre en vigueur le traité d'extradition. Le 13 août, entouré d'une dizaine de gardes du corps, il préside une réunion publique à Bogotá devant dix mille de ses supporters quand sept tueurs du cartel fendent la foule et l'abattent. L'émotion dans le pays, énorme, pousse le Président Virgilo Barco à agir. Décrétant l'état de siège, il envoie la troupe. Les saisies de drogue et de biens appartenant aux trafiquants se multiplient. Les arrestations sont nombreuses, les exécutions sommaires aussi. Révoquant la Cour Suprême, Barco remet en vigueur le traité d'extradition. Escobar est fou furieux et le cartel annonce, par tracts, son entrée en guerre. Le jour où le gouvernement américain ordonne à ses ressortissants de quitter la Colombie, dix-sept bombes explosent dans les rues de

Bogotá et de Medellín. Le parrain colombien est désormais devenu un narcoterroriste.

La fin août est marquée par une succession d'explosions quotidiennes et de victimes innocentes. Le 18, le colonel Quintero, commandant de la police de la province d'Antioquia, est assassiné. Deux jours plus tôt, il avait demandé à ses gardes du corps de protéger les magistrats de Bogotá. En septembre, les Américains marquent toutefois un premier point en obtenant l'extradition d'Eduardo Martinez Romero, spécialiste du blanchiment d'argent que la DEA considère comme le ministre des Finances du crime organisé colombien. En réponse, Pablo Gonzalez, ancien maire de Medellín, est abattu à son domicile. Le même jour, le 11 septembre, Pablo Escobar ordonne l'exécution des familles des policiers appartenant aux sections anti-drogues. Femmes, enfants, parents, veuves, cousins, c'est en tout près de mille familles de fonctionnaires qui disparaissent.

Et lorsque Escobar ne tue pas, il terrorise. Toujours en septembre, le juge Medina, l'un des magistrats les plus respectés du pays, démissionne. La veille il avait reçu dans son bureau un avocat du cartel qui lui avait remis deux dossiers. Le premier comportait une centaine de clichés des victimes des trafiquants. Le deuxième, un album de photos complet de sa famille.

Ce chantage à la famille est aussi à l'origine de la démission de la populaire ministre de la Justice Monica de Greiff. En septembre, elle se trouve devant le Congrès américain afin d'obtenir une rallonge de 19 millions de dollars aux 65 déjà alloués pour lutter contre la menace Escobar. Son exposé sur la situation colombienne et sa détermination à se battre ne pèseront toutefois guère face au coup de téléphone qu'elle reçoit le soir même de son discours. Le message est clair : les narcoterroristes menacent de tuer son fils de trois ans et, afin de prouver leur efficacité jusqu'au cœur de la capitale des États-Unis, livrent un compte rendu précis de la journée de son enfant qu'ils ont placé sous surveillance. Le 21 septembre, De Greiff abandonne ses fonctions et obtient l'asile politique en Amérique.

En novembre, l'escalade de la violence se poursuit. Après le meurtre d'Hector Rodriguez, juge de la Cour Supérieure de Medellín, c'est sa collègue Mariela Spinoza qui est mitraillée. Désormais Escobar promet une « guerre totale et absolue » contre l'État colombien. Dont le gouvernement doit affronter une importante contestation intérieure, de plus en plus de personnes se demandant si le prix à payer en vaut la peine dans la mesure où les ravages de la cocaïne ne touchent pas... la Colombie[1].

Après les policiers, les magistrats, les responsables associatifs, syndicaux et politiques, le cartel s'en prend aux médias. C'est d'abord Diego Vargas, l'animateur de Radio Caracol depuis trente ans, qui tombe sous les balles des assassins. Puis Roberto Sarasty et Esteban Olivela. Ensuite, c'est au tour de six reporters du quotidien *El Espectador*, le seul journal osant encore évoquer les activités illicites d'Escobar, d'être visés. Mais la surenchère continue. Le 6 décembre au matin, les terroristes frappent dans le quartier commercial de Bogotá. L'explosion d'un camion bourré d'une demi-tonne de dynamite fait soixante victimes, des centaines de blessés et des dégâts matériels sur un rayon de deux kilomètres. Le lendemain, alors que le Président colombien annonce son intention

---

1. Ainsi le sénateur Ernesto Samper, candidat à la présidence, prône le dialogue avec le cartel et attribue la responsabilité du terrorisme aux États-Unis et plus généralement à ses consommateurs de coke. Son mot d'ordre est : « Ne laissons pas la Colombie devenir le Viêtnam de la guerre à la drogue. »

de ne pas céder « à la sanglante tyrannie des narcoterroristes », quatre charges explosent dans des écoles de la ville.

★

★ ★

Mais ce mois-là apporte aussi un tournant à l'avantage de l'union américano-colombienne. Le 15, Gonzalo Rodriguez Gacha, l'un des fondateurs du cartel de Medellín, est tué par la police. C'est la première fois que l'entourage proche d'Escobar est touché. Le 20, les Américains vont plus loin : ils débarquent à Panama et arrêtent Manuel Noriega, général allié des trafiquants qui a transformé son pays en zone de transit pour la cocaïne. Le coup de force des États-Unis produit un effet inattendu sur Escobar. Craignant une opération similaire à Medellín même, il change d'attitude et entame le dialogue avec le gouvernement colombien. D'où une période étrange de plusieurs mois de calme juste rompu par des explosions à chaque fois que les négociations prennent un virage défavorable au cartel.

En mai 1990, Cesar Gavira, le candidat par défaut[1] du parti libéral, est élu Président. Durant la campagne, il a non seulement plaidé la dureté dans la lignée de ses prédécesseurs assassinés mais a aussi reçu le soutien des États-Unis. Sa première décision en surprend donc plus d'un : il fait une offre aux trafiquants. Un marché, négocié depuis des mois, à l'avantage du cartel. Le nouveau Président leur propose en effet de se rendre, d'effectuer une

---

1. Par défaut puisqu'il est le quatrième à se présenter à ce poste sous cette étiquette. En six mois, le cartel a fait assassiner les trois précédents.

peine de prison contre le rejet par le gouvernement colombien du traité d'extradition.

À Bogotá comme à Washington personne n'est dupe[1] : lorsque Gavira parle d'emprisonnement, les conditions de détention n'ont rien à voir avec l'ordinaire puisqu'il s'agit de cellules dorées et de gardes complaisants. Pire, le sentiment de victoire du gouvernement colombien dure à peine plus de six mois jusqu'au moment où Escobar devient le dernier des trafiquants à accepter le marché. En fait, ce délai a servi à la construction de la « prison » du parrain, lieu dont il a lui-même conçu les plans et payé les travaux ! Située à la sortie de Medellín, à Envigado, l'équipement du bâtiment n'a rien à envier aux plus beaux palaces du monde. Don Pablo s'est fait construire un ensemble de suites de plus de mille mètres carrés. Cheminée en marbre, piscine, terrain de football, attirail ultra-moderne de communication, sorties autorisées, discothèque, prostituées à demeure, soldats convertis en barmen... autant d'éléments de confort qui poussent l'opinion publique à baptiser l'enceinte : « Club Medellín[2] ». Évidemment, comme la plupart des observateurs le notent alors, non seulement Escobar poursuit son trafic mais en plus, d'une certaine manière, il le fait désormais avec la bénédiction et la protection des troupes gouvernementales !

Si les premières photographies distribuées par la présidence colombienne montrent le parrain posant, l'air abattu, derrière les barreaux d'une triste cellule qui n'est même pas sa prison, les images de son luxueux palais et la poursuite de son activité dans le commerce de la cocaïne mettent Gavira dans une position intenable. Le 21 juillet 1992, le Président ordonne donc à l'armée la prise de

---

1. *El Espectador* titre ainsi : « la terreur a gagné ».

2. Autre surnom, celui de « Cathédrale ». Si le premier donnait une idée de son confort, le second traduit les dimensions du lieu.

contrôle du « Club Medellín » et le transfert immédiat d'Escobar dans une base militaire installée au cœur de la jungle. Mais l'opération, qui n'a de secrète que le nom, se transforme en nouveau camouflet pour les autorités du pays. Car lorsque les représentants du gouvernement se présentent aux portes de la « prison », les troupes du parrain les attendent armes au poing. Et pendant qu'un de ces représentants négocie la libération des otages, Escobar profite de la confusion pour disparaître[1].

Pour le traquer, l'armée, soutenue par la CIA et la DEA, crée une section spéciale. Début décembre 1993, Escobar est localisé dans un quartier de Medellín parce qu'il téléphone quotidiennement à son fils et utilise le même poste chaque jour. Utilisant les techniques américaines de triangulation, la section spéciale découvre sa cachette et décide de l'arrêter. La saga du parrain colombien se termine donc sur les toits où, sous la protection d'un unique garde du corps, il est abattu. Dans les minutes suivant l'annonce de son décès, les radios du pays diffusent des chants de Noël où on parle de paix dans le monde !

---

1. Cet épisode illustre une fois de plus les soutiens d'Escobar au plus haut niveau colombien. En avril 1984, l'armée colombienne et la DEA effectuent un raid sur Tranquilandia, un des plus importants laboratoires du cartel situé en pleine jungle dans la partie sud-est du pays. À première vue l'opération se solde par un succès puisque pour près d'un milliard de dollars de cocaïne est détruit. En réalité, les militaires se retrouvent face à une installation vidée de son précieux matériel dont les chimistes ont disparu. Escobar avait été prévenu, au grand dam des Américains qui avaient préparé l'opération avec le cercle restreint du pouvoir colombien. À noter également que Rodrigo Lara Bonilla, le ministre de la Justice qui avait donné son aval au plan, fut assassiné sur ordre du parrain moins de deux mois plus tard.

★

★ ★

La mort d'Escobar ne change rien ou presque. Bien sûr, comme le remarque la DEA, sa disparition a démontré aux parrains du monde entier qu'aucun d'entre eux n'était immunisé contre les balles. Mais le crime organisé continue de fournir le monde en cocaïne. En Colombie d'abord, où le cartel de Cali a pris dans un premier temps la suite de celui de Medellín [1]. Or personne n'a gagné au change puisque les frères Rodriguez Orejuela qui le dirigent sont à l'image de la nouvelle mafia en train de se dessiner partout sur le globe. Les hommes de Cali, qui ne sont ni d'anciens voleurs de voitures ni des convoyeurs de coke, viennent, auréolés d'un succès certain, du monde des affaires [2] et sont fermement décidés à appliquer les méthodes managériales au trafic de drogue. À la violence, ils préfèrent le pouvoir de l'argent, la complexité des montages financiers [3] et la corruption qu'ils pratiquent au

---

1. Il faut aussi évoquer le cartel de Perreira dont le développement sera stoppé en septembre 1992 suite à l'arrestation à Rome de son chef José Duran. Il se trouvait en Italie afin de négocier l'ouverture d'une nouvelle route européenne avec la mafia sicilienne.

2. Gilberto Rodriguez Orejuela, « le joueur d'échecs », est un banquier. Parmi ses actifs, la plus importante chaîne de supermarchés du pays.

3. En 1992, l'Opération Dinero, un plan d'infiltration élaboré par la division d'Atlanta de la DEA, révélera une partie de ces pratiques. Avec la collaboration de l'IRS, les agents américains ouvrent un établissement financier à Anguilla, haut lieu du blanchiment. Quelques jours plus tard, ils sont contactés par des représentants de Cali qui veulent recycler de l'argent sale et établir des entreprises fictives au Canada, en Italie et en Espagne. Pendant près d'un an, la DEA va collaborer avec le cartel afin de remonter le réseau. À son terme, l'opération permettra la saisie de neuf tonnes de cocaïne, l'arrestation de

niveau international. Dans un souci d'une meilleure représentation au sein du pouvoir colombien, ils arrosent aussi bien les partis conservateurs que libéraux[1]. Leur clientélisme se porterait également sur les fondations caritatives, les syndicats, une partie de l'armée[2] et la police même de Cali[3]. Car dans un pays exsangue après dix années de narcoterrorisme, leurs dollars sont les bienvenus.

Aujourd'hui, officiellement, le cartel de Cali n'existe plus. Les frères Orejuela ont bénéficié du même genre d'emprisonnement que celui de Medellín[4], une détention

---

cent seize trafiquants et la confiscation de 90 millions de dollars en liquide. Dinero a permis également de dévoiler l'implication du cartel de Cali dans le trafic d'œuvres d'art. En effet, pour collecter de l'argent propre, les Colombiens avaient demandé aux faux banquiers d'Anguilla de vendre un Reynolds, un Rubens et un Picasso. Trois tableaux reçus en paiement de cocaïne et dont la valeur estimée cumulée dépassait les 20 millions de dollars.

1. Ils sont ainsi à l'origine en 1994 du scandale du « Drogagate », à savoir la révélation d'un don de 6 millions de dollars à la campagne présidentielle couronnée de succès d'Ernesto Samper. En fait, une enquête du Congrès a montré que Samper n'était pas le seul à avoir reçu de l'argent de Cali : « la plupart des campagnes politiques de ces quinze dernières années, comme le précise un magistrat, ayant été payées par l'argent de la drogue ».

2. Les liens financiers entre Cali, l'armée et plus tard les groupes paramilitaires ont été révélés en 1994-1995.

3. Dans un nouveau monde où l'image est désormais devenue capitale, il faut se méfier de toute bonne nouvelle venant de Cali. Ainsi, en 1994, la police de la ville saisit quatre laboratoires des frères Orejuela. Mieux encore, deux mois plus tard, ce sont dix tonnes de cocaïne qui sont détruites par les autorités. Dans le premier cas, il s'agissait d'une installation abandonnée. Dans le second d'un lot impropre à la vente suite à une erreur de dosage chimique. Le tout avait été « offert » à la police de la ville par le « cartel » afin de rassurer l'opinion publique sur l'efficacité de la lutte antidrogue.

4. Gilberto Rodriguez se constitue prisonnier le 9 juin 1995 et son frère deux mois plus tard. Une décision très mal vécue à Washington et qui causa une première cassure dans les relations diplomatiques du

leur permettant de rester en communication permanente avec les cinq cents cadres de leur organisation. En fait l'arrestation des Orejuela correspond à un changement important de la nature même du trafic en Colombie. Désormais, une multitude de groupes ont pris la place des conglomérats de la drogue. Plus difficile à détecter, pouvant s'installer plus profondément dans la jungle grâce aux ordinateurs portables et aux téléphones satellitaires, cette nouvelle forme d'organisation criminelle se révèle plus redoutable et efficace que ses prédécesseurs. Ce qui explique qu'en 2001, le chiffre d'affaires de la cocaïne transitant par Cali s'élève à près de 25 milliards de dollars [1].

★

★ ★

En 1996, les frères Ochoa, cofondateurs du cartel de Medellín, sont « libérés » et retrouvent l'ensemble de leurs biens. Et, estimant ne plus courir le risque d'une extradition vers les États-Unis, ils reprennent leurs activités.

---

pays puisque les États-Unis annulèrent le visa d'entrée sur leur sol au Président Samper. In *Drug Crazy*, *op. cit.*

1. Les techniques employées par le cartel de Cali afin de blanchir son argent sont encore plus évoluées que celles mises en place par le réseau d'Escobar. En Europe, ils utilisent la Grande-Bretagne où leurs experts financiers figurent parmi les meilleurs de la City. En 1992, une opération de police découvre une cache dans la banlieue londonienne où « dorment », en attendant leur recyclage, vingt mètres cubes de billets de 100 dollars. Il faut remarquer que lors du Traité de Nice au début de l'année 2001, où la coopération judiciaire et la lutte contre le crime organisé ont été abordées, aucun gouvernement européen n'a souhaité remettre en question les avantages fiscaux du Royaume-Uni. Pourtant il n'est un secret pour personne que ses îles constituent des paradis fiscaux servant à recycler l'argent sale du crime organisé.

La même année, aux États-Unis, Bill Clinton brigue un second mandat. À nouveau la drogue est au cœur du débat. Mais cette fois d'une manière inattendue. En avouant avoir fumé de la marijuana dans sa jeunesse[1], le Président sortant déclenche les foudres de son opposant républicain Bob Dole[2]. Non seulement, on reproche à Clinton ses « égarements » passés mais également d'avoir rompu avec la politique antitrafiquant de Ronald Reagan et de George H. Bush. Une affirmation pourtant totalement fausse. Comme l'indique le docteur Thomas Haines, le président de l'association Partnership for Responsible Drug Information, Clinton a en vérité investi plus d'argent fédéral dans la guerre à la drogue durant son premier mandat que lors des douze années précédentes[3].

---

1. Exemple de pure dialectique clintonienne, le démocrate conçoit avoir fumé de la drogue mais ne pas l'avoir inhalée. Une logique particulière à rapprocher de son comportement lors du « Monicagate », où il considère que recevoir une fellation ne signifie pas avoir eu des relations sexuelles !

2. Dont la proximité avec les fabricants de tabac causera une partie de sa défaite.

3. Pour la dernière année de sa présidence, le White House Office of National Drug Control Policy (ONDCP) s'est vu attribuer le montant record de 18 milliards de dollars. L'ONDCP utilise son budget afin d'aider les douanes et la DEA à protéger les frontières américaines contre l'importation de drogue, à supporter des actions contre les planteurs de cocaïers, et à financer la recherche et les traitements. En janvier 2000, le journaliste Daniel Forbes a découvert qu'une partie des fonds de l'ONDCP est investie secrètement... à la télévision. En effet, l'enquêteur de Salon.com a montré que près de 25 millions de dollars avaient été versés aux producteurs des séries les plus populaires comme « Urgences », « Beverly Hills 90210 » ou encore le « Drew Carey Show » afin d'incorporer aux scénarios des messages antidrogues. Chaque série acceptant de collaborer soumettait avant tournage ses scripts à l'ONDCP afin de vérifier la conformité des propos. Forme moderne de propagande, la pratique – poursuivie en 2001 – est toutefois contraire aux lois obligeant les chaînes de télévision à signaler à leurs téléspectateurs les programmes payés par un sponsor.

Quoi qu'il en soit, Clinton, piégé par cet « aveu », a besoin de faire un geste fort pour rassurer l'opinion publique américaine et la convaincre de sa détermination à mettre fin aux réseaux colombiens. C'est pourquoi il entame un bras de fer diplomatique et financier avec le gouvernement de Bogotá pour que ce dernier revienne sur sa décision de rejet de l'accord d'extradition. Force est de constater que les premiers résultats sont éloquents. En à peine un an, quarante-deux mille hectares de coca sont détruits au défoliant[1], quarante et une tonnes de cocaïne saisies[2], deux cent quinze laboratoires démantelés et cinquante-huit pistes d'atterrissage détruites.

En octobre 1999, la DEA et les autorités colombiennes concluent l'Opération Millenium[3], une enquête d'un an qui débouche sur la saisie de treize mille kilos de coke et l'arrestation de trente et un trafiquants dont Alejandro Bernal-Madrigal et... Fabio Ochoa. Trois ans après sa libération, le cofondateur du cartel de Medellín est donc bien redevenu l'un des plus puissants contrebandiers de la planète. Son complice Madrigal ne s'était-il pas vanté, quelques semaines plus tôt dans une interview à la télévision, de l'exportation aux États-Unis de trente tonnes de cocaïne par mois[4] ?

---

1. Plus huit hectares de marijuana et près de sept mille plants de pavot.

2. Également saisies : cent seize tonnes de feuilles de coca, cent trente-cinq tonnes de marijuana et trois cent trois tonnes de morphine base et d'héroïne.

3. La même année, la DEA chapeaute l'opération Impunity qui s'attaque aux réseaux de distribution mexicains de la cocaïne colombienne. Quatre-vingt-treize personnes liées à la famille Carrillo-Fuentes de Juarez sont arrêtées. La drogue saisie se divise ainsi : douze mille quatre cent trente-quatre kilos de cocaïne, deux mille trois cents kilos de marijuana. Les agents de la DEA s'emparent également de 19 millions de dollars en espèces et de 7 millions en biens.

4. Soit cinq cents millions de doses individuelles.

Un mois avant l'arrestation d'Ochoa, Bill Clinton et Andrés Pastrana, son homologue colombien, ont paraphé « un plan pour la paix, la prospérité et le renforcement de l'État afin d'éradiquer la production de cocaïne ». Officiellement financé par le Fonds monétaire international[1], le Plan Colombie est en fait une aide massive versée par les États-Unis. À ce titre, le 23 août 2000, le Président américain octroie un milliard six cents millions de dollars à Bogotá[2]. Noyer la Colombie sous les billets verts n'a, par le passé, guère gêné les trafiquants. Mais cette fois, la différence avec le Plan Colombie c'est qu'en retour de l'afflux de dollars, Clinton a obtenu l'accord de Pastrana pour la propagation aérienne d'herbicides.

L'idée est d'épandre par avion des produits chimiques sur les zones suspectées d'abriter des plants de cocaïers. L'herbicide le plus fréquent est le Glifosato[3], commercialisé par la firme Monsanto[4] sous le nom de « Round-Up »,

---

1. À ce titre, la Colombie participe également à l'apport de fonds du Plan Colombie. La somme prêtée par le FMI vient alourdir la déjà conséquente dette du pays qui en a profité pour obtenir un ajustement de celle-ci.

2. Si cette somme englobe un supplément d'urgence de 954 millions de dollars pour la période 2000-2001, elle est à mettre en perspective avec l'investissement moyen des États-Unis de 200 millions de dollars par an depuis 1986.

3. Herbicide à base de glyphosate. Sont également utilisés le Triclopyr et le Paraquat. Selon de très nombreuses associations humanitaires et écologistes, certains épandages sont constitués de Teburithon, d'Hexaximona et d'Imazapyr, produits hautement dangereux pour l'homme et son environnement.

4. Une multinationale célèbre pour le développement de la semence de soja transgénique. Présenté sous le nom de « Round Up Ready », cet hybride résiste aux herbicides conçus par la firme. Monsato est également l'un des premiers bénéficiaires des fonds de la guerre contre la drogue. Depuis 1992, dans le cadre de la politique de destruction des pieds de coca et grâce à l'utilisation de ses produits

considéré comme un produit peu dangereux pour l'environnement. Un communiqué officiel de l'ambassade des États-Unis affirme même que « le glyphosate est moins toxique que le sel, l'aspirine, la caféine, la nicotine et la vitamine A ». Toutefois, aux États-Unis, le procureur général de l'État de New York a « contraint la firme à retirer les termes "biodégradable" et "écologique" de ses publicités [1] ». Par ailleurs, les épandages, effectués par des avions volant à haute altitude afin d'éviter le feu des guérilleros, ne respectent pas les conditions de sécurité recommandées : « Les notices techniques du Glifosaton précisent qu'il ne peut être dispersé, sans conséquences néfastes, d'une hauteur supérieure à dix mètres. Les doses utilisées – 13,5 litres par hectare – dépassent, et de très loin, les spécifications maxima : 2,5 litres. [2] »

Depuis, les témoignages évoquant les conséquences désastreuses sur l'environnement de cette opération se multiplient. Si le Round-Up détruit les pieds de coca, il semble s'attaquer également à d'autres végétaux comme les plants de maïs et de café ou les bananiers. La pollution touche également les rivières et les réserves d'eau potable, occasionnant un réel problème de santé publique. Ainsi Eduardo Cron, un médecin du Mazico colombien, a constaté un effet secondaire sur la population locale : « J'ai examiné les patients, raconte-t-il. Tous présentent les mêmes symptômes [3]. Il s'agit d'intoxications provoquées par des organophosphorés. Aucun cas n'a nécessité une hospitalisation,

---

dans différentes régions de l'Amérique latine, Monsato a touché près de 30 millions de dollars.

1. In *Le Monde diplomatique*, janvier 2001.

2. *Cultivos ilicitos y procesos de paz en Colombia*, Acion Andina-Trans Nationale Institute, Bogotá 2000 ; cité in *Le Monde Diplomatique*, janvier 2001.

3. Vomissements, vertiges, diarrhées, douleurs abdominales et céphalées.

mais les conséquences possibles dépendent de la nature du toxique. On ne peut rien prévoir, je ne la connais pas [1]. »

De leur côté, les défenseurs du Plan Colombie se sont insurgés contre ces témoignages, les démentant en s'appuyant sur les résultats d'études significatives prouvant la neutralité des herbicides. Mais dans ce combat d'experts où il est difficile de trancher tant les intérêts en jeu dépassent le cadre de la lutte antidrogue et même de l'écologie, les États-Unis ont subi coup sur coup deux « défaites ».

D'abord avec la décision prise en avril 2001 par un juge civil de Bogotá. Saisi par un référé de l'organisation non gouvernementale Paz Colombia, le magistrat a ordonné le gel des épandages dans six départements. Un arrêt symbolique de la complexité de la tâche. Car si les motivations de l'ONG et du magistrat sont de protéger la santé des habitants des régions, les six zones concernées concentrent plus de 50 % des cocaïers colombiens.

Second camouflet, le soutien de Klaus Nyhlom aux partisans de l'arrêt des fumigations aériennes et sa défense de l'arrachage manuel. Or Nylhom est le représentant en Colombie du programme de l'ONU pour le contrôle international des drogues [2].

Pire, le Plan Colombie, parfait résumé de la vision américaine de la guerre à la drogue, est critiquable au-delà même des justes réserves écologiques. Alors que les États-Unis se sont réservés le volet militaire de l'opération [3], c'est l'Europe qui est chargée de son aspect social. Si le

---

1. *Le Monde diplomatique*, janvier 2001.
2. UNDCP.
3. Ainsi, de 1995 à 2001, l'aide militaire américaine a été multipliée par huit. Un choix répressif absorbant près de 95 % de l'ensemble des fonds versés par les États-Unis. En fournissant par exemple soixante hélicoptères de combat et en envoyant près de mille conseillers civils et militaires. Une situation rappelant à certains le début de l'implication américaine au Viêtnam.

FMI avait demandé à l'Union un investissement à la hauteur de celui des Américains, la Colombie n'aurait pour l'heure reçu « que » 300 millions de dollars, officiellement pour soutenir les efforts de paix de Pastrana. Et personne ne se fait d'illusion sur la portée de cette aide. Ainsi, un officiel européen en poste à Bogotá, responsable du Programme d'appui à la stratégie de développement alternatif dans le Chapare confia « son écœurement » au *Monde diplomatique* : « C'est un échec total, dit-il. [...] On a promis des choses aux populations, mais on ne peut pas tenir nos engagements. [...] Lorsque nous lançons un quelconque projet, les Américains objectent : "Avez-vous conditionné l'aide ?" Traduction : toute culture illicite a-t-elle disparu du territoire concerné ? [...] On n'a pas à poser de conditions, répondons-nous, on est là pour effectuer un travail social ! Le ministre de l'Intérieur, qui chapeaute l'ensemble et n'a rien à refuser à ses vrais patrons, tranche la question : "J'interdis le projet, toute la coca n'a pas encore été éradiquée dans cette communauté". [1] » Résultat, en deux ans le Programme européen n'a pas réussi à dépenser 10 % des 20 millions d'euros mis à sa disposition.

Évidemment les excès du Plan Colombie font le jeu du crime organisé qui n'a aucun problème à rallier les paysans à sa cause. Résultat, si cinquante et un mille hectares de plants de coca ont été détruits durant le premier semestre

---

1. *Le Monde diplomatique*, janvier 2001.

2001, il en reste encore cent soixante mille, dont près des deux tiers n'existaient pas avant les fameux épandages[1] !

Autres efficaces et inattendus alliés des narcotrafiquants, les dix-sept mille guérilleros des FARC, les fameuses Forces armées révolutionnaires de Colombie qui se présentent comme un mouvement voué à la défense des travailleurs et des paysans, comme un contre-pouvoir à la corruption et au centralisme de Bogotá. En réalité, les FARC sont devenues des acteurs importants du marché de la drogue[2]. Même si Manuel Marulanda, leur chef, a toujours refusé de l'admettre, certains de ses membres prélèvent des subsides qui dépassent le cadre de l'impôt révolutionnaire récupéré par les armes auprès des cultivateurs de coca. En tout cas, à en croire Luis Fernando Da Costa, extradé le 24 avril 2001 vers le Brésil. Da Costa, originaire de la favela Beira Mar, contrôlait 60 % du marché national de la drogue[3]. Ses aveux et ses carnets de notes retrouvés lors de son arrestation ont permis d'établir que pour l'année 2000, il s'était fourni en cocaïne

------

1. C'est une des conséquences inattendues du Plan Colombie. Dès qu'une zone devient impropre à la culture, on assiste à des déplacements importants de populations, celles-ci s'enfonçant en la défrichant dans la jungle en y créant un nouveau problème écologique. Autre effet, au Pérou, qui suite à la chute du cartel de Cali avait vu sa production baisser, la situation est en train de s'inverser : « L'annonce des fumigations et du Plan Colombie y a stimulé à nouveau la production. [...] Le prix de la coca est remonté et d'ici trois ou quatre ans, le Pérou redeviendra sans doute un important producteur de la région. » In *Le Monde diplomatique, op. cit.*

2. Comme ils le sont sur le marché très lucratif de l'enlèvement d'expatriés contre rançon.

3. Grâce à l'utilisation de la violence mais plus encore à un important réseau de corruption au sein de la classe politique brésilienne. Au moment de son arrestation, Josias Quintal, le secrétaire à la Sécurité de Rio, déclarait : « Fernando m'a cité le nom de politiciens, y compris de nombreux députés fédéraux, de chefs d'entreprises et de policiers qui seraient impliqués dans le narcotrafic. »

non pas auprès des cartels mais directement chez les FARC. Pour des quantités importantes puisque le Brésilien a versé 10 millions de dollars mensuels aux guérilleros durant les dix-huit derniers mois. Les FARC contrôlent désormais une partie de la culture de la coca depuis le sud du pays. En 1998, elles ont obtenu du gouvernement l'attribution d'une zone démilitarisée. Rebaptisés « laboratoire de la paix », les 42 000 kilomètres carrés [1] abritent aujourd'hui de très nombreux plants de coca et ont fini de décrédibiliser un mouvement dans le reste de l'Amérique latine [2].

Et comme, décidément, rien n'est simple en Colombie, un troisième et dernier élément se greffe au trafic de drogue : les groupes paramilitaires. Rassemblés sous le terme générique d'Autodéfenses unies de Colombie, les AUC sont des escadrons armés, tolérés et supportés par Bogotá même s'il ne s'agit pas de forces armées officielles. Sous prétexte de chasse aux guérilleros des FARC, les paramilitaires exercent un véritable état de terreur. Les témoignages d'expéditions punitives, de viols collectifs et d'utilisation systématique de la torture sont innombrables.

Pour les Américains, les AUC sont un mal nécessaire qui, officiellement, ne les regarde pas. Pourtant, il ne fait guère de doute que les groupes paramilitaires bénéficient de l'effort de guerre américain. Armes, véhicules, hélicoptères, il

---

1. L'équivalent de la Suisse.
2. « En finançant leur lutte par des ressources moralement inacceptables, les FARC ont vendu leur âme au diable », considère Ricardo Garcia, politologue. « Marxistes dogmatiques, les guérilleros ne peuvent intégrer leur pratique à leur discours – en présentant par exemple le trafic de drogue comme un instrument de la lutte contre l'impérialisme américain. Faute de pouvoir exploiter politiquement leur puissance militaire mal acquise, les FARC se retrouvent aujourd'hui dans une impasse. » In *Le Monde*, 25 avril 2001.

semble même que certains instructeurs de la CIA aient participé à la phase de formation de certains membres des AUC [1].

De plus il est désormais attesté que certains dirigeants de groupes paramilitaires organisent la revente de la cocaïne dans un but d'enrichissement personnel. Le rapport 1998 de l'Observatoire géopolitique des drogues désigne ainsi Carlos Castano, le leader des AUC, comme un important trafiquant. Des informations confirmées par des rapports secrets de la DEA que le *Miami Herald* a publiés en septembre 2000. De son côté, *Le Monde diplomatique*, en janvier 2001, évoque « le cartel du Sud, organisation "narco", dirigée par... des militaires colombiens ».

Autre fait intéressant, l'intérêt commun de tous ces acteurs pour deux régions de Colombie : le Caqueta et le Putamayo. Deux régions où la présence combinée de la guérilla, des paramilitaires, des troupes officielles, des cartels, de la DEA, de la CIA, des représentants de certaines multinationales américaines et des avions d'épandage pourrait avoir une autre motivation que la seule guerre contre la drogue. Partageant ses frontières avec l'Équateur, Caqueta et Putamayo sont en effet deux immenses réserves de pétrole. Or il semble que de l'or blanc à l'or noir, il y a un pas que beaucoup sont prêts à franchir [2].

L'arrivée de George W. Bush à la Maison-Blanche, l'imposant soutien financier des compagnies pétrolières américaines en général, texanes en particulier, à sa campagne, la crise énergétique traversant l'Amérique constituent autant de données à garder en mémoire lorsqu'il s'agira de comprendre l'évolu-

---

1. En avril 1997, un rapport de l'organisation Human Rights Watch avance, documents à l'appui, que les groupes paramilitaires bénéficient d'aide militaire américaine.

2. Il faut noter que l'avancée des troupes paramilitaires, avec son cortège de violences, a vidé ces régions de près de mille paysans. Les terres abandonnées ont été transformées depuis en zones de recherche d'hydrocarbures.

tion du Plan Colombie dans les années à venir [1]. Toujours est-il qu'en avril 2001, à l'occasion du sommet des Amériques à Québec, le Président Bush a, devant un parterre de trente-trois chefs d'État, assuré que l'effort américain continuerait en Colombie et dans ses pays limitrophes. Le pétrole colombien, la solidification de la présence nord-américaine en Amérique latine, la lutte contre les guérillas communistes sont donc sans doute quelques-uns des motifs qui alimentent la guerre anti-drogue de Washington. Mais peut-être deux chiffres suffisent-ils pour comprendre la motivation du locataire de la Maison-Blanche : quatre cent trente-cinq tonnes de cocaïne sont exportées par la Colombie aux États-Unis en 2000 tuant cinquante mille citoyens !

*
* *

Le samedi 8 septembre 2001, un avion de la DEA atterrit à Miami. À son bord, Fabio Ochoa. Un mois plus tôt, le Président Pastrana signait secrètement son autorisation d'extradition, paraphe qui dut avoir un goût particulier pour le chef de l'État colombien, lui qui, en 1988 alors qu'il briguait la mairie de Bogotá, avait été enlevé par le cartel de Medellín. Parce que, face à Escobar et à Ochoa à qui il avait expliqué être plus utile à la cause colombienne vivant que mort, les parrains l'avaient relâché.

L'arrivée d'Ochoa sur le territoire américain constitue un événement. Notamment par le message transmis ainsi aux

1. Première conséquence visible de l'ère Bush, la décision de classer les escadrons paramilitaires AUC sur la liste du Département d'État des trente et une organisations terroristes mondiales. Une décision annoncée le 10 septembre par Colin Powel. Une nouvelle passée complètement inaperçue, puisque le lendemain les États-Unis étaient frappés par la plus grande opération terroriste de l'histoire.

autres parrains d'Amérique latine : désormais Bogotá livrera ses criminels aux États-Unis où ils devront affronter des peines de prison à perpétuité. Si en 1989 Escobar avait été confronté à une menace similaire et avait choisi le terrorisme, en 2001, preuve que les temps changent, Ochoa préfère se tourner vers Internet où il lance une campagne nationale en sa faveur[1].

La Colombie, aujourd'hui, est la première victime de la mondialisation des mafias. Comme l'écrit Mike Gray[2], le prix de l'immobilier de certains quartiers de Bogotá est en effet plus élevé qu'à Tokyo, ville pourtant considérée comme la plus chère du monde. Près d'un tiers des terres fertiles de la Colombie appartiennent aux trafiquants qui, peu à peu, les transforment en zoos privés, en terrains d'équitation ou en parcs d'attractions pour leurs enfants. La multiplication des plantations de cocaïers a coûté sept cent mille hectares de terres agricoles. Avant Escobar, la Colombie vendait de la nourriture, désormais elle est obligée d'en importer. Auto-suffisante en riz il y a encore sept ans, elle en absorbe aujourd'hui quatre cent vingt mille tonnes par an. Le prix de revente du café sur les marchés internationaux a perdu un quart de sa valeur durant la dernière décennie, poussant encore un peu plus les paysans, et une partie des 20 % des chômeurs colombiens, dans les griffes des trafiquants. Un choix corné-lien parfaitement résumé par les propos d'un presbytérien de Sucre, un village d'une région concernée par les épandages d'herbicide : « Je suis opposé aux cultures illicites. Nous sommes tous des fils de Dieu et elles affectent d'autres pays. Mais si personne ne doit pécher, personne non plus ne doit

---

1. Le www.fabioochoa.com. Au jour de son arrestation, le site avait reçu soixante et un mille visiteurs depuis sa création en janvier 2000. Le site Internet était également accompagné d'une campagne d'affichage à Bogotá et à Medellín où Ochoa affirmait sa non-culpabilité.
2. *Idem.*

mourir de faim. Nous sommes entre le mur et l'épée. Ces autres pays sont prêts à nous tuer plutôt que de chercher des solutions aux problèmes des paysans. [1] »

★

★ ★

Loin de ces considérations, le crime organisé prospère et étend encore un peu plus son emprise. Les cartels de Medellín et de Cali n'existent plus, c'est vrai, mais une nouvelle forme de criminalité plus sophistiquée, plus rapide, plus perverse et donc plus dangereuse, les a remplacés.

Le 7 décembre 1993, le vénérable *New York Times* effectuait d'ailleurs une comparaison prophétique et effrayante : « Pablo Escobar s'identifiait à Al Capone et est mort de manière violente. Les frères Ochoa préfèrent, eux, le vieux Joe Kennedy, qui fit fortune dans le whisky de contrebande et démarra ainsi la dynastie. Et, comme Joe Kennedy, les parrains de Colombie ont décidé d'envoyer leur descendance à Harvard et à Standford pour les préparer à assumer la direction du siècle qui arrive ».

Huit ans plus tard, produisant 80 % de la drogue consommée aux États-Unis [2], installés dans le XXIe siècle, les Colombiens et leur cocaïne sont devenus des acteurs incontournables de la mondialisation du crime organisé.

---

1. In *Le Monde diplomatique*, *op. cit.*
2. En 2001, la Colombie est le premier transformateur de cocaïne. Il est également le premier producteur de marijuana avec plus de soixante-dix mille hectares de plantations. Et avec la même voracité, le pays s'est attelé depuis quelques années à la fabrication d'héroïne. Aujourd'hui, le chiffre d'affaires de la drogue colombienne représente au moins 10 % du produit national brut du pays et 56 % de son PIB

CHAPITRE 10

« Après le communisme, la mafiocracie est le deuxième système social que la Russie ait offert à l'humanité au cours de ce siècle. »

Alexandre KONANYKHINE

Le blanchiment de l'argent sale est né à New York en plein milieu de la prohibition. Les gangs impliqués dans le trafic d'alcool, comme celui de Lucky Luciano ou de Meyer Lansky, se retrouvèrent rapidement confrontés à des quantités d'espèces dépassant leurs besoins quotidiens. Un soudain afflux de richesse qui poussa les futurs parrains de la Cosa nostra à investir dans des entreprises légitimes pouvant générer un niveau de liquidités suffisant au recyclage. Trouvaille : utiliser les blanchisseries de Brooklyn[1]. En fin de journée donc, les revenus de la contrebande étaient ajoutés aux recettes du commerce et devenaient, *ipso facto*, parfaitement légaux[2].

---

1. D'où l'expression américaine de « money laundering », littéralement « lavage d'argent ».

2. C'est exactement pour les mêmes motifs que le milieu français prit le contrôle d'un nombre important de pressings durant les années phares de la French Connection.

En 2001, les habitudes ont évidemment évolué et le crime organisé n'utilise presque plus la vieille technique des blanchisseries[1]. Aujourd'hui, l'argent de la drogue, de la prostitution, du trafic d'armes, du trafic d'hommes et du terrorisme passe de paradis fiscaux aux noms exotiques à de discrets comptes numérotés ouverts au cœur de l'Europe[2]. Qu'il soit sous forme électronique, de virement SWIFT ou possible grâce au « clearing[3] », le blanchiment, comme l'affaire de la Pizza Connection l'a révélé, s'effectue grâce à la collaboration – intentionnelle ou non – d'institutions financières. Et si les blanchisseries de Brooklyn ont disparu, New York reste le centre mondial de l'économie. Et donc du blanchiment.

★

★ ★

Durant l'été 1998, les agents du British National Criminal Intelligence Service[4] enquêtent sur les retombées d'un

1. Selon Transparency International, et même si les moyens de blanchiment ont considérablement évolué, le crime organisé, afin de blanchir le « street money » continue à garder une préférence pour les activités où les paiements en liquide sont nombreux tels la restauration rapide, les bars, les salons de coiffure, les dépositaires de tabac et les buralistes.

2. Et plus particulièrement la Suisse, le Luxembourg, le Liechtenstein, Monaco et les îles de Jersey et de Guernesey au Royaume-Uni.

3. À l'heure de la « fax money », l'argent virtuel, les sociétés de clearing sont les lieux d'enregistrement et de garantie de l'ensemble de ces transactions. À ce sujet lire l'ouvrage de Denis Robert et Ernest Backes, *Révélation$*, paru aux éditions Les Arènes, 2001.

4. Depuis 1995, confronté à une vague de délinquance financière, notamment russe, les services britanniques se sont dotés d'une unité d'enquête spécialisée dans la haute finance internationale. Si les agents du BNCIS et ceux de la Financial Investigation Unit traitent

scandale financier : l'affaire d'YBM Magnex, une entreprise fabriquant des aimants industriels, destinés au marché de l'électronique. Ces aimants se retrouvent en effet aussi bien dans les lecteurs de disques, les caisses de son, les filtres à huile, les écrans de télévision où les vitres électriques des automobiles. Un marché dont la croissance annuelle est supérieure à 20 %.

Si le siège social d'YBM Magnex se trouve aux États-Unis, dans la région de Philadelphie, son usine, elle, est installée en Hongrie. En somme, des infrastructures sérieuses visitées par les gestionnaires de fonds américains et canadiens, lesquels recommandèrent dès lors l'achat d'actions YBM Magnex au moment de son introduction à la Bourse de Toronto. Le succès fut fulgurant. Introduite à 3 dollars quelques mois plus tôt, durant l'été 1997 l'action atteignit 10 puis 20 dollars, offrant à la société une capitalisation supérieure à un milliard de dollars. Devenue une valeur sûre du TSE 300[1], YBM Magnex afficha ensuite des résultats exceptionnels, ses profits passant de 2,5 millions de dollars à 26 millions et ses ventes de 17,7 à 138 millions en à peine quatre ans. Une formidable réussite financière qui suscita l'intérêt des autorités. En 1995, le BNCIS avait, il est vrai, déjà enquêté sur YBM Magnex et sa structure de sociétés basées aux Caraïbes. Et quand les Anglais avaient appris que l'entreprise envisageait la vente de ses titres à la Bourse de Toronto, ils avaient immédiatement prévenu leurs homologues canadiens de la possible implication de la mafia russe dans l'opération. La place boursière avait momentanément suspendu le titre

---

une vingtaine d'affaires par an, il s'agit pour la plupart de ces experts d'un combat perdu d'avance. Tant que le Royaume-Uni ne se dotera pas d'une loi contre le blanchiment de l'argent sale et ne supprimera pas ses nombreux avantages fiscaux, Londres restera un centre d'attraction pour le crime organisé.

1. Liste des trois cents valeurs étalons du Toronto Stock Exchange.

en 1995, avant de lui renouveler sa confiance. Tout semblait donc en ordre quand, en mai 1997, la société Deloitte et Touche refusa d'apporter sa signature aux bilans financiers d'YBM Magnex. Or en l'absence de cette caution, Toronto fut contraint de suspendre le titre. La veille de cette décision, il ne cotait « plus » que 14 dollars, d'importants détenteurs de stocks, au sein même de la direction d'YBM Magnex, s'étant promptement délestés de leurs titres. Mais pourquoi le grand cabinet d'audit avait-il pu en arriver à cette extrémité ?

La suspicion des auditeurs de Deloitte et Touche naquit d'abord à cause de la structure d'YBM Magnex et de son union avec Pratecs, une « coquille vide » suspectée par les Anglais d'avoir parfois servi d'étape sur la route du blanchiment de l'argent de la mafia russe. Autre curiosité, le fait qu'YBM Magnex, bien qu'implantée aux États-Unis, soit absente de ce marché, la société, via son usine hongroise, semblant ne vendre qu'en Russie et en Urkraine. Dès lors, comment expliquer les énormes volumes de ventes affichés et ayant attiré les investisseurs institutionnels et les fonds communs ? Ne s'agissait-il que d'une illusion ? En tout cas, quand les enquêteurs souhaitent vérifier les affirmations et les livres de comptes d'YBM Magnex, ils constatent que cela est impossible. Et découvrent en plus que la société d'aimants ne vend pas vraiment en Russie mais y pratique plutôt le troc ! Autant d'anomalies qui mettent la puce à l'oreille des experts. Le 13 mai 1997, soixante officiers de la Force d'intervention contre le crime organisé perquisitionnent le siège social d'YBM Magnex à Philadelphie. Moins d'une demi-heure après le début de l'opération, la Bourse de Toronto suspend le titre et comprend que les 635 millions de dollars représentant alors la valeur affichée d'YBM Magnex sont du vent et ne correspondent à rien. Or YBM Magnex s'avère, pour les limiers, le premier maillon d'une enquête en chaîne qui mettrait à jour l'existence d'une méthode destinée à blanchir de l'argent ayant rapporté plus d'un demi-milliard de dollars à ses responsables.

Juillet 1998. Les Anglais tentent de comprendre l'étendue de l'affaire YBM Magnex lorsque, dans la multitude de compagnies créées autour de la société, ils découvrent l'existence de la Benex Worldwide Ltd. Enregistrée dans le Queens, la Benex ressemble à ce que les spécialistes appellent une coquille vide, une société sans activité servant d'étape de transition dans le blanchiment d'argent[1]. Or Benex, sur les six derniers mois, a effectué plus de dix mille transactions pour un montant de 4,2 milliards de dollars ! Immédiatement les Britanniques informent les Américains. Première constatation des enquêteurs, les fonds, qui atteignent désormais les 10 milliards de dollars, terminent tous sur les comptes que la Benex Worldwide détient à la vénérable Bank of New York, seizième banque mondiale qui joue un rôle actif sur les places boursières. Quant à l'un des responsables de la société, c'est un Russe, actionnaire d'YBM Magnex marié à une femme dont les enquêteurs avaient trouvé la trace durant leur première enquête, ayant noté qu'une partie de l'argent

---

1. Cette étape connue sous le nom de « kenedysation » est largement utilisée. Elle consiste pour le crime organisé à blanchir son argent en plusieurs étapes. Par exemple, un parrain à Moscou dispose d'un million de dollars en liquide. Utilisant le compte bancaire d'une des sociétés qu'il contrôle, il envoie cette somme à une société B installée sur l'île de Jersey en Grande-Bretagne. Elle-même fait suivre la somme à une société C installée aux États-Unis qui vire l'argent sur le compte d'une société D à New York. À ce niveau d'échange, il ne s'agit plus d'argent russe ni de fonds provenant de l'étranger mais d'une transaction entre deux entreprises américaines, donc d'argent propre. Une fois sur le compte D, une partie des fonds est investie dans l'immobilier par exemple et une autre part expédiée en Suisse ou aux îles Caïmans sur les comptes du parrain.

détourné avait transité par une agence de la Bank of New York dans les îles Caïmans après avoir séjourné sur les comptes de la branche londonienne de la banque américaine. Une filiale anglaise dont l'une des directrices n'était autre que ladite épouse.

Remontant la filière Benex-Bank of New York, les enquêteurs découvrent le nom d'un banquier d'origine israélienne, Bruce Rappaport, un homme de soixante-seize ans que le Département de la Justice américain considère comme le maître d'Antigua, une île des Caraïbes, où l'on trouve seize banques par habitant. Là-bas, son pouvoir est tel qu'en 1993 l'île le nomme ambassadeur en Russie. Comme au lendemain de la perestroïka, le système bancaire russe est à inventer, « l'Ambassadeur » est à son aise dans ce pays, lui qui, par ailleurs, a fondé une banque suisse baptisée l'Inter Maritime. Rappaport devient alors le premier financier étranger à obtenir l'autorisation de s'installer à Moscou, réussite intéressant vivement l'action de référence d'Inter Maritime, un actionnaire, qui depuis 1992, n'est autre que la Bank of New York. C'est ainsi que la banque américaine, sur intervention de Rappaport, se serait installée à son tour dans la capitale russe. Le rapport avec les milliards de la Benex ? Le fait que la Benex Wordwilde est cliente de Rappaport. Moscou, Londres, Antigua, New York, Genève... Chaque nouvelle porte ouverte par les inspecteurs offre une multitude de directions avec comme point commun certains membres de la Bank of New York.

Six mois ont passé depuis la mise sous surveillance du responsable de Benex. De 4,2 milliards, les fonds blanchis sont désormais estimés à plus de 15. Une somme colossale qui représente près de 10 % du produit intérieur brut russe, et 45 % du budget du gouvernement fédéral de Russie ! Mais plus troublant encore, les enquêteurs sont désormais persuadés qu'une large partie de cet argent provient des aides versées par le FMI pour aider l'économie russe [1].

Ce qui n'était qu'une intuition au départ prend des allures de scandale international lorsque le chemin des investigateurs croise celui d'une autre responsable de la Bank of New York, Natacha Gourfinkel Kagalovski, une Russe émigrée aux États-Unis depuis 1979, ancienne diplômée de Princeton devenue l'une des vice-présidentes de la banque américaine directement à son siège de Wall Street. Recrutée en 1986 pour sa connaissance du marché russe, elle gère, entre autres comptes, celui de la Benex.

Quant à son époux, Konstantin Kagalovski, il n'est pas inconnu. En 1994, il faisait partie des fondateurs de l'European Union Bank, une banque électronique, « domiciliée » à Antigua, ayant disparu du jour au lendemain, donnant tout son sens virtuel au mot électronique. Il fut également l'un des directeurs de la Menatep, une des plus grandes banques russes et, incidemment suspectée d'être par les enquêteurs le point de départ de l'argent blanchi sur les comptes de la Bank of New York... gérés par son épouse [2]. Mais au-delà de la Menatep et de ses relations avec la Bank of New York, il faut retenir un fait : entre 1992 et 1995, Konstantin Kagalovski représentait la Russie au... Fond monétaire international.

---

1. Une information publiée pour la première fois durant l'été 1999 dans la remarquable série d'articles de Timothy L. O'Brien journaliste d'investigation du *New York Times*.

2. Kagalovski est aussi le vice-président du conglomérat pétrolier Lukos. L'acquisition à bon marché d'une entreprise profitable comme Lukos par la Menatep a été possible grâce au programme de prêts aux actionnaires créés par les « cerveaux » de la perestroïka. En échange d'un crédit au gouvernement russe, la banque reçoit des parts dans une entreprise. Ce genre de pratique est une finalité pour la mafia russe. Certaines banques moscovites ressemblent aujourd'hui quasiment à des coquilles vides facilitant le blanchiment de l'argent et permettant d'acquérir des parts majoritaires dans les entreprises

Et soudain, l'affaire prend un tour politique. Car Kagalovski est un proche de Evgueni Primakov et de Victor Tchernomyrdine, mais aussi d'Anatoli Tchoubaïs et de Yegor Gaïdar, deux des pères de la réforme russe eux aussi habitués du Kremlin. Plus quelques autres puisqu'on dit qu'il connaît un ancien ministre des Finances, un ex-Premier ministre adjoint et même Tanya Diatchencko, fille et conseillère personnelle de Boris Eltsine ! Aujourd'hui, les différents inculpés de cette affaire, dont certains ont même collaboré avec les enquêteurs, sont en attente de leur jugement[1]. Finance internationale, fonds mal employés, membres du pouvoir russe, il ne manque plus qu'un élément pour transformer ce dossier en cas d'école[2]. Et cet élément, liant peut-être le crime organisé russe à l'affaire, c'est Semion Mogilevich.

Le journaliste new-yorkais Robert L. Friedman est peut-être le premier à avoir écrit sur Mogilevich. Et c'est sans doute pour cela que, d'après le FBI, le crime organisé russe aurait offert 100 000 dollars pour sa vie. Dans son livre *Red*

---

d'hydrocarbures et de gaz russe qui, elles, sont la véritable richesse du pays.

1. La Bank of New York estime avoir été victime des actes de certains de ses employés, qu'elle a depuis licenciés.

2. L'édition du très sérieux *Wall Street Journal* du 24 août 1999 révèle que les enquêteurs suspectent des banques suisses et luxembourgeoises d'avoir participé à la fuite de capitaux russe vers les États-Unis. Une note datant de 1995 et écrite par Natacha Gourfinkel Kagalovski à Thomas Reyni, président-directeur général de la Bank of New York est particulièrement révélatrice : « Inkombank est notre principal générateur de revenus et représente maintenant la principale banque de compensation en Russie pour les transactions dans ce pays ». Ce qui signifie que les multiples transactions entre Inkobank et la Bank of New York généraient un revenu important pour l'établissement financier américain. Suffisamment important pour fermer les yeux sur l'origine des massifs mouvements de fonds.

Mafiya[1] consacré à l'invasion des États-Unis par le crime organisé russe, il avance en effet : « Mogilevich est le représentant d'une nouvelle variété sans peur de gangster russe, le prototype du parrain du nouveau millénaire. Il a créé un réseau global de communication utilisant des téléphones satellitaires codés, des téléphones portables intraçables, des fax cryptés, le système du courrier électronique, et des super-ordinateurs, tout cela étant géré par des ingénieurs hautement qualifiés et diplômés qu'il emploie. (...) Il a mis sur pied une profusion de compagnies légales et illégales lui ayant permis de pénétrer le système international bancaire et les marchés boursiers[2], où il a installé certains de ses lieutenants. Mogilevich est protégé par un réseau relationnel composé de responsables et haut gradés des services de sécurité du monde entier, de l'élite des financiers et d'hommes politiques. (...) Il a construit autour de lui une organisation hautement structurée, sur le modèle "classique" de la mafia américaine où des liens de sang unissent les personnages clés. »

Semion Mogilevich est un Ukrainien de confession juive né à Kiev en 1946 d'une mère médecin et d'un père qui dirige une importante imprimerie. Son entrée dans l'univers du banditisme au début des années soixante-dix résulterait du métier de son père puisque, selon les services de renseignement occidentaux grâce à l'accès aux rotatives et aux talents de certains des employés de l'imprimerie, il se serait mis à fabriquer de la fausse monnaie, trafic selon toute vrai-

---

1. *Red Mafiya, How Russian Mob had invaded America*, Robert L. Friedman, Little, Brown & Company, 2000.

2. Friedman reprend ici la terrible conclusion pour le système bancaire international d'un rapport de près de trois cents pages établi par le FBI en 1999 sur l'implantation du crime organisé aux États-Unis : « Avec l'infiltration du système bancaire russe, le crime organisé a un accès aisé à la communauté bancaire internationale. Et de fait, l'opportunité de blanchir les profits illégaux quand et où il le désire. »

semblance effectué au bénéfice du Lyuberstaka, un groupe de truands sévissant à Kiev et dans la banlieue de Moscou. Mogilevich serait alors condamné à quatre mois de prison, mais, peu de temps après sa sortie, se serait vu à nouveau interpellé pour le même motif.

Au début des années quatre-vingt, il aurait profité du départ de dizaines de milliers de Russes de confession juive vers Israël pour proposer aux candidats à l'émigration de gérer la vente de leurs biens et de leur faire parvenir ensuite, en dollars, le fruit de ces opérations. Mais il semble que jamais aucune des familles exilées n'ait reçu quoi que ce soit. En 1990, alors que les rues de Moscou deviennent le théâtre de luttes violentes entre gangs souhaitant prendre le contrôle de la capitale, Mogilevich quitte la Russie et devient citoyen israélien. Les autorités de Tel-Aviv offrant généreusement à tout juif n'étant pas une menace pour la société la garantie d'obtenir la nationalité israélienne, les truands russes en usent et en abusent. De multiples gangsters ont choisi Tel-Aviv et New York, s'installant à Brighton Beach, rebaptisée la petite Odessa, aujourd'hui première communauté russe mondiale en dehors du territoire national, tous n'étant évidemment pas juifs, certains recourant à de faux papiers. De leur côté, les autorités russes ont vu dans cette loi du retour l'occasion de vider les goulags de ses droits communs et autres malades mentaux violents. Ainsi, aux États-Unis, les estimations les plus modérées avancent l'entrée sur leur territoire de deux mille truands sur une période de deux ans[1].

Autre avantage de la générosité israélienne, l'attribution

---

1. Raymon Kerr, l'ancien directeur de la cellule russe du bureau du FBI à New York, explique : « Comme Fidel Castro, Leonid Brejnev en a profité pour ouvrir les prisons et laisser partir les criminels, juifs ou non ».

aux truands russes d'un passeport beaucoup plus discret que ceux établis à Moscou, surtout lorsqu'il s'agit de franchir fréquemment la frontière des États-Unis[1].

Comme, en plus, Israël n'expatrie pas ses citoyens, rapidement les environs de Tel-Aviv attirent de nombreux malfrats. Selon la CIA, Semion Mogilevich y « développe un réseau signifiant et influent dans le monde politique et des affaires[2] » israélien. Mais ce n'est pas tout, d'après un rapport de synthèse de la police nationale israélienne d'août 1996, « il ouvre à partir de 1991 un nombre important de comptes bancaires en Israël et prend part à de multiples réunions avec d'autres criminels connus de (nos) services ». Une activité incitant les autorités du pays à le placer sous surveillance durant cette période. Une méfiance des forces de police qui, vraisemblablement, le pousse à s'installer à Budapest en 1992[3].

---

1. Un rapport du FBI de 1995, établi sous le titre Visa/Passport fraud stipule que « l'utilisation de fausses preuves d'identité est une tactique courante des organisations criminelles eurasiennes afin de faciliter les voyages et la résidence. Plusieurs des lieutenants de Semion Mogilevich et Mogilevich lui-même ont la citoyenneté israélienne et les passeports correspondants. La source fournissant les passeports israéliens est Shabtai Kalmanovitch. Kalmanovitch a fourni des passeports israéliens en très peu de temps aux membres de l'organisation (...) Mogilevich. Une telle facilité à obtenir des pièces d'identité (...) amène à croire que Kalmanovitch a des connections avec certains officiels du gouvernement israélien ». Plus loin, le FBI estime que grâce à ce réseau de faux papiers : « Oleg Berkovitch, un résident de Los Angeles, fait "commerce" de "contrats" et grâce à des visas touristiques introduit des tueurs russes sur le sol américain ». In FBI Report, Semion Mogilevich Organization, May 1995.

2. Informations provenant d'un rapport de la CIA cité dans *Red Mafiya, op. cit.*

3. Dans une interview au *National Post*, il justifie son départ dans les termes suivants : « Il y a trop de juifs en Israël. Trop de discussions. Tout le monde parle tout le temps et bien trop fort ».

Là, « Semion Mogilevich gère un très important réseau de prostitution (...) à Prague et à Budapest. Différentes agences étrangères ont prouvé que ce réseau est au centre de ses opérations en Europe. Mogilevich utilise des filles venant de Russie dans ses clubs, leur fournissant de faux emplois servant de couverture. Ses gardes du corps fournissent la protection nécessaire aux prostituées [1] ».

La prostitution, le blanchiment, les faux papiers, le marché noir [2] ne sont qu'une base. Mogilevich, à en croire de nombreux documents officiels, serait rapidement devenu l'un des acteurs du trafic de drogue international [3], se serait investi dans la contrebande d'or et de diamants et serait associé à des gangs russes pour piller les trésors artistiques et les vestiges religieux de l'Europe Centrale [4].

---

1. Ces éléments proviennent une nouvelle fois du rapport du FBI sur « l'Organisation Semion Mogilevich ». À noter à l'heure où la publicité, la mode, le cinéma et la littérature française usent et abusent de la tendance « porno-chic », que la grande majorité des filles venant de l'Est et que l'on trouve dans la production X actuelle sont les « otages » d'organisations de ce style.

2. Un rapport des services de renseignements britanniques établi en décembre 1994 affirme que le parrain contrôle le marché noir, de « Moscou à la République tchèque ».

3. À cet effet, il achète une compagnie aérienne en faillite dans l'ancienne République soviétique de Géorgie et transforme la flotte en longs courriers circulant entre l'Europe et le Triangle d'or. Autre information contenue dans le rapport du FBI de 1995, donnant une idée plus juste de la mondialisation du crime organisé : « Des relevés téléphoniques indiquent que lors d'une visite en février 1994, à Varsovie en Pologne, Semion Mogilevich a effectué deux appels à Vienne en Autriche en direction de numéros appartenant à des trafiquants de drogue fichés travaillant avec les Colombiens de Cali et de Medellín ».

4. La mafia Solntsevskaya travaillerait pour Semion Mogilevich et serait responsable de nombreux vols dans les églises orthodoxes russes, le musée Ermitage de Saint-Pétersbourg mais également de vols de Torahs en Europe Centrale et en Allemagne. Friedman, citant un rapport de la CIA, avance que Mogilevich se serait un jour porté

En 1995, confirmant le rapport du FBI établi quelques mois plus tôt, les services de renseignements du Canada mesurent à leur tour l'ampleur de la « réussite » du parrain : « Hautement structurée, l'Organisation Semion Mogilevich compte environ deux cent cinquante membres. Certains d'entre eux sont responsables de la supervision des diverses activités criminelles et régions géographiques. Bien qu'elle opère principalement depuis l'Europe centrale, elle tente actuellement de faire une percée aux États-Unis. Elle se serait également associée à une mafia italienne d'Europe (les Camarro) lors d'une rencontre tenue à Prague en 1993. L'élément central de l'Organisation Mogilevich semble être la société ARAGON LIMITED, une entreprise des îles Anglo-Normandes qui a des bureaux à Budapest, Moscou, Kiev, Tel-Aviv et Los Angeles »[1]. Six mois plus tard, deux ans avant le scandale de la Bank of New York, un rapport secret de la CIA cité par Friedman « sacre » Semion Mogilevich en le plaçant en tête de la catégorie des « plus dangereux criminels » de la planète !

À cinquante ans, le parrain russe réoriente ses activités vers un nouveau marché, celui de la fabrication d'armes. D'après les services de renseignements allemands, israéliens et américains, Mogilevich est un acteur majeur de ce type de business depuis 1991. Selon les mêmes sources, en deux ans, il aurait vendu pour près de 20 millions de dollars de matériel militaire provenant des bases de l'ancienne Armée Rouge et notamment un stock de missiles sol-air, un type d'armement

---

acquéreur d'une importante bijouterie de Budapest, une des seules au monde spécialisées dans la restauration d'œufs de Fabergé. Les pièces originales confiées par leurs propriétaires étaient volées et remplacées par des imitations fabriquées dans les ateliers de la bijouterie.

1. 1995 Annual Report on Eastern European Organized Crime, Criminal Intelligence Service-Canada.

convoité par certaines puissances du Moyen-Orient mais également par des groupes terroristes islamistes.

Mais en 1996, Semion Mogilevich acquiert une autre dimension en se portant acquéreur, coup sur coup, de trois compagnies hongroises de fabrication d'armements : Army Co-Op, société spécialisée dans la fabrication de mortiers et d'armes anti-avions ; Digep General Machine Works, achetée avec l'aide de la branche britannique d'une banque française, qui construit des mortiers mais également des munitions pour artillerie lourde ; et enfin Magnex 2000, qui va rapidement fusionner avec YBM, et dont les aimants sont utilisés dans certains équipements électroniques militaires comme le guidage de missiles. Si l'on ajoute que les contacts de Mogilevich avec les vestiges de l'armée soviétique peuvent faire de lui un candidat idéal au trafic d'uranium, on se demande donc pourquoi rien n'est entrepris contre le Russe.

La réponse réside peut-être dans les révélations faites par la ZDF allemande en avril 1998. Selon les journalistes de la chaîne de télévision, Mogilevich serait en effet en contact avec différentes agences de renseignements d'Europe de l'Ouest et fournirait des informations sur certains groupes mafieux russes ainsi que sur leur liens avec les activités terroristes de divers groupuscules comme l'UCK. Des informations étayées par le policier belge Pierre Delilez, considéré alors comme l'un des plus grands spécialistes de la présence mafieuse russe en Europe de l'Ouest[1]. Delilez affirme que le Russe aurait noué des liens avec les agences de renseignements belges, autrichiennes et allemandes et même pris langue avec les Français. Faut-il accorder crédit aux

---

1. Depuis l'an 2000, Delilez est au centre d'une controverse, ayant été accusé par un membre d'un service de renseignements belge concurrent d'être corrompu. Suspendu depuis un an, cette histoire qu'il dément n'est toujours pas tranchée.

affirmations de la ZDF et de Delilez ? Sans doute. Ne serait-ce que parce qu'elles rappellent ce que, par exemple, la CIA a fait durant des années, pactisant avec le diable pour mieux abattre un autre démon. Ne serait-ce aussi que parce que Semion Mogilevich cherche de plus en plus à installer ses activités en Europe de l'Ouest et plus spécifiquement en France, en Grande-Bretagne, en Espagne, en Suisse et en Belgique, quelques superbes villas achetées étant là pour l'attester. Londres attire pour ses places financières et ses paradis fiscaux, l'Espagne pour la Costa del Sol et son important pouvoir d'attraction touristique [1], Genève pour sa discrétion et Bruxelles pour son Parlement européen [2] !

★
★ ★

---

1. Ainsi ces dernières années, un nombre important de bars et restaurants de la côte espagnole ont été achetés par les Russes. On constate le même mouvement sur la côte Adriatique et plus généralement sur l'ensemble du bassin européen dont la Côte d'Azur. Un rapport des Renseignements généraux de 1998 établissait que « les investissements en France directement liés à la mafia sont d'un ordre de grandeur équivalent à la Suisse (...) Un montant évalué à 40 milliards de dollars ». Un chiffre à revoir singulièrement à la hausse pour 2001.

2. Il ne fait aucun doute que Mogilevich a tenté d'approcher certains parlementaires européens. Cas avéré, même s'il ne touche pas directement le Parlement, l'affaire Philippe Rozenberg de 1997 ; Rozenberg est un député régional du Front national belge, chef du groupe FN au conseil communal de Moletbeek. Le 18 juillet il a été inculpé après avoir négocié plus de 2 millions de francs belges en travellers chèques Citicorp chez un agent de change de Bruxelles et au Crédit suisse de Genève. D'après les enquêteurs, la somme devait faciliter l'acquisition de la nationalité belge à Semion Mogilevich.

Quoi qu'il en soit, le colossal travail d'enquête effectué par la CIA, le FBI, les douanes américaines et les services israéliens n'a pas servi à grand-chose[1] puisque, en utilisant Arigon Ltd, Semion Mogilevich a pu lancer sur le marché la valeur YBM Magnex.

Et aujourd'hui encore, bien que dépourvu de l'anonymat qu'il aimait trop, après avoir quitté Budapest[2], Mogilevich continue de gérer son business entre Tel-Aviv et Moscou.

★
★ ★

Au Kremlin, le dossier des millions disparus du FMI entraîne une forte onde de choc[3]. La Douma, où Boris Eltsine

---

1. À ce sujet, Friedman écrit : « Mogilevich se moque des autorités judiciaires depuis longtemps. Et ce bien qu'il ait été formellement identifié comme l'un des plus importants parrains de la mafia russe dès le milieu des années quatre-vingt-dix, (...) poussant le Département d'État à lui refuser tout visa d'entrée. Une mesure qui ne l'a jamais stoppé puisqu'il est continuellement entré sur le territoire américain utilisant des pseudonymes et des visas établis à Tel-Aviv. Par exemple, entre le 1er décembre et le 5 décembre 1997, Semion Mogilevich s'est rendu à Toronto, à Philadelphie, à Miami et est retourné à Philadelphie. Bien après que le scandale YBM eut fait les titres de la presse (...) il a visité Los Angeles à la fin de l'année 1998 (...) En janvier 2000, selon différents services européens et américains, Mogilevich était à Boston pour s'occuper de ses affaires. »
2. Selon le FBI, au moment où l'affaire éclate dans les médias américains, un proche de Semion Mogilevich dont le nom a été prononcé dans l'affaire YBM Magnex était entré en contact avec un diplomate américain en poste à Moscou pour obtenir l'aide de l'Américain afin d'acquérir une usine d'armement aux États-Unis.
3. D'autant plus qu'Eltsine et son entourage doivent faire face, comme évoqué plus loin, à la menace du « Kremlingate », une affaire de détournements de fonds et d'enrichissement illégal.

compte de moins en moins d'alliés, envisage l'hypothèse d'un renvoi du Président [1]. Dans un premier temps, le pouvoir nie purement et simplement, assimilant l'histoire à une conspiration de l'Ouest. L'autovictimisation du « tsar Boris » ne convainc toutefois pas l'opinion russe, mécontente de voir son niveau de vie se dégrader fortement. C'est aussi ce moment-là que la Douma choisit pour proposer à nouveau à la signature du Président la première loi russe antiblanchiment. Au début de l'année 1999, le Président y avait mis son veto, neuf mois plus tard, pris dans le tourbillon des affaires, il récidive. Ce n'est pas la prétendue commission d'enquête nommée sur les affaires qui sauvera Boris Eltsine de l'affront d'un départ forcé, mais l'utilisation contestée et contestable de la troupe en Tchétchénie, les combats prenant à la une des médias et dans les esprits russes le dessus sur les affaires de corruption.

★
★ ★

Politiques, truands, haute finance, voilà donc les ingrédients de la mafia russe, organisation dont James Moody, le sous-directeur adjoint du FBI, dit : « Les Russes sont en train de devenir le premier groupe mafieux des États-Unis et s'implantent partout. Ils sont plus nombreux et plus riches que les autres. Plus intelligents et plus cruels [2] aussi. Plus que les Colombiens de Medellín ».

---

1. Au même moment le Congrès américain se déchire sous fond « d'impeachment » contre Bill Clinton dans le cadre de l'affaire Monica Lewinsky.

2. À ce sujet, John Gotti, un des parrains new-yorkais de la Cosa nostra, déclare : « S'il le faut, nous, nous vous tuerons. Mais pas les Russes. Eux, ils sont fous. Ils tueront toute votre famille ». Gotti a été une des premières personnalités de la mafia américaine à travailler

★

★ ★

Le parcours d'un autre Russe, Vyacheslav « Yaponchik »
Ivankov, mérite lui aussi d'être conté. Selon sa biographie
officielle Ivankov est un riche homme d'affaires possédant
25 % d'Arbat International, une compagnie spécialisée
dans l'import-export de pétrole. C'est, également, un réalisateur célèbre en Russie, statut qui lui a permis d'obtenir
un visa auprès des services d'immigration américains de
l'ambassade des États-Unis à Moscou. Or Ivankov n'a en
fait jamais tourné un seul film et les seules caméras auxquelles il a été confronté furent celles des télévisions américaines lors de son arrestation. Des yeux indiscrets qu'il
chassa à coups de pied. Quant au pétrole, il n'en connaît
que l'essentiel : le fait qu'il rapporte beaucoup d'argent.
Surtout lorsque la société est installée sur une des îles
laxistes des côtes britanniques et que votre partenaire n'est
autre que Semion Mogilevich.

Alors qui est vraiment Vyacheslav « Yaponchik » Ivankov ? La réponse la plus directe a été apportée par les services de renseignements canadiens : « Vyacheslav Ivankov,
alias Yaponchik, le caïd du crime organisé de souche russe
actuellement incarcéré aux États-Unis. Ivankov s'est établi
à New York au début des années 1990 à titre de coordon-
nateur du crime organisé de souche russe aux États-
Unis ».

Les renseignements biographiques sur Vyacheslav Ivankov se révèlent en fait peu nombreux[1]. Il serait né au

---

avec les Russes à New York et dans le New Jersey dans une affaire
d'arnaque à la taxe sur l'essence.

1. Ils proviennent généralement du rapport du FBI intitulé « The
Ivankov aka "Yaponchick" Organization, December 1994 ».

début des années quarante en Géorgie et aurait passé son adolescence dans la banlieue de Moscou. Selon « Yaponchik[1] » lui-même, il a été élevé dans le rejet du communisme de Staline et la nostalgie de la Russie souveraine. Son adolescence n'est pas celle d'un futur truand, passant de gang en gang, mais celle d'un sportif qui pratique la lutte. Mais, pour des raisons obscures, il se retrouve en prison alors qu'il n'a pas vingt-cinq ans[2].

Les contacts formés derrière les barreaux le propulsent dès sa sortie dans le monde des truands moscovites. Actif sur les marchés noirs de la ville, il forme son propre gang en 1980, le Solntsevskaya, organisation criminelle d'un nouveau genre qui préfère « la ruse au muscle[3] ». Vêtus d'uniformes de police, Ivankov et ses hommes effectuent des descentes dans les riches quartiers de la capitale où, sous prétexte de perquisitions, ils dérobent bijoux et argent. Mais en 1982, vraisemblablement dénoncé par un gang concurrent, Yaponchik est arrêté, inculpé de vol, de possession d'armes et de trafic d'héroïne. Sentence : quatorze ans de goulag en Sibérie. C'est paradoxalement durant ses dix années de camp qu'Ivankov conquiert son pouvoir au sommet de la « truanderie » russe. Non seulement, il continue à gérer son réseau mais, avec quelques compagnons, prend le contrôle de la prison puisque les gardiens confient à son groupe la gestion de la vie carcé-

---

1. Un surnom signifiant en russe « petit Japonais ». Apparemment, le surnom évoquait ses traits asiatiques même si cela n'est pas frappant sur les photographies récentes.

2. En 1998, lors d'une interview depuis sa prison américaine, il racontera au journaliste d'une chaîne de télévision russe avoir été incarcéré pour la première fois après s'être « battu pour l'honneur d'une femme ». Le problème avec les informations d'Ivankov est qu'elles sont invérifiables, puisque son dossier a « mystérieusement » disparu des archives russes.

3. The Ivankov aka « Yaponchick » Organization, December 1994.

rale. C'est à cette période aussi qu'il s'assure le soutien de Youri Chourbanov, le gendre de Leonid Brejnev, impliqué dans plusieurs scandales comme celui du coton ouzbeck, affaires mêlant criminalité et corruption politique. Les services russes estiment que c'est grâce à cette amitié, à son réseau au cœur du pouvoir moscovite mais également à « l'achat » d'un juge de la cour suprême qu'Ivankov se voit libéré au début 1992.

Une année clé pour le crime organisé russe. Les changements politiques et l'effondrement de l'empire soviétique sont à l'origine de nombreuses réunions des différents responsables de la mafia. Durant l'une d'elles, les parrains locaux décidèrent d'envoyer « un missionnaire » aux États-Unis. Ce sera Ivankov.

Pourquoi ? Mystère. Certains experts du FBI pensent toutefois qu'il a été choisi à cause de sa réputation de cruauté, bien connue et même appréciée par les truands russes déjà aux USA. Quoi qu'il en soit, son visa en poche, Ivankov atterrit à l'aéroport John F. Kennedy le 8 mars 1992. En deux mois, il parvient à s'imposer. D'abord, en achetant pour 30 000 dollars un statut de résident permanent sur le sol américain via un mariage blanc. Puis en investissant près d'un million et demi de dollars dans la création de « deux unités de combat » destinées à prendre le contrôle de Brighton Beach d'abord, de Miami, de Houston, de Los Angeles et de Denver ensuite. Les recrues de Yaponchik se révélant être d'anciens soldats des Forces spéciales soviétiques ayant combattu en Afghanistan tandis que la troupe est dirigée par un ex-officier du KGB, basé aux États-Unis depuis de nombreuses années. Une fois prêt, Ivankov lâche ses sbires dans Little Odessa avec la consigne d'en prendre le contrôle. L'offensive est courte mais sanglante. Le FBI et le NYPD se retrouvent face à une vague d'explosions, de meurtres, de fusillades en plein jour dont ils ne comprennent pas le pourquoi du comment. La communauté russe de New York, terrorisée, ne parle pas. En deux mois donc, Ivankov devient le patron du trafic de drogue, du commerce des faux papiers[1], de la prostitution et du racket. Le parrain obtient d'autant plus facilement le silence et le soutien des Russes Américains que tous, ou presque, ont gardé de la famille dans leur pays d'origine. De quoi faire comprendre aux récalcitrants qu'il existe des moyens de pression très efficaces au cœur de la mère patrie. Quelques exécutions dont son groupe ne se prive hélas pas[2].

En janvier 1993, le MVD, successeur du KGB, fait parvenir au FBI des informations inquiétantes sur Ivankov « venu aux États-Unis pour diriger et contrôler les activités du crime organisé russe sur ce territoire ». Alerté, le FBI mettra plus de trois ans à faire tomber Yaponchik. Dans un premier temps, les agents américains appliquent la même grille d'analyse et d'attaque contre la mafia russe que celle utilisée pour lutter contre la Cosa nostra. Mais en recherchant des liens de sang, des proximités géographiques entre les truands slaves, le Bureau fédéral fait fausse route : le crime organisé russe à « Candyland[3] » est pluriethnique et rassemble différents profils dans l'unique but de s'enrichir. Ensuite, le FBI se heurte aux barrières linguistique et culturelle. Il lui faut créer une unité spéciale, envoyer ses agents en formation en Russie avant de commencer à saisir le mode de fonctionnement de la Red

---

1. Le premier grand coup du crime organisé russe à New York fut la fabrication de faux permis de conduire et de licences de taxis afin de prendre le marché du transport payant à Big Apple.

2. Le New York Police Department a été ainsi confronté à des cas de prostituées russes, en réalité des mères de famille, obligées de « travailler » afin d'épargner la vie de leurs enfants retenus en « otage » en Russie.

3. Surnom donné par la mafia russe aux États-Unis. Signifie littéralement « le pays des sucreries ».

Mafiya. Dernière difficulté, le peu d'informations disponibles dans les fichiers du MVD. Sur Ivankov lui-même, les renseignements sont maigres. James Moody raconte : « Au début, ce que nous avions, c'était un nom et puis c'est tout. Nous avons cherché, cherché, cherché et cela n'a pas suffi. Il nous a fallu mettre tout New York la tête à l'envers pour l'attraper. Il vivait dans un appartement de luxe dans une des Trump Towers à Manhattan [1] ».

Ce relatif anonymat et ses faux papiers permettent en effet au parrain de multiplier les trajets à l'intérieur de son nouveau territoire mais également d'aller à Londres, à Tel-Aviv et à Moscou, chaque voyage étant l'occasion de rencontres au sommet avec des « associés ». Durant l'été 1994, il « préside » deux conférences à Tel-Aviv dans les salons du luxueux palace Dan Hotel. Selon les informations obtenues par les services de renseignements israéliens, le sujet principal y fut le trafic de drogue. Quelques semaines plus tôt, Ivankov était d'ailleurs à Miami où il rencontra des représentants du cartel de Cali. Le marché qu'il leur proposait ne se refusait pas : en échange d'un accès privilégié à la cocaïne colombienne, le Russe offrait ses services pour blanchir l'argent des frères Orejuela. La conférence de Tel-Aviv mit donc au point une nouvelle route pour la drogue. Désormais, la coke allait transiter par l'Afrique, où le crime organisé nigérian se chargeait de la transporter jusqu'à différents points d'entrée en Europe Centrale, points où, avec la collaboration de la Camorra et de la mafia sicilienne, la cocaïne allait ensuite être dirigée vers la Grande-Bretagne, l'Italie, la France, l'Espagne, la Belgique et les Pays-Bas.

Une autre conférence, en 1994 toujours, et cette fois dans le New Jersey, réunit Ivankov et des banquiers russes. Objectif : discuter investissements dans trois nouveaux

---

1. In *Red Mafiya, op. cit.*

marchés, la Thaïlande, le Brésil et la Sierra Leone où Yaponchik espère prendre en quelques mois le contrôle du diamant[1].

Parallèlement, le Russe se développe à Los Angeles, Houston et Denver, où il installe des hommes de confiance chargés de surveiller une partie du marché de la drogue et de trouver des moyens rapides de blanchir le « street money[2] ». En 1995[3], le volumineux rapport du FBI consacré à l'organisation Ivankov dresse un constat sans appel de la réussite du parrain : « Ivankov a importé avec lui les traditions de la criminalité russe les plus extrêmes en terme de violence. Autres ingrédients : respect complet à leur propre autorité et une expérience de la corruption et de l'arnaque pratiquée pendant des années sous le communisme. Sans abandonner l'extorsion, l'intimidation et le meurtre, Ivankov y a ajouté des méthodes modernes, subtiles et sophistiquées, lui permettant de collaborer avec d'autres groupes criminels, d'exploiter les faiblesses de nos systèmes financiers légaux. Son implantation en Europe Centrale et ses relations avec son monde politique mais également l'instabilité économique de cette zone lui ont permis de renforcer son empire ».

En juin 1995, le FBI parvient toutefois à capturer Ivankov. Et comme Al Capone et Lucky Luciano avant lui, le parrain russe tombe pour des « broutilles ». Trafiquant

---

1. In *Red Mafiya*, *op. cit.*

2. À Denver, cela passe par l'achat de restaurants, à Houston par l'acquisition de concessions de véhicules d'occasion.

3. Ironiquement, la même année, au mois de janvier et en totale impunité, Ivankov réunit les représentants de la mafia russe en Amérique du Nord. Le congrès dure quatre jours au San Juan Hotel and Casino de Puerto Rico. La rencontre sera l'occasion pour les autorités de constater les liens puissants établis entre l'organisation criminelle et certains membres du milieu juif orthodoxe de New York et Toronto. In *Red Mafiya*, *op. cit.*

d'armes, de drogue, proxénète, spécialiste du blanchiment d'argent, de l'arnaque fiscale, des faux papiers, et émissaire du crime organisé russe aux États-Unis, Yaponchik se fait prendre pour une vulgaire affaire d'extorsion[1].

Son parcours est en tout cas révélateur. D'abord, il prouve la volonté d'expansion de la mafia russe. Yaponchik a été envoyé en mission aux États-Unis et il ne fut pas le seul. En 1994, deux ans après la réunion au sommet de la mafia russe, celle-ci est représentée de manière significative dans vingt-quatre pays. Et en 2000, selon Louis Freeh, alors directeur du FBI, la Mafiya Rouge a directement mis le pied dans plus de cinquante pays. Second enseignement, la révélation du « secret le mieux gardé de l'Union soviétique » : l'existence d'une criminalité organisée sous le régime communiste lui-même.

★
★ ★

Car la mafia russe existe depuis au moins aussi longtemps que son homologue sicilienne. Et si, durant l'ère soviétique, le régime totalitaire s'efforça de cacher cette vérité et de la combattre, elle n'a jamais cessé de peser sur le quotidien des Soviétiques.

Historiquement, le crime organisé russe est avant tout la réunion d'une élite du monde des truands, « les bandits dans la loi[2] », structure organisée au code de conduite précis qui se développe sous Staline, au cœur des goulags. C'est en effet dans les prisons soviétiques que le « vor »

---

1. Il est condamné en 1996 à neuf ans et demi de prison. D'abord incarcéré à la prison fédérale de Lewinsburg d'où il continue de contrôler son empire, il est transféré en 1999 dans les quartiers de haute sécurité du pénitencier d'Allenwood après la découverte dans ses urines de traces d'héroïne.

2. En russe, les « Vory y zakone ».

doit faire preuve de son courage et de sa dureté. Une fois dehors, il reste en contact avec les détenus et verse une partie de ses profits à une sorte de caisse commune. Le mafieux russe, à l'origine, applique cinq règles intangibles[1]. D'abord, il s'engage à ne jamais avoir un vrai travail et à ne jamais collaborer avec les forces de l'ordre. Il refuse également de parler aux autorités judiciaires, de servir dans l'armée[2] et de fonder une famille.

L'arrivée d'une nouvelle génération, dont fait partie Ivankov[3] par exemple, va peu à peu corrompre la « loi des voleurs » et autoriser des rapprochements avec des membres du parti communiste. La proximité n'est pas idéologique mais d'intérêt. Les ères Khrouchtchev puis Brejnev marquent le début d'une collusion avec certains hauts dirigeants du gouvernement soviétique. S'ils tiennent alors tout pouvoir, certains ont besoin des voleurs dans la loi pour exécuter les tâches dangereuses et changer les roubles contre des dollars. Sous Andropov et Tchernenko, le pillage de l'Union s'intensifie et il ne fait aucun doute aujourd'hui que différents scandales, rapidement étouffés à l'époque, menaient au Kremlin[4].

---

1. Les parrains russes les appellent humanité, celle-ci regroupant ceux qui respectent le code. Et c'est pour cela que la vie des autres, hors de l'humanité donc..., ne compte pas.

2. Le cas le plus troublant de l'attachement des Vory y zakone à leur code d'honneur est lié à l'entrée en guerre de l'Union soviétique contre l'Allemagne nazie. À ce moment-là, Staline « proposa » à une partie de la population carcérale des goulags de rejoindre l'Armée Rouge sous peine d'être exécuté. De nombreux vors choisirent la balle dans la nuque. Quant à ceux qui acceptèrent, à leur retour en prison, ils furent tués par d'autres vors les accusant d'avoir trahi le code de conduite des « voleurs dans la loi ».

3. Ivankov est un « haut gradé » des Vory y zakone. Pour preuve les sept étoiles tatouées sur son torse alors qu'il se trouve en prison.

4. Lire à ce sujet *Le Dossier noir des mafias russes*, Hélène Blanc, Le Griot Éditeur, novembre 1998.

Il faut garder en tête cette longue et importante collaboration entre la *nomenklatura* communiste et la mafia russe pour comprendre l'accélération de la prise du contrôle du pays suite à la perestroïka. En effet, trop souvent, les analyses se trompent en considérant la mafia russe comme un phénomène récent lié à l'ère Gorbatchev-Eltsine. Or c'est justement parce que son essor fut antérieur que son implantation est aujourd'hui plus forte et que les solutions pour l'éradiquer se révèlent plus complexes à trouver.

Au milieu des années quatre-vingt, l'Union soviétique se retrouve dans l'impasse. Le modèle économique communiste est à l'agonie, ne pouvant assumer ni le coût de ses nombreux services sociaux ni les dépenses de sa puissante armée. Le plein emploi devient chaque jour une hérésie engraissant les rangs des vingt millions de membres de l'administration. L'idéologie elle-même semble ne pouvoir résister à l'attrait de l'Ouest, propagé grâce aux nouvelles techniques. Gorbatchev, alors secrétaire général du parti communiste, se retrouve face à deux possibilités : accompagner la réforme et sauver ce qui peut l'être ou bien attendre l'implosion. D'où la perestroïka. Les changements imposés par Gorbatchev sont majeurs. Primo, il y a le remplacement des cadres octogénaires du Parti par une génération plus jeune et plus en phase avec les attentes de la société. Secundo, on entame une profonde réforme du système politique afin de l'adapter au monde moderne[1].

Troisièmement, on tente de réduire le colossal déficit budgétaire. Pour ce faire, quatrième objectif, Gorbatchev décide d'introduire dans le système quelques mécanismes économiques empruntés à l'économie de marché. Dont

---

1. Cela veut dire par exemple, une ouverture vers les nouvelles technologies et un changement profond dans les programmes enseignés dans les écoles et les universités.

un intéressement, indexé à la productivité, proposé aux travailleurs et aux dirigeants d'entreprises.

Mais les résultats obtenus ne sont pas ceux escomptés. Et les réformes mises en place se révèlent un formidable coup d'accélérateur pour le crime organisé. D'où le glissement de la Russie vers ce que les experts nomment la mafiocracie [1].

Car l'appareil soviétique atteint un niveau de cynisme et de corruption sans précédent mais aussi parce que les réformes entreprises favorisent sans le deviner le développement du crime organisé. Louise Shelley, présidente du Transnational Crime and Corruption Center à Washington, rappelle ainsi qu'une des premières mesures de Gorbatchev a été d'instaurer une sorte de prohibition pour lutter contre la surconsommation de vodka [2]. Comme aux États-Unis un demi-siècle plus tôt, l'État offrit alors un marché en or à la mafia russe. Autre exemple, la loi de 1987 sur les sociétés a permis au crime organisé de piller les fonds d'entreprises saines et économiquement viables, comme les hydrocarbures, sans que de tels mouvements puissent être contrôlés.

Il semble par ailleurs évident que l'Ouest, dans sa précipitation à voir l'ex-Union soviétique adopter une économie de marché, ait favorisé sans s'en rendre compte l'essor de la mafiocracie russe. Une hypothèse défendue par Joseph Stiglitz, l'ancien vice-président de la banque mondiale : « Deux écoles de pensée ont émergé à propos de la transition de la Russie vers l'économie de marché. (...) L'une d'elles soulignait l'importance des infrastructures institutionnelles dans une économie de marché et prônait

---

1. Parfois le terme de kleptocratie est également utilisé.
2. In *Lords of the Mafia, Comrade Gangster : The Russian Mafia*. Série documentaire créée par David McKenzie, Koch Vision Production, 2000.

une transition plus graduelle vers l'économie de marché. (...) La seconde école se composait de macro-économistes dont la foi dans le marché était totale. Ces économistes n'avaient aucune connaissance de l'histoire ou des détails de l'économie russe et ils ne croyaient pas en avoir besoin. La grande force, et la faiblesse ultime, des doctrines économiques auxquelles ils se reliaient réside dans le fait qu'elles étaient – ou étaient supposées être – universelles. (...) Et la vérité universelle est qu'une thérapie de choc fonctionne pour tous les pays en transition vers l'économie de marché : plus le médicament est fort (et plus douloureuse est la réaction), plus rapide est le changement. Telle est leur argumentation. (...) Ceux qui s'opposaient à ce cours ne furent pas consultés longtemps. (...) La Russie avait, en décembre 1993, expérimenté le "trop de chocs et trop peu de thérapies". Et tous ces chocs n'avaient pas du tout mené la Russie vers une véritable économie de marché. La privatisation rapide imposée à Moscou par le FMI et le Trésor US avait permis à un petit groupe d'oligarques d'obtenir le contrôle des actifs du pays. Lorsque le gouvernement a commencé à manquer d'argent pour payer les pensions, les oligarques ont détourné les précieuses ressources nationales vers des comptes bancaires suisses ou chypriotes. (...) Le Trésor US et le FMI continuaient d'insister sur le fait que le problème ne provenait pas de trop de thérapies, mais de trop peu de chocs. Mais au cours des années quatre-vingt-dix, l'économie russe continua à imploser. Alors que seuls 2 % de la population vivaient dans la pauvreté à la fin de la période soviétique, les "réformes" virent le taux de pauvreté grimper jusqu'à 50 %, avec plus de la moitié des enfants russes vivant sous le seuil de pauvreté. (...) Aujourd'hui, la Russie est rongée par d'énormes inégalités et la plupart des Russes ont perdu confiance dans l'économie de marché. »

Il serait toutefois inexact de faire porter la totalité de la responsabilité de l'émergence des mafias aux seuls « remèdes » de l'Ouest. Le crime organisé et certains responsables du pouvoir communiste collaboraient, on l'a vu, depuis des années. En réalité, c'est en voulant tenter de contrôler les changements inéluctables de la société au profit du Parti que Mikhaïl Gorbatchev s'est transformé en apprenti sorcier. Un mariage entre le crime et la politique qui prit une autre dimension ensuite.

Alexandre Konanykhine, un homme d'affaires moscovite, réfugié politique aux États-Unis après avoir dénoncé la compromission de l'État russe avec le crime organisé, est plutôt sévère sur ce sujet.

« À la fin de l'année 1991, écrit-il, la perestroïka semblait se résumer à une lutte sans merci entre communistes et démocrates. Un combat finalement remporté par les démocrates. Mais comme ces dernières années l'ont prouvé, en réalité les démocrates ont perdu. Les véritables vainqueurs sont une nouvelle génération de communistes, se faisant passer pour des démocrates, mais conservant le même credo politique : rester au pouvoir dans le seul but d'enrichissement personnel, utilisant n'importe quelle méthode et en appelant à une réthorique qui semble la plus efficace au moment donné. Mais tout cela avait un prix. Rester aux commandes du pays n'allait pas sans un coût pour les communistes : ils devaient désormais partager le pouvoir avec la mafia, alors que dans un premier temps ils pensaient simplement l'utiliser comme un instrument permettant de s'enrichir illégalement. Le crime organisé et le gouvernement russe sont désormais tellement imbriqués que cela ne va pas sans confusion pour qui tente d'y voir plus clair. Aussi, certains observateurs avancent que le crime organisé contrôle le gouvernement quand d'autres affirment que le gouvernement utilise le crime organisé (...) En réalité, partageant le même objectif – les profits illégaux – les membres du gouvernement et ceux du crime organisé forment un organisme, la mafia russe[1]. »

Le parcours de Konanykhine, qui a personnellement souffert de cette nouvelle coalition, doit inciter à émettre des réserves sur ses conclusions, mais l'étude des faits tend à prouver que l'homme d'affaires a plutôt vu juste. D'abord sa théorie de l'arrivée au pouvoir d'une nouvelle génération de communistes est avérée. Les démocrates du putsch de 1991, dont Boris Elstine lui-même, sont en réalité des membres du Politburo.

Et la politique qu'ils appliquent ressemble à ce que Christya Freeland, correspondante du *Financial Times* à Moscou, nomme le pillage de la Russie[2]. Au sommet du système, les oligarques. À savoir les huit fondateurs[3] des sept groupes industriels financiers (FIG) créés par les conseillers d'Eltsine. Selon Freeland, la prise de pouvoir des directeurs rouges remonte au sommet de Davos de 1996. Là, Ananoli Tchoubais aurait négocié la réélection d'Eltsine en échange d'une partie des médias, des entreprises métallurgiques et pétrolières. Imaginés en 1995 par Vladimir Potanine, un banquier, ancien haut fonctionnaire de l'URSS, et appliqués un an plus tard par ce même Potamine devenu ministre des Finances, les FIG sont un prêt à l'État en échange d'actions d'entreprises publiques. Mais le système est biaisé. Si, en théorie, il doit permettre à n'importe quelle société d'obtenir des parts importantes dans des entreprises porteuses en échange d'un prêt au

---

1. In *Mafiocracy in Russia*, Alexandre Konanykhine and Elena Gratcheva, www.konanykhine.com/mafiocraty.htm.

2. Lire à ce sujet, son livre-bilan : *Sale of the Century : Russia's wild Ride from Communism to Capitalism*, Christyia Freeland, Crown Publishing, 2000.

3. Boris Berezovski, Piotr Aven, Aleksandr Smolenski, Vladimir Vinogradov, Vladimir Potanine, Mikhaïl Fridman et Vladimir Goussinski. Cinq d'entre eux sont issus de l'élite du parti communiste.

gouvernement, la réalité est autre : seuls les oligarques profitent en fait du système, l'idée de compétition et d'enchère étant écartée. Deuxième travers, lorsqu'un acquéreur propose de verser 140 millions de dollars afin d'obtenir 40 % de Norilsk Nikel, qui détient les premières réserves mondiales de nickel et de platine, il n'a pas d'autre choix que de passer par les ressources de personnes proches du crime organisé. Ce qui permet à la mafia russe et à son argent sale d'acquérir légalement une grande part des seules entreprises porteuses du pays. En novembre 1996, l'ancien prix Nobel Alexandre Soljenitsyne que l'on peut difficilement accuser de nostalgie prosoviétique, souligne d'ailleurs, ce hiatus : « La Russie ne ressemble en rien à une démocratie et est loin d'une vraie réforme du marché. Les dirigeants actuels du pays valent à peine mieux que les communistes. Une oligarchie bien en place et limitée à cent cinquante à deux cents personnes décide du sort de la nation. Durant ces dix dernières années, les dirigeants ont volé leur propre peuple, détournant à leur bénéfice des milliards de dollars, poussant à la pauvreté des millions de personnes et certainement causant la mort de milliers d'autres. Le chaos économique russe est le résultat de réformes quasi-criminelles ayant créé une nouvelle classe de mafieux capitalistes ».

*
* *

Résultat, le crime organisé russe contrôle aujourd'hui environ 80 % des entreprises commerciales du pays. En 1996, la revue économique moscovite *Arguments et Faits* constatait les effets désastreux de l'implication du crime organisé dans l'économie du pays en ces termes : « La plupart des entrepreneurs préféreraient agir dans la légalité. Mais puisque la condition générale est l'illégalité, ils n'ont pas d'autre choix que de se tourner vers la protection et les arbitrages proposés par les truands. Dans ces conditions, ils construisent eux-mêmes la superstructure contrôlant l'économie parallèle : le crime organisé ».

De fait la corruption est devenue une normalité touchant la totalité de la société russe[1]. Ainsi, un siège à la Douma, offrant à son titulaire l'immunité parlementaire, s'achèterait 5 000 dollars. Boris Bereszovski, universitaire devenu oligarque et responsable de la sécurité nationale auprès d'Elstine, déclarait un patrimoine de 39 000 dollars en 1997, alors que la même année le magazine *Forbes* situait sa richesse autour de 3 milliards de dollars[2].

★
★ ★

Près de 500 milliards de dollars ont quitté la Russie depuis 1991, venant enrichir des comptes anonymes ouverts à Chypre, en Suisse, dans les îles Jersey et dans la zone Caraïbes. Une fuite de capitaux qui a plongé le pays dans une crise sans précédent. En 2000, un quart de la population russe vit en dessous du seuil de pauvreté[3], et

---

1. Selon Transparency International, une ONG basée à Berlin, la Russie est le quatrième pays le plus corrompu après la Colombie, le Nigeria et la Bolivie.

2. La déclaration de patrimoine des hauts fonctionnaires du gouvernement russe est la principale conséquence de la sixième campagne anticorruption menée en 1997 par Eltsine. Le décret 484 légiférant cette déclaration illustre l'hypocrisie du pouvoir d'alors, souhaitant satisfaire l'opinion sans importuner ceux qui s'enrichissent, puisque les élus de la Douma se voient exemptés.

3. Soit 200 francs par mois.

l'espérance de vie est tombée en dix ans de 69 à 57,7 ans. Quant aux démographes ils s'accordent pour dire que dans les trente années à venir la population totale russe baissera de trente millions. Un cas unique pour un pays qui n'est pas frappé par une guerre !

Or si les perspectives d'avenir pour la Russie ne sont guère réjouissantes, pour sa mafia au contraire tout va bien. En 1994 déjà, l'ONU estimait à cinq mille sept cents les gangs se partageant le territoire[1]. Toujours selon la même source, trois millions d'individus formaient les troupes de la Red Mafiya. Une mafia qui recrute dans les meilleures universités russes, comme dans les rangs du KGB ou des troupes d'élite de l'armée[2]. Une hydre incroyablement difficile à combattre. Notamment parce qu'il n'est pas unique mais très diversifié. On peut dégager quatre grandes tendances. La première, ethnique, unit selon les nationalités des groupes de truands contrôlant principalement la prostitution, le marché noir et la revente de drogue. Très proche, mais sans souci d'origine cette fois, il y a le crime organisé classique, qui descend des voleurs dans la loi et tire l'essentiel de ses revenus des activités « traditionnelles » comme le vol, le racket et la contrebande. À côté apparaît aussi, issu directement de décennies de communisme, un groupe tirant son pouvoir de son rôle au sein de l'appareil administratif, positions permettant d'attribuer des

----

1. World Ministerial Conference on Organized Transnational Crime, United Nations, 1994.

2. Les « spetnaz », les forces spéciales russes, sont une valeur sûre du crime organisé local. Le conflit tchétchène illustre les nouvelles difficultés de l'armée russe. En plus de compter de nombreuses défections dans son commandement stratégique, l'armée dut faire face à certains de ses hommes trafiquant des armes au profit de son ennemi. Un ennemi souvent mieux équipé et formé aux techniques de combat modernes par d'anciens cadres de l'Armée Rouge.

marchés ou de détourner des fonds publics. Enfin, autre strate, celle des criminels profitant essentiellement du développement commercial de la Russie en contrôlant des entreprises et, grâce à la corruption et à l'emploi, s'assurent de l'absence de concurrence[1].

★
★ ★

L'élection de Vladimir Poutine permet-elle d'espérer une modification de la situation ? On peut en douter. D'abord parce que le scrutin a été souvent entaché de fraudes locales menées par des groupes appartenant au crime organisé russe[2]. Ensuite parce que le décret 001 de l'ère Poutine garantit l'immunité à Boris Eltsine et à sa famille. En s'engageant à ne jamais poursuivre l'ancien Président, le nouveau chef de l'État a coupé court à toute tentative de recherche de la vérité dans l'affaire des milliards de la Bank of New York. Avant

---

1. Louis Freeh, ancien directeur du FBI, déclare le 30 avril 1996 devant le Congrès que « les activités du crime organisé en Russie englobent la spéculation monétaire, la manipulation du système bancaire et le détournement de la propriété d'État. Sans oublier non plus le meurtre sur contrat, l'extortion, le trafic de drogue, la prostitution, le racket et l'infiltration d'entreprises légales ».

2. Durant la première semaine de septembre, le *Moscow Times* a publié les sept volets de l'enquête d'Evguenia Borisova. Preuves à l'appui, la journaliste démontre que Poutine n'aurait même pas obtenu 40 % des voix au premier tour. En plus des classiques bourrages d'urnes, des bureaux contrôlés, des intimidations et des listes électorales truquées, Borisova a démontré la participation de plus d'un million d'électeurs fictifs. En conclusion de la série, l'éditorial du *Moscow Times* se demandait pourquoi Poutine n'avait pas tout simplement affronté un deuxième tour où dans tous les cas une victoire lui était garantie. Sans doute pour une question de prestige mais peut-être aussi pour économiser le coût d'un second tour.

même de rejoindre la présidence, Poutine s'était déjà porté au secours d'Eltsine dans le cadre d'un autre scandale, le Kremlingate[1]. Enfin parce que sa politique économique possède les mêmes défauts que les FIG d'Eltsine. Son administration prévoit en effet de céder, sur deux ans, les parts détenues par l'État dans près de dix mille entreprises. Parmi lesquelles les derniers joyaux de la couronne comme le gazier Gazprom ou les groupes pétroliers Rosneft et Lukoil. Si Poutine affirme de pas vouloir commettre les mêmes erreurs que son prédécesseur, à y regarder de plus près, son plan de privatisation va s'avérer une opportunité exceptionnelle pour le crime organisé russe. Notamment parce que, cette fois, les entreprises étrangères ne pourront pas être candidates. Qui, dès lors, à part des personnes aux revenus louches, pourra avancer les centaines de millions de dollars exigés ?

---

1. Les derniers mois de la présidence d'Eltsine furent marqués par la révélation de l'existence de cartes de crédit à son nom et à celui de sa famille débouchant sur des comptes suisses. Le procureur de Moscou en charge de l'enquête, Iouri Skouratov, apprit à ses dépens que le Président russe était intouchable. En effet, alors que l'affaire devenait gênante, une cassette vidéo d'ébats sexuels avec trois prostituées fut communiquée aux médias. La révélation du scandale permit à Eltsine d'obtenir le renvoi de Skouratov. Pour beaucoup de spécialistes, la cassette-miracle est l'œuvre des services de Poutine, alors à la tête du FSB, le successeur du KGB. En novembre 2000, alors que les autorités suisses exigeaient d'entendre Pavel Borodine, ancien trésorier de l'administration Eltsine, le parquet russe classa l'affaire sans suite. Borodine fut extradé des États-Unis vers la Suisse où, après avoir été entendu par le juge Daniel Devois, il fut libéré après le paiement d'une caution de 5 millions de francs suisses, un record.

L'émergence de la Red Mafiya constitua donc bien une nouvelle étape vers la globalisation du crime organisé. En criminalisant la sphère politique et en politisant la sphère criminelle, la mafia russe est parvenue à prendre le contrôle presque complet d'un pays. Et une fois le système économique détourné, les richesses naturelles pillées, une partie des arsenaux militaires placés sous son autorité, la mafiocracie s'est intéressée à un nouveau concept : la mondialisation !

CHAPITRE 11

« Le crime organisé n'a pas perdu de temps pour profiter de la globalisation de l'économie et de la sophistication des techniques. Nos efforts pour le combattre ont jusqu'à présent été très fragmentés et nos armes sont presque obsolètes. »

Koffi ANNAN, secrétaire général de l'ONU,
Palerme, décembre 2000.

« Ironiquement, c'est la disparition du Rideau de Fer, alors largement considéré comme la plus importante menace pour les démocraties de l'Ouest, qui a alimenté l'expansion du crime organisé global, créant une menace que certains considèrent égale au communisme[1] ». Une constatation sans appel. La mafia russe est en effet, sans aucun doute, la première organisation criminelle à avoir profité de la disparition des frontières séparant l'Europe en deux blocs. Et si le régime communiste avait réussi à

---

1. Mike Brunker, *A Global Village without Police*, MSNBC, 31 août 1999.

canaliser ses gangs dans les limites de ses frontières et de sa sphère d'influence, le tournant idéologique des années quatre-vingt-dix constitua le point de départ d'une véritable ruée vers l'Ouest.

Un mouvement réfléchi et organisé, comme l'indique, on l'a vu, l'envoi d'Ivankov aux États-Unis. Même si le continent nord-américain reste une sorte d'objectif suprême pour le crime organisé russe, son extension est à tout le moins mondiale. En 2001, l'UNESCO estime ainsi que la mafia russe est présente dans pas moins de cinquante-quatre pays. Une implantation qui s'est faite progressivement.

Dans un premier temps, profitant de la présence de forces militaires et d'agents du KGB livrés à eux-mêmes, elle annexa les restes de l'Union soviétique avant de s'attaquer aux pays du Pacte de Varsovie. Aujourd'hui, la Bulgarie, la Hongrie ou encore la Pologne sont pratiquement aux mains de cette organisation. Ensuite, c'est l'Allemagne qui fut dans la ligne de mire.

★
★ ★

Berlin, tout d'abord, devint le port d'attache du crime organisé russe dans sa conquête de l'Union européenne [1].

---

1. « Ces personnes peuvent s'appuyer sur un bon carnet d'adresses de compatriotes. Des compatriotes qui résident légalement à Berlin, et qui s'occupent en fait de la logistique. Les gangsters disposent d'un logement, de voitures, parfois d'argent. Souvent les infractions sont commises ici et, quelques heures plus tard, les auteurs sont déjà dans leur pays. On se doute, mais ça on ne peut pas le prouver, qu'ils bénéficient chez eux de l'appui de structures organisées. » Hartmut Kochny, directeur du Service de lutte contre la criminalité organisée à la police de Berlin, BBC, mai 2001. En 1993, une enquête du *Spiegel*

Avec la chute du mur, le marché noir explosa. Un phénomène lié, selon Hartmut Kochny, directeur du Service de lutte contre la criminalité organisée de la police de Berlin, à la présence de troupes soviétiques en ex-RDA jusqu'en 1994 : « Des marchandises importées, qui étaient destinées à l'approvisionnement des soldats et donc exemptées de droits de douane et de toute autre taxe, ont finalement été détournées et écoulées sur le marché noir, explique-t-il. De cette façon, les marchandises ont pu être vendues à un prix défiant toute concurrence, tout en permettant de réaliser des profits énormes. Il y a eu forcément des luttes internes pour obtenir le contrôle du marché, des luttes qui se sont terminées par des enlèvements, des assassinats ou bien d'autres crimes. Résultat, des structures se sont naturellement mises en place et se sont consolidées, même après le départ des troupes russes. Quelques officiers sont restés et ont essayé de se lancer dans les affaires. On imagine qu'ils ont utilisé leurs connaissances des réseaux criminels pour établir leur propre commerce, ce qui a provoqué de nouveaux règlements de comptes [1] ». Un système détourné dont Kochny estime le montant à 3 milliards d'euros !

Deuxième effet de l'arrivée de la mafia rouge, l'explosion du vol de berlines de luxe. En une année, les autorités allemandes furent confrontées à une vague sans précédent de disparitions de ces voitures. Le pire, c'est que personne n'ignorait l'identité des coupables, des militaires russes stationnés dans l'ex-partie Est de Berlin, au mode opératoire d'une simplicité redoutable. Un gradé russe payait

---

dévoilait que la mafia russe contrôlait déjà une part conséquente de restaurants, discothèques, galeries marchandes de Berlin. Et que nombre d'entrepreneurs de la ville payaient jusqu'à 20 000 marks par mois leur « protection ».

1. *Idem.*

les membres de certaines communautés de réfugiés pour voler, en pleine nuit, des Mercedes ou des BMW dans la partie Ouest. Les véhicules étaient ensuite conduits à une caserne, puis embarqués dans un avion de transport de matériel en partance pour la Russie. Lorsque le propriétaire lésé signalait au petit matin le vol, la cargaison était déjà revendue à un « concessionnaire » moscovite. Cette délinquance devint tellement sensible que le gouvernement allemand finança un programme de relogement en Russie des ex-soldats soviétiques bloqués dans l'ancienne RDA. Mais si le gouvernement d'Helmut Kohl versa bien plusieurs centaines de millions de marks, seule une centaine d'habitations furent construites, le reste des fonds « s'évaporant » en chemin[1].

Le troisième signe de cette extension de la mafia russe fut l'arrivée massive des « Natachas » sur les trottoirs de Berlin et dans les « vitrines » de Hambourg. Venues de l'ensemble de l'Europe de l'Est, ces prostituées sont d'abord des jeunes filles auxquelles le crime organisé russe avait promis une vie meilleure à l'Ouest. Elles sont remplacées, lorsque le filon de « volontaires » s'épuisa, par des femmes enlevées ou obligées de monnayer leurs charmes à cause de menaces pesant sur leurs familles. Si en 1993 déjà, un quart des prostituées travaillant en Allemagne venaient de l'Europe de l'Est, sept ans plus tard la proportion est presque de trois quarts. Soit dit en passant, la mafia russe n'est pas la seule à occuper ce « créneau »,

---

1. Cette anecdote traduit le comportement ambigu de l'Ouest avec la Russie. L'Allemagne n'ignorait pas en effet le risque de voir une partie de son aide levée sur des fonds européens et allemands disparaître. Les paiements ont été échelonnés sur deux ans, ce qui permit de constater l'absence de constructions, mais le gouvernement Kohl a continué à payer. Et ce parce que les Allemands – comme les Français, les Américains et les Anglais – espéraient récupérer une part des réserves naturelles de l'ancienne Union soviétique.

diverses enquêtes dont celles des journalistes du renommé *Der Spiegel* ayant révélé que les clubs de strip-tease et maisons closes allemands, mais aussi hollandais et belges, « achètent » à bas prix ces filles de l'Est.

★

★ ★

L'extorsion, la prostitution, le vol de voitures, le marché noir, un usage répété de la violence mais aussi le trafic de drogue ont donc permis à la mafia rouge de devenir la première organisation criminelle du territoire allemand puisque, aujourd'hui, près de trois cents bandes différentes se partagent le pays. Pire, elles n'hésitent pas à pousser encore plus à l'Ouest, notamment vers la Belgique et plus particulièrement Bruxelles et Anvers, où les Russes s'impliquent dans la prostitution, le marché du diamant, les activités portuaires et divers autres trafics. Chypre et Israël sont également des cibles du crime organisé russe, Tel-Aviv grâce entre autres à sa « loi sur le retour » étant devenue en quelques années un lieu stratégique de planification. Mais c'est le sort de Chypre qui se révèle plus préoccupant. Attirés par les conditions climatiques et la possibilité de blanchir de l'argent dans un des pays les moins suspicieux du monde, les Russes s'y sont installés en force. En trois ans, ils ont pris le contrôle de la plupart des centres touristiques, villages de vacances, discothèques et autres restaurants. Profitant d'une législation laxiste, les parrains ont pu investir, en liquide, de l'argent douteux dans de multiples secteurs économiques légaux. Ce que depuis des années, les magistrats et policiers spécialistes présentent comme le danger ultime puisque des truands peuvent dès lors corrompre l'économie légitime pour y appliquer, ensuite, leurs propres règles. Si la

Colombie, la Russie et Chypre sont autant d'illustrations de la justesse de ces mises en garde, Londres et ses paradis fiscaux, mais aussi, à un moindre niveau, l'Espagne en acceptant les dollars de la mafia sur l'ensemble de ses côtes, s'exposent dans l'avenir au même risque. En France même, la situation est préoccupante.

Le crime organisé se développe de différentes façons. D'abord, par une prise de pouvoir de la rue, lutte qui s'accompagne de règlements de comptes, de fusillades, de morts violentes, d'une délinquance visible et identifiable. Ensuite par de subtiles incursions dans l'économie même d'un pays qui peuvent passer par la corruption de fonctionnaires, le financement de partis politiques ou l'investissement massif d'argent obtenu illégitimement, criminalité dite « en col blanc » et invisible. Intelligente, et loin de choisir un développement uniforme, la mafia russe a appliqué une politique de contrôle par la force en Allemagne, tandis qu'à Chypre elle s'est contentée d'agir sur les leviers économiques et de profiter de la possibilité de blanchir de l'argent en toute légalité. Une tactique qu'elle applique à la France où elle est plus intéressée par l'investissement dans l'immobilier parisien ou niçois que par la « street money » de la vente de drogue. En 1999, la Banque de France a ainsi estimé les transferts d'argent depuis la Russie à 11 milliards de francs. Et si tout ne relève pas du banditisme, la proportion semble énorme. L'emprise russe sur l'Hexagone constitue un phénomène inquiétant qui, hélas, ne fascine guère les pouvoirs politiques. Sans doute parce qu'électoralement, ce genre de lutte est loin d'être « payant ». Les services français eux-mêmes paraissant profondément divisés sur la nature de ce nouveau crime organisé.

Le meilleur exemple est très certainement ce que l'on appelle l'affaire Gaydamak qui, en avril 2001, divisa la DGSE, les RG et la DST. Ainsi, le 9, *Le Monde* publie un article de Pascal Seaux et Fabrice Lhomme que nous reproduisons quasi in extenso où il interroge :

« L'homme d'affaires Arcadi Gaydamak est-il *"l'un des relais de la mafia russe"* en France ou simplement un homme doué *"d'un indéniable sens des affaires"* ? Versés au dossier des juges d'instruction Philippe Courroye et Isabelle Prévost-Desprez, les rapports de trois des principaux services de renseignements français ne permettent guère de préciser le profil de ce milliardaire atypique, aux activités et aux passeports multiples. À lire ces documents, qui émanent de la Direction générale de la sécurité extérieure (DGSE), de la Direction de la surveillance du territoire (DST) et de la Direction centrale des renseignements généraux (DCRG), s'ébauche un portrait contrasté du personnage – aujourd'hui réfugié en Israël – où apparaissent surtout les rivalités existant entre services.

Hormis sa date de naissance et quelques éléments biographiques d'importance mineure, tout semble prêter à interprétations divergentes dans le parcours présent de M. Gaydamak, suivi avec attention par les spécialistes du renseignement depuis le milieu des années 1990. Chargée du contre-espionnage, la DST présente en effet ce citoyen français d'origine russe – qui dispose aussi des nationalités israélienne et canadienne, ainsi que d'un statut diplomatique en Angola – comme un homme doté d'*"un sens très développé des affaires"*. Maîtresse d'œuvre des opérations d'espionnage hors de France, la DGSE l'accuse en revanche d'entretenir *"des liens avec les milieux de la criminalité organisée russe"*. Ce que lui-même conteste formellement. En le désignant comme *"l'un des relais de la mafia russe sur notre territoire"*, les RG souscrivent à l'approche négative de la DGSE. Dès février 1975, la section parisienne de ce service avait été la première à examiner le cas de ce jeune Russo-Israélien : entré clandestinement en France le 22 novembre 1972 en provenance de Tel-Aviv, il aurait été, selon elle, *"vainement recherché"* dans le Val-de-Marne pour un motif qui n'est pas précisé. La note indique seulement que M. Gaydamak a été licencié de la société de gardiennage qui l'employait, au motif d'*"absences répétées"*. [...] Ce sont les années 1990 et l'effondrement de l'URSS qui mettent en avant ce naturalisé français de 1986, et qui attisent les divergences de vue le concernant. La réussite exceptionnelle de celui qui dirigeait une petite société de traduction et devint, en quelques années, un négociant international actif en Russie, au Kazakhstan, en Angola, mais aussi en Angleterre, aux Pays-Bas et au Luxembourg, suscite des réserves de la DGSE. *"M. Gaydamak a été décrit par la presse française comme un homme d'affaires russe ayant bâti sa fortune sur les décombres de l'empire soviétique,* est-il écrit dans une note du 28 juillet 1998. [...]"* Une note des RG datée du 29 mai 1998 résonne des mêmes réticences : *"Modeste durant les quinze premières années de son séjour, son train de vie est brusquement devenu dispendieux sans raison apparente. [...] Les activités françaises de l'intéressé ne lui permettent toujours pas d'avoir l'opulence qu'il affiche ; en effet, les sociétés dans lesquelles il était impliqué sont toutes en liquidation judiciaire, exception faite d'une SCI, dont le financement, en 1993, était douteux"*.

De ces mêmes éléments, la DST tire, le 8 septembre 2000, une conclusion radicalement opposée : *"La fortune rapidement acquise par l'intéressé [...] est sans doute à l'origine des rumeurs (banquier de la mafia russe, agent du KGB, trafiquant d'armes) jamais confirmées à ce jour, circulant sur son compte. On notera qu'Arcadi Gaydamak a gagné tous les procès qu'il a intentés à l'encontre de publications et de journalistes à l'origine d'articles de presse le concernant qu'il estimait diffamatoires"*. La note ajoute que l'homme d'affaires, titulaire depuis juillet 1997 de la distinction de chevalier de l'Ordre du mérite agricole pour avoir favorisé des exportations françaises vers la Russie, s'est signalé par le don d'un meuble *"de grande valeur »"* ayant appartenu au roi François Iᵉʳ au musée du Louvre – où une salle porte d'ailleurs son nom.

Dans sa note du 28 juillet 1998, la DGSE précise ses suspicions. Qualifié de *"chef de l'organisation criminelle Mazutkinskaïa"*, Alimjar Tokhtakounov est présenté comme un partenaire en affaires de M. Gaydamak – les deux hommes auraient géré ensemble un hôtel à Moscou. Les RG ajoutent que M. Tokhtakounov, alias *"le Taïwanais"*, serait *"un membre important de la mafia russe résidant à Paris"*, qui *"serait à la tête d'un groupe de malfaiteurs russes agissant sur le territoire allemand, principalement en organisant des rapts et des demandes de rançons d'exilés russes"*. La DST, elle, évoque bien, le 21 octobre 1997, *"le caractère trouble de certaines de ses fréquentations d'affaires"*, mais pour aussitôt répéter que M. Gaydamak aurait *"surtout su remarquablement profiter des opportunités politiques et commerciales offertes par la dislocation de l'ex-URSS"*.

Fait sans précédent et à noter : l'ancien numéro deux du service de contre-espionnage, l'inspecteur général Raymond Nart lui-même, est venu apporter un soutien public à Arcadi Gaydamak, en affirmant, dans *Le Parisien* du 23 mars dernier, l'estime que lui voue la DST. Selon lui, l'homme d'affaires est notamment intervenu pour obtenir, en 1997, la libération d'otages français retenus en Tchétchénie, au nombre desquels auraient figuré deux agents de la DGSE – ce que ce service a toujours démenti. *"M. Gaydamak est un homme d'affaires franco-russe. Et tous les hommes d'affaires russes ne sont pas des mafieux"*, assurait ainsi M. Nart. Le 7 mai 2001, il avait aussi rédigé une attestation destinée à être utilisée devant les tribunaux en faveur de M. Gaydamak, dans laquelle il témoignait notamment *"de son parfait loyalisme vis-à-vis des institutions françaises"* et déclarait : *"L'appartenance de M. Gaydamak à la mafia russe constitue à mes yeux des calomnies récurrentes spécialement destinées à lui nuire"*. Dans la note du 21 octobre 1997, la DST rappelait aussi que M. Gaydamak avait, en 1996, *"mis à profit ses relations en Russie pour intervenir directement en faveur de la libération des pilotes français détenus en ex-Yougoslavie"*. Cette intervention, dont une partie de la hiérarchie militaire a contesté l'utilité, voire l'existence, lui avait valu d'être décoré – sur le contingent personnel du président de la République – de l'Ordre national du Mérite par Jean-Charles Marchiani, alors préfet du Var.

Une note des RG du 13 août 1998 mentionne que, face à ces *"accusations qui le présentent toujours comme l'un des banquiers de la mafia russe"*, M. Gaydamak s'est depuis longtemps résigné, attribuant ses échecs à *"modifier son image"* aux *"malveillances de la presse à scandale"*, aux *"rivalités inter-services dans les milieux du renseignement"* et aux *"éléments d'extrême gauche infiltrés dans la haute administration française, comme ceux de l'ex-cellule Afrique à l'Élysée*[1]*"*. »

En somme, comme le démontre ce long article du *Monde,* on dit tout et son contraire, personne n'est sûr, beaucoup fantasment et les vrais membres ou intermédiaires de la Mafia Rouge peuvent poursuivre leurs activités.

Et ce partout dans le monde. Car l'Europe et les États-Unis ne sont pas les seuls objectifs de la mafia russe. Le continent africain constitue une autre de ses priorités. Et plus particulièrement l'Afrique du Sud considérée par le monde de la finance comme la porte d'entrée vers la zone australe. Dans ce pays submergé par une criminalité locale importante, depuis trois ans le SAPS multiplie les rapports

---

1. *Le Monde*, 9 avril 2001. Le 12 avril 2001, Arcadi Gaydamak, réfugié en Israël, a annoncé « vouloir déposer une plainte pour diffamation contre la DGSE et la direction centrale des RG. »

alarmants relatifs à l'implantation du crime organisé[1]. Confronté à la mafia nigériane et aux triades chinoises depuis la chute du régime d'apartheid, les autorités doivent désormais faire face à une opération de conquête violente menée par la Mafia Rouge[2]. Et là encore, ses activités sont multiples : « trafic des diamants et des armes, [...] corruption, fraude et blanchiment de l'argent sale[3]. »

★
★ ★

La mafia russe n'a pas été la seule organisation criminelle à accroître son emprise depuis le milieu des années quatre-vingt. Au Japon, dans le bassin asiatique et jusqu'à Hawaii, les Yakusa ont également fortifié leur position faisant du crime organisé japonais le plus riche de la planète avec des revenus annuels estimés à 85 milliards de dollars. Une richesse s'expliquant à la fois par sa présence très ancienne et par son implication dans l'économie du pays.

L'origine des Yakusa remonte au XVIIe siècle. Mélange de joueurs professionnels et de vendeurs ambulants, la pègre nippone s'organise très rapidement autour d'un

---

1. SAPS, les services de police d'Afrique du Sud. Depuis 1993, une section spéciale, OCIU (Organised Crime Investigation Unit) est en charge de la lutte contre le crime organisé.

2. « Nous avons des informations qui démontrent que des citoyens russes ou des groupes mafieux participent à des activités organisées criminelles dans plusieurs pays de la région, en particulier en Angola, Botswana, Mozambique, Namibie, Swaziland et Afrique du Sud. En Angola, ils chercheraient à obtenir légalement les droits d'extraction de diamants avec comme conséquence le risque de déséquilibrer la totalité du secteur. » Extrait du rapport sur le crime organisé, OCIU-SAPS, 1999.

3. *Idem.*

code d'honneur, de cérémonies d'initiation et d'une hié-
rarchisation stricte du pouvoir. En fait, contrairement à
la mafia sicilienne d'abord réticente au changement, les
Yakusa tentent de suivre l'évolution de la société et, sous
l'ère du Meiji, se modernisent parallèlement à l'industrialisation du pays. La contrebande, le jeu, l'extorsion, le
meurtre et le contrôle des ports sont les activités principales du crime organisé de l'archipel qui, dès la fin du
XIXᵉ siècle, s'implique aussi dans des activités légales et
courtise les milieux politiques nationalistes [1]. Un choix
judicieux puisque dans les années trente, le Japon devient
militariste et ultranationaliste. L'épisode le plus tragique
de cette époque est sans aucun doute la colonisation de la
Mandchourie chinoise, sanglante période de conquête où
les Yakusa collaborent ouvertement avec l'armée.

L'étroitesse des relations avec un pouvoir belliqueux est
tel qu'au lendemain de la Seconde Guerre mondiale, de
nombreux dirigeants des Yakusa se retrouvent incarcérés
et souvent accusés de crime contre l'humanité. 1945-1948
se révèle donc une période cruciale pour les Yakusa. Le
Japon est sous occupation américaine. Le général McArthur, représentant de Washington à Tokyo, impose un
ensemble de règles nouvelles, lesquelles vont faciliter la
renaissance du mouvement. D'abord, le général a insisté
pour que les forces d'occupation soient composées de
jeunes appelés n'ayant pas connu les terribles batailles du
Pacifique. Au départ, l'idée a pour but noble d'éviter le
ressentiment contre le peuple japonais que pourrait en
éprouver des vétérans de Guam ou Guadalcanal. Mais sur

---

1. Ainsi, dans les années vingt, le gouvernement utilise les Yakusa
pour entrer en contact avec les mouvements ultranationalistes au
succès croissant. Les Yakusa sont également des intermédiaires incontournables lorsqu'il s'agit d'activité syndicaliste. Afin de mieux
contrôler les docks, le crime organisé japonais a noyauté les syndicats
créés en même temps que l'industrialisation du Japon.

le terrain, le résultat est catastrophique. Facilement abusés, les jeunes GI's, devenus nippophiles, n'ont aucune autorité et, à cause des restrictions, favorisent malgré eux le marché noir[1]. Autre erreur, l'interdiction du port d'arme faite à la police japonaise alors que les Yakusa, eux, étaient fortement pourvus. Ce qui entraîna un vrai déséquilibre.

Une autre décision de McArthur connut des répercussions imprévues et négatives : l'application d'une loi similaire à celle, américaine, de 1937 qui imposa la prohibition du cannabis. Parce que, lors de sa première visite à Tokyo, le haut gradé avait été surpris par le nombre important de plantations dans le pays, et ignorant que les conditions climatiques y étaient idéales mais aussi la consommation autorisée voire recommandée, il fit voter en 1948 le Cannabis Control Act, qui ouvrit immédiatement un marché important aux Yakusa.

Une autre donnée facilita la réémergence de la mafia nippone : la volonté américaine de contrer la montée des communistes, choix politique qui, à nouveau, passa par de regrettables compromissions. En 1948, Yoshio Kodama croupissait depuis deux ans dans la prison Sugamo de Tokyo, les autorités américaines l'ayant « classé » dans la peu envieuse catégorie A des criminels de guerre, une codification réservée aux plus hauts officiers de l'armée japonaise et aux représentants du gouvernement. Kodama n'était toutefois ni l'un ni l'autre, même s'il détenait le titre honorifique de vice-amiral et, pour certains, appartenait à l'entourage des proches conseillers du Premier ministre. En

---

1. La technique la plus fréquente consistait à « fiancer » un soldat avec une Japonaise. Celle-ci, contrôlée par les Yakusa, exigeait des cadeaux de son « promis ». Les GI's ayant accès aux stocks de l'armée américaine s'exécutaient. Les présents étaient ensuite revendus à des prix exorbitants.

fait, Kodama était un industriel, un espion, un ultranationaliste, un fanatique et un habitué du réseau des Yakusa !

Sa carrière débuta en 1932 quand, après avoir flirté avec le socialisme, il créa son propre mouvement d'extrême droite, le Dokuritsu Seinen Sha [1], groupuscule violent qui tenta à plusieurs reprises d'assassiner des opposants politiques au gouvernement nationaliste japonais. Mais aussi, apparemment, le Premier ministre de l'époque, l'amiral Makoto Saito. Sur ce point, en tant que dirigeant du Dokuritsu, Kodama fut même incarcéré pendant trois ans. Libéré, désormais adhérant du Kenkoku-kai [2], le parti nationaliste au pouvoir, il va devenir un espion au service du Japon. Sous le couvert d'affaires, il créa un important réseau de renseignements mandchou couvrant l'ensemble du territoire chinois. Durant la Seconde Guerre mondiale, ses services deviennent même indispensables à l'effort de guerre du pays. Grâce à son réseau chinois, il achète en contrebande du radium, du nickel, du cobalt et du fer, une partie de transactions étant payées en héroïne. Malgré le conflit et la fermeture de la plupart des routes traditionnelles de la drogue, la Chine en consommant toujours, Kodama, avec l'aide des Yakusa, apparaît comme l'un des principaux fournisseurs. Lorsqu'en 1945, le Japon capitule, à tout juste trente-quatre ans, il se retrouve à la tête d'une fortune estimée à 175 millions de dollars. Qui ne lui permet toutefois pas d'échapper à la prison. Mais en 1948, il est gracié dans le cadre d'une amnistie générale décidée par les Américains. À travers le G2 [3] et la CIA, on cherche à utiliser le potentiel de ses réseaux anticommu-

---

1. Littéralement Société indépendante de la jeunesse.
2. Association fondatrice de la nation.
3. Service de renseignements de l'armée américaine dans la zone Pacifique.

nistes [1]. Car en ce début de guerre froide, Kodama s'avère un allié précieux grâce à ses informations capitales sur les insurgés communistes de l'ensemble du bassin asiatique. D'autant qu'étant en contact avec le crime organisé japonais, il peut, comme les États-Unis le firent à Marseille, aider la CIA à contrôler l'activité syndicale d'après-guerre. En 1949, Kodama dirigea d'ailleurs diverses opérations destinées à déstabiliser des ouvriers tentant de bloquer la production de charbon du pays.

Mais son coup de maître est en 1955 la fusion des deux partis politiques principaux pour donner naissance au

---

1. Kodama n'est pas la seule personnalité extrémiste à être libérée à cause de sa ferveur anticommuniste. Ryoichi Sasakawa, admirateur de Mussolini, fut l'un des précurseurs du mouvement fasciste japonais au début des années trente. Après une rencontre avec le Duce, il monta sa propre armée privée, riche de quinze mille hommes et de vingt avions de combats. Ses troupes d'élite portaient, comme en Italie, des chemises noires. En 1946, Sasakawa est condamné à mort pour ses actions criminelles durant la guerre. Pourtant en 1948, comme le prouvent des documents rendus publics en 1993 par l'agence de presse japonaise Kyodo, le G2 décida sa libération et l'utilisation de ses ressources humaines et financières pour lutter contre le communisme. Ces mêmes documents démontrent les relations suivies existant entre Sasakawa, Kodama et le Coréen Moon. Ensemble les trois hommes avec l'aide de la KCIA, l'agence de renseignements sud-coréenne créée grâce à la CIA et à l'argent des Yakusa, forment alors la Branche asiatique de la ligue anticommuniste. Ce sont une partie de ses fonds et l'aide personnelle de Kodama et de Sasakawa qui vont permettre à Moon de lancer son « centre pour la liberté », base de lancement de son ordre sectaire. En 1977, une enquête du Congrès américain menée par Donald Fraser avancera la participation de l'organisation mooniste dans le trafic d'armes et le blanchiment d'argent. En 1995, Ryoichi Sasakawa décède. Autoproclamé fasciste le plus riche du monde et généreux bienfaiteur des mouvements d'extrême droite américain et européen, il engrangeait annuellement 24 milliards de dollars grâce à son contrôle du jeu légal japonais. Un monopole offert par le PLD, le parti politique contrôlé par Yoshio Kodama.

parti libéral démocrate dont la domination sans partage sur le monde politique japonais constitue la meilleure antidote à la menace communiste. Non seulement Kodama devint le principal soutien financier du parti, son porte-parole mais en plus il laissa entrer différents Yakusa. Selon certains spécialistes de la question, il aurait même, en 1963, suivi une série de négociations ayant abouti, neuf ans plus tard, à l'union des différents dirigeants Yakusa. Et en 1972, sans être inquiété par les autorités japonaises ou le « gendarme » américain[1], cette fédération aurait abouti.

Désormais, au Japon, les Yakusa sont devenus incontournables. Blanchiment d'argent par l'intermédiaire des vingt mille sociétés placées dans leur orbite, trafic de drogue et d'armes, corruption, contrôle de pans entiers de l'économie. Dans la construction, l'industrie de navigation, les jeux de hasard, le tourisme sexuel, la prostitution, la pornographie, certaines assurances, des groupes d'édition, de médias, des sociétés de nouvelles technologies, à en croire les experts, les Yakusa sont partout !

Les triades chinoises ne sont peut-être pas aussi riches que les Yakusa mais ce n'est vraisemblablement qu'une question de temps.

L'origine de ces fameuses triades remonte au XVIIe siècle

---

1. Kodama, aujourd'hui décédé, était extrêmement fier de sa collection de photographies où il posait en compagnie des dirigeants occidentaux. Parmi celles-ci, il en existe une où on le voit faire son jogging avec le Président Jimmy Carter.

quand un empereur mandchou[1] se tourne vers un groupe de moines bouddhistes pour assurer la sécurité dans la province du Fujian. Mais les moines, réputés pour avoir inventé le kung-fu, trahissant les intérêts de Pékin, le souverain ordonne la destruction de leur monastère de Shaolin et l'éradication pure et simple de l'ordre religieux. Seuls cinq moines[2] survivent. Réfugiés à Muyang, ils fondent une société secrète qui, pourchassée par le pouvoir, est à l'origine de la création de nombreux autres groupes secrets qui souhaitent tous la restauration de la dynastie Ming et la fin du règne mandchou. Peu à peu, leur implication dans la société chinoise s'amplifie, attirant des marchands comme des brigands, des moines comme des joueurs. Dans une évolution rappelant la mafia sicilienne, ces triades[3] glissent progressivement de la résistance à l'État au pur crime organisé.

Les XIXe et XXe siècles, avec l'intensification du trafic de l'opium et de l'héroïne, permettent aux triades d'accumuler l'argent nécessaire à une installation durable. Les Chinois profitent aussi de l'importante immigration de membres de leur communauté pour prendre pied en Asie ainsi que sur la Côte Ouest des États-Unis où, dès la fin des années 1880, ils contrôlent les fumeries d'opium. Si l'Europe prend seulement conscience de l'existence et du

---

1. Les mandchous, d'origine tartare, s'installèrent sur le trône en 1644, après la conquête de Pékin. C'est la fin de la dynastie Ming et le début de la dynastie Qing.

2. Les cinq Ancêtres également connus sous le titre des « généraux-tigres » sont Tsoi Tak Chung, Fong tai Hung, Ma Chiu Hing, Wu Tak et Lee Shik Hoi. In *La Mafia chinoise en Europe*, Roger Faligot, Calmann-Lévy, 2001.

3. « En Chine, triade signifie société du Ciel et de la Terre (Tiandihui) ou encore société des Trois Unions (Sanhehui), représentées par un triangle symbolisant l'homme qui assure la liaison entre le ciel et la terre. » *Idem.*

rôle majeur des triades le 19 juin 2000 avec la découverte, à Douvres, de cinquante-quatre clandestins chinois morts étouffés à l'arrière d'un camion, sa présence sur notre territoire remonte en fait à plus loin. Lors de la sortie de son ouvrage sur la mafia chinoise, Roger Faligot, journaliste expert du sujet revenant sur son implantation mondiale, déclarait à la BBC : « La mafia chinoise est constituée de deux groupes très séparés. D'un côté, ce sont les triades, c'est-à-dire des organisations à l'origine nationalistes, des organisations secrètes, qui font un peu penser à la franc-maçonnerie, et qui remontent au Moyen Âge. Et elles sont une cinquantaine. Elles sont basées principalement à Macao, Hong-Kong et Taïwan, mais je dirais que parmi ces cinquante, il y en a sept qui ressortent, que j'appelle les sept sœurs du crime, qui ont une vocation internationale. Et puis, de l'autre côté, pour constituer l'autre volant de la mafia chinoise, ce sont les gangs nouveaux de la Chine continentale. J'ai voulu donner trois exemples qui me semblaient plus importants, puisqu'ils sont présents en France, en Hollande, en Belgique, c'est d'abord la 14 K, qui est une organisation nationaliste, d'origine liée à Tchang Kaï-check et non pas au parti communiste, qui a été la plus importante comme pourvoyeuse d'héroïne en France pendant vingt-cinq ans. Vous en avez une autre qui est la plus grande, c'est la Sun Yee On, c'est-à-dire une triade axée sur une ethnie particulière, les Xuzhou, et qui contrôle tout le cinéma asiatique dans son ensemble. Troisième exemple, un nouveau gang qui s'appelle Le Grand Cercle, composé d'anciens gardes rouges, d'anciens commandos des forces spéciales de l'Armée populaire de libération, gang qui s'est criminalisé, très efficace pour le trafic des fausses cartes de crédit. Très organisées, riches, et bénéficiant de solides réseaux au sein de la diaspora, les triades donnent du fil à retordre aux polices européennes. En France, le nombre de ses membres est très difficile à évaluer. Il y a quarante mille membres de la province des Wenzhou qui sont pour l'instant en Île-de-France, estimation faite par les Renseignements généraux français. Cela dit, on sait que ces chiffres évoluent tout le temps parce qu'il y a une forte mobilité [...] Il se produit un kidnapping par semaine à Paris actuellement, organisé par la mafia chinoise, avec des Chinois qui en sont eux-mêmes victimes. C'est d'ailleurs la raison pour laquelle, depuis deux ans maintenant, à Londres, à Amsterdam, ou à Paris, de plus en plus de commerçants chinois disent "On en a assez, on va prévenir la police, ou des travailleurs sociaux, ou des gens qui peuvent intervenir pour nous empêcher d'être victimes de cette mafia". Et je pense que c'est là que la voie salutaire d'intégration est possible : à partir du moment où cette mafia va être rejetée par la population chinoise en premier lieu. [1] »

Mais si l'Europe paraît un marché prometteur à la mafia chinoise, ce sont les États-Unis qui restent un objectif ultime. Tandis que la mafia russe a choisi New York et le quartier de Brighton Beach, les triades privilégient le Canada et plus particulièrement le port de Vancouver [2].

---

1. BBC, 24 juillet 2001.

2. Selon la Gendarmerie royale du Canada, le port de Vancouver est en 2001 la principale voie d'entrée nord-américaine de l'héroïne provenant du Triangle d'or. En 2000, l'émission canadienne d'investigation « Zone ouverte », enquêtant sur la présence des triades à Vancouver et à Montréal, déclarait : « Autre phénomène inquiétant, les moyens qu'utilisent les mafieux pour entrer au pays ; ils auraient même réussi à corrompre certains fonctionnaires. En août 1999, le caporal Robert Read sonne l'alarme. Il sera menacé de perdre son poste parce qu'il a communiqué aux médias certaines informations confidentielles selon lesquelles la mafia chinoise a eu accès au système informatisé d'immigration du Commissariat du Canada à Hong-Kong. D'autres avancent pour leur part que le crime organisé chinois a infiltré l'économie canadienne. Ses membres contribueraient même à la caisse électorale de partis politiques du pays. [...] En 1984, la

Désormais d'ailleurs, le Service canadien de renseignements criminels considère les triades comme une vraie menace pour le pays. Son rapport 2001 sur le « crime organisé de souche asiatique » dresse du reste un portrait complet de leurs activités :

« – Les groupes du crime organisé de souche asiatique (COSA) continuent de tremper dans le trafic de cocaïne, la production, le trafic et l'exportation de marihuana et dans l'importation et la distribution de l'héroïne de l'Asie du Sud-Est. Ils sont également impliqués dans la distribution de la méthylènedioxyamphétamine ou "ecstasy".

– Les groupes du COSA participent toujours à la contrebande à grande échelle de migrants illégaux, se servant du Canada à la fois comme pays de destination et comme point de transit vers les États-Unis.

– Les groupes du COSA continuent de développer des liens avec les autres groupes organisés et les bandes de malfaiteurs et ce, à l'échelle régionale, nationale et internationale. [...]

Au Canada, les groupes du crime organisé de souche asiatique continuent de se livrer à l'importation et au trafic à grande échelle de drogues, particulièrement l'héroïne [1]

Grande-Bretagne annonce que Hong-Kong retournera à la Chine en 1997. Première vague d'immigration. Le Canada, avide de l'argent de Hong-Kong, accueillera plus d'immigrants que tout autre pays, grâce entre autres au programme d'immigrants investisseurs. [...] En treize mois, sept cent quatre-vingt-huit visas illégaux auraient été émis. »

1. Plus loin dans son rapport, le SCRC relate les moyens ingénieux utilisés par les triades afin d'importer illégalement de l'héroïne : « En septembre 2000, à la suite d'une enquête qui a duré un an, les services de police de Vancouver, le Combined Forces Special Enforcement Unit et l'Agence des douanes et du revenu du Canada de Toronto ont combiné leurs efforts pour intercepter et saisir environ cinquante-sept kilogrammes d'héroïne, dix-sept kilogrammes de drogues de confection et 1,2 million de dollars en devises canadiennes et américaines. L'héroïne, qui provenait de l'Asie du Sud-Est, avait été expé-

et la cocaïne, à la culture, au trafic et à l'exportation de marihuana, à l'extorsion, à la violation de domicile, à l'enlèvement, à la contrebande de migrants illégaux, au vol, vol à l'étalage, à la prostitution, aux voies de fait, au jeu illégal, au prêt usuraire et à la production et la distribution de fausse monnaie, de logiciels, de produits manufacturés, ainsi que de cartes de crédit et de débit. Ces groupes sont également impliqués dans le recyclage des produits de la criminalité et le placement d'argent blanchi dans des entreprises honnêtes. [1] » En somme, un vrai fléau.

Enfin, une troisième organisation criminelle tout aussi dangereuse et néfaste a émergé au milieu des années quatre-vingt : la mafia nigériane.

La criminalité structurée africaine possède la particularité d'être récente et fort proche des pouvoirs politiques. La mafia nigériane elle-même constitue un groupe redoutable, spécialisée dans ce que les autorités américaines appellent « le crime en col blanc ». En moins de dix ans, profitant de solides assises politiques et administratives à Lagos, la capitale, les Nigérians sont devenus incontournables dans le monde des faux en tout genre, qu'il s'agisse des visas, passeports, relevés bancaires, diplômes universitaires et autres contrats de travail. Du reste, utilisant des faux certificats de naissance des îles Vierges américaines, plus de cent mille Nigérians se sont installés aux États-Unis entre 1990 et 1993. Or, à en croire l'INS, l'immigration américaine, entre 75 et 90 % d'entre eux « sont impliqués dans une impressionnante et innovante variété

---

diée à Vancouver par train, directement de la province de Guangdong en Chine. La drogue avait été dissimulée à l'intérieur de mille sept cents œufs de plastique, lesquels se trouvaient parmi environ cent soixante quatre mille œufs de canards véritables. La quantité d'héroïne saisie représentait 2,85 millions de doses individuelles ».

1. Rapport 2001 du SCRC.

de fraudes. [1] » En 1989 déjà, pourtant, avant même la deuxième vague d'arrivée de Nigérians sur le territoire américain et plus particulièrement les villes de Houston et de New York, le FBI estimait le coût des arnaques de cette mafia à plus d'un milliard de dollars !

Avec, il est vrai, des méthodes fort ingénieuses. De nombreuses escroqueries au crédit, par exemple, sont échafaudées avec la « création » d'entreprises factices permettant d'obtenir des avances. Mais une fois les versements effectués par les banques à partir de documents trafiqués, les gérants disparaissent. Dans le même esprit, dès le début des années quatre-vingt, de prétendus étudiants s'étaient attaqués aux rares aides distribuées par le Département de l'Éducation. La mafia nigériane ayant noté que les demandes de prêts études n'étaient pas recou-

---

1. *In The Social Contract*, Spring 1993. À noter également que cette arrivée massive d'immigrants, dont la priorité n'est pas l'intégration mais les activités illégales, a exacerbé le racisme latent des forces de police américaines. À retenir, cette citation attribuée à un agent des services de renseignements du NYPD par Jeffrey Robinson dans son excellent livre intitulé *The Merger* : « Ils sont ici, ils sont là, ils sont de partout. Lorsque la première fusée atterrira sur Mars, les astronautes seront accueillis par des Nigérians. » Plus grave encore, l'affaire Diallo. Le 4 février 1999 vers minuit, Amadou Diallo, un immigrant africain âgé de vingt-deux ans, entre dans le hall de son immeuble du Bronx, à New York. Au moment où il glisse sa main dans la poche intérieure de sa veste pour y chercher son portefeuille, quatre hommes d'une unité spéciale de la police tirent sur lui quarante et une fois. Amadou Diallo, qui n'est pas armé, est atteint de dix-neuf balles, dont plusieurs tirées après qu'il se fut effondré. Il ressemblait à un suspect dans une affaire de viol. Durant leur procès les quatre officiers ont évoqué, entre autres raisons, la multiplication des gangs nigérians fortement armés dans le même quartier de New York. À l'issue de l'affaire, les quatre policiers ont été condamnés par leur hiérarchie à suivre un stage de formation. Décision qui entraîna dans la communauté noire et chez les intellectuels américains de nombreuses protestations.

pées, autorisant un même foyer à effectuer plusieurs requêtes dès lors que le nom du bénéficiaire n'était pas le même, certains, comme cela arriva à Baltimore, se présentèrent quinze fois, produisant des pièces d'identité différentes à chaque démarche ! Les compagnies d'assurances furent également soumises à cette ingéniosité. De faux certificats de décès, de fausses déclarations de vol, de faux accidents de travail ou de la circulation coûtèrent près de 300 millions de dollars aux compagnies américaines entre 1997 et 2000.

La véritable spécialité de la mafia nigériane reste toutefois l'arnaque 419[1]. Si elle doit son nom au numéro de décret du gouvernement de Lagos passé au début des années quatre-vingt afin de l'interdire, la « 419 » se révèle encore bien vivante. Elle consiste à envoyer des lettres, des fax et désormais des e-mails qui demandent la collaboration d'un tiers afin de débloquer de comptes bancaires africains des sommes colossales très souvent liées au pétrole. Dans un premier temps, la lettre précise qu'en échange de son aide le destinataire recevra un pourcentage allant de 5 à 10 % du total. Et comme un dixième de 200 millions de dollars constitue une somme non négligeable, la future victime se laisse séduire et contacte l'organisation. Laquelle prétend avoir juste besoin de son nom et d'une autorisation manuscrite signée pour débloquer l'argent. De fait, après avoir jaugé la motivation du « candidat », la bonne nouvelle arrive et les fonds sont annoncés disponibles. Seul hic, pour échapper au contrôle des douanes, les coupures ont été recouvertes d'une teinture noire. Mais là encore, les petits malins ont la parade et

---

1. Taper « 419 Scams » dans n'importe quel moteur de recherche sur Internet permet d'accéder à une fantastique liste d'arnaques mises sur pied par les Nigérians et rassemblées par les autorités américaines, britanniques et nigérianes.

rassurent le piégé : l'organisation possède un produit chimique qui blanchira – l'analogie est amusante – le magot. En échange, bien évidemment, de 100 000 dollars destinés à acquérir une quantité suffisante de dissolvant. Conscient de l'effort financier conséquent demandé, le groupe nigérian accepte d'augmenter le pourcentage de l'investisseur tout en lui démontrant, preuves et tests à l'appui, qu'il est possible de changer un morceau de papier noir en billet de 100 dollars ! Mieux, en signe de confiance, ils offrent les premiers 10 000 dollars blanchis pour la démonstration. En moins de deux mois, « l'heureux » destinataire de la lettre initiale a donc reçu 10 000 dollars et vu son pourcentage augmenter sans avoir déboursé le moindre cent. Comment n'aurait-il pas confiance ? Et comment n'investirait-il pas 100 000 dollars alors qu'il va en gagner plusieurs millions ? Deux semaines plus tard, il reçoit donc comme prévu un appel de son correspondant. L'opération est une réussite, les billets sont blanchis et sa part l'attend. Comme, vu la somme, il est dangereux de la lui faire parvenir en espèces, le Nigérian, qui a décidément solution à tout, lui propose, contre un versement modique de 10 ou 20 000 dollars, de mettre sur pied un transfert électronique de l'argent aboutissant à un compte défiscalisé des Caraïbes. Le montage financier ne prendra pas plus de deux semaines et aura l'avantage d'éviter taxes et impôts. La victime accepte, fournit l'argent et les informations nécessaires à l'ouverture du compte comme son numéro de Sécurité sociale[1] et ceux de ses comptes américains. Avec ces ren-

---

1. Le numéro de Sécurité sociale est le véritable passe-partout du citoyen américain. Sa consultation par un organisme de crédit permet d'obtenir la « credit history » d'un client et de savoir son niveau de solvabilité. Aussi c'est bien souvent l'unique information demandée par ces organismes.

seignements et l'autorisation manuscrite signée au tout début de la transaction, il est désormais possible à l'arnaqueur de vider les comptes de sa victime et de souscrire à son nom une multitude de crédits. De la rapidité du « pigeon » à agir dépend sa capacité à éviter la faillite. Quant à l'argent versé par le « candidat », très souvent il n'a servi qu'à couvrir les frais de l'opération !

Si, aujourd'hui, le processus est connu, il continue toutefois à faire des ravages. Depuis la découverte de l'arnaque, la poste américaine estime en effet que chaque année 3,2 millions de lettres proposant la fameuse 419 transitent par ses services. Ou plutôt transitaient puisque, ayant constaté que les timbres utilisés étaient des contrefaçons, elle a trouvé l'excuse nécessaire pour détruire ces courriers [1].

Les États-Unis et la Grande-Bretagne étaient jusqu'à présent les pays les plus touchés [2], mais la mafia nigériane

---

1. *In The Merger, op. cit.* Autre information communiquée par Jeffrey Robinson, la statistique suivante : « On estime à 1 % le taux de réponse aux demandes nigérianes et la perte moyenne de 200 000 dollars. Si l'on prend seulement les quatre millions de lettres stoppées par les services postaux américains et anglais annuellement, on arrive à un total de 80 millions de dollars. Mais mondialement, les arnaques 419 de la mafia nigériane avoisinent un milliard de dollars ».

2. Le système bancaire britannique, payant les excès d'une politique laxiste en terme de blanchiment d'argent, a été victime de la mafia nigériane. En effet, en 1999, la Barclays, HSBC, Merril Lynch, Citigroup et Standard Chartered se sont retrouvés victimes de l'affaire Abacha. L'ancien dictateur de Lagos avait utilisé les banques anglaises pour blanchir 3 milliards de dollars détournés directement des caisses de la Banque centrale du Nigeria. Aujourd'hui, alors que le Président Bush reçoit l'assurance de Tony Blair d'être suivi dans « la guerre contre le terrorisme » avec un renforcement des mesures de surveillance des réseaux illicites, il est ironique de constater que le CIA World Factbook 2001, l'annuaire mondial de la CIA, signale que la Grande-Bretagne est « un point principal du blanchiment d'argent ». En 1999, l'Observatoire géopolitique des drogues notait la même

s'attaque aussi depuis bientôt cinq ans au reste de l'Europe. Premières cibles, les pays nordiques, l'Allemagne et les Pays-Bas. Une partie importante de la population parlant l'anglais, ce qui est le cas des Nigérians, la « transaction » était plus facile. Depuis 1998, la France n'est pas non plus épargnée, même si, au début, cette mise en garde adressée par les services britanniques fut traitée avec légèreté par les autorités hexagonales. Les Anglais avaient en effet remarqué un envoi conséquent de lettres 419 de Londres vers Paris. Il a fallu la Coupe du Monde de football pour que l'Hexagone prenne conscience du risque, à partir d'un détail a priori insignifiant. Comme lors des jeux Olympiques d'Atlanta, les hôtels ayant hébergé des supporters de l'équipe du Nigeria notèrent avec surprise la disparition des annuaires téléphoniques. Or les responsables américains avaient constaté que quatre mois après la clôture des Jeux, Atlanta avait été submergée par des courriers et des fax dits 419. S'il n'existe pas, semble-t-il, de communiqué officiel évoquant le même phénomène en France, il ne fait guère de doute que les vols d'annuaires avaient le même objectif. Du reste, un message d'alerte fut affiché sur les sites Internet de l'État français et de ses ambassades afin de mettre en garde contre une recrudescence des escroqueries internationales. En tout cas, des lettres 419, heureusement fort mal traduites pour convaincre, ont bien été expédiées vers la France [1]. La prudence reste donc de mise devant toute proposition garantissant à chacun de « gagner des millions ».

---

chose : « Londres, avec son industrie de finance surdéveloppée, est sans doute l'une des plus grandes places du blanchiment ».
1. Voir Annexes.

★

★ ★

La décennie quatre-vingt-dix a donc bien vu l'émergence de nombreuses mafias. Au côté des Siciliens, des Napolitains, des Calabrais, des Américains, des Colombiens et des Russes déjà connus, sont apparus sur la scène mondiale les Nigérians, les Chinois et les Japonais. D'autres groupes, à l'échelle régionale, ne sont pas à négliger pour autant. Comme les Vietnamiens, souvent contrôlés par les triades, les mafias turque ou albanaise, qui collaborent avec les Russes ou les Italiens ; les Mexicains, qui œuvrent parfois avec les Colombiens et mettent à contribution leurs réseaux pour introduire de la cocaïne sur le territoire américain. De prime abord, cette prolifération ne semble guère originale. Bien entendu, les ethnies, les confessions religieuses, les organisations et les hommes ont changé, mais tout paraît rappeler l'avant-Cosa Nostra, avec une Amérique partagée entre gangs irlandais, chinois, juifs, italiens et noirs. Pourtant, en y regardant de plus près, on constate que la criminalité organisée contemporaine n'a rien à voir avec cette image d'antan. Qu'elle apparaît bien plus complexe mais aussi bien plus effrayante.

Au milieu des années quatre-vingt, lorsque les sociétés occidentales, bientôt suivies par les autres, ont pris le tournant de la mondialisation, quelques voix, dont celle du juge Falcone, se sont élevées pour mettre en garde les démocraties contre le risque d'une globalisation des mafias. Un demi-siècle de cohabitation forcée avec l'expansion des « hommes d'honneur » n'avait-il pas enseigné que le crime organisé savait s'adapter aux évolutions et épousait les contours de nos sociétés ? Le monde se transformant en village, n'était-il pas probable que les mafieux souhaiteraient contrôler une partie du territoire ? Hélas, ces mises en garde ne rencontrèrent aucun écho. Pire, chaque tentative médiatique ou judiciaire pour évoquer la globalisation et l'industrialisation du crime se heurta au silence souvent lourd de sous-entendus des autorités ou des spécialistes. L'argument opposé était toujours le même : le poids des différences culturelles et ethniques allait empêcher une telle alliance. Les Yakusa ne devaient-ils pas, selon leur code d'honneur, refuser de donner leur confiance à toute autre nationalité ? Les Colombiens n'avaient-ils pas éliminé les Cubains pour contrôler seuls la cocaïne ? Et n'avaient-ils pas préféré monter leur propre réseau de distribution au lieu de travailler avec la Cosa nostra, déclenchant par là même un bain de sang en Floride ? Et le milieu français ne s'entre-déchirait-il pas lui-même dans ses guerres de succession ?

En somme, à en croire les optimistes, la *pax mafiosa* ne serait qu'une vue de l'esprit. Voire une légende urbaine aux relents sécuritaires et isolationnistes. Hélas, la réalité est autre. Car depuis le début des années quatre-vingt-dix, les différentes organisations criminelles de la planète ont bien multiplié les rencontres, les conférences et les accords. Avec un objectif froidement simple : contrôler l'économie mondiale.

Prétendre le contraire c'est même faire preuve d'un aveuglement dangereux. Lorsque Giovanni Falcone et certains membres des services de renseignements de l'Europe de l'Ouest et des États-Unis ont commencé à sentir la mutation des mafias, ils ont immédiatement pris au sérieux la menace. D'abord, parce qu'ils connaissent l'ennemi et ont eu l'intelligence de ne pas le sous-estimer. Il est, sur ce point, effrayant de constater que les négations des autorités gouvernementales proviennent très souvent de personnes ignorant tout des organisations criminelles et assurant que le crime organisé est composé d'imbéciles, alors que Pablo Escobar, Toto Riina ou Ivankov ont toujours fait preuve de détermination et d'intelligence pour développer leurs affaires. Ensuite, parce que l'histoire même de la criminalité organisée corrobore l'inquiétude des vrais experts. La situation actuelle n'est rien d'autre qu'une nouvelle écriture du comportement que les mafias ont toujours eu. Il fallait raconter dans le détail les réseaux de la French Connection unissant Américains, Canadiens, Mexicains, Turcs, Libanais, Siciliens et Français pour prouver que, quand il s'agit de s'enrichir, les organisations criminelles sont prêtes à s'unir. Il fallait bien décrire les routes du Triangle d'or mariant Chinois, Siciliens, Américains, Cubains, Vietnamiens, Birmaniens, agents de la CIA et politiques corrompus pour démontrer que ni les barrières linguistiques ni la moralité d'une fonction n'arrêtent les mafias. Les réseaux de Luciano et de Trafficante n'étaient *que* des moyens d'enrichissement et la perspective d'un marché de plusieurs milliards de dollars suffirent à gommer les antécédents « familiaux » et les rivalités ethniques. Aussi, face à un monde en mutation qui regorge de perspectives lucratives, les « hommes d'honneur » ont montré leur redoutable intelligence, en s'associant pour partir à la conquête du village global. Et la naissance de Mafia S.A. c'est aussi, ironiquement, la preuve de l'impuissance de nos sociétés à comprendre clairement puis à résoudre le lancinant problème de la criminalité organisée.

En 1984, Tomaso Buscetta est arrêté dans le cadre de l'affaire de la Pizza Connection. L'Italien, vétéran du crime organisé, était déjà présent en octobre 1957 à la conférence de l'hôtel des Grandes Palmes de Palerme. Il a par ailleurs fréquenté les réseaux Ricord en Amérique latine et les routes Trafficante dans le Pacifique. Dès lors, son interpellation constitue un événement sans précédent dans le landernau judiciaire. D'autant qu'excédé par son exil forcé au Brésil et par l'exécution de membres de sa

351

famille[1], Buscetta se dit prêt à parler. Pour être plus précis, le Sicilien acceptera de se confier à celui qui aura le talent de le mettre dans les conditions idéales d'une confession. Cet « accoucheur » c'est le magistrat italien Giovanni Falcone. Lequel écrit notamment : « À l'expérience, je suis persuadé que le seul comportement efficace et juste à l'égard des repentis est, bien sûr, de vérifier d'abord attentivement leurs propos, mais aussi de ne pas dévaluer systématiquement leurs affirmations. Connaissant les mécanismes qui régissent les rapports de l'homme d'honneur avec les faits, et qui peuvent être résumés par : "obligation stricte de dire la vérité", je n'ai de mon côté jamais raconté d'histoires à un mafioso que je devais interroger. Mon discours a toujours été très cru, très détaché, très sceptique et donc très franc. J'ai commencé tous mes interrogatoires par ces deux phrases : "Dites ce qu'il vous plaira, mais sachez bien que cet interrogatoire sera pour vous un calvaire, car j'essaierai de vous faire tomber dans tous les pièges possibles. Si par hasard vous parvenez à me convaincre de la vraisemblance de vos propos, alors et alors seulement, je pourrai envisager de soutenir votre droit à vivre et à être protégé face à la bureaucratie et à la Cosa nostra[2]". Les mafiosi sont des gens qui méritent la vérité[3]. » La méthode va s'avérer efficace, au-delà même des espérances de Falcone. Pendant quarante-cinq jours, Buscetta va en effet livrer les secrets de la mafia sicilienne. Sans rien oublier. Noms, lieux de rendez-vous, caches, organisation, description détaillée de nombreuses opérations, mise à jour de réseaux de blanchiment..., ses confidences déclenchent une série d'arrestations qui décapitent les familles de l'île. Le maxi-procès de Palerme de

---

1. Voir chapitre 8.
2. Il s'agit ici de la Cosa Nostra sicilienne.
3. In *Cosa Nostra, le juge et les « hommes d'honneur »*, op. cit.

décembre 1987 rassemble ainsi quatre cent soixante-qua-
torze accusés placés sous haute surveillance. Parmi eux,
Michel Greco, le « pape » de la Mafia, membre de la
Commission depuis en 1974[1]. Mais aussi grâce aux renseignements de Buscetta, six autres membres de cette
même Commission, trois autres se trouvant en fuite. Au
terme des débats, trois cent trente-six membres de la
mafia sont condamnés.

Évidemment, la réplique du crime organisé se fait sanglante, réponse explosive au succès du pool de magistrats
emmenés par Falcone, Di Lello, Borsellino et Guarnotta.
Le 12 janvier 1988, l'ancien maire de Palerme est abattu,
prologue d'une attaque quasi-militaire des institutions
politico-judiciaires de l'île. Magistrats, enquêteurs,
membres du milieu associatif, commerçants et industriels
opposés aux rackets, fonctionnaires intègres, hommes
politiques, mais aussi leurs familles, deviennent les nouvelles cibles de la Cosa nostra italienne.

Comme la vue du sang ne semble pas ralentir la
machine judiciaire, les Siciliens vont franchir un nouveau
palier et recourir à leurs nombreux réseaux politiques et
financiers. Ainsi la fin des années quatre-vingt correspond
à ce que les experts appellent « une délégitimation de ceux
qui avaient enquêté avec succès sur la mafia. Cela ira du
refus de nommer Falcone au poste de conseiller instruc-
teur [...] au démantèlement du pool des juges d'instruction auprès du tribunal de Palerme. L'offensive fut menée
par des magistrats dudit tribunal et par des courants majoritaires du Conseil supérieur de la magistrature. Ils agirent
parfois par jalousie professionnelle à l'égard de collègues
qui s'étaient fait une réputation internationale par leur

---

1. Il en sera même le « secrétaire » de 1978 à 1982. Au moment de
son arrestation, il est considéré avec Salvatore « Toto » Riina comme
le patron de la mafia sicilienne.

professionnalisme dans la lutte antimafia. Mais il leur faut aller chercher les stratèges ailleurs, dans les couloirs du pouvoir central à Rome, dans les rangs politiques, surtout ceux qui étaient directement impliqués dans les affaires de collusion avec le crime organisé [1] ».

Qui donc voit d'un mauvais œil cette indépendance des magistrats ? En premier lieu, l'omniprésente Démocratie chrétienne et plus particulièrement deux de ses chefs de file, Salvo Lima et Giulio Andreotti. Il est vrai que la terreur refroidit les plus ardents, la mafia remportant dans un premier temps des victoires. La série d'assassinats débutée en 1988 raréfie les troupes de ses opposants et fait chuter la motivation à la combattre. De plus, une partie importante des lourdes condamnations prononcées au maxi-procès de Palerme sont cassées par la cour suprême italienne. Profitant d'une faille législative, les deux tiers des condamnés sont relaxés. Enfin, les réseaux financiers du crime organisé conduisant aux institutions bancaires légales du pays n'ont pas été inquiétés.

Isolé, critiqué à l'intérieur de son pays mais soutenu à l'étranger, notamment par des confrères français et américains continuant à lui fournir informations et pistes, Falcone ne plie toutefois pas et annonce sa volonté de faire tomber le parrain des parrains, Salvatore Riina.

« Toto la Bête » Riina représente la famille Corleone au sein de la Commission de la Cosa nostra depuis la Coupole de 1963. Sa traque ainsi que les multiples arrestations

---

1. In *Les Mafias*, *op. cit.* Comme le signale Paolo Pezzino dans son ouvrage de synthèse sur le crime organisé, le plus inattendu soutien à la mafia vient de l'écrivain Leonardo Sciascia. Dans une série d'articles, il fustige « les professionnels de l'antimafia » et plus particulièrement le maire de Palerme, Leoluca Orlando, et le juge Paolo Borsellino, ardents pourfendeurs du crime organisé. Dans les années soixante-dix, Sciascia avait pourtant publié divers ouvrages sur les dangers de la mafia et son implication dans la société italienne.

qui en ont découlé, sont un moment clé de l'histoire de la mafia sicilienne. Car l'homme bénéficie de relais, en particulier au sein de la Démocratie chrétienne. Jusqu'au jour où les Siciliens estiment qu'il faut marquer les esprits, et bousculer ce pouvoir incapable de stopper Falcone et ses confrères. Le 12 mars 1992, Salvo Lima, député européen et représentant direct d'Andreotti en Sicile, est assassiné. Selon une déposition de Gaspare Mutolo, un repenti : « Lima (a été éliminé parce que), considéré comme le plus fort symbole de la composante politique avec laquelle Cosa nostra avait établi des rapports de coexistence pacifique et d'échanges de faveurs, et sur laquelle elle portait ses voix. Lima n'avait pas pu défendre ses intérêts [1] ». Le signal est fort mais propulse la mafia dans une spirale de violence. Ainsi, le 23 mai 1992, une charge de quatre-vingt kilos de dynamite explose au passage du véhicule de Giovanni Falcone. Le magistrat, son épouse et leurs trois gardes du corps sont tués par la déflagration. La mort de Falcone, puis le 19 juillet celle de Borsellino, produisent des effets dévastateurs pour le crime organisé sicilien. Pour la première fois, la colère gagne l'opinion, avertissement non compris par la mafia qui, s'inspirant de la stratégie choisie par Escobar en Colombie, opte pour la terreur dans l'espoir de voir plier les autorités italiennes.

Le 14 mai 1993, la via Ruggero Fauro de Rome est secouée par une explosion. Cible ? Le présentateur de télévision Maurizio Constanzo, connu pour ses positions publiques antimafia. Constanzo échappe à l'attentat, le premier à frapper en dehors des limites de la Sicile. Le 27 mai, c'est Florence qui est cette fois visée. L'explosion d'un véhicule piégé non loin du musée des Offices tue quatre personnes. Bilan tragique également à Milan avec

---

1. Déposition de synthèse de Gaspare Mutolo, cité in *Les Mafias*, *op. cit.*

le plastiquage du Pavillon d'art contemporain. Puis Rome est à nouveau atteinte avec des attentats contre l'église de Saint-Georges-en-Velabre et la place Saint-Jean de Latran[1]. Une tactique de la terreur qui produit l'effet inverse de celui escompté : le public se révolte et désormais, sous peine de sanction électorale, ne pas s'attaquer à la mafia n'est plus possible. En 1993 Toto Riina est donc arrêté. La même année, le procureur de Palerme demande au Sénat d'engager une procédure contre Giulio Andreotti pour soutien à une association mafieuse. Si Riina fut condamné, le procès de l'ex-Premier ministre italien s'est conclu, lui, on le sait, par une absolution.

★

★ ★

Ce que l'on sait moins, c'est que cette période a conduit la Cosa nostra italienne à entamer, au tournant des années quatre-vingt-dix, une véritable mutation. Si l'action de Falcone et du pool antimafia a eu des conséquences visibles et positives, montrant pour la première fois l'État démocratique italien tenant tête à la mafia et démontrant que seule l'intransigeance pouvait aboutir à des résultats, – Greco, Riina et d'autres responsables de l'organisation se retrouvant derrière les barreaux et ne devant pas en sortir avant longtemps –, l'attention et la pression portées sur la mafia ont conduit celle-ci à s'ouvrir à d'autres organisations criminelles. Paradoxalement, sans s'en rendre compte, en poussant les Siciliens dans leurs retranchements, en les coupant de différents soutiens politiques, en remettant en question le silence des victimes et *in fine* en réussissant à

---

1. Un des projets mis à jour par les forces de l'ordre consistait à s'attaquer à l'explosif à la tour de Pise.

changer les mentalités, les magistrats ont, indirectement, favorisé l'internationalisation de la Cosa nostra italienne.

Premier indice de cette évolution, le recours à la violence terroriste. Si les liens entre terrorisme et crime organisé sont anciens – n'oublions pas que les routes de la drogue sont également celles du trafic d'armes –, le choix de la mafia de privilégier cette option la contraint à se tourner vers d'autres réseaux. Et plus particulièrement, à faire appel à la mafia russe. La RAI, la télévision italienne, a sur ce point révélé que ce sont des mercenaires venus de Moscou qui ont participé aux attentats de Florence et de Rome. Une information qui pourrait être confirmée par l'arrestation voilà deux ans de Zdravko Mlakar, un Slovène de trente-quatre ans, présenté comme un trafiquant d'armes dont l'un des principaux clients était le crime organisé italien [1]. Devenu repenti, il a révélé sa participation à diverses transactions. En échange de cocaïne, les Russes livrèrent de l'explosif et des lance-roquettes qui devaient être utilisés contre les représentants de la justice italienne. Mlakar a même parlé de la livraison d'un missile Stinger destiné à éliminer Michele Emiliano, un procureur adepte des méthodes Falcone.

Autre indice, la véritable raison de l'assassinat de Falcone. Lorsque le magistrat est exécuté en mai 1992, chacun croit voir le mobile dans son action antimafia, le maxiprocès de Palerme et le combat qu'il mène contre Toto Riina. Pourtant, s'il n'est pas impossible que tout cela ait compté, le maxi-procès remonte en 1987, Riina est en fuite et n'ignore pas que le meurtre de ce juge populaire risque de précipiter sa chute, et la thèse de la vengeance ne correspond pas vraiment au modus operandi des cerveaux de la mafia. Faut-il alors y voir un lien avec la mort, deux mois plus tôt, de Salvo Lima ? En 1990, Falcone avait enquêté sur la relation Lima-Andreotti, remontant

---

1. Dont la Sacra Corona Unita, la mafia des Pouilles.

un à un leurs liens prétendus avec le crime organisé. Le magistrat avançait ainsi qu'une partie de l'argent de Lima transitait par la banque Artigina di Monreale près de Palerme, établissement que certains voyaient comme une façade de la mafia. À ses yeux Lima était donc corrompu par la Cosa nostra italienne depuis 1968. À travers lui, Falcone espérait aussi atteindre celui qui fut à plusieurs reprises Premier ministre. Pour certains, éliminer le maillon faible soi-disant capable de lier Andreotti et le parti démo-crate-chrétien à Toto Riina était donc une « solution ». En revanche, croire que l'élimination de Falcone suit la même logique serait une erreur, car au moment de sa mort, le juge n'enquêtait pas sur ces dossiers mais sur une livraison de six cents kilos de drogue. Et pour une fois, il ne s'agis-sait pas d'héroïne, la principale ressource de la mafia sici-lienne, mais de cocaïne fournie par... Pablo Escobar. Giovanni Falcone fut en fait un des premiers magistrats antimafia à avoir mis à jour la naissance de la Mafia S.A.

Au début 1992, comme le démontrent des rapports de la DEA et du FBI, il travaille sur des livraisons de cocaïne faites par Pablo Escobar à la famille Madonia de Palerme. Et apprend qu'en échange de la coke, les Siciliens avaient envoyé certains de leurs hommes à Philadelphie pour aider les Colombiens à mettre sur pied un réseau de distribution d'héroïne aux États-Unis [1].

En fait, l'union des Siciliens et des Colombiens date d'octobre 1987. Alors que l'Italie élaborait le maxi-procès de Palerme, la mafia préparait déjà son avenir en organi-sant une rencontre secrète sur l'île d'Aruba. Un sommet

---

1. Selon l'auteur Jeffrey Robinson, c'est pour cela que six membres du FBI furent envoyés immédiatement à Palerme suite à la mort de Falcone. Leur participation à l'enquête dès ses premières heures atteste que Falcone travaillait sur autre chose que sur des affaires purement italiennes. In *The Merger*, *op. cit.*

ayant autant d'importance que celui que Luciano présida en Sicile trente ans plus tôt. Et s'il s'agissait de valider la naissance de la French Connection, cette fois le pari parut encore plus audacieux dans la mesure où l'on cherchait à contrôler le futur marché européen de la cocaïne. Le système mis en place se révélera si novateur que en 1989, lorsque la DEA apprend les détails de l'accord, elle aura du mal à croire la révélation de Giuseppe « Joe » Guffaro, Sicilien trafiquant d'héroïne vers les États-Unis depuis dix ans interpellé en Floride qui opta pour un « plea bargain[1] ». En échange de la clémence du juge et de son inscription dans le programme fédéral de protection des témoins, il livra le plus important secret de la Cosa nostra italienne. Et expliqua qu'en octobre 1987, il avait accompagné John Galatolo sur l'île d'Aruba, un « paradis » des Caraïbes contrôlé entièrement par la mafia sicilienne[2].

Galatolo est le consigliere de Francesco Madonia, l'un des parrains de Palerme. Mieux, il est habilité à négocier au nom des quatre familles les plus importantes de Sicile.

---

1. Accord de marchandage entre les autorités et un suspect. En échange d'informations, le suspect négocie sa future peine et souvent son entrée dans le programme fédéral de protection des témoins. La formule a permis aux autorités américaines d'obtenir un taux important de repentis ces cinquante dernières années. En France, un article du code pénal donne la possibilité au juge de tenir compte de la collaboration de l'accusé au moment où il détermine la peine. À côté de cela, un magistrat français a toujours la possibilité de classer un dossier ou de le poursuivre. Ce qui, concrètement, lui donne le pouvoir d'oublier une infraction lorsqu'en retour il obtient une collaboration sur une affaire plus importante.

2. En 1993, des enquêtes menées par des quotidiens italiens ont démontré qu'Aruba était devenu le premier État indépendant mafieux du monde. Là, les Siciliens, en plus d'être les principaux propriétaires terriens, posséderaient l'ensemble des hôtels, casinos, banques, centres de loisirs, sans parler de leur influence sur la police, les douanes et l'ensemble de la classe politique.

Avant d'arriver à Aruba, il s'est même arrêté à Brooklyn pour informer les « zips » de l'idée des parrains siciliens. Une idée révolutionnaire puisqu'il est question de passer un accord de collaboration mondiale avec le cartel de Medellín, démarche d'autant mieux perçue qu'Escobar s'intéresse à l'Europe depuis quelque temps, ayant constaté que la pression américaine rendait plus difficile l'exportation de cocaïne vers les États-Unis et qu'en Europe le kilo de cocaïne dépasse les 50 000 dollars contre 11 000 aux USA. Pour Escobar, l'Europe est donc le marché idéal. Ayant deux ans plus tôt tenté d'utiliser l'Espagne comme tête de pont mais s'étant rapidement rendu compte qu'il lui faudrait des années, un investissement colossal et une guerre frontale avec la Cosa nostra italienne pour s'imposer, il convint que la seule solution était d'utiliser le crime organisé sicilien comme distributeur contrôlé, dans un rôle similaire à la mafia mexicaine pour le marché nord-américain.

Mais lorsque Waldo Aponte Romero, son représentant, atterrit à Aruba, Galatolo a une autre idée en tête, une proposition qui ne se refuse pas. Car il est hors de question pour les Siciliens d'être de simples distributeurs sur un marché dont ils ont la chasse gardée depuis des lustres. Leur offre est simple : Escobar livre de grosses quantités de cocaïne à Aruba, les Italiens ne voulant évidemment pas d'une intervention directe des Colombiens sur leurs terres. En échange toutefois, les cartels recevront de l'héroïne qu'ils pourront vendre sur le territoire américain. Pour conclure, Galatano précise que si les Colombiens persistent à vouloir faire cavalier seul en Europe, cela sera considéré comme un acte de guerre.

Le 7 janvier 1998, *Big John*, un navire aux couleurs chiliennes, appareille à Aruba. À son bord, près de six cents kilos de cocaïne colombienne. Une fois la cargaison déchargée, on la remplace par de l'héroïne. Dans les mois suivants, *Big John* et d'autres navires feront le voyage, leurs cales remplies de plusieurs milliers de kilos de drogue. Cuffaro révélera à la DEA que si l'héroïne est destinée aux USA, la cocaïne, elle, est principalement réservée aux marchés allemand et français.

Américains et Colombiens se sont donc mis d'accord quand un troisième acteur intervient. Les parrains moscovites souhaitent également vendre de la cocaïne colombienne pouvant, en échange, fournir de l'héroïne venant du Croissant d'or[1], mettre à disposition leur machine à blanchir l'argent et armer les cartels. Or cette dernière promesse séduit Escobar, sa lutte contre l'autorité colombienne soutenue par les Américains s'apparentant à une guerre. Bénéficiant du contrôle presque total de la mafia russe sur les stocks militaires, les cartels vont donc s'équiper, pouvant récupérer armement léger, lance-missiles ou hélicoptères de combat[2]. Le troc armes contre drogue atteint son paroxysme en 1996 quand la DEA, grâce à un agent infiltré, met fin à une opération lancée deux ans plus tôt par Ludwig Feinberg. Feinberg, que ses amis prénomment Tarzan, est un Russe de confession juive, religion qui lui permit de quitter l'Union soviétique en 1978. Après quelques années à Tel-Aviv, il s'est installé à Miami où il a ouvert le Porkys, un club de strip-tease offrant une couverture lui permettant mener tranquillement son commerce de drogue. La Floride étant alors la tête de pont des Colombiens, Feinberg devient l'un des contacts de la mafia russe pour les livraisons de cocaïne. Parmi ses relations d'affaires, il compte la fameuse Ivankov. En

---

1. Afghanistan, Iran et Pakistan. Le Golden Crescent est aujourd'hui la première zone mondiale de production d'opium. D'après l'UNESCO, en 1997, l'Afghanistan représentait 58 % de la production mondiale.

2. Voir annexe, catalogue de vente d'armement russe.

1995, la DEA commence toutefois à s'intéresser sérieusement à ses activités. Dans un premier temps, les Américains ont l'impression d'être tombé sur un acteur secondaire dans la mesure où il ne correspond pas au profil du « gros poisson » puisqu'il s'implique personnellement dans toutes sortes de transactions, y compris certaines pour lesquelles le risque ne vaut pas les quelques milliers de dollars qu'il récolte. Pourtant, en proie au doute, le patron de la DEA de Miami décide d'infiltrer un de ses agents d'origine russe. Sa mission consiste à se faire passer pour un truand afin d'y voir plus clair. Alexander Yassevitch, c'est son nom, en plus de parler la langue de Feinberg, est né dans le même quartier que lui. Des liens qui vont permettre à la « taupe » de devenir l'ami puis l'associé de Tarzan. De la sorte, Yassevitch apprend que Feinberg est l'interlocuteur privilégié d'un groupe de Colombiens quand il s'agit d'acquérir de l'armement lourd russe. Et qu'apparemment Tarzan a joué les intermédiaires à de nombreuses reprises pour l'achat d'hélicoptères de combat destinés à détruire les vols de surveillance de l'armée colombienne[1]. Un soir de beuverie, Feinberg confie même à son « ami » qu'il prépare le plus gros coup de sa carrière. À l'époque, les Américains sont convaincus que la mafia russe trafique de l'uranium et tout le savoir nécessaire à fabriquer l'arme atomique. Dans un même temps, en Italie des magistrats ont mis à jour un réseau entre Siciliens et Russes, la Cosa nostra fournissait de la drogue en échange de composants radioactifs revendus ensuite au Moyen-Orient. La DEA pense alors que Feinberg se prépare à livrer de l'uranium enrichi aux cartels colombiens.

---

1. En 1993, selon la DEA, il aurait livré six hélicoptères MI8 au cartel de Cali. Vendus au prix unitaire d'un million de dollars, ces hélicoptères sont utilisés pour transporter de grosses quantités de cocaïne sur une importante distance.

En fait, Tarzan est sur le point d'acquérir un sous-marin de la marine russe, non pour l'utiliser dans un but guerrier mais pour transporter d'importantes quantités de drogue depuis la Colombie jusqu'aux côtes américaines. Contre 5 millions de dollars [1] ! les Colombiens veulent démilitariser cet engin de type Tango à propulsion Diesel, puis le faire passer pour un vaisseau de recherche océanographique [2], ayant déjà créé une fausse société scientifique à Panama. Finalement, avant que la transaction aboutisse, la DEA arrête Feinberg à son retour de Russie. Sur lui, les agents découvrent les plans du sous-marin ainsi que des photographies où il pose avec l'équipage devant le vaisseau [3].

En plus de noter la « coopération » internationale du crime organisé, l'enseignement principal de l'épisode Feinberg c'est de constater la facilité avec laquelle, aujourd'hui, quelqu'un en ayant les moyens peut se procurer de l'armement lourd, bactériologique ou même nucléaire. Et les enquêteurs rencontrés lors de la préparation de ce livre sont unanimes sur ce point. Pour chaque saisie de drogue, des dizaines de cargaisons passent à travers les mailles du filet parce que les appareils ou moyens mis en œuvre sont colossaux. Mais pour une opération du type Tarzan qui échoue, combien d'autres qui aboutissent ?

---

1. Un prix ridiculement bas pour un vaisseau ayant coûté 100 millions de dollars en 1992. Le prix de vente de départ était en fait de 20 millions de dollars. Les vendeurs ont sans doute obtenu une option sur un lot de cocaïne ou sur un stock à distribuer eux-mêmes en Russie.

2. Maquillé et démilitarisé, le sous-marin peut transporter quarante tonnes de cocaïne à chaque voyage.

3. Depuis, Feinberg a effectué trente-trois mois derrière les barreaux. Une peine allégée grâce à sa collaboration avec les autorités américaines. Il aurait livré notamment des informations sur les relations des gradés de l'ex-armée rouge avec la mafia russe. En octobre 1999, il a été expulsé vers Israël puis a rejoint Cuba où, selon diverses

★

★ ★

Au début des années quatre-vingt-dix donc, Colombiens, Siciliens et Russes s'associent, se partagent les marchés, mettent en commun leurs réseaux et leurs spécialités afin de s'enrichir mutuellement. Toutefois, la globalisation du crime n'est pas seulement l'alliance des mafias russe, italienne et colombienne, mais plutôt l'accord de développement passé entre toutes les organisations criminelles. Lesquelles, chacune en proie à des attaques dans leurs frontières, doivent trouver des alliés ailleurs.

En 1992, les Yakusa se trouvent également sur la sellette, le gouvernement japonais adoptant cette année-là une loi antigang. Depuis le tournant des années quatre-vingt-dix et la révélation de plusieurs scandales politico-financiers, l'implication des Yakusa dans le monde des affaires constitue une menace pour l'économie du pays. En mars, lorsque la loi est votée, les estimations les plus raisonnables parlent même de vingt mille sociétés contrôlées ou rackettées par le milieu japonais, chiffre qui pouvait être doublé. En outre, les Yakusa n'agissent plus dans l'ombre mais ont recours aux meurtres, aux attentats et aux enlèvements pour s'imposer, stratégie qui, comme en Sicile, coupe l'organisation de son soutien populaire. Désormais au Japon, les manifestations se multiplient et de plus en plus de citoyens exigent l'arrestation des Yakusa. Préférant l'ombre à la lumière, ces derniers se tournent alors vers l'étranger. Premier centre d'intérêt, le bassin asiatique. Ils intensifient leur présence en Thaïlande et en Birmanie, contrôlent à la fois une part importante de

---

sources, il aurait créé une start-up spécialisée dans la vente de services pornographiques sur Internet.

l'héroïne du Triangle d'or et le marché porteur du tourisme sexuel. Autre axe de développement, les États-Unis. Présents depuis les années soixante-dix à Hawaii où ils détiennent une bonne part du commerce de la drogue et de la prostitution, ils entrent en relation avec la Cosa nostra américaine. Le marchandage est simple : en échange d'une ouverture sur les territoires déjà contrôlés par les Yakusa et d'un approvisionnement en drogues synthétiques[1], les Américains acceptent que les Japonais s'installent à Las Vegas et à Atlantic City, les Yakusa calculant que la frénésie de jeu de leurs concitoyens permettra d'organiser des « charters » lucratifs vers les casinos américains. Mais la collaboration va plus loin : la Cosa nostra facilite aussi l'implantation des Yakusa à Los Angeles et à Seattle où, comme au Japon pendant des années, ils investissent d'abord dans des activités légitimes.

L'arrivée des Japonais aux États-Unis est également l'occasion de prendre langue avec les Colombiens et de verrouiller la distribution de cocaïne dans l'archipel. Une autre entente fructueuse est scellée avec les représentants du crime organisé russe, les Yakusa utilisant ces derniers pour blanchir leurs revenus américains et se fournir en armes. En contrepartie, la mafia reçoit l'autorisation de placer ses « Natachas » à Hawaii et dans les clubs de Tokyo où les filles de l'Est représentent une valeur sûre.

Les accords transfrontaliers et même transcontinentaux ne vont évidemment pas sans conséquences dramatiques. Dont la plus tragique est l'attaque au gaz toxique du métro de Tokyo le 20 mars 1995. Car d'après des enquê-

---

1. Acide, ecstasy... Si les Yakusa sont les premiers producteurs de drogues synthétiques, les deuxièmes sont les États-Unis où la Cosa Nostra a profité de l'enseignement des Yakusa et de la facilité de se fournir en produits chimiques. Ecstasy, méthamphétamines, LSD et GHB sont désormais produits en grande quantité par des gangs travaillant pour la mafia américaine.

teurs, la secte Aum Shinirikyo s'était fournie en produit mortel auprès d'un groupe Yakusa, gaz sarin d'origine russe. Pire, les policiers découvrirent au siège de la secte des documents ultra-confidentiels détaillant le processus d'enrichissement de l'uranium qui permet de fabriquer une bombe atomique. Or si une partie de ces rapports provenait d'une société d'armement japonaise, l'autre venait directement de l'institut Kourchatov, peut-être le plus prestigieux laboratoire de physique nucléaire de Russie. Ce qui conduit certains à penser que la secte Aum, dont le patrimoine dépasse le milliard de dollars et qui se développe sur le territoire russe, peut être considérée comme un candidat sérieux à la menace atomique et chimique.

★
★ ★

Les triades aussi se sont mises à la mode de la mondialisation. Immigrés clandestins, adoptions, réseaux pédophiles, esclavage, prostitution[1], vente d'organes, les Chinois dominent le trafic d'êtres humains, secteur devenu la deuxième source de revenus du crime organisé. Tana de Zulueta, membre de la commission parlementaire antimafia italienne et auteur d'un rapport sur le sujet écrit après plus de quatre ans d'enquête, est formelle sur ce point : « Le trafic humain est l'aspect le plus sinistre de

---

1. Selon l'Office central de répression de la traite des êtres humains (OCRTEH), entre quinze mille et dix huit mille personnes se prostituent en France. Paris regroupe environ quatre mille cinq cents prostitué(e)s sur la voie publique dont plus de la moitié sont clandestins. L'OCRTEH dénonce particulièrement les filières chinoise et albanaise, responsables de la grande majorité du trafic sexuel en Europe.

la mondialisation. Commerce artisanal il y a encore dix ans, c'est devenu aujourd'hui un véritable business. » Chaque année, la contrebande humaine rapporte au crime organisé près de 15 milliards de dollars dont presque 10 proviennent uniquement du marché nord-américain [1].

Mais les triades chinoises ne se consacrent pas uniquement à ce seul commerce. Au fil des années, elles semblent même être devenues une sorte de branche à tout faire de la Mafia S.A. On retrouve la présence de leurs bandes dans la plupart des trafics du monde moderne. Au hit-parade de leurs activités, la drogue puisque, sur le territoire canadien, il semble que désormais elles contrôlent 95 % de la distribution de l'héroïne, qu'aux États-Unis ce sont les gangs chinois que la Cosa nostra utilise pour vendre la cocaïne et les drogues synthétiques et qu'à Paris, Londres, Berlin et Bruxelles, on constate le même phéno- mène. Autre domaine investi, la contrefaçon. Si, dans l'Hexagone, les saisies de faux produits de luxe et autres équipements sportifs se sont multipliées ces deux der- nières années, le passage de contrefaçon aux frontières bat toujours des records. À côté des faux Pokémons, des imi- tations de produits Adidas, Nike ou Levis, des faux par- fums Cartier ou Yves Saint Laurent, des fausses montres Rolex, on trouve de plus en plus des logiciels informa- tiques, DVD, cassettes vidéos et autres CD contrefaits, la Chine, la Russie, le Brésil, le Mexique et l'Italie étant les principaux pourvoyeurs de ce genre de produits.

---

1. Chiffre concernant la contrebande de personnes du Canada vers les États fournis par la Alien Smuggling Unit, Department of Justice, USA. En mai 2001, l'Opération Crossoads International rassemblant les autorités de quatorze pays sous la responsabilité des Américains de l'INS, permit de mettre à jour ce qui est considéré encore aujourd'hui comme le plus important réseau de trafic d'êtres humains à destina- tion des États-Unis. Le réseau comptait des ramifications dans trente- neuf pays.

Notamment parce que la législation de ces pays est peu regardante sur la notion de propriété intellectuelle. Ensuite, parce que c'est très rentable. Selon le rapport 2001 de l'International Federation of Phonographic Industry (IFPI), le chiffre d'affaires des CD pirates représente plus de 4 milliards de dollars. L'IFPI estime même qu'un milliard huit cent millions d'albums illégaux sont vendus annuellement, soit un tiers des ventes totales de ce genre de produit[1].

Enfin, les triades jouent un rôle essentiel dans le commerce des fausses cartes bancaires. La mésaventure survenue à Kathie Morgan détaillée en ouverture de ce livre explique clairement la nouvelle puissance de la Mafia S.A. Contrôlant les usines capables de fabriquer en vingt-quatre heures des milliers de vraies-fausses cartes de paiement, la mafia chinoise est incontournable lorsqu'il s'agit de monter ce genre d'opération internationale. En France, ce type de fraude est difficile à cerner, tant le sujet apparaît sensible et tant il est difficile d'obtenir des chiffres précis. À titre indicatif, en 2000, au Canada, les pertes occasionnées par ce fléau chez Visa International, MasterCard et American Express représentaient 200 millions de dollars canadiens. Dans son rapport annuel, le service canadien de renseignements criminels explique d'ailleurs : « La fraude sur les cartes de crédit est d'envergure internationale, et les enquêtes en cours montrent que des organisations criminelles sophistiquées au Canada sont toujours en activité et réalisent un profit sur les plans national et international. En 2000, 33 % des fraudes canadiennes relatives aux cartes de crédit Visa et MasterCard ont eu lieu à l'extérieur du pays. De faux numéros de cartes de crédit canadiennes ont été utilisés partout en Amérique du

---

1. Les artistes les plus piratés sont les Beatles, Bruce Springsteen, Elvis Presley, Elton John et les Eagles.

Nord et en Amérique du Sud, en Europe et dans la région Asie-Pacifique. Les autorités étrangères ont confisqué des usines de contrefaçon de cartes de crédit en Chine, au Japon et aux États-Unis, qui étaient directement liées à des enquêtes au Canada [1] ».

★

★ ★

En 1999, le socio-économiste et sinologue Guilhem Fabre écrivait, pour montrer la naissance d'une mafia globale, que « la chute du bloc communiste et l'unification capitaliste de la planète autour du credo néo-libéral ont ouvert de nouveaux horizons [...] qui ont entraîné la collaboration d'organisations criminelles venant de l'ensemble du globe. [...] Loin d'être une perversion du capitalisme, le trafic de drogue et le blanchiment d'argent peut être aussi considéré comme une prolongation du régime libéral de maximisation des profits dans le contexte de la globalisation des échanges internationaux [2] ».

S'il est juste d'avancer que Russes, Colombiens, Siciliens, Japonais et Chinois, fragilisés sur leur marché intérieur, se sont unis pour répondre à la mondialisation, trois autres facteurs peuvent être jugés responsables de l'accélération de cette *pax mafiosa*.

Le premier, c'est la corruption d'une partie de l'appareil financier international par la multiplication des paradis financiers, des instituts de clearing et l'accélération de la vitesse des échanges de monnaie électronique. Une situa-

---

1. Rapport 2001 du SCRC.
2. In *Les Prospérités du crime. Trafic de stupéfiants, blanchiment et crises financières dans l'après-guerre froide*, Éditions de l'Aube / UNESCO, 1999.

tion qui incite certains à dire avec ironie que « si jusqu'à récemment une des activités les plus lucratives était le braquage de banque, aujourd'hui l'essence même du crime est de mettre de l'argent à la banque[1] ». Sans revenir à nouveau sur la liste noire du GAFI qui épingle les pays laxistes, une série de chiffres s'impose toutefois. Aux îles Caïmans, chaque année, six cents banques traitent un milliard de dollars d'argent sale. À Jersey, paradis fiscal dépendant du Royaume-Uni chaque année voit un flux d'activité de près de 100 milliards de livres de dépôts. Sans doute une des raisons pour lesquelles entre 1996 et 1999, les autorités londoniennes ont rejeté 73 % des demandes d'entraide judiciaire relatives à des affaires de blanchiment alors que la Suisse, souvent critiquée pour son opacité, s'était montrée plus coopérative. Enfin, même Wall Street n'a pas échappé au blanchiment puisqu'en 2000, cent vingt personnes, dont certaines travaillant comme traders ou gestionnaires d'actifs[2], ont été interpellées pour cette raison.

Le deuxième facteur est l'augmentation foudroyante de la consommation de drogue. Désormais, ce trafic, avec 400 milliards de dollars de profits annuels, représente la deuxième activité économique mondiale, juste après l'industrie de l'armement ! Évoquant pour l'Unesco ce changement déterminant, Raymond Kendall, secrétaire général d'Interpol, affirme que ce commerce est « devenu une activité économique importante, nécessitant un capital énorme, de la main-d'œuvre, des moyens de transport, de l'expertise, de l'influence politique et du pouvoir. Désor-

---

1. *Idem.*

2. Et en parlant de corruption, il ne faut pas non plus négliger cette enquête du Sénat américain qui, en 1999, démontra que la corruption de fonctionnaires de douanes était une réalité aux États-Unis et notamment au sein des Customs du Nouveau-Mexique et du Texas.

mais les organisations trafiquantes sont gérées comme des multinationales. [...] Il ne fait aucun doute que le commerce illégal de drogue est devenu incroyablement imbriqué dans l'économie classique. Que cela soit au niveau national ou international. Un état de fait rendant le combat contre la drogue encore plus difficile. [...] Le marché est contrôlé par différentes organisations criminelles dans le monde entier. Comme les cartels de la cocaïne en Colombie et au Mexique, les triades à Hong-Kong, Taïwan et en Chine, les Yakusa au Japon, la Cosa nostra sicilienne, la Cosa nostra américaine basée à New York et les groupes mafieux en Russie et dans d'autres pays de l'Europe de l'Est. Les réseaux turcs sont désormais impliqués dans la distribution de cocaïne et d'héroïne. Ceux du Niger et de Colombie se chargent du cannabis, de l'héroïne et de la cocaïne. »

Toujours selon l'Unesco, en 2000, le nombre de consommateurs de substances illicites dépassait les deux cents millions. Un marché que, fidèle aux préceptes de Meyer Lansky, la Mafia S.A. se charge de fournir mais également de faire fructifier. Un rapport Interpol Europe 1997, constatant la réussite de l'implantation de la cocaïne sur le vieux continent dressait un constat qui ressemble fortement aux commentaires d'une étude de marché du lancement d'une marque de yaourts :

« Les cartels sud-américains ont pu mettre en place un marché presque parfait : risques limités à l'entrée, multiplicité des possibilités de distribution, stabilité des prix, faible attention portée au problème compte tenu de l'absence de violence liée à cette drogue, niveau de vie généralement élevé et possibilité d'expansion des ventes [1] ». Bref, sur un terrain favorable, Mafia. S.A. a pu accroître sa posi-

---

1. Rapport sur la situation de la cocaïne. Sous-direction des stupéfiants du secrétariat général. Interpol, Lyon, France, mars 1998.

tion en suivant une stratégie commerciale très élaborée. Après avoir surfé sur l'image propre et glamour de la coke, la tactique a changé puisqu'il faut toucher la jeunesse, qu'elle s'amuse ou soit confinée en banlieue. Pour y parvenir, les trafiquants pratiquent en France une politique dite de « supermarché » avec prix du gramme bradé pour créer des nouvelles habitudes de consommation. Une fois la part de marché suffisamment importante, les prix seront revus à la hausse. Des politiques « marketing » que le rapport 2001 de la Mission interministérielle de la lutte contre la drogue et la toxicomanie, fruit du travail d'un réseau de cent cinquante observateurs dont certains ethnologues, chercheurs ou médecins, détaille. Tout en notant une baisse du prix de l'héroïne [1] et une stabilisation de l'ecstasy, le document précise que « le produit jouissant de l'aura la plus positive parmi les consommateurs reste la cocaïne dont l'offre continue d'augmenter dans les raves et les discothèques. [2] » La multiplication des saisies de cocaïne dans les aéroports français atteste aussi de la « réussite » de cette stratégie. Ainsi, durant les deux mois de l'été 2001, les douanes de Roissy-Charles-de-Gaulle ont saisi sur des passagers près de quarante-sept kilos de cocaïne.

L'explosion du commerce de la drogue a entraîné des changements profonds de l'économie mondiale. Désormais, l'ancienne Union soviétique produit vingt cinq fois plus de haschisch que la quantité totale produite dans le reste du globe. Conséquence, la moitié de la population rurale des cinq républiques de l'Asie Centrale a opté pour cette culture au détriment d'autres. Un phénomène qui se produit en Amérique du Sud où les plants de cocaïers se

---

1. En 1999, un gramme d'héroïne s'achetait à 475 francs en moyenne. Un an plus tard, sa valeur a chuté de 100 francs.
2. Rapport Trends-Sintes-MILDT-juillet 2001.

trouvent non seulement en Bolivie, au Pérou et en Colombie mais également en Guyane, au Panama, au Brésil, en Équateur et au Venezuela. Selon le programme Drug Control de l'ONU, jusqu'à 10 % de la population active de ces pays travaille directement pour le commerce de la drogue. Autre résultat inattendu de l'émergence de la Mafia S.A., le retour de la culture de l'opium en Turquie, en Égypte, en Europe de l'Est, en Amérique centrale et au Mexique. Quant au cannabis, selon les chiffres communiqués par le US Department of Agriculture, il est devenu le troisième produit d'agriculture cultivé aux États-Unis, juste après le soja et le maïs ! Une culture qui rapporte 25 milliards de dollars par an.

Mais la conséquence la plus surprenante liée à la globalisation du trafic de drogue s'est sans aucun doute déroulée en Afrique, poussant du même coup la mafia nigériane dans la pax mafiosa. Voilà moins de vingt ans, l'ensemble des spécialistes africains et du commerce de la drogue misaient sur la préservation du continent. Des prévisions erronées puisque aujourd'hui, l'Afrique joue un rôle majeur dans cette économie bien particulière. D'abord, sa côte ouest est devenue un lieu de transit pour la cocaïne colombienne. Lorsqu'en 1987, la mafia sicilienne et le cartel de Medellín s'accordent sur le marchandage héroïne contre cocaïne, les Italiens pensent utiliser les routes habituelles, autrement dit la zone portuaire de la mer du Nord avec l'Angleterre, la Belgique, les Pays-Bas et l'Allemagne ainsi que le bassin méditerranéen avec l'Espagne, le Maroc, la France, le Liban et l'Italie. Mais rapidement les quantités fournies par les Colombiens contraignent les Siciliens à imaginer de nouvelles solutions, et à se tourner vers la mafia nigériane, la coke colombienne arrivant au Nigeria étant réexpédiée en Europe. Grâce à son implantation dans l'ensemble du continent noir, la drogue peut même transiter par Addis-Abeba, Nairobi, Le Caire, Kinshasa avant d'être livrée en Europe. Une prolifération de points de départ qui constitue un véritable handicap pour les douanes européennes. Le système fonctionne si bien que dès 1996, la mafia nigériane prend en charge une partie de la production d'héroïne du Triangle d'or, la drogue étant chargée dans les ports de la côte est de l'Afrique. À la mafia nigériane ensuite de s'occuper de son expédition vers l'Europe et les États-Unis. Depuis 1999, il semble même que la route Addis-Abeba-N'Djamena-Lagos soit devenue la voie de transit principale de l'héroïne du Croissant d'or destinée à l'Amérique du Nord[1]. Cet afflux de drogue et l'argent qui l'accompagne, ajoutés aux revenus des activités traditionnelles de la mafia nigériane, ont été en grande partie réinvestis dans la production d'amphétamines et de produits de synthèse que de nombreux experts considèrent comme les substances illicites du futur. En outre, profitant de cette nouvelle infrastructure chimique, la mafia de Lagos s'est aussi lancées dans le trafic de faux médicaments. En visant, après le bassin africain et l'Europe de l'Est, l'Union européenne elle-même. Hormis le manque à gagner des laboratoires pharmaceutiques, des pharmacies et de l'État, le principal problème de ce nouveau trafic reste évidemment sa dangerosité. Car, comme le précise le docteur Yasuhiro Suzuki, directeur exécutif de la branche Technologies de la santé et produits pharmaceutiques de l'OMS, « chaque jour des médicaments contrefaits, à la posologie inexacte, tuent ».

---

1. Parler de l'Afrique c'est également évoquer le Maroc, principal exportateur de haschisch vers l'Europe et plus particulièrement la France. Le commerce de la drogue permet des échanges extérieurs illicites d'une valeur légèrement supérieure a la totalité des exportations agricoles marocaines légales.

★

★ ★

Pression intérieure, mondialisation de l'économie, corruption du système financier et globalisation du marché de la drogue sont les principales raisons de la collaboration existant entre les organisations criminelles. Pourtant, jamais, la Mafia S.A. n'aurait pu réussir si vite et si bien sans l'aide de la révolution technologique qu'a connue le monde, et plus particulièrement la vulgarisation du réseau Internet, à la fois moyen de communication et d'extorsion.

Quand, peu de temps avant son assassinat, Giovanni Falcone exprimait ses craintes de devoir bientôt affronter un crime organisé unifié, « triste perspective » difficilement contrôlable, il gardait une seule raison d'espérer : « Je me rassure cependant, expliquait-il, en me disant que le principal obstacle à la grande unification reste le langage. Comment faire communiquer des gens qui parlent le dialecte sicilien avec d'autres qui parlent le chinois de Canton ou de Hong-Kong ? Et comme il n'existe pas encore, que je sache, d'espéranto dans le monde du crime organisé international... [1] »

Certes, il n'existe toujours pas d'espéranto mafieux, mais aujourd'hui entre Saigon, Tokyo, New York, Moscou, Palerme, Bogotá et Lagos, il suffit d'un clic de souris pour se comprendre et s'entraider. Car les mafias sont bien évidemment à la pointe de la technologie dans la mesure où celles-ci « facilitent » la rapidité et la discrétion de leurs échanges.

En mai 1997, la police de Bogotá fait une découverte dont elle ne revient pas : en mettant la main sur l'un des centres de communication des cartels de la drogue, elle

---

1. In *Cosa nostra, op. cit.*

375

constate que non seulement les trafiquants possèdent pour plus de 10 millions de dollars de matériel de télécommunication mais qu'en plus ces appareils dépassent de loin ceux qu'elle-même utilise. Téléphones satellitaires cryptés, portables clonés, radars, bornes GPS, ordinateurs puissants, depuis 1996, grâce à cette haute technologie, les gangsters colombiens pouvaient superviser sans difficultés leurs opérations dans le monde entier.

Si ce côté James Bond est une réalité, le quotidien des hommes de la Mafia S.A. se révèle souvent plus simple, donc plus redoutable. Car aujourd'hui, le parrain du XXIe siècle n'a besoin que d'un ordinateur et d'une ligne téléphonique, le réseau Internet étant un outil majeur de communication de la criminalité globale. Mafieux et terroristes profitent de son immensité pour échanger en toute liberté, puisant dans la vaste panoplie de choix proposés. Grâce au courrier électronique, et à la possibilité de posséder autant d'adresses e-mail que l'on veut, accessibles depuis n'importe quel ordinateur en passant par des services comme ceux de Hotmail ou de Yahoo, les trafiquants impliqués dans une même opération bénéficient de multiples ressources pour se joindre. En 1999, le FBI, qui a fait tomber un réseau dans la région de Dallas, a pu déterminer à partir des interrogatoires que les truands avaient fixé leurs lieux de rendez-vous par courrier électronique gratuit, n'utilisant pas leur accès à Internet mais allant dans des cybercafés, des bibliothèques ou des galeries commerciales qui proposaient des connexions en accès libre[1]. Comme le risque de faire intercepter ce type de message par les systèmes Carnivore ou Échelon[2] se révèle

1. Dans le même esprit, l'utilisation des « chatrooms privées » offertes par les logiciels gratuits de messagerie instantanée.

2. Carnivore est le programme de filtrage des communications du FBI. Échelon est un système généralisé d'écoute de la NSA permettant l'interception de faxes, de communications téléphoniques et de

probable, le crime organisé est allé plus loin en adoptant le logiciel gratuit PGP[1]. Or, avec sa « clé publique » et sa « clé privée »[2], PGP se révèle aujourd'hui un tel cauchemar pour les services de renseignements mondiaux que son utilisation a été interdite dans certains pays.

Mieux, ou pire, PGP a déjà un remplaçant, qui utilise une des plus vieilles techniques d'espionnage : la stéganographie. La méthode est antique puisque Hérodote en décrit le premier la technique, racontant qu'un message donnant le signal de la révolte contre les Perses avait été tatoué sur le crâne d'un esclave puis camouflé par la repousse de ses cheveux. Bien plus élaborée évidemment aujourd'hui sur Internet, elle permet de dissimuler par exemple un message dans une photographie, procédé utilisé par Ramzi Youssef dans la préparation de l'attentat

courriers électroniques. Les « grandes oreilles » d'Échelon, dont un centre en Grande-Bretagne espionnant l'Europe de l'Ouest, sont utilisées pour le renseignement criminel mais également économique. Les informations confidentielles captées par la NSA ont permis à des entreprises américaines d'emporter des marchés lorsqu'elles se trouvaient en concurrence avec des groupes européens. La « guerre » Boeing-Airbus est un des exemples de cette utilisation. D'après certaines sources américaines, même s'il n'y a aucune communication des services français et allemands, il est fort probable, sûrement à une échelle moindre, que ces deux pays utilisent secrètement leur propre système d'écoute.

1. Pretty Good Privacy propose désormais PGP Phone qui permet le cryptage de messages parlés envoyés ensuite en documents attachés par e-mail. À noter que Phil Zimmerman, son créateur, a quitté la société PGP en février 2001 et exprimé des réserves sur la complète sécurité des dernières versions mises en ligne.

2. La clé publique permet l'enchiffrage d'un message. La clé privée son déchiffrage. Généralement les clés privées comme les mots de passe utilisés pour prendre son courrier électronique sont très facilement « cassables » car limitées en taille. La clé privée de PGP permettant la lecture d'un message peut être un ensemble de plusieurs milliers de mots.

contre le World Trade Center de 1993[1]. Or le FBI mit plus d'un an à découvrir puis à casser le message. Les services durent d'abord identifier les supports qui, dans cette affaire, étaient un site pornographique et un news-groups d'échanges de photographies de base-ball. Une fois le support isolé, les agences se retrouvèrent devant un message crypté extrêmement complexe à casser. A contrario, pour ceux qui s'en servent, cette technologie ne nécessite pas d'énormes connaissances en informatique[2] puisque moyennant 35 dollars le logiciel Invisible Secrets[3] se charge de l'ensemble de la procédure : stéganographie, encodage et suppression de toute trace de la manœuvre dans la mémoire de l'ordinateur utilisé. Si bien qu'avec juste huit étapes de validation, il est possible à n'importe qui de fabriquer son propre document codé ! Enfin, autre information à noter, pour assurer définitivement la confidentialité de son recours au réseau, le crime organisé utiliserait, selon les experts, le principe du re-routage. Autrement dit une technique qui permet non seulement de se connecter, par exemple, à un serveur américain tout en étant à Moscou, mais également d'effacer la moindre trace de l'origine d'un message[4] !

Mais Internet est plus qu'un formidable instrument de communication. La Mafia S.A. l'utilise aussi largement pour augmenter ses profits. D'abord de manière légale en gommant les frontières entre économie illicite et licite. Comme les organisations criminelles tentent de placer leur

---

1. Selon *USA Today*, on a eu recours à la même technique pour la préparation des attentats du 11 septembre 2001.

2. Même si le crime organisé recrute et utilise des « génies » dans ce domaine.

3. www.neobytessolutions.com

4. D'après l'édition électronique du *Monde du Renseignement*, la mafia russe utilise les services d'une société de re-routage établie en Finlande.

argent là où il rapporte, elles contrôlent, via une multitude de sociétés écrans aboutissant très souvent à un paradis fiscal, de nombreux sites pornographiques du net. L'un d'entre eux fut d'ailleurs à l'origine d'une des plus belles arnaques du genre, opération qui en un an a rapporté au groupe JK Publications 50 millions de dollars et fait plus de neuf cent mille victimes dans vingt-deux pays dont les États-Unis, le Japon, l'Allemagne et la France [1].

Au départ, un volet classique, et même légal, jouant sur les mécanismes humains : le fameux seuil de 20 dollars. La plupart des sites classés X proposent en effet différentes formules d'abonnement n'excédant jamais cette somme, palier psychologique et montant suffisamment bas pour qu'il soit indolore et passe inaperçu chez bon nombre de souscripteurs. Car ce que la majorité des internautes ignorent, c'est que l'achat d'une période dite d'essai entraîne automatiquement un prélèvement mensuel de leur compte bancaire s'ils ne demandent pas, souvent suivant des conditions drastiques, la résiliation dudit service. Or, pour accentuer cette discrétion permettant souvent de débiter un compte durant des mois sans éveiller l'attention, certains « gestionnaires » facturent leurs services en les affublant d'une multitude de noms rappelant tout sauf le service proposé. Le tour de force de JK Publications fut, lui, de parvenir à débiter près d'un million de cartes de crédit dont seulement 10 % d'entre elles avaient été utilisées pour payer, un jour, des services de leurs sites Internet. Plus fort encore, certaines victimes n'avaient même pas accès au réseau.

---

1. Les informations de l'affaire JK Publications proviennent de la Federal Trade Commission, l'organisme de régulation du commerce américain. Les détails ainsi que les attendus du jugement prononcé contre JK Publications sont disponibles à l'adresse suivante : www.ftc.gov/opa/2000/09/netfill.htm

Une opération beaucoup moins complexe qu'on pouvait le croire. Il suffit en effet de surfer sur le réseau, de faire preuve d'un peu d'ingéniosité et de maîtriser l'anglais. Alors, en moins de dix minutes, on découvre des logiciels en téléchargement gratuit ou exigeant une participation modique, permettant d'obtenir des numéros de cartes de paiement. Non en piratant des informations mais en accumulant des suites mathématiques qui créent des assemblages logiques acceptés par les marchands du net. Tout habitué du commerce on line sait qu'afin de valider une commande, le nom du porteur d'une carte ainsi que sa date de validité sont exigés. Si les logiciels générateurs de numéros de carte ne fournissent pas ce genre d'information, des gérants du site avaient noté que les organismes de crédit et les banques, dans leur précipitation à encaisser leurs commissions sur les transactions Internet, validaient automatiquement un ordre d'achat dès lors qu'il ne dépassait pas... 20 dollars. Plus grave, l'opération était acceptée et honorée même si le nom du titulaire du numéro de carte en question se révélant incomplet, manquait ou si la carte était périmée !

Ils n'eurent pas besoin de générer des numéros de carte puisqu'ils se sont tournés vers sa banque pour lui acheter une liste d'un million de numéros de cartes de crédit, base de données compilée à partir des transactions effectuées chez les deux cent cinquante commerçants ayant un compte dans l'établissement financier. D'où la présence de victimes ne possédant ni ordinateur ni Internet mais ayant utilisé leur carte de crédit pour régler un achat dans leur supermarché. Car la vente de ses bases de données contenant l'identité du titulaire, la date de validité et le numéro de carte n'est pas illégale aux États-Unis, ce service visant à protéger les commerçants on line en leur donnant les moyens de vérifier qu'un numéro de carte rentré sur l'un de leurs sites est bien valide... en imaginant bien entendu qu'il soit sur les listes en question. Le groupe s'est en fait servi de cette base de données pour, à travers une multitudes de sociétés écrans, débiter ses victimes en profitant des facilités accordées au e-commerce.

★

★ ★

Ces 50 millions de dollars détournés en très peu de temps ne sont rien à côté de la découverte effectuée l'année dernière par le juge Jean Treccani de Lausanne.

Le 8 octobre 2000, entamant une perquisition dans les bureaux d'un gestionnaire de fortune d'une banque privée, la Compagnie Bancaire Espirito Santo, le magistrat met le doigt sur une affaire incroyable. La Cosa nostra italienne a créé la copie du portail d'entrée électronique d'une banque sicilienne afin de recevoir 1,3 milliard d'euros de subventions de l'Union européenne [1], piratant le

---

1. Le détournement de fonds publics en général et de fonds provenant de l'Union européenne en particulier est depuis longtemps une spécialité des mafias italiennes. Ainsi, le juge Giovanni Falcone témoigne-t-il qu'au début des années quatre-vingt, « en Sicile et en Calabre, les procès pour fraude envers la CEE abondent, à la suite des dénonciations de la Commission de la Communauté. Elle a soutenu que le taux d'escroquerie est, dans ces régions, sept fois supérieur à la moyenne européenne. [...] Sur le même thème, le *repenti* Salvatore Contomo m'a rapporté une histoire également significative. La Communauté accorde des compensations financières lorsque sont détruites les productions excédentaires d'agrumes ; eh bien, dit Salvatore Contomo, tout le monde à l'intérieur de Cosa nostra sait que la mafia est impliquée jusqu'au cou dans cette destruction d'agrumes. [...] Et que si tous les camions d'agrumes prétendument envoyés au pilon l'avaient réellement été, une Sicile intégralement recouverte d'orangeraies et de citronneraies ne suffirait pas à justifier d'aussi imposantes destructions ». In *Cosa nostra, op. cit.*

site de la véritable banque pour réorienter l'ensemble des transactions vers elle[1] ! Cette histoire, qui montre l'échelle du nouveau crime organisé, illustre aussi certains dysfonctionnements de la justice européenne. Car c'est en effet grâce à des informations publiées par la presse italienne que le magistrat Treccani a ordonné la perquisition des bureaux du gestionnaire de fortune. Le parquet de Bologne, en charge du volet italien de l'affaire, n'avait pas pensé à informer les juges suisses.

★

★ ★

Arnaques, contrebandes, évasion fiscale, casinos virtuels, pédophilie, l'utilisation du réseau Internet par le crime organisé est tellement étendue qu'il faudrait un ouvrage entier pour tenter d'en faire le tour. Mais pour en cerner quand même l'ampleur[2], la lecture de différents extraits du rapport 2001 du Service canadien de renseignement criminel s'impose.

Sur la pédophilie, le document est sans appel :

---

1. Avant d'arriver en Suisse, une partie des fonds devait transiter par la banque du Vatican. Au début des années quatre-vingt, l'Institut pour les œuvres de religion, l'organisme financier du Vatican, s'était déjà retrouvé impliqué dans une affaire mêlant pouvoir politique et mafia : la faillite de la banque Ambrosiano et le « suicide » de son directeur Roberto Calvi.

2. Évidemment, malgré ces graves dérives, Internet reste un formidable outil de recherche et de communication. Un espace de liberté et de création sans précédent. Trop souvent, devant une nouvelle technologie, nous avons tendance à oublier qu'il s'agit en fait d'un vecteur réfléchissant notre société. Car force est de reconnaître que la pédophilie, le révisionnisme et les trafics en tous genres n'ont pas été inventés par Internet.

« Pornographie juvénile et Internet.

L'arrivée d'Internet a créé une autoroute de l'information à l'échelle mondiale. L'accès instantané à des images et à de l'information permet aux personnes d'établir des contacts partout dans le monde au moyen d'un simple clic de la souris. Bien que ce genre d'accès ait ses mérites, certains individus utilisent l'Internet dans le but d'exploiter sexuellement les enfants. L'Internet permet de trouver et de communiquer avec des gens partageant les mêmes intérêts et la même vision, de produire et de distribuer des images pornographiques d'enfants et d'attirer des victimes potentielles grâce aux forums de discussion.

L'Internet facilite la distribution de pornographie juvénile à un rythme alarmant. Le volume élevé d'images disponibles dans Internet permet aux individus d'obtenir de vastes collections plus rapidement et plus facilement qu'avec les méthodes conventionnelles de distribution. Alors que des cas de distribution traditionnelle continuent d'être signalés, l'essentiel du matériel pornographique passe par l'Internet. Le nombre d'images saisies lors de perquisitions autorisées de disques durs confisqués atteint les milliers.

Les enquêtes internationales liées à la pornographie juvénile sont coordonnées par Interpol Ottawa. En 1999, un total de cent-soixante-cinq demandes d'assistance ont été reçues et cent une provenaient des corps policiers et autres organismes internationaux d'application de la loi. Deux cent quarante-cinq demandes d'assistance ont été reçues en 2000. On s'attend à en recevoir plus de trois cent cinquante en 2001. Les demandes proviennent de plusieurs corps policiers et autres organismes d'application de la loi et de plusieurs lignes prioritaires internationales qui ont été mises en place afin de signaler ce genre de crime. En raison de la prolifération des internautes comme des sites web et des forums de discussion consacrés à la pornographie juvénile, on s'attend à ce que le nombre de demandes d'assistance continue de croître.

Un groupe de travail fédéral a été mis en place au début de 2000 grâce à la Stratégie canadienne pour promouvoir l'utilisation sécuritaire, prudente et responsable d'Internet. L'une des tâches du groupe était d'étudier la faisabilité d'une "ligne prioritaire" canadienne Internet. S'appuyant sur les recommandations de plusieurs intervenants, le gouvernement du Canada travaille de concert avec le secteur privé à la création d'une "ligne prioritaire" au pays qui recevrait les plaintes du public et de l'industrie à propos de la pornographie juvénile sur l'Internet. »

Et le rapport d'embrayer sur les dangers cachés en écrivant :

« L'anonymat que fournit Internet aux prédateurs sexuels et aux pédophiles préoccupe beaucoup les corps policiers et autres organismes d'application de la loi. Les enfants courent le risque d'être attirés hors de chez eux par des individus voulant abuser d'eux sexuellement. Les médias ont rapporté plusieurs exemples. Dans un cas, un Canadien a plaidé coupable, en février 2001, à des chefs d'accusation d'agression sexuelle à l'endroit d'un garçon de treize ans qu'il avait rencontré pour la première fois dans un forum de discussion. Une audience de détermination de la peine a débuté en juin 2001. Dans un autre cas, un Canadien a tenté d'organiser une rencontre sexuelle avec une jeune fille de onze ans par le biais d'Internet. Il a depuis reçu une sentence de quinze mois avec sursis. »

Évoquant les autres dérives du réseau mondial, ce rapport officiel pointe notamment l'explosion récente du trafic de cigarettes et d'alcool[1] : « La technologie a fourni de

---

1. La recrudescence de ces trafics est liée à la volonté du crime organisé de contourner la politique de prévention des risques liés au tabagisme et à l'alcoolisme, de nombreux pays surtaxant ces produits

nouvelles opportunités aux contrebandiers leur permettant de mener leurs affaires. Internet, par exemple, est utilisé afin de se procurer des alambics, de l'alcool et des renseignements relativement à la fabrication illicite de spiritueux. »

Enfin, sur la très probable utilisation par le crime organisé des « hackers », ces pirates informatiques capables de s'infiltrer dans de nombreux serveurs, le texte précise :

« Mis à part la nature transnationale de leurs crimes, les pirates informatiques et les groupes du crime organisé semblent vivre dans deux mondes différents. Cependant, on sait que les membres du crime organisé améliorent leur degré de sophistication technologique. Ces groupes emploient des individus ayant des connaissances spécialisées en informatique et ils se servent de la technologie afin de faire progresser leurs entreprises criminelles. Par exemple, les groupes criminels se servent d'Internet pour communiquer et cacher de l'information criminelle, pour manipuler la bourse du commerce, pour vendre des drogues illicites et pour diriger des activités de jeu illégales.

Les services de police s'inquiètent du fait que le vandalisme informatique est à la portée des groupes du crime

---

afin d'en limiter la vente. La contrebande permet d'échapper à cette taxation donc de vendre ces produits à des tarifs plus attractifs. Depuis trois ans au moins, le nombre de cigarettes « détaxées » vendues dans l'Hexagone est en forte hausse comme c'est également le cas dans le reste de l'Europe. Les pays « portes d'entrée » de ce trafic sont généralement l'Espagne et l'Italie où certaines « familles » préfèrent ce commerce moins risqué que celui de l'héroïne. En Amérique du Nord, la Cosa nostra tire une partie importante des revenus de ses ventes au Canada où les cigarettes sont plus taxées qu'aux États-Unis. Mieux encore, elle utilise les gangs contrôlant les réserves indiennes limitrophes du Canada lesquelles détiennent aujourd'hui un certain nombre d'avantages fiscaux intéressants. Fait à noter également, les gouvernements canadien mais aussi européens soupçonnent les géants américains du tabac de prendre part au trafic pour augmenter leurs profits.

organisé. Ce n'est qu'une question de temps avant que la police mette la main sur des preuves montrant que ces groupes engagent des pirates informatiques dans le but de soutenir leurs activités criminelles. Les attaques organisées des systèmes informatiques lancées par des groupes motivés par le profit pourraient avoir un effet dévastateur sur les actifs informatiques des intérêts canadiens ».

★

★ ★

Si le nouveau crime organisé était une entreprise, elle serait aujourd'hui l'une des premières du globe, avec un chiffre d'affaires annuel dépassant les 200 milliards de dollars.

La globalisation de la planète et de son économie, la prolifération de « branches » régionales en Afrique, Asie, Amérique du Sud et Europe de l'Est, la répression intérieure l'obligeant à conquérir de nouveaux marchés, l'explosion du commerce de la drogue et la coopération de nombreux paradis fiscaux pour blanchir ses immenses bénéfices, et la révolution technologique ont en somme permis à la Mafia S.A. de s'imposer.

Mais tandis que cette grande structure a compris depuis bien longtemps que le village global se passait de frontières, magistrats et policiers doivent d'abord, eux, lutter contre des problèmes dépassés de souveraineté. Paradoxe des paradoxes, ce sont, aujourd'hui, les juridictions qui paraissent constituer le principal allié du nouveau crime organisé. Alors que certains politiques, reniant l'évolution même de la planète, agitent la menace des mafias pour prôner le retour à l'isolationnisme, c'est bien le contraire qu'il faudrait [1].

---

1. Lire à cet effet l'Appel de Genève publié en annexe.

En 2001, alors qu'il est possible d'effectuer un virement électronique à l'autre bout de la planète d'un simple clic, un magistrat devrait avoir le droit d'enquêter sur une opération de blanchiment en Grande-Bretagne ou sur une filière de « vendeurs » d'hommes passant du Maroc à l'Espagne.

En 2001, alors que les citoyens européens voyagent sans entrave, un service de police ne devrait-il pas pouvoir filer des trafiquants de cocaïne sans se plier aux longues requêtes permettant de poursuivre d'un pays à l'autre ?

En 2001, alors que l'information défile en continu de nos écrans d'ordinateurs à ceux de nos télévisions, ne faudrait-il pas que les citoyens du monde connaissent la réalité des réseaux pédophiles ?

En 2001, ne devrait-on pas prendre le risque d'une politique se préoccupant autant de la grande criminalité, celle en col blanc, que du petit dealer de banlieue ou de l'arracheur de sac à main ?

Autant de questions, qui passent par un changement profond des mentalités.

D'où la nécessité de s'interroger, comme le demandent par exemple des officiels colombiens, sur la légalisation de la drogue qui permettrait, aux yeux de certains, de supprimer la première source de revenus du crime organisé. D'où l'obligation de penser à une meilleure distribution des richesses pour couper les contrebandiers de ceux qui ont faim. En somme, entamer un examen de conscience nécessaire à la survie du village global qui, sinon, ne résistera pas longtemps à l'emprise de la Mafia S.A.

Mais les signes d'espoir existent. Le plus fort d'entre eux fut sans doute la première conférence internationale contre la transnationalisation du crime organisé qui s'est tenue en décembre 2000. Sous l'égide de l'ONU, quarante pays ont ratifié la première convention de lutte contre cette nouvelle menace. Mais bien plus qu'un accord facilitant la coopération entre pays et la mise en commun des ressources[1], c'est le symbole qui marque les esprits : celui d'avoir choisi Palerme pour cet engagement sans précédent.

Palerme, où les notables et les brigands se sont organisés en « familles », il y a plus de trois cents ans.

Palerme, où de nombreux magistrats, policiers, journalistes, commerçants, enseignants, syndicalistes, hommes politiques et prêtres ont péri pour s'être levés face au pouvoir de la pieuvre.

Palerme, où par la terreur et la violence, des citoyens ont appris à connaître la cruelle réalité du monde des parrains.

Palerme, où Lucky Luciano et les représentants des Cosa nostra se partageaient le marché de l'héroïne.

Palerme, où Toto Riina et les frères Madonia scellèrent l'invasion de l'Europe par la cocaïne colombienne. Palerme, où désormais et pour l'Histoire, les représentants de quarante démocraties ont décidé de faire front contre la Mafia S.A.

---

1. Voir à ce sujet en annexe, la transcription du discours présenté par le ministre de la Justice française, Marylise Lebranchu.

ÉPILOGUE

« L'extrêmement dangereuse fusion entre terroristes, narcotrafiquants et organisations criminelles s'est nourrie du développement des communications internationales, de la facilité des déplacements, du partage des informations et de la fin de la Guerre Froide. [1] »

« Jusqu'à très récemment, la plupart d'entre nous analysions les questions du trafic de drogue, du crime organisé et du terrorisme comme de réels problèmes certes, mais d'ordre mineur. En gros, la drogue représentait un danger pour une minorité de nos citoyens, le crime organisé était une menace mais réduite au vol de voitures, aux paris illégaux et au racket dans certaines grandes villes. Et, finalement, les groupes terroristes étaient dangereux, mais frappaient généralement dans des pays étrangers et bien souvent se résumaient à d'occasionnelles opérations suicide.

Quoi qu'il en soit, chacun de ces problèmes était isolé, sans peu d'influence ou d'interaction. En fait, notre seul challenge était que la DEA stoppe les cargaisons d'héroïne et de cocaïne en route pour les États-Unis, que la CIA partage ses renseignements sur le crime organisé ou les activités terroristes avec d'autres puissances et que le FBI

---

1. Bill Clinton, *Sur les dangers du crime global*, ONU, 1995.

identifie et arrête ces amateurs terroristes, se promenant en liberté avec leurs bombes artisanales et en quête de cibles discrètes.

Si seulement cela pouvait être aussi simple. Malheureusement, nous sommes face à une situation infiniment pire. [...] Ce que nous observons aujourd'hui, c'est trois types d'activités criminelles : le trafic de drogue, le terrorisme et le crime organisé qui sont comme trois plaques géologiques qui lentement ont commencé à bouger et à fusionner. Et pouvant produire, finalement, un séisme de magnitude et de destruction sans précédent.

Pour être clair, chacun de ces groupes est bien plus sophistiqué, bien mieux financé et bien supérieurement structuré que ce que nous pensions. [...]

Et tout amène à penser que dans l'intérêt d'une globalisation de leurs affaires, ces trois dangereux groupes vont très bientôt fusionner pour finalement travailler ensemble [...] Et lorsque cela sera opportun, ils vont mettre en commun leurs ressources. [...] Cette nouvelle vague de crime globalisé profitera complètement de l'avantage offert par les nouvelles technologies afin de camoufler leurs activités et cela, combiné avec son habileté à déplacer d'énormes sommes d'argent, deviendra une menace pour le monde libre. [...] Enfin, et c'est bien le pire, leur facilité à obtenir des armes, y compris dans le secteur nucléaire, donnera à n'importe quel cartel ou organisation terroriste, les moyens nécessaires pour s'imposer à travers l'usage de la force et de l'intimidation, toutes choses qui, nous le savons, font partie de leur mode de fonctionnement naturel. [1] »

---

1. Benjamin Gilman, président du Comité sur les relations internationales, Chambre des Représentants, débat sur la menace de l'internationalisation du crime organisé, Washington D.C, 1er octobre 1997.

« Alors qu'ils évoluaient naguère dans des sphères prati-quement séparées, acteurs "politiques" – guérillas, milices, mouvements de libérations nationales, groupe de terroristes – et acteurs « de droit commun » – criminalité organisée, mafias, cartels – ont été précipités sur la même scène. [1] »

« Le trait marquant de ce nouveau style de terrorisme, c'est l'obsession d'un nombre élevé de victimes. [2] »

« Les anciennes lignes de démarcation claires entre le trafic de drogue international, le terrorisme et le crime organisé sont en train de devenir floues, de s'entrecroiser et de muter comme jamais auparavant. [...] Aujourd'hui, soit les terroristes supervisent activement la culture et le trafic de drogue, ou bien alors "taxent" ceux qui le font. La colossale source financière que garantit le marché de la drogue a permis de combler le vide laissé par la disparition des états-sponsors. [...] Aussi, le lien entre crime organisé et terrorisme devient chaque jour de plus en plus fort, au rythme de l'intensification du marché de la drogue. [3] »

« Malheureusement, afin de s'occuper du terrorisme et des problèmes de trafic de drogue, vous êtes obligés de recruter des personnes qui ne sont pas des boy-scouts. [4] »

---

1. Xavier Rauffer In *Nouvelles Menaces criminelles, nouveaux terro-rismes*, Centre de recherche des menaces criminelles contemporaines, janvier 2000.

2. Steven Simon, ancien conseiller du Président Bill Clinton, 18 septembre 2001.

3. Frank Cillufo, Directeur du *Global organized Crime Program, Center for Strategic and International Studies*, Washington D.C. Décla-ration prononcée devant le Comité des affaires judiciaires du Congrès américain, 13 décembre 2000.

4. Frank Cillufo, *op. cit.*

« Les moudjahidin, supportés par la CIA, intensifièrent la culture d'opium afin de financer leur lutte. Entre 1982 et 1989, alors que la CIA expédiait des milliards de dollars en matériel militaire et aide aux forces de guérilla, la production annuelle d'opium passa de deux cent cinquante à huit cents tonnes. En 1986, le Département d'État admit que l'Afghanistan était probablement devenu le premier exportateur d'héroïne au monde. [...] Malgré cela, les autorités américaines ne prirent aucune mesure pour changer les choses. Leur silence servait non seulement à maintenir le support public à la cause moudjahidin mais également à faciliter les relations avec le Pakistan dont les dirigeants étaient profondément impliqués dans le trafic d'héroïne mais qui aidait la CIA à supporter les rebelles afghans. [1] »

« Nous savons que sur le territoire contrôlé par les taliban, il y a des camps d'entraînement de terroristes et d'extrémistes, et que la drogue y est cultivée à destination de l'Europe, de la Russie et des États-Unis. C'est un danger et une menace pour la sécurité des États. [2] »

« L'Afghanistan continue a être le plus important producteur d'opium du monde. [...] Les taliban se financent grâce à la taxation de l'ensemble des aspects du trafic de drogue. Les récoltes d'opium sont taxées à 12 %. Ensuite, les laboratoires de fabrication d'héroïne versent un "impôt" de 70 dollars par kilo. Enfin, les taliban accordent un permis de transport de la drogue à travers leur territoire contre un paiement de 250 dollars par kilo de drogue.

---

1. *A Tangled Web : A History of CIA Complicity in Drug International Trafficking*, Institute for Policy Studies, 1998.

2. Igor Ivanov, ministre russe des Affaires étrangères, 15 septembre 2001.

L'Observatoire géopolitique des drogues estime que cela représente annuellement un total de 75 millions de dollars, soit près de 80 % des sources de revenus du pouvoir taliban. [1] »

« Nous possédons des informations fiables indiquant que les taliban se préparent à utiliser l'argent de la drogue pour financer l'effort militaire et que Ben Laden a ordonné aux fermiers de planter la prochaine récolte. [2] »

« Au milieu des années quatre-vingt, cent missiles soviétiques SA-7 ont été achetés en Chine par la structure mise en place par Oliver North. Les missiles devaient être fournis aux Contras du Nicaragua afin d'être utilisés contre des hélicoptères de combat de fabrication soviétique. Les missiles arrivèrent au Guatemala où ils furent réceptionnés par des agents de la CIA. Par contre ils ne sont jamais arrivés jusqu'aux Contras.

En octobre 1995, des rebelles afghans proposèrent aux États-Unis le rachat de cent trente missiles Stinger provenant des lots distribués par la CIA via le Pakistan. L'offre fut refusée. Ce qui nous fait deux cent trente missiles en vente sur le marché du trafic d'armes. [3] »

« Le "pipeline" de la CIA fuyait. Il fuyait même salement. Crachant des énormes quantités d'armes dans une des régions les plus anarchiques du globe. D'abord, les forces pakistanaises se servaient dans ces cargaisons d'armes. Ensuite les plus corrompus des chefs de guérilla afghans volaient et revendaient pour des millions de dol-

---

1. Frank Cillufo, *op. cit.*.
2. Aide de Tony Blair, *The Times*, 2 octobre 2001.
3. Ancien membre de la CIA, ayant opéré en Amérique latine et au Moyen-Orient. Entretien avec l'auteur. 9 octobre 2001.

lars des missiles antiaériens, des explosifs, des AK-47, des munitions et des mines, tout cela directement depuis l'arsenal de la CIA. Certaines de ces armes étaient revendues aux parrains du trafic d'héroïne, d'autres aux plus radicales factions de l'armée iranienne. Et pendant que leurs troupes vivaient l'enfer dans les montagnes de l'Afghanistan où ils combattaient les Soviétiques, les responsables politiques de ces guérillas vivaient dans des somptueuses villas à Peshawar et possédaient une flotte de véhicules à leurs services. La CIA décida de garder le silence sur le fait qu'une partie d'entre eux convertissaient l'aide militaire en dollars. [1] »

« Maintenant, des années plus tard, les États-Unis récoltent des "dégâts" dont ils sont en partie responsables. [2] »

« Ce qui est particulièrement inquiétant, c'est le fait que la mafia russe fournit de plus en plus fréquemment des armes en paiement pour de la drogue. Il ne s'agit plus de marchés concernant des armes conventionnelles, des mines ou des explosifs mais des lance-missiles "terre-air", des hélicoptères de combat et des sous-marins. Et nous savons nous que des marchés similaires existent pour des armes de destruction massive. [3] »

« Il existe de nombreuses preuves par le passé d'accords sur le trafic d'héroïne entre les milices taliban et la mafia russe. Des rapports de différentes agences précisent très clairement que la mafia russe a également fourni des

1. Time Weiner, *Los Angeles Times*, 26 mai 1988.
2. Radha Kumar, Conseil des relations étrangères, New York, 7 octobre 2001.
3. Benjamin Gilman, *op. cit.*

armes aux extrémistes islamiques de Ben Laden en échange de drogue. [1] »

« À différentes occasions, au moins depuis 1992, Oussama Ben Laden et Mamdouh Mahmoud Salim [...] tentèrent d'obtenir des composants d'armes nucléaires.

À différentes occasions, au moins depuis 1993, Oussama Ben Laden, [...] tenta d'obtenir des composants d'armes chimiques. [2] »

★

★ ★

Le 11 septembre 2001, à huit heures quarante-cinq, depuis New York et sur les écrans du monde entier, le village global a définitivement basculé dans une nouvelle ère. Celle de la Mafia S.A.

---

1. Larry Johnson, ancien spécialiste du contre-terrorisme au sein du Département d'État américain, 5 octobre 2001.
2. Extrait de la mise en accusation d'Oussama Ben Laden, voir annexe.

Note au sujet de la bibliographie :
Au lieu de livrer une bibliographie complète sur le crime organisé, essentiellement constituée de livres rares et épuisés ou d'études universitaires fastidieuses pour le non-initié, j'ai préféré proposer ici une sélection d'ouvrages généralement disponibles et conçus pour tous. Une bibliographie plus complète, reprenant entre autres les différents rapports utilisés pour ce livre, est disponible sur le www.williamreymond.com

Sur les origines de la mafia et de la Cosa Nostra sicilienne :
Les Mafias, Paolo Pezzino, Casterman/Giunti, 1999.
Histoire de la mafia, Salvatore Lupo, Flammarion, 1999.
Cosa Nostra, le juge et les « hommes d'honneur », Marcelle Padovani, Giovanni Falcone, Édition° 1/Austral, 1991.

Sur la Cosa Nostra américaine et ses parrains :
Lansky , Hank Messick, Putnam's, 1971.
The Luciano Story, Sid Feder, Joachim Joesten, David McKay Co., 1954.
The Last Testament of Lucky Luciano, Martin A. Gosch, Richard Hammer, Little, Brown and Company, 1975.

A Man of Honnor, Joseph Bonanno, Simon & Schuster, 1983.

World Encyclopedia of Organized Crime, Jay Robert Nash, Da capo Press, 1993.

Sur SDCECE, SAC et barbouzes :

In the Moroccan King's Secret Gardens, Ali Bourequat, 1998.

Lamia, Philippe Thyraud de Vosjoli, Little, Brown and Company, 1973.

Dossier D...comme Drogue, Alain Jaubert, Éditions Alain Moreau, 1974.

Dossier B... comme Barbouzes, Patrice Chairoff, Éditions Alain Moreau, 1975.

Sur la French Connection :

The Heroin Trail, Newsday, Signet, 1974.

Code name Richard, Richard Bredin, Merlin House Book, 1974.

The French Connection, Robin Moore, Little Brown, 1969.

Sur le phénomène Mafia S.A. :

Les Prospérités du crime. Trafic de stupéfiants, blanchiment et crises financières dans l'après-guerre-froide, Guilhem Fabre, Éditions de l'Aube / UNESCO, 1999.

Global Mafia, Antonio Nicaso, Lee Lamothe, Macmillan Canada, 1995.

Mafia Business, Pino Arlacchi, Verso, 1986.

The Underground Empire, James Mills, Doubleday, 1986.

Les Seigneurs du crime, Jean Ziegler, Seuil, 1998.

Thieves'world, Claire Sterling, Simon & Schuster, 1994.

The Merger, Jeffrey Robinson, The Overlook Press, 2000.

Sur le blanchiment d'argent :
Dirty Money, Thurston Clark, John Tigue Jr., Simon & Schuster, 1975.
The Laundrymen, Jeffrey Robinson, Arcade, 1996.
La Corruption internationale, Colloque du *Nouvel Observateur*, Maisonneuve & Larose, 1999.
Crime et Blanchiment, Thierry Jean-Pierre, Patrice de Méritens, Fixot, 1993.
Révélation$, Denis Robert, Ernest Backes, Les Arènes, 2001.

Sur la Pizza Connection :
The Pizza Connection, Shana Alexander, Weidenfeld & Nicolson, 1988.
Last Days of the Sicilians, Ralph Blumenthal, Times Book, 1988.

Sur la filière canadienne :
L'Affaire Rivard, Maurice Philipps, Éditions Portance, 2000.
La Filière canadienne, Jean-Pierre Charbonneau, Éditions de l'homme, 1975.

Sur Richard Nixon, la CIA et la DEA :
30 ans de C.I.A, William Colby, Presses de la Renaissance, 1978.
Abuse of Power, Stanley I. Kutler, Free Press, 1997.
The Arrogance of Power, Anthony Summers, Vicking, 2000.
Deep Cover, Michael Levine, Delacorte Press, 1990.
The Great Heroin Coup, Henrik Krüger, Black Rose Books, 1980.

On the take, William J. Chambliss, Indiana University Press, 1978.

Contrabandista !, Evert Clarck, Nicolas Horrock, Praeger Publishers, 1973.

Killing Hope, William Blum, Common Courage Press, 1995.

Sur le trafic de drogue :

Drug Crazy, Mike Gray, Routledge, 2000.

Comment j'ai infiltré les cartels de la drogue, Fausto Cattaneo, Albin Michel, 2001.

The Politics of Heroin, Alfred W. McCloy, Lawrence Hills Books, 1991.

La Guerre perdue contre la drogue, Jean-François Boyer, La Découverte, 2001.

Sur les mafias mondiales :

Red Mafiya, Robert I. Friedman, Little, Brown and Company, 2000.

La Mafia albanaise, Xavier Raufer avec Stéphane Quéré, Favre, 2000.

Le Dossier noir des mafias russes, Hélène Blanc, Éditions Griot-Balzac, 1998.

L'Enfer des mafias, dirigé par Michel Serceau, Panoramiques, 1999.

La Mafia chinoise en Europe, Roger Faligot, Calmann-Lévy, 2001.

Les Mafias, dossier coordonné par Jean-Louis Briquet, Politix n° 49, 2000.

REMERCIEMENTS

Ce livre est le fruit de trois années de recherches essentiellement passées aux États-Unis. Les sources sont multiples. Il s'agit de livres, de rapports d'origines diverses, de travaux universitaires ou législatifs, d'articles de presse, de sites Internet ou de reportages télévisés. Mais je crois que mon enquête n'aurait jamais pu se connecter au réel sans les contributions d'agents de la CIA, des RG, du renseignement militaire, du FBI, de la DEA, du FBN, du SDECE... Si nombre d'entre eux sont désormais « retirés des affaires », certains, toujours actifs, ont accepté de me parler sous condition d'anonymat. Soucieux de respecter mes sources mais également de ne pas tomber dans le piège de la manipulation, j'ai néanmoins tenté de trouver des confirmations à chaque information reçue lors de ces entretiens. En général, ce fut le cas. Mais dans le cas contraire, j'ai choisi de ne pas utiliser ces « révélations » dans ce livre.

J'ai essayé d'utiliser la même méthode avec d'anciens membres du SAC, de l'OAS, de la French Connection, de la Latin Connection et un « repenti » de la Cosa Nostra vivant toujours aujourd'hui dans le Witness Protection Program. Et si au départ la tâche me paraissait complexe, j'ai été surpris des ressources disponibles dans les fonds d'archives de différents pays pour mener à bien cette tâche.

D'une manière globale, je voudrais ici remercier l'ensemble de ces personnes pour avoir accepté de m'initier à un monde redoutable.

Mes pensées vont également à ma maison d'édition : Flammarion, qui depuis 1997 me soutient dans l'ensemble de mes enquêtes au long cours. Je pense ici bien évidemment à Thierry Billard mais aussi à Guillaume Robert et à Marie-Paule Cornavin.

Remerciements également à l'équipe de *90 minutes* sur Canal + et plus particulièrement Bernard Nicolas, Michel Despratx et Paul Moreira, pour d'une manière générale avoir enfin donné en télévision la place que l'investigation mérite et plus particulièrement pour leur soutien et commentaires sur mon travail.

Christian Maroselli est le génial créateur de mon site Internet. Qu'il reçoive ici le crédit qu'il mérite.

Special thanks to Tom Bowden, Belita Nelson, Jay Harisson.

Merci aussi à Ali Bourequat, Jacqueline et Stéphane. Votre courage a été une motivation supplémentaire à raconter cette histoire.

Enfin, cette enquête et ce livre n'auraient jamais vu le jour sans le soutien, l'amour et l'aide de mon épouse Jessica. Quant à Thomas, il a été une raison de motivation supplémentaire, car le monde que nous laissons construire aujourd'hui est l'univers que nous offrirons demain à nos enfants.

William Reymond, Dallas, 9 octobre 2001.

ANNEXES

1964. Pour la première fois, le FBI reconnaît officiellement la présence de la mafia sur le sol américain. À noter, page suivante, que le bureau admet l'influence de Lucky Luciano tout en niant l'internationalisation du crime organisé.

SUMMARY AND CONCLUSIONS

A. Summary

The roundup of 61 Sicilian-Italian hoodlums at Apalachin, New York, on November 14, 1957, once again focused the public spotlight on the Mafia in the United States. For years, there have been speculations as to the existence and nonexistence of such an organisation in this country. Available evidence shows that beyond the shadow of a doubt, the Mafia does exist today in the United States, as well as in Sicily and Italy, as a vicious, evil, and tyrannical form of organized criminality.

The Mafia is a special criminal clique or caste composed primarily of individuals of Sicilian origin or descent within organized crime. There is an affinity among Mafiosi (Mafia adherents) for associating and cooperating in criminal activities. This affinity is the result of shared criminal traditions, cultural similarities, provincial clannishness, blood ties, and intermarriage.

It would be absurd to think that the American counterpart of the traditional Mafia of Italy is a distinctly outlined, conventional type of organization. It would be equally absurd to think that because it is not, it has no existence at all. The Mafia is organized criminality having the characteristics of a lawless brotherhood which functions as a part of organized crime.

The Mafia does not possess the attributes of an orthodox organization and does not function in a formal, legal manner. It has no membership rolls but has adherents. There are recognized leaders who achieve their status by their dedication to the criminal order, their ruthlessness, and their accumulated wealth. These leaders define the criminal objectives, give the orders, and provide the means for reaching the objectives.

The Mafia is not a centrally organized group, but is rather a collection of gangs and groups throughout the country loosely bound together in a federationlike pattern. Each Mafia-led gang or group is usually autonomous in its own territory and has its distinct spheres of jurisdiction and activity.

The Mafia in the United States does not appear to be controlled from abroad. There are, however, close connections and associations between Mafiosi in Italy and Mafiosi in this country, in which the deported hoodlum, Charles "Lucky" Luciano, plays an important role.

The Mafia manifests a perennial pattern of criminal characteristics which include: (1) association of Sicilian-Italian criminal elements; (2) cooperation for mutual protection, assistance, growth, and gain;

- iv -

ANNEXE 2
Le dossier Luciano [1]

---

1. De nombreux autres rapports concernant les activités de la Cosa Nostra aux États-Unis sont disponibles sur www.williamreymond.com

Si le FBI a rendu public plus de cinq mille pages concernant Lucky Luciano, l'étude de l'ensemble de ces pièces est décevante, car il s'agit majoritairement de coupures de presse commentées ou, comme ci-dessous, de pages censurées.

L'ensemble des documents suivants montre que les services secrets de la marine américaine (ONI) sont intervenus directement pour obtenir la libération de Luciano. Une faveur pour remercier le parrain américain d'avoir facilité le débarquement allié en Sicile.

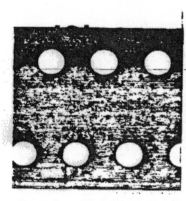

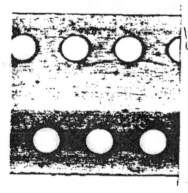

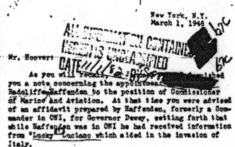

New York, N.Y.
March 1, 1946

Mr. Hoover:

As you will recall, I furnished you a note concerning the appointment of Radcliffe Haffenden to the position of Commissioner of Marine and Aviation. At that time you were advised of an affidavit prepared by Haffenden, formerly a Commander in ONI, for Governor Dewey, setting forth that while Haffenden was in ONI he had received information from "Lucky" Luciano which aided in the invasion of Italy.

Recently this office received in the strictest confidence from an outside source photostatic copies of correspondence of ONI. This correspondence includes a letter written by Haffenden to Charles Breitel, Counsel for Governor Dewey, a copy of which is attached hereto.

The ONI office in New York received an anonymous letter from a newspaperman stating the claims reported by Haffenden, that Luciano had contributed this country's success in the invasion of Italy, untrue and that Haffenden had perjured himself. Consequently, Haffenden's superior demanded an answer from him to these charges. In reply Haffenden submitted a statement in which he claimed his first contact with Moses Polakoff, underworld attorney, came about after conferences with the District Attorney's office of New York County, during which Murray I. Gurfein, then an Assistant District Attorney, but later a Lieutenant Colonel in OSS, suggested that contacts be made with attorneys for underworld characters in order to secure their cooperation in preventing sabotage by enemy agents in the Port of New York, and enlisting

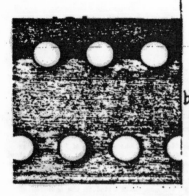

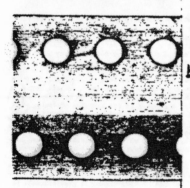

the assistance of fishing boats operating from the
Third Naval District to submarines.

b7C After this contact Polakoff and other friends of
Luciano made several trips to prison to see Luciano,
and contact was also had with ████████████████
████████████racketeer in New York City.

During February, 1943, Haffenden and Gurfein
appeared before Justice Philip J. McCook and testified
in generalities as to the assistance rendered by
Luciano for the purpose of securing a parole for him.
However, Justice McCook denied the application.

In his reply to his superior, Haffenden claimed
he had made a request of Polakoff for any information
on Italy or Sicily, as a result of which informants
on this area called on him constantly. He said these
informants were turned over to officers familiar with
the territory. Haffenden advised he kept a record of
the informants which he left in his office when he
was detached from the District Intelligence Office.

b7C ████████████████████ stated the District Intelligence Office files indicated Luciano never furnished any assistance or information to ONI.

Haffenden was forced to sign a statement in
which he promised to notify his commanding officer
if he were approached to give additional information
as to Luciano.

- 2 -

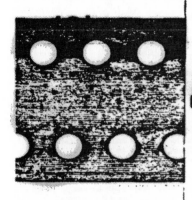

b7D

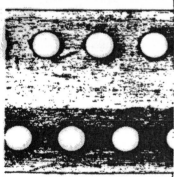

Haffenden admitted he was friendly with Costello and had played golf with him.

There has been talk around the city that $250,000 would be paid for the release of Luciano from State Prison. This money, however, would probably not go to Haffenden, but rather to others in political circles. It is observed that Haffenden has already been rewarded with the position of Commissioner of Marine and Aviation.

E. E. CONROY

29166

March 10, 1953

MEMORANDUM FOR MR. TOLSON
MR. LADD
MR. NICHOLS

After the Attorney General's staff luncheon yesterday, the Attorney General talked with me in his office about a phone call which he received from Governor Dewey concerning a letter which had been sent by me to Governor Dewey under date of January 15, 1953, concerning the activities of one Hollenden in the matter of the parole of Lucky Luciano by the New York authorities. The Attorney General stated that Governor Dewey merely wanted to be certain that it was understood that his action in paroling Luciano was not predicated upon any grounds to the effect that Luciano had been or could be of service to the American authorities in Italy but was predicated upon entirely different grounds.

The Attorney General also informed me that a Michael Stern had recently made a broadcast over some New York radio station in which he charged that Luciano and his friends had paid large sums of money to Governor Dewey for the parole. As a result of this broadcast, Governor Dewey had had a lawyer in New York go into the matter and force a retraction by the radio station. During the course of the inquiry by the New York lawyer, Stern is alleged to have said that he was a friend of mine and, in fact, had dined with me the night before at the Stork Club. I told the Attorney General that I did not recall anyone by the name of Michael Stern as being a friend of mine, and certainly he had never dined with me, either at the Stork Club or any other place. I stated I wanted to look into this matter thoroughly and run it down as it sounded to me like a name dropper who should be told to either put up or shut up. I have asked Mr. Winterrowd to look into this matter and to let me have the facts pertaining to the same.

Very truly yours,

John Edgar Hoover
Director

G.I.R.S

SENT FROM D. O.
TIME 6:08 PM
DATE 3-10-53
BY

ALL INFORMATION CONTAINED
HEREIN IS UNCLASSIFIED
DATE 11/11/80 BY

b7c

RECORDED - 56
INDEXED 56

89-2141-159

MAR 18

6 MAR 19 1953

Charles "Lucky" Luciano

     In June, 1936, Luciano was convicted in New York
State Court on 62 of 90 counts charging compulsory prostitution.
He was sentenced to 30 to 50 years imprisonment. On February
8, 1943, an application was filed asking for the suspension of
two 15 year sentences still remaining to be served by Luciano.
The application for suspension of the remaining sentences was
filed with the allegation that Luciano had furnished valuable
information to the United States Navy during World War II.

     On January 3, 1946, Luciano was paroled by then
Governor Thomas E. Dewey of New York State on the condition
that he be deported to his native Italy.

     On February 2, 1946, Luciano was removed to Ellis
Island, New York, by Immigration and Naturalization Service
officials to await his deportation. Luciano was placed aboard
the "SS Laura Keene" on the afternoon of February 8, 1946,
for his journey back to Italy.

     Concerning Luciano's alleged assistance to the United
States Government during World War II, investigation reflected
that a letter had been written by one Charles Radcliffe Haffenden
to Charles Breitel, Counsel for Governor Thomas E. Dewey.
Haffenden was a Commander in the United States Navy stationed
in New York City at the time when Luciano allegedly furnished
assistance to the Navy. Haffenden had written the letter to
Albany at the request of Moses Polakoff, Luciano's attorney.
Haffenden alleged in his letter that Luciano, through Polakoff,
had made available for interview by the Office of Naval Intelligence
a number of individuals who furnished information assisting in
the invasion of Sicily and Italy. Haffenden, when questioned as

- 2 -

Ensemble de documents, malheureusement « incomplets », précisant le rôle de Luciano dans l'internationalisation du trafic d'héroïne. Même si le FBI ne le précise pas, il s'agit ici des premières traces écrites de la French Connection.

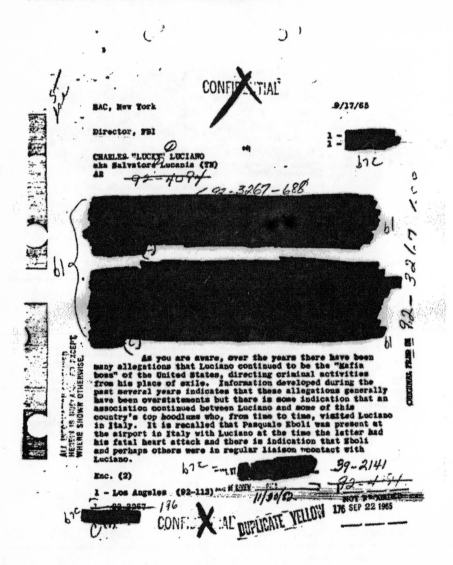

SAC, New York   9/17/65

Director, FBI

CHARLES "LUCKY" LUCIANO
aka Salvatore Lucania (TN)
AR

As you are aware, over the years there have been many allegations that Luciano continued to be the "Mafia boss" of the United States, directing criminal activities from his place of exile. Information developed during the past several years indicates that these allegations generally have been overstatements but there is some indication that an association continued between Luciano and some of this country's top hoodlums who, from time to time, visited Luciano in Italy. It is recalled that Pasquale Eboli was present at the airport in Italy with Luciano at the time the latter had his fatal heart attack and there is indication that Eboli and perhaps others were in regular liaison contact with Luciano.

Enc. (2)

1 - Los Angeles (92-113)

CONFIDENTIAL   DUPLICATE YELLOW   176 SEP 22 1965

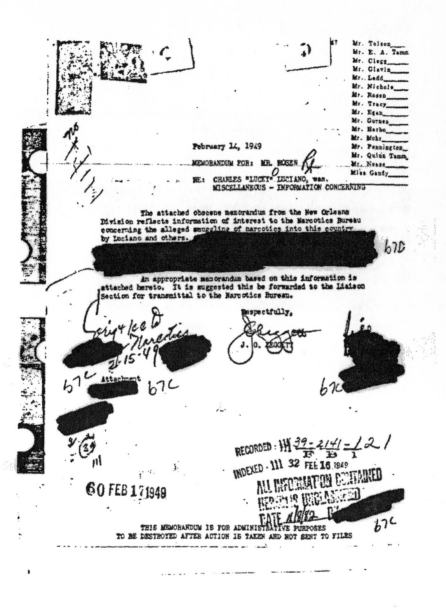

Mr. Tolson ___
Mr. E. A. Tamm ___
Mr. Clegg ___
Mr. Glavin ___
Mr. Ladd ___
Mr. Nichols ___
Mr. Rosen ___
Mr. Tracy ___
Mr. Egan ___
Mr. Gurnea ___
Mr. Harbo ___
Mr. Mohr ___
Mr. Pennington ___
Mr. Quinn Tamm ___
Mr. Nease ___
Miss Gandy ___

February 14, 1949

MEMORANDUM FOR: MR. ROSEN

RE: CHARLES "LUCKY" LUCIANO, was.
MISCELLANEOUS - INFORMATION CONCERNING

The attached obscene memorandum from the New Orleans Division reflects information of interest to the Narcotics Bureau concerning the alleged smuggling of narcotics into this country by Luciano and others.

b7C

An appropriate memorandum based on this information is attached hereto. It is suggested this be forwarded to the Liaison Section for transmittal to the Narcotics Bureau.

Respectfully,

J. C. LEGGETT

Attachment

RECORDED · 1H 39-2141-121

INDEXED · 111 32 FEB 16 1949

60 FEB 17 1949

ALL INFORMATION CONTAINED HEREIN IS UNCLASSIFIED
DATE 1/8/82

THIS MEMORANDUM IS FOR ADMINISTRATIVE PURPOSES
TO BE DESTROYED AFTER ACTION IS TAKEN AND NOT SENT TO FILES

It is also interesting to note an earlier Mafia murder in connection with the operation of the Kansas City narcotics syndicate. Ignazio Antinori, who occasionally traveled to Havana to obtain narcotics for the Kansas City operation, was accused by Mafiosi in Kansas City of furnishing a poor grade of drugs in return for a payment of $25,000. He was ordered to return the money within two weeks. After failing to comply with that order, he was killed by shotgun fire in a roadhouse near Tampa in 1940. (103)

3. International Aspects of Drug Traffic

- Much has appeared in the press in recent years concerning the control of narcotics by Charles "Lucky" Luciano in Italy. The Federal Bureau of Narcotics feels that there exists a realm of cooperation and coordination between Mafiosi in the United States and the Mafia in Sicily in the illicit traffic of drugs. (104)

Luciano has been close to Nicolai Gentile in Italy. Gentile was under indictment for a narcotics charge when he jumped bail and fled from the United States to Italy in the early 1940's. Joseph Pici, who was deported from this country on a white slave conviction, has also been a Luciano intimate. He reportedly smuggled himself into the United States prior to World War II, carrying heroin which he delivered to the Kansas City Mafia group. Other

Télex du FBI annonçant le décès de Lucky Luciano. À noter, en dernière ligne, le fait que le FBI s'interroge sur les conséquences de la mort du parrain et la réorganisation de la Cosa Nostra.

ANNEXE 3

Un document exceptionnel : le témoignage, jamais publié, d'un avocat américain ayant enquêté sur les ramifications unissant le monde du renseignement à celui du trafic de drogue.

Extraits de la déclaration en date du 23 octobre 1996 de Jack A. Blum, ancien Conseiller spécial du Comité sénatorial aux Relations Étrangères devant le Comité d'enquête du Sénat sur le renseignement, le trafic de drogue et la guérilla Contra[1].

« Mon nom est Jack A. Blum. Je suis un avocat associé du cabinet Lobel, Novins & Lamont à Washington D.C. De janvier 1987 à mai 1989, j'ai exercé la fonction de Conseiller spécial du Comité sénatorial aux Relations Étrangères. Dans le cadre de mes fonctions, j'ai supervisé l'enquête du Sous-Comité sénatorial sur les narcotiques, le terrorisme et les opérations internationales. Mon rôle consistait à déterminer si les efforts pour atteindre nos objectifs de politique étrangère avaient interféré avec les efforts des forces de l'ordre pour contrôler l'arrivée de stupéfiants sur le territoire américain. J'apprécie fortement l'occasion que m'offre le comité de comparaître ici ce matin. Les questions qui se posent devant le comité sont au cœur du travail inachevé de la réforme des services de renseignements de la période d'après guerre froide. J'espère qu'il y aura une discussion publique sérieuse à ce sujet et que celle-ci entraînera des changements fondamentaux de la manière dont les États-Unis mènent leurs opérations secrètes. Ce changement est essentiel dans la restauration de la confiance de l'opinion publique dans l'intégrité des relations internationales du gouvernement américain. Je commencerai par examiner les conclusions du sous-comité. Ensuite je donnerai un bref aperçu de l'historique des relations entre le trafic de stupéfiants et les opérations des services de renseignements et, enfin, je

---

1. *Senate Select Committee on Intelligence on Drug Trafficking and the Contra War.* Traduction Jessica Reymond.

ferai quelques suggestions concernant la future organisation des services de renseignements et leur réforme.

L'enquête du comité a bénéficié d'un soutien bipartite
sans lequel elle n'aurait pas pu aboutir. Le sous-comité a
conclu que le gouvernement Reagan a subordonné à plusieurs reprises la lutte contre le trafic de stupéfiants à sa
croisade anticommuniste au Nicaragua qu'elle considérait
plus importante. Notre enquête s'est concentrée sur la
question de savoir si le mouvement de résistance au Nicaragua – les Contras – était impliqué dans le trafic de stupéfiants et si une partie du gouvernement américain fermait
les yeux, ou éventuellement apportait de l'aide, à ces activités. [...]

Nous n'avons trouvé aucune preuve que les plus hauts
responsables du gouvernement américain aient adopté une
politique de soutien des Contras en favorisant la vente de
drogues. En général, les Contras dans la jungle étaient des
hommes isolés, sans moyen ni argent. La vente de drogues
que pratiquaient certains d'entre eux servait à remplir
leurs poches et non la cause. Dans un cas, Jorge Morales,
trafiquant de drogues, a donné de l'argent au Contras du
front du Sud. Ils savaient que c'était de l'argent provenant
de la vente de drogues, mais cela ne les gênait pas. Dans
un autre cas, un émissaire du cartel des drogues a offert
au gouvernement américain 10 millions de dollars pour
les Contras en échange d'une amnistie pour les trafiquants
colombiens. Après avoir enquêté au mieux de nos possibilités, nous avons conclu que l'offre a été refusée. En
revanche, il existe de nombreuses preuves que des
hommes politiques ont fermé les yeux devant les activités
criminelles de certains alliés des États-Unis et des sympathisants des Contras. Ils ont volontairement ignoré leurs
activités de trafiquants de drogues, de vol et de violation
des droits de l'homme. [...]

Ce que l'on dit sur la drogue et les Contras dépend

entièrement de la question. Si la question est de savoir si la CIA a vendu du crack dans les centre-villes américains afin de soutenir la guerre des Contras, la réponse est un non catégorique. Si la question est de savoir si le gouvernement américain a ignoré le problème de la drogue et a corrompu les forces de l'ordre afin d'éviter des embarras à nos alliés dans la guerre des Contras et de les récompenser, la réponse est oui.

Nous étions au courant des liens entre les Contras et le commerce de cocaïne de la côte Ouest des États-Unis. Lorsque nous avons tenté de pousser l'enquête plus loin, la Justice Department Criminal Division, alors sous la direction de Bill Weld, a tout fait pour nous refuser l'accès à des documents essentiels et à des témoins détenus par le gouvernement. Je me souviens d'une conversation téléphonique lors de laquelle le United States Attorney de la Californie du Nord hurlait, nous accusant d'être des éléments subversifs, parce que nous lui demandions ce genre d'information. [...] Je pourrais ajouter que le Justice Department a fait tout son possible pour empêcher notre enquête d'avancer. Le Department a transféré des prisonniers afin de nous en interdire l'accès, a ordonné à ses employés de ne pas nous parler et a puni un assistant U.S. Attorney pour avoir passé des informations au sous-comité. Depuis les articles de Gary Webb dans le *San Jose Mercury*, beaucoup de gens nous ont demandé pourquoi ils n'avaient jamais entendu parler de notre enquête. La raison en est que nous avons été la cible d'efforts systématiques pour discréditer nos témoins ainsi que la qualité de notre travail. Des fonctionnaires du Justice Department ont appelé les médias qui couvraient nos audiences pour leur dire que nos témoins mentaient. Les conseillers de la Maison-Blanche ont décrit notre travail comme « une attaque aux motifs politiques ». Une fois la machine lancée contre nous, les médias ont traité les conclusions avec précaution et ont minimisé l'importance des dépositions de nos témoins. Nos conclusions ont soulevé des questions qui nécessitent une discussion publique approfondie.

Les liens des services de renseignements avec les trafiquants de drogues sont un problème de longue date. La volonté des responsables de la politique étrangère de subordonner toute autre priorité dans les relations internationales à la croisade contre le communisme est également un problème de longue date. Nous sommes passés par une période pendant laquelle nos priorités étaient fondées sur des bases idéologiques qui s'appuyaient plus sur des croyances religieuses que sur une véritable appréciation des menaces. Pendant cette même période des opérations secrètes ont été entreprises en pensant au court terme sans prendre en considération les conséquences à long terme. Nous ne devons plus jamais laisser ce genre d'aveuglement idéologique et une telle vision limitée corrompre l'appréciation des services de renseignement. Durant les années 80, je pouvais compter par centaines le nombre de victimes d'overdose et de la guerre des drogues dans les rues des villes américaines. Mais je n'ai pu trouver aucun rapport sur une seule mort aux États-Unis liée à une attaque d'un Sandiniste. Durant cette période j'aimais à dire en plaisantant que si les colis de cocaïne avaient été marqués avec le marteau et la faucille, le problème du trafic de drogues aurait été la priorité et aurait peut-être même été résolu.

Un débat sur les relations entre les opérations secrètes et les organisations criminelles aurait dû être au cœur de la discussion sur la réforme après-guerre des opérations des services de renseignement. Une étude minutieuse de l'histoire des opérations secrètes aux Caraïbes, en Amérique Centrale et du Sud révélerait une connection depuis quarante ans entre la criminalité et les opérations secrètes qui s'est retournée contre les États-Unis à mainte reprises.

Cette même étude montrera que la plupart des opérations dans cette région ont été des échecs, aussi bien au niveau moral que politique. D'autres opérations en Asie et en Europe ont eu des conséquences similaires — surtout en ce qui concerne les stupéfiants.

Mais avant d'aborder l'historique il est essentiel de comprendre pourquoi des criminels ont joué un rôle si important dans les opérations secrètes. Contrairement à ce que l'on croit généralement et à ce que l'on peut lire dans la littérature populaire, les meilleures opérations secrètes ne mènent pas à des révolutions et ne jouent pas un rôle direct dans les sociétés qu'elles tentent d'influencer. Elles doivent plutôt renforcer le rôle des éléments de la société qui poursuivent le même but que nous. Nous considérons les éléments qui nous soutiennent comme des atouts. En règle générale, les organisations criminelles offrent aux opérations secrètes une multitude d'avantages · les criminels ont l'habitude de rester hors de portée de la loi. Ils ont identifié les éléments corrompus du gouvernement et les subornent. Ils connaissent le territoire. Ils sont disciplinés, flexibles et motivés par l'argent. Si vous avez un boulot illégal à faire, et si vous êtes prêts à y mettre le prix, ils sont prêts à le faire.

Pour les organisations criminelles, participer à des opérations secrètes offre bien plus d'avantages que le seul aspect financier. Éventuellement ils auront une influence dans l'élection du nouveau gouvernement. Peut-être que le nouveau gouvernement leur sera redevable de leur aide à accéder au pouvoir. [...] Étant donné les atouts des criminels et leurs motifs naturels pour aider, je peux comprendre pourquoi le monde du renseignement est tenté de les engager. Si j'étais envoyé dans un pays étranger pour y risquer ma vie à faire des choses illégales, j'aurais recours à des criminels patentés pour m'y aider.

Le problème qui se pose est de savoir comment éviter

que des criminels alliés ne prennent le dessus. Comment les empêcher de faire partie du décor une fois que leur mission est terminée ? Si l'on ne peut pas les neutraliser, les responsables derrière ces opérations doivent tenir compte des conséquences à long terme nées du renforcement du pouvoir des criminels.

Souvent, nous avons dû former des sympathisants dans des pays ciblés par nos actions aux techniques d'opérations clandestines. Le manuel d'un bon agent secret est, par définition, aussi celui d'un criminel de pointe. Les espions apprennent à changer d'identités, à perdre une filature, à blanchir de l'argent et à se fondre dans le paysage. Les participants à une opération secrète paramilitaire doivent trafiquer des armes et des réserves, communiquer clandestinement, manipuler des explosifs et dissimuler la structure de l'organisation secrète. Ces techniques sont les mêmes que requièrent les organisations criminelles et les terroristes internationaux.

De temps à autre nous avons formé des groupes à mener une opération secrète. Au terme de l'opération, nous avons été confrontés à des problèmes d'« élimination ». La difficulté était de recaser dans un travail sûr et utile des gens que nous venions de former à tuer, à trafiquer et à fabriquer des bombes. Nos efforts d'élimination n'ont été que très rarement couronnés de succès ce qui fait que depuis des décennies, d'anciens élèves de nos opérations secrètes peuplent les rangs d'organisations criminelles. Le premier mariage de convenance fût la coopération de Lansky-Luciano avec le Office of Naval Intelligence pendant la Seconde Guerre mondiale. Meyer Lansky a négocié un accord permettant à Luciano d'être libéré sur parole et expulsé vers l'Italie en échange de renseignements et de protection contre les espions des puissances de l'Axe sur les quais new-yorkais. Luciano a rempli son contrat et fût libéré, lui permettant de poursuivre sa carrière de criminel en Sicile. Parmi ses activités criminelles figurait la réintroduction après-guerre d'héroïne aux États-Unis.

Ensuite nous avons apporté une assistance clandestine au crime organisé de Marseille. Ces gangs étaient opposés aux syndicats communistes et ont contribué à ce que la France ne rejoigne pas le rang des pays communistes. Par la suite, ces gangs sont devenus la « French Connection ». Nous avons travaillé avec les Yakusa afin de contenir les communistes au Japon après la Deuxième Guerre mondiale. Les Yakusa sont devenus une source majeure de métamphétamine à Hawaï.

Khun Sa, le leader bien connu du trafic d'héroïne du Triangle d'or a réussi dans ce commerce grâce au soutien américain et français exercé en direction des « vestiges » de l'armée chinoise Kuomintang vaincue et en fuite vers la Birmanie après la prise de pouvoir de Mao. Aujourd'hui encore nous sommes confrontés au problème d'héroïne qui en découle. [...]

Plus récemment, nos actions en Afghanistan ont contribué à transformer la région en une des plus grandes régions productrices et exportatrices d'héroïne du monde. Avec la guerre, les paysans ont appris à se concentrer sur la meilleure des récoltes : le pavot d'opium. Le pavot est facile à cultiver, la pâte d'opium est très légère, a une grande valeur et peut être transportée à dos d'âne à travers les hautes montagnes jusqu'au marché. C'est la culture parfaite pour un peuple engagé dans une guerre de guérilla. Nos opérations secrètes en Afghanistan nous ont aussi offert une « récolte record » de terroristes formés par nos soins. Ils se sont retournés contre nous et contre tout ce qui représente le monde occidental dès l'instant où les Russes ont quitté l'Afghanistan. Ces gens-là ont été à l'origine des attentats du World Trade Center, de Paris, du Caire, de Bombay, en Arabie Saoudite et sur deux vols d'Air India. Des Américains ont été assassinés ici ainsi qu'à Karachi. S'il y a eu des efforts d'« élimination » en Afghanistan, ils ont été assez lamentables.

Le cas de l'Amérique latine est tout aussi déprimant. Le fiasco de la Baie des Cochons a laissé les États-Unis avec un double problème sur les bras : un premier d'« élimination » et un second où les organisations criminelles pensaient avoir renforcé leur pouvoir grâce à leur « aide » contre Fidel Castro. La CIA a entretenu une vaste opération à Miami, JMWave, afin d'occuper les vétérans de la Baie des Cochons. Mais en dépit de ces efforts, des vétérans de la Baie des Cochons ont été impliqués dans des affaires comme le cambriolage du Watergate et l'assassinat en pleine rue, à Washington, d'Orlando Letelier.

Sous Carter, lorsque les droits de l'homme sont devenus une priorité publique, nous avons encouragé discrètement d'autres pays à agir pour nous. Le sous-comité a reçu un témoignage édifiant d'un ancien employé civil du gouvernement militaire argentin, Leandro Sanchez-Reisse, qui a décrit en détail leurs efforts anticommunistes. Il a raconté au sous-comité que l'armée argentine était responsable de l'explosion de la cocaïne en Bolivie. Il a témoigné que des membres des services de renseignements de l'armée argentine avaient utilisé les profits qu'ils avaient tiré de leur contrôle du marché de cocaïne en Bolivie pour financer un « bataillon » anticommuniste qui opérait dans l'ensemble du continent. Il a révélé qu'il avait mis en place une opération de blanchiment d'argent à Fort Lauderdale en Floride pour fournir les fonds nécessaires à ce bataillon secret. Il a affirmé que notre gouvernement avait soutenu ses efforts.

Je voudrais rappeler au comité que les Argentins étaient les premiers à former et soutenir le mouvement de résistance des Contras. Sanchez-Reisse disait qu'à son avis, une des raisons pour lesquelles les généraux argentins ont lancé l'attaque contre les îles Malouines était qu'ils pensaient que nous les soutiendrions en échange de toute l'aide qu'ils nous ont apportée. Si cela est le cas, les conséquences en ont été tragiques.

Le général Noriega travaillait pour nous alors qu'il semblerait que le monde entier était au courant de ses activités de trafiquant de drogues. Selon la comptabilité rendue publique de la CIA, il touchait environ deux cent mille dollars. Lorsque des efforts ont été faits pour saisir ses fonds à la BCCI comme profits découlant d'activité criminelle, il a dit que tout ce qu'il voulait était de retrouver son salaire de la CIA. Quatre années durant, nous avons ignoré ses activités de trafic de drogues parce qu'il nous aidait avec notre problème au Nicaragua. Le point culminant et le plus honteux de notre relation est immortalisé par le Colonel Oliver North dans ses carnets de notes. Le général Noriega était prêt, selon North, à assassiner tous les membres dirigeants sandinistes si seulement les États-Unis l'aidaient à se débarrasser de son image de trafiquant. La réaction du Colonel North ne fut pas d'appeler la police mais de soumettre l'offre à l'Admiral Poindexter qui a demandé à North s'il pouvait négocier à la baisse l'aide exigée par Noriega.

Nous avons rencontré des problèmes similaires à Haïti où nos « sources » de renseignements dans l'armée haïtienne ont « offert » leurs installations aux cartels de drogues. Mais au lieu de mettre la pression sur les dirigeants pourris, nous les avons défendus. Nous avons simplement regardé dans une autre direction lorsqu'eux et leurs associés criminels ont distribué de la cocaïne à Miami, à Philadelphie et à New York. [...] En somme, nous avons « payé » nos amis en Amérique Centrale et du Sud en fermant les yeux sur leurs activités criminelles. À mon avis, le prix à long terme est le renforcement du pouvoir des cartels de drogues et leur transformation en des organisations commerciales internationales et sophisti- quées. J'ai de sérieux doutes sur le fait que cette consé- quence ait été prise en considération ou que cette ligne de conduite ait été discutée sous cette forme à aucun niveau du gouvernement. [...] En même temps, on accusait des personnes gênantes du trafic de drogues pour s'en débar- rasser. C'était le cas de Ron Martin, ancien directeur du U.S. Mil Group au Nicaragua, qui fût accusé de trafic de drogues. North racontait que son dépôt d'armes avait été financé par la cocaïne. En fait, le problème de Martin était qu'il était prêt à vendre des armes aux Contras à des prix beaucoup plus bas que le système Secord que nous soute- nions. La manœuvre Martin a été efficace et l'a forcé à se retirer du commerce d'armes avec de considérables pertes. [...]

Le comité devrait également prendre en considération les alternatives aux opérations secrètes. En tant que nation, nous devrions agir de manière beaucoup plus affir- mée. Par une assistance accrue aux pays étrangers, plus de diplomatie transparente, plus de soutien à l'éducation de futurs leaders politiques étrangers et plus de fonds publics pour nos alliés. Des opérations secrètes, et en par- ticulier celles qui nécessitent l'implication de trafiquants de drogues, ne devraient être utilisées qu'en dernier recours, en cas de désespoir de cause nationale, si tant est qu'il faille y avoir recours tout court.

Après tout ce que je viens de dire il devrait être clair que le contrôle (des criminels utilisés par les États-Unis) a complètement échoué. Lorsque la CIA a été interrogée à ce sujet elle n'a sorti que des démentis boiteux et des exemples d'éléments corrompus dont elle s'est débarras- sée. Cela ne suffit pas. Les comités responsables doivent prendre en considération la politique dans son ensemble et se demander si les « gradés » proposant une opération

ont donné un aperçu honnête des potentielles conséquences néfastes de leur projet. S'ils ne l'ont pas fait, ils
devraient en être tenus responsables. Car comme le dit le
proverbe, si tu dors avec un chien, tu te réveilles avec ses
puces.

Si nous renforçons le pouvoir de criminels parce que
cela nous arrange, il faut s'attendre à ce que ces criminels
se retournent contre nous par la suite. Les personnes derrière les opérations secrètes auraient dû le savoir et
auraient dû mettre en garde ceux qui les approuvent. »

ANNEXE 4

Rapport du Département d'État américain confirmant que le matériel militaire mis à la disposition des autorités colombiennes et péruviennes a été utilisé pour abattre des avions civils suspectés de trafic de drogue. Politique ayant entraîné de nombreuses bavures.

United States Department of State

Washington, D.C. 20520

May 10, 1994

EXCISE

ORIGINAL: L

ACTION MEMORANDUM

UNCLASSIFIED

DIST:
S
DONILON
D
P
E
T
H
G
S/P
S/S
S/S-S
ARA
EB
INM
L
PM
FAIM
RF:IW

DECL:OADR

TO: The Secretary

9410944

'94 MAY 10 3:07 PM

THROUGH: G — Mr. Wirth
          P — Mr. Tarnoff

FROM: ARA — Alexander F. Watson
          EB — Daniel K. Tarullo
          INM — Robert S. Gelbard
          L — Conrad K. Harper

SUBJECT: Use of Weapons Against Civil Aircraft

ISSUE FOR DECISION

Whether to continue to provide "real-time" radar tracking
information to two countries (Colombia and Peru) that have adopted
anti-narcotics air interdiction policies authorizing the use of
weapons as a measure of last resort against aircraft suspected of
carrying drugs and which fail to respond to host country orders to
land.

ESSENTIAL FACTORS

For many years, the USG has actively encouraged and assisted
Latin American countries to develop policies to interdict
narcotics trafficking aircraft. Since 1990, the United States,
through a DOD radar network, has provided host governments with
real-time tracking information about the location of aircraft
suspected of drug activity.

In the past year, Peru adopted a policy under which its
military aircraft intercept aircraft suspected of carrying drugs.
Should an aircraft fail to obey properly issued instructions to
land, the Peruvian government has authorized the use of warning
shots. Should these fail to elicit an appropriate response, the
GOP Air Force units may be authorized to fire on the suspect
aircraft. Colombia recently announced a similar policy, but has
not yet implemented it.

The United States has long opposed the use of weapons against
civil aircraft. (A 1989 Position Paper on possible weapons use by
USG aircraft is attached at Tab 2.) The United States argued
vigorously after the Soviet downing of KAL 007 that such actions
violate Article 3(d) of the 1944 Convention on International Civil
Aviation and customary international law. Previous Administrations

UNCLASSIFIED

Dept. of State, RPS/IPS, Margaret P. Grafeld, Dir.
( ) Release (X) Excise ( ) Deny ( ) Declassify
Date 12/12/2000 Exemption 2.1, B5

ANNEXE 5

Extraits d'un catalogue russe de vente d'armement distribué prioritairement au Moyen-Orient. L'effondrement du bloc soviétique et la désorganisation de ses armées ont permis la mise sur le marché de lance missiles, d'avions de chasse, de tanks et de sous-marins nucléaires.

RUSSIAN ARMS EXPORT CATALOGUE

ROSVOOROUZHENIE

SU-35 MULTI-PURPOSE FIGHTER

Designed by the Sukhoy development laboratory, the Su-35 fighter is intended to gain air superiority, carry out long-range escort of strike aviation, intercept cruise missiles and defeat air and surface targets by guided weapons under heavy ECM environment, by day and night, in VFR and IFR weather conditions.

Key features:

- integrated aerodynamic configuration;
- high-power and low-consumption turbofan engines;
- big internal fuel capacity;
- advanced avionics package;
- wide range of guided and non-guided weapons.

SPECIFICATIONS:

Crew, persons	1
Range, km	4,000
Max take-off weight, kg	34,000
Max speed, km/h:	
deck level	1,400
extreme heights	2,400
Max operational g-load	10
Total max thrust, kg	25,600
Armament	
30mm automatic built-in gun, pcs	1
air-to-air and air-to-surface guided missiles, pcs	12
External suspenders, pcs	12
Disposable load, kg	up to 8,000

SU-37 MULTI-PURPOSE FIGHTER

Designed by the Sukhoy development laboratory, a new multi-purpose all-weather super-agile fighter, the Su-37, with thrust vector control (TVC) represents a logical step forward in the steady implementation by the Sukhoy bureau of a development program of fourth and fifth generation of tactical aeroplane from the basic Su-27 fighter in service at the Russian Air Force.

Drawing on previous research and new progressive technologies, the bureau has produced, jointly with engine, systems, avionics and armament designers, a fighter which is likely to stay in service until the year 2020.

SPECIFICATIONS:

Crew, persons	1
Aeroplane length, m	22.18
Wing span, m	14.7
Height, m	6.43
Max speed, km/h:	
deck level	1,400
extreme heights	2,500
Max air-to-air missiles carried, pcs	14
Max disposable load, kg	8,000
Range with one in-flight refuelling, km	6,500
Service ceiling, m	18,000

SANTIMETR GUIDED ARTILLERY SYSTEM

The SANTIMETR guided ordnance system is designed to engage by 1 to 3 shots the following targets: stationary and moving armoured vehicles, firing points, control and communication posts, defence installations in fortified areas, bridges, crossings, floating facilities, etc. The system employs the unique Smart Weapon Impulse Correction concept to ensure in 1-3 sec automatic guidance of 1-6 shells toward laser illuminated targets at the final leg of the ballistic trajectory.

The SANTIMETR system is serviced by permanent crew of ordnance units armed with 152mm systems. It can be adapted to 155mm howitzers and 160mm mortars. The 30F38 HE-FRAG guided missile used in the SANTIMETR system does not require tests nor maintenance support while in storage and in operation.

SMELCHAK GUIDED ARTILLERY SYSTEM

The SMELCHAK guided artillery system is designed for engagement by 1 to 3 shots the following small-size targets, weaponry and personnel sheltered in fortified areas, caves, fortresses, armoured vehicles in concentration, deployment, control and communication points, ordnance and missile complexes at firing positions, bridges, crossings, stationary defence installations, floating facilities, amphibious landing troops, etc. The system employs the unique Smart Weapon Impulse Correction concept to ensure in 1 to 3 sec automatic guidance of 1-6 shells toward laser illuminated targets at the final leg of the ballistic trajectory.

The 3F5 high-explosive guided mine used in the SMELCHAK system does not require checks and maintenance support while in storage and in operation. The SMELCHAK system is serviced by permanent crew of ordnance units armed with M240 or 2S4 mortars.

SPECIFICATIONS:

System characteristics

Guidance system	laser, semiactive homing
Firing range, depending on the ordnance system used, km:	
minimum	0.5–2.0
maximum	12–18
Laser targeting range, km	0.3–7.0
Homing time, sec	0.05–3.0
Strike accuracy, m	0.5–0.9
Types of 152mm ordnance systems:	
towed	D20
self-propelled	2S3, 2S3M

30F38 HE FRAG guided missiles

Calibre, mm	152
Weight, kg	49.5
Length, mm	1,195
TNT equivalent warhead, kg	5.8
Trajectory correction system	pulse type
Guaranteed storage, years	10

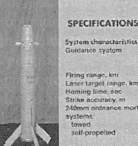

SPECIFICATIONS:

System characteristics

Guidance system	laser, semiactive homing
Firing range, km	1.5–9.2
Laser target range, km	0.7–7.0
Homing time, sec	0.1–3.0
Strike accuracy, m	0.8
240mm ordnance mortars systems:	
towed	M240
self-propelled	2S4

3F5 HE guided mine

Calibre, mm	240
Weight, kg	134
Length, mm	1,635
TNT equivalent warhead, kg	21
Trajectory correction system	pulse type
Guaranteed storage, years	10

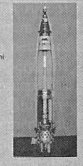

ANNEXE 6
Lettre type 419 envoyée par la mafia nigériane

ATTN : William REYMOND
DE : M. ODUMABA ODUMAB, UNION BANK
 NIGERIA, PLC

D'abord, je dois solliciter votre confiance en cette transaction, c'est en vertu de sa nature en tant qu'étant SECRET tout à fait CONFIDENTIEL et SUPÉRIEUR.

Bien que je sache qu'une transaction de cette grandeur fera n'importe quelle appréhensive et inquiétée, mais moi vous assure que tous seront bien à la fin du jour.

Nous avons décidé de vous contacter par le E-mail dû à l'urgence de cette transaction, car nous avons été sûrement informés d'elle est swiftness et confidentialité. Laissez-moi commencer par se présenter d'abord correctement à vous. Je suis M. ODUMABA ODUMABA, un gestionnaire à l'cAp du Nigeria de banque des syndicats, Lagos. Je suis venu de vous connaître dans ma recherche privée pour qu'une personne digne de confiance et honorable manipule une transaction très confidentielle qui implique le transfert d'une somme énorme d'argent à un compte étranger exigeant la confiance maximum.

LA PROPOSITION

Un étranger, défunt ingénieur JOHNSON CREEK, un huile négociant/entrepreneur avec LE FEDERAL GOVERMENT DE NIGERIA, jusqu'à ce que son mort trois ans il y a dedans un horrible air panne, encaisser avec nous ici a UNION BANK OF NIGERIA, Lagos, et avoir un fermer équilibre USD$15 m (quinze millions États-Unis dollar) qui banque maintenant incontestablement prévoir pour réclamer par quel son disponible étranger ensuite parent ou alternatif donner un critiquer trust fonds en fidéicommis pour alms et munition un militaire guerre université ici dans Nigeria. Des efforts valables ardents sont faits par la banque des syndicats de contacter n'importe lequel de la ces famille ou parents de Johnson Creek mais tous se sont avérés à aucun avail. It sont en raison de la possibilité perçue de ne pas aller pouvoir localiser n'importe lequel de défunt Johnson Creek prochaine des parents (il n'a eu aucun épouse et enfant connus) que la gestion sous l'influence de notre Président, conseil d'administration, le Général principal retiré Kalu Uke Kalu, qui un agencement pour que les fonds soient « UNCLAIMABLE » avoué et alors soit ultérieurement donnée au fonds en fidéicommis pour Alms et munitions qui plus loin mettront en valeur plus loin le cours de la guerre en Afrique et le monde en général.

Afin d'éviter ce développement négatif, moi-même et certains de mes collègues de confiance à la banque recherchez maintenant pour que votre permission vous fasse se tenir comme tard engr. Johnson prochaine des parents de sorte que les fonds, USD$15.5M soient ultérieurement transférés et ensuite payés en votre compte bancaire en tant que bénéficiaire des parents.

Tous les documents et s'avère vous permettre obtiennent ces fonds ont été soigneusement établis et nous vous assurons une participation de risque de 100 % librement. Votre part serait 30 % du montant total. 10 % a été mis de côté pour des dépenses tandis que le repos serait pour moi et mes collègues pour des buts d'investissement dans votre pays. Si cette proposition est ACCEPTABLE par vous et vous ne souhaitez pas tirer profit de la confiance que nous espérons accorder sur vous et votre compagnie, arrivez-alors avec bonté moi immédiatement par l'intermédiaire de mon E-mail me fournissant avec votre téléphone plus confidentiel, numéro de fax et E-mail exclusif de sorte que je puisse vous expédier les détails appropriés de cette transaction. Merci à l'avance de votre coopération prévue.

Respects,

ODUMABA ODUMABA

ANNEXE 7
L'appel de Genève

Conseil de l'Europe, traité de Rome, accords de Schengen, traité de Maastricht : à l'ombre de cette Europe en construction visible, officielle et respectable, se cache une autre Europe, plus discrète, moins avouable. C'est l'Europe des paradis fiscaux qui prospère sans vergogne grâce aux capitaux auxquels elle prête un refuge complaisant. C'est aussi l'Europe des places financières et des établissements bancaires, où le secret est trop souvent un alibi et un paravent. Cette Europe des comptes à numéro et des lessiveuses à billets est utilisée pour recycler l'argent de la drogue, du terrorisme, des sectes, de la corruption et des activités mafieuses.

Les circuits occultes empruntés par les organisations délinquantes, voire dans de nombreux cas criminelles, se développent en même temps qu'explosent les échanges financiers internationaux et que les entreprises multiplient leurs activités, ou transfèrent leurs sièges au-delà des frontières nationales. Certaines personnalités et certains partis politiques ont eux-mêmes, à diverses occasions, profité de ces circuits. Par ailleurs, les autorités politiques, tous pays confondus, se révèlent aujourd'hui incapables de s'attaquer, clairement et efficacement, à cette Europe de l'ombre.

À l'heure des réseaux informatiques d'Internet, du modem et du fax, l'argent d'origine frauduleuse peut circuler à grande vitesse d'un compte à l'autre, d'un paradis fiscal à l'autre, sous couvert de sociétés off shore, anonymes, contrôlées par de respectables fiduciaires généreusement appointées. Cet argent est ensuite placé ou investi hors de tout contrôle. L'impunité est aujourd'hui quasi assurée aux fraudeurs. Des années seront en effet nécessaires à la justice de chacun des pays européens pour retrouver la trace de cet argent, quand cela ne s'avérera pas impossible dans le cadre légal actuel hérité d'une époque où les frontières avaient encore un sens pour les personnes, les biens et les capitaux.

Pour avoir une chance de lutter contre une criminalité qui profite largement des réglementations en vigueur dans les différents pays européens, il est urgent d'abolir les protectionnismes dépassés en matière policière et judiciaire. Il devient nécessaire d'instaurer un véritable espace judiciaire européen au sein duquel les magistrats pourront, sans entraves autres que celles de l'État de droit, rechercher et échanger les informations utiles aux enquêtes en cours.

Nous demandons la mise en application effective des accords de Schengen prévoyant la transmission directe de commissions rogatoires internationales et du résultat des investigations entre juges, sans interférences du pouvoir exécutif et sans recours à la voie diplomatique.

Nous souhaitons, au nom de l'égalité de tous les citoyens devant la loi, la signature de conventions internationales entre pays européens :

– garantissant la levée du secret bancaire lors de demandes d'entraide internationale en matière pénale émanant des autorités judiciaires des différents pays signataires, là où ce secret pourrait encore être invoqué ;

– permettant à tout juge européen de s'adresser directement à tout autre juge européen ;

– prévoyant la transmission immédiate et directe du résultat des investigations demandées par commissions rogatoires internationales, nonobstant tout recours interne au sein de l'État requis ;

– incluant le renforcement de l'assistance mutuelle administrative en matière fiscale. À ce propos, dans les pays qui ne le connaissent pas, nous proposons la création d'une nouvelle incrimination d'« escroquerie fiscale » pour les cas où la fraude porte sur un montant significatif et a été commise par l'emploi de manœuvres frauduleuses tendant à dissimuler la réalité.

À cette fin, nous appelons les parlements et gouvernements nationaux concernés :

– à ratifier la Convention de Strasbourg du 8 novembre 1990 relative au blanchiment, au dépistage, à la saisie et à la confiscation des produits du crime ;

– à réviser la Convention européenne d'entraide judiciaire en matière pénale, signée à Strasbourg le 20 avril 1959 ;

– à prendre les mesures utiles à la mise en œuvre effective des dispositions du titre VI du traité de l'Union européenne du 7 février 1992 et de l'article 209 A du même traité ;

– à conclure une convention prévoyant la possibilité de poursuivre pénalement les nationaux coupables d'actes de corruption à l'égard d'autorités étrangères.

Par cet appel, nous désirons contribuer à construire, dans l'intérêt même de notre communauté, une Europe plus juste et plus sûre, où la fraude et le crime ne bénéficient plus d'une large impunité et d'où la corruption sera réellement éradiquée.

Il en va de l'avenir de la démocratie en Europe et la véritable garantie des droits du citoyen est à ce prix.

Bernard Bertossa, Edmondo Bruti Liberati, Gherardo Colombo, Benoit Dejemeppe, Baltasar Garzon Real, Carlos Jimenez Villarejo, Renaud Van Ruymbeke.

Discours de Madame Marylise Lebranchu,
ministre de la Justice, Garde des Sceaux.
Conférence de Palerme, 12 décembre 2000.

Monsieur le Président,
Mesdames et Messieurs,

J'ai l'honneur de m'exprimer au nom de l'Union européenne.

1- Je tiens tout d'abord à vous remercier pour votre accueil, je remercie Palerme de nous accueillir et à travers cette ville si belle, je remercie chaleureusement le gouvernement italien pour l'organisation de cette conférence. Je tiens aussi, dès à présent, à évoquer la mémoire, toujours vive dans les esprits des participants ici rassemblés, du Juge italien Giovanni FALCONE, et de son Collègue français Pierre MICHEL, qui, il y a vingt ans, aux côtés de Giovanni FALCONE, luttait contre le trafic international des drogues, en découvrant, à quelques kilomètres de cette salle, un important laboratoire clandestin de fabrication d'héroïne. Leur combat infatigable contre le crime organisé, qu'ils ont payé de leur vie, est un exemple qui doit continuer à nous inspirer.

Je remercie également l'Office des Nations-Unies à Vienne qui a co-organisé cette conférence. Cette invitation à venir signer à Palerme la Convention contre la criminalité transnationale organisée et ses Protocoles marque la volonté profonde et sincère de la Communauté internationale de donner le jour à trois instruments fondamentaux dans la lutte contre le crime organisé. Le cadre solennel des Nations-Unies confère une dimension hautement symbolique à l'adoption de ces textes tant attendus.
Cette conférence de Palerme conclut en effet un cycle entamé à Naples, en 1994, par l'adoption de la Déclaration politique et du Plan mondial d'action contre la criminalité transnationale organisée. Un pas avait alors été fait

vers l'élaboration d'une convention juridiquement contraignante sur le crime organisé.

2- Monsieur le Président, l'Union européenne a voulu soutenir, et participer activement, à l'élaboration d'un instrument juridique international spécifique de lutte contre la criminalité transnationale organisée.

Le constat est fait que le développement sans vergogne de ces activités illicites va de pair avec la mondialisation et l'extraordinaire progression des échanges internationaux. Cette progression constante est un défi lancé à la Communauté internationale dans son ensemble et une menace pour chacun des États qui la constitue. Ces éléments font que l'Union européenne est convaincue que la réponse de la Communauté internationale ne peut qu'être solidaire et qu'elle doit se situer à un niveau approprié. La vocation universelle de l'Organisation des Nations-Unies la désignait naturellement pour mener à bien cette entreprise.

3- Le délai de moins de deux ans assigné par l'Assemblée générale à la négociation d'une Convention contre la criminalité transnationale organisée était exceptionnellement court pour un instrument juridique aussi complexe et d'une portée aussi vaste. Il reflétait le sentiment d'urgence des États membres à l'égard de la criminalité transnationale organisée, ainsi que leur détermination à se doter rapidement des outils nécessaires pour la combattre.

Cet effort et cette constance dans la démarche sont à la mesure de notre responsabilité face à nos concitoyens, d'aujourd'hui et de demain. Notre présence à tous, ici, est une marque indiscutable de notre volonté d'agir en responsables efficaces et de notre souci de traduire en actes cette volonté commune.

4- L'Union européenne adresse ses félicitations au Comité intergouvernemental spécial et à son Président, Monsieur Luigi LAURIOLA, pour avoir, grâce à leur persévérance, assuré le succès de cette entreprise.

Elle exprime également sa reconnaissance à tous les États qui ont participé à cette négociation et qui y ont manifesté leur volonté de se doter d'un instrument dont la rigueur juridique ne sacrifie pas l'efficacité opérationnelle. L'Union européenne remercie enfin le Centre pour la prévention internationale du crime, qui a soutenu les travaux du Comité. La compétence et le dévouement de son personnel ont grandement contribué à la conclusion de la négociation dans les délais impartis.

5- Pour l'Union européenne, la Convention contre la criminalité transnationale organisée et ses Protocoles additionnels constituent un ensemble normatif exemplaire, à un double titre.

6- D'une part, la Convention est le premier instrument juridique mondial dont se soit dotée la Communauté internationale pour lutter contre la criminalité transnationale organisée.

Elle se caractérise, notamment, par des innovations essentielles telles que la définition juridique universellement reconnue des éléments constitutifs des infractions spécifiques à cette criminalité. Elle fait obligation aux États parties d'introduire dans leur droit pénal national les incriminations créées par la Convention, indiquant par là la responsabilité de chacun dans ce combat commun. Enfin, elle renforce les mécanismes de coopération judiciaire répressive et renvoie ainsi vers la criminalité sans frontières une réponse internationale et massive.

7- D'autre part, la Convention et ses Protocoles additionnels, en prenant en compte de façon équilibrée les préoccupations d'États issus de régions géographiques différentes, manifestent à un degré élevé la solidarité de la Communauté internationale dans la lutte contre la criminalité transnationale organisée.

Au niveau des États, d'abord, cette solidarité trouve son expression dans les dispositions destinées à faciliter, par la coopération répressive et l'assistance technique, la mise en œuvre effective des textes.

Au niveau des individus, ensuite, la Convention affirme son engagement par une série de mesures prenant en compte les formes particulièrement graves de la criminalité organisée, telles la traite des personnes et le trafic des migrants.

8- Pour autant, et malgré le résultat remarquable que nous sommes venus consacrer aujourd'hui, l'Union européenne ne considère pas encore ce chapitre comme clos.

En effet, elle estime essentiel que le Comité conclue avant la fin de 2001 la négociation du Protocole relatif à la fabrication et au trafic illicites des armes à feu.

La Session d'octobre du Comité intergouvernemental spécial a accompli des progrès substantiels sur ce texte. Nous devons tout faire pour préserver la dynamique initiée, afin de parvenir sans tarder au consensus.

L'Union européenne exprime le souhait d'une reprise dans les meilleurs délais de la négociation sur cet instrument, et appelle les États membres à y faire preuve du même esprit de compromis que lors de l'adoption de la Convention et de ses deux autres Protocoles.

9- L'achèvement de la négociation ne doit pas occulter les efforts qui nous attendent encore. Nous avons certes abouti à des textes satisfaisants. Nous devons, plus encore, veiller à assurer leur entrée en vigueur et leur mise en œuvre.

Notre travail ne sera véritablement accompli que par la mise en pratique de nos accords. Pour finaliser ce processus et en faire l'outil efficace de lutte contre la criminalité transnationale organisée, il nous reste plusieurs étapes incontournables à franchir dans la foulée de l'adoption, par l'Assemblée générale, de la Résolution les approuvant.

10- La première étape est franchie aujourd'hui, dans cette salle, avec la signature des textes par les représentants des États. Afin d'assurer à ces textes l'universalité indispensable à leur efficacité, l'Union européenne invite tous les États à signer la Convention et ses deux Protocoles. Chacune des signatures apposées doit être comprise comme un pas de plus vers l'éradication du crime organisé et comme l'affirmation du soutien et de la sympathie de la Communauté internationale vis-à-vis de ceux qui en sont victimes et souffrent des agissements de ces organisations honteuses.

11- La seconde étape sera l'entrée en vigueur à proprement parler de la Convention et de ses deux Protocoles. Les membres du Comité ont voulu que celle-ci intervienne après que quarante États auront ratifié les textes. En effet, ces textes n'auront leur pleine puissance et leur entière signification que si, dès l'origine, leur mise en œuvre dépasse le cadre géographique d'un seul continent ou d'une seule région du monde. Cette dimension internationale est une donnée inhérente de leur efficacité.

L'Union européenne appelle donc tous les États membres de l'Organisation des Nations-Unies à ratifier, dans les meilleurs délais, la Convention contre la criminalité transnationale organisée et de ses Protocoles additionnels.

Elle est déterminée, pour ce qui la concerne, non seulement à ce que ses propres membres ratifient rapidement ces textes, mais également à agir de façon globale pour favoriser l'entrée en vigueur aussi rapide que possible de ces instruments.

Cette volonté s'inscrit dans la démarche voulue par l'Union européenne de facilitation de l'action judiciaire sur l'ensemble de son territoire, au-delà des frontières de chacun de ses États.

12- L'Union européenne attache enfin la plus grande importance à la mise en œuvre effective de la Convention et de ses Protocoles par tous les États qui y seront parties. C'est là une condition primordiale pour assurer le succès de cette démarche.

Face aux agissements constants, permanents et en perpétuelle mutation du crime organisé, nous devons opposer un réseau de solidarité et de coopération et une action sans relâche, sans faille et sans retard. C'est pourquoi le mécanisme de suivi instauré par la Convention, sous la forme d'une Conférence des Parties, contribuera de façon décisive à la réalisation de cet objectif. Il est en effet impératif, si nous ne voulons plus être dépassés par des formes nouvelles de criminalité transnationale organisée, d'assurer un suivi de ses évolutions phénoménologiques.

De même, il faudra accompagner et faciliter l'application des dispositions de la Convention relatives à la formation, à l'assistance technique et à la prévention, notamment grâce au compte mis en place à cet effet.

13- Bien entendu, les Organes spécialisés des Nations-Unies devront également prendre leur part de cette entreprise.

L'Union européenne considère que les programmes de coopération du Centre pour la prévention internationale du crime relatifs à la criminalité transnationale organisée devront, à brève échéance, être réorganisés en fonction des orientations stratégiques dégagées par la Conférence des Parties. Dès lors, il convient d'entamer dès à présent une réflexion sur le mode de prise en compte de cette dimension dans les études et les programmes mondiaux spécifiques sur la criminalité transnationale organisée, ainsi que dans le programme mondial de lutte contre le blanchiment d'argent, programme actuellement mis en œuvre par le Programme des Nations-Unies pour le contrôle international des drogues.

Les moyens de développer et de favoriser les synergies avec les activités d'autres agences et programmes du Système des Nations-Unies devraient également être étudiés.

14- L'assistance technique mise en œuvre par les États et les Organisations régionales jouera également un rôle primordial dans l'application de ces textes. Une aide précieuse pourra ainsi être apportée aux États parties qui rencontreraient des difficultés à amener leurs institutions compétentes au niveau opérationnel requis. Pour sa part, l'Union européenne s'efforcera de favoriser l'application de la Convention et de ses Protocoles par l'ensemble des États parties, au travers de ses propres programmes de coopération juridique et institutionnelle.

15- Monsieur le Président, en signant la Convention des Nations-Unies contre la criminalité transnationale organisée et ses Protocoles additionnels, les États ici représentés manifestent la détermination de la Communauté internationale à lutter, dans un esprit de coopération renforcée, contre l'une des plus graves menaces auxquelles elle est actuellement confrontée.

Ils marquent également leur volonté de protéger chacun des individus qui composent la Communauté internationale, et plus particulièrement ceux d'entre eux qui souffrent de la prolifération de ce fléau.

16- Puisque j'ai l'honneur de me trouver à cette Tribune des Nations-Unies, permettez-moi enfin de lancer un appel pour que soit mise en œuvre le plus tôt possible la Convention de Rome instituant la Cour pénale internationale.

Actuellement, seul le quart des ratifications nécessaires à l'entrée en vigueur de cette Convention a été effectué.

Faisons en sorte que la première année du vingt-et-unième siècle soit celle de la naissance d'une Justice pénale de portée universelle pour empêcher que ne se reproduisent les crimes les plus odieux qui ont souillé le siècle qui s'achève !

ANNEXE 9
Criminalité globale et terrorisme[1]

---

1. De nombreux autres rapports concernant la criminalité globale et le terrorisme sont disponibles sur www.williamreymond.com

Ce document, jamais publié en France, éclaire d'un jour particulier les événements du 11 septembre 2001. Alors que le monde entier s'interroge sur la diabolique ingéniosité de ces attentats, le même style d'opération avait été planifié en 1962 par l'état-major américain afin de créer un prétexte à l'invasion de Cuba. La proximité historique des services de renseignement et de la criminalité amène à se demander si une partie de ce scénario n'a pas été utilisée le 11 septembre.

TOP SECRET SPECIAL HANDLING NOFORN

THE JOINT CHIEFS OF STAFF
WASHINGTON 25, D.C.

UNCLASSIFIED   13 March 1962

MEMORANDUM FOR THE SECRETARY OF DEFENSE

Subject: Justification for US Military Intervention in Cuba (TS)

1. The Joint Chiefs of Staff have considered the attached Memorandum for the Chief of Operations, Cuba Project, which responds to a request of that office for brief but precise description of pretexts which would provide justification for US military intervention in Cuba.

2. The Joint Chiefs of Staff recommend that the proposed memorandum be forwarded as a preliminary submission suitable for planning purposes. It is assumed that there will be similar submissions from other agencies and that these inputs will be used as a basis for developing a time-phased plan. Individual projects can then be considered on a case-by-case basis.

3. Further, it is assumed that a single agency will be given the primary responsibility for developing military and para-military aspects of the basic plan. It is recommended that this responsibility for both overt and covert military operations be assigned the Joint Chiefs of Staff.

For the Joint Chiefs of Staff:

L. L. LEMNITZER
Chairman
Joint Chiefs of Staff

SYSTEMATICALLY REVIEWED
BY JCS ON   31 May 84
CLASSIFICATION CONTINUED

1 Enclosure
Memo for Chief of Operations, Cuba Project   EXCLUDED FROM GDS

EXCLUDED FROM AUTOMATIC
REGRADING: DOD DIR 5200.10
DOES NOT APPLY

TOP SECRET SPECIAL HANDLING NOFORN

UNCLASSIFIED

NOTE BY THE SECRETARIES

to the

JOINT CHIEFS OF STAFF

on

NORTHWOODS (S)

A report* on the above subject is submitted for consideration by the Joint Chiefs of Staff.

F. J. BLOUIN

M. J. INGELIDO

Joint Secretariat

---

* Not reproduced herewith; on file in Joint Secretariat

EXCLUDED FROM GDS
EXCLUDED FROM AUTOMATIC
REGRADING; DOD DIRECTIVE
5200.10 DOES NOT APPLY

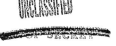
UNCLASSIFIED

UNCLASSIFIED

REPORT BY THE DEPARTMENT OF DEFENSE AND
JOINT CHIEFS OF STAFF REPRESENTATIVE ON THE
CARIBBEAN SURVEY GROUP

to the

JOINT CHIEFS OF STAFF

on

CUBA PROJECT (TS)

The Chief of Operations, Cuba Project, has requested
that he be furnished the views of the Joint Chiefs of Staff
on this matter by 13 March 1962.

EXCLUDED FROM GDS

UNCLASSIFIED

TOP SECRET   SPECIAL HANDLING   NOFORN

JUSTIFICATION FOR US MILITARY INTERVENTION IN CUBA (TS)

THE PROBLEM

1. As requested* by Chief of Operations, Cuba Project, the Joint Chiefs of Staff are to indicate brief but precise description of pretexts which they consider would provide justification for US military intervention in Cuba.

FACTS BEARING ON THE PROBLEM

2. It is recognized that any action which becomes pretext for US military intervention in Cuba will lead to a political decision which then would lead to military action.

3. Cognizance has been taken of a suggested course of action proposed** by the US Navy relating to generated instances in the Guantanamo area.

4. For additional facts see Enclosure B.

DISCUSSION

5. The suggested courses of action appended to Enclosure A are based on the premise that US military intervention will result from a period of heightened US-Cuban tensions which place the United States in the position of suffering justifiable grievances. World opinion, and the United Nations forum should be favorably affected by developing the international image of the Cuban government as rash and irresponsible, and as an alarming and unpredictable threat to the peace of the Western Hemisphere.

6. While the foregoing premise can be utilized at the present time it will continue to hold good only as long as there can be reasonable certainty that US military intervention in Cuba would not directly involve the Soviet Union. There is

---

* Memorandum for General Craig from Chief of Operations, Cuba Project, subject: "Operation MONGOOSE", dated 5 March 1962, on file in General Craig's office.
** Memorandum for the Chairman, Joint Chiefs of Staff, from Chief of Naval Operations, subject: "Instances to Provoke Military Actions in Cuba (TS)", dated 8 March 1962, on file in General Craig's office.

2

UNCLASSIFIED

TOP SECRET SPECIAL HANDLING NOFORN

as yet no bilateral mutual support agreement binding the USSR
to the defense of Cuba, Cuba has not yet become a member of the
Warsaw Pact, nor have the Soviets established Soviet bases
in Cuba in the pattern of US bases in Western Europe. Therefore,
since time appears to be an important factor in resolution of
the Cuba problem, all projects are suggested within the time
frame of the next few months.

CONCLUSION

7. The suggested courses of action appended to Enclosure A
satisfactorily respond to the statement of the problem. However,
these suggestions should be forwarded as a preliminary submission
suitable for planning purposes, and together with similar inputs
from other agencies, provide a basis for development of a single,
integrated, time-phased plan to focus all efforts on the
objective of justification for US military intervention in Cuba.

RECOMMENDATIONS

8. It is recommended that:

a. Enclosure A together with its attachments should be
forwarded to the Secretary of Defense for approval and
transmittal to the Chief of Operations, Cuba Project.

b. This paper NOT be forwarded to commanders of unified
or specified commands.

c. This paper NOT be forwarded to US officers assigned
to NATO activities.

d. This paper NOT be forwarded to the Chairman, US
Delegation, United Nations Military Staff Committee.

UNCLASSIFIED

TOP SECRET SPECIAL HANDLING NOFORN

MEMORANDUM FOR THE SECRETARY OF DEFENSE

Subject: Justification for US Military Intervention
in Cuba (TS)

1. The Joint Chiefs of Staff have considered the attached
Memorandum for the Chief of Operations, Cuba Project, which
responds to a request* of that office for brief but precise
description of pretexts which would provide justification
for US military intervention in Cuba.

2. The Joint Chiefs of Staff recommend that the proposed
memorandum be forwarded as a preliminary submission suitable
for planning purposes. It is assumed that there will be
similar submissions from other agencies and that these inputs
will be used as a basis for developing a time-phased plan.
Individual projects can then be considered on a case-by-case
basis.   D

3. Further, it is assumed that a single agency will be
given the primary responsibility for developing military and
para-military aspects of the basic plan. It is recommended
that this responsibility for both overt and covert military
operations be assigned the Joint Chiefs of Staff.

---

* Memorandum for Gen Craig from Chief of Operations, Cuba
Project, subject, "Operation MONGOOSE", dated 5 March
1962, on file in Gen Craig's office

TOP SECRET SPECIAL HANDLING NOFORN

APPENDIX TO ENCLOSURE A

DRAFT

MEMORANDUM FOR CHIEF OF OPERATIONS, CUBA PROJECT

Subject: Justification for US Military Intervention
in Cuba (TS)

1. Reference is made to memorandum from Chief of Operations,
Cuba Project, for General Craig, subject: "Operation MONGOOSE",
dated 5 March 1962, which requested brief but precise
description of pretexts which the Joint Chiefs of Staff
consider would provide justification for US military intervention in Cuba.

2. The projects listed in the enclosure hereto are forwarded
as a preliminary submission suitable for planning purposes.
It is assumed that there will be similar submissions from
other agencies and that these inputs will be used as a basis
for developing a time-phased plan. The individual projects
can then be considered on a case-by-case basis.

3. This plan, incorporating projects selected from the
attached suggestions, or from other sources, should be
developed to focus all efforts on a specific ultimate
objective which would provide adequate justification for
US military intervention. Such a plan would enable a logical
build-up of incidents to be combined with other seemingly
unrelated events to camouflage the ultimate objective and
create the necessary impression of Cuban rashness and
irresponsibility on a large scale, directed at other
countries as well as the United States. The plan would also
properly integrate and time phase the courses of action to
be pursued. The desired resultant from the execution of
this plan would be to place the United States in the apparent
position of suffering defensible grievances from a rash and
irresponsible government of Cuba and to develop an international image of a Cuban threat to peace in the Western
Hemisphere.

UNCLASSIFIED 5

Appendix to
Enclosure A

4. Time is an important factor in resolution of the Cuban problem. Therefore, the plan should be so time-phased that projects would be operable within the next few months.

5. Inasmuch as the ultimate objective is overt military intervention, it is recommended that primary responsibility for developing military and para-military aspects of the plan for both overt and covert military operations be assigned the Joint Chiefs of Staff.

Appendix to
Enclosure A

UNCLASSIFIED

TOP SECRET SPECIAL HANDLING NOFORN

ANNEX TO APPENDIX TO ENCLOSURE A

PRETEXTS TO JUSTIFY US MILITARY INTERVENTION IN CUBA

(Note: The courses of action which follow are a preliminary submission suitable only for planning purposes. They are arranged neither chronologically nor in ascending order. Together with similar inputs from other agencies, they are intended to provide a point of departure for the development of a single, integrated, time-phased plan. Such a plan would permit the evaluation of individual projects within the context of cumulative, correlated actions designed to lead inexorably to the objective of adequate justification for US military intervention in Cuba).

1. Since it would seem desirable to use legitimate provocation as the basis for US military intervention in Cuba a cover and deception plan, to include requisite preliminary actions such as has been developed in response to Task 33 c, could be executed as an initial effort to provoke Cuban reactions. Harassment plus deceptive actions to convince the Cubans of imminent invasion would be emphasized. Our military posture throughout execution of the plan will allow a rapid change from exercise to intervention if Cuban response justifies.

2. A series of well coordinated incidents will be planned to take place in and around Guantanamo to give genuine appearance of being done by hostile Cuban forces.

   a. Incidents to establish a credible attack (not in chronological order):

     (1) Start rumors (many). Use clandestine radio.

     (2) Land friendly Cubans in uniform "over-the-fence" to stage attack on base.

     (3) Capture Cuban (friendly) saboteurs inside the base.

     (4) Start riots near the base main gate (friendly Cubans).

Annex to Appendix
to Enclosure A

7

(5) Blow up ammunition inside the base; start fires.

(6) Burn aircraft on air base (sabotage).

(7) Lob mortar shells from outside of base into base. Some damage to installations.

(8) Capture assault teams approaching from the sea or vicinity of Guantanamo City.

(9) Capture militia group which storms the base.

(10) Sabotage ship in harbor; large fires -- napthalene.

(11) Sink ship near harbor entrance. Conduct funerals for mock-victims (may be lieu of (10)).

b. United States would respond by executing offensive operations to secure water and power supplies, destroying artillery and mortar emplacements which threaten the base.

c. Commence large scale United States military operations.

3. A "Remember the Maine" incident could be arranged in several forms:

a. We could blow up a US ship in Guantanamo Bay and blame Cuba.

b. We could blow up a drone (unmanned) vessel anywhere in the Cuban waters. We could arrange to cause such incident in the vicinity of Havana or Santiago as a spectacular result of Cuban attack from the air or sea, or both. The presence of Cuban planes or ships merely investigating the intent of the vessel could be fairly compelling evidence that the ship was taken under attack. The nearness to Havana or Santiago would add credibility especially to those people that might have heard the blast or have seen the fire. The US could follow up with an air/sea rescue operation covered by US fighters to "evacuate" remaining members of the non-existent crew. Casualty lists in US newspapers would cause a helpful wave of national indignation.

4. We could develop a Communist Cuban terror campaign in the Miami area, in other Florida cities and even in Washington.

Annex to Appendix
to Enclosure A

The terror campaign could be pointed at Cuban refugees seeking haven in the United States. We could sink a boatload of Cubans enroute to Florida (real or simulated). We could foster attempts on lives of Cuban refugees in the United States even to the extent of wounding in instances to be widely publicized. Exploding a few plastic bombs in carefully chosen spots, the arrest of Cuban agents and the release of prepared documents substantiating Cuban involvement also would be helpful in projecting the idea of an irresponsible government.

5. A "Cuban-based, Castro-supported" filibuster could be simulated against a neighboring Caribbean nation (in the vein of the 14th of June invasion of the Dominican Republic). We know that Castro is backing subversive efforts clandestinely against Haiti, Dominican Republic, Guatemala, and Nicaragua at present and possible others. These efforts can be magnified and additional ones contrived for exposure. For example, advantage can be taken of the sensitivity of the Dominican Air Force to intrusions within their national air space. "Cuban" B-26 or C-46 type aircraft could make cane-burning raids at night. Soviet Bloc incendiaries could be found. This could be coupled with "Cuban" messages to the Communist underground in the Dominican Republic and "Cuban" shipments of arms which would be found, or intercepted, on the beach.

6. Use of MIG type aircraft by US pilots could provide additional provocation. Harassment of civil air, attacks on surface shipping and destruction of US military drone aircraft by MIG type planes would be useful as complementary actions. An F-86 properly painted would convince air passengers that they saw a Cuban MIG, especially if the pilot of the transport were to announce such fact. The primary drawback to this suggestion appears to be the security risk inherent in obtaining or modifying an aircraft. However, reasonable copies of the MIG could be produced from US resources in about three months.

7. Hijacking attempts against civil air and surface craft should appear to continue as harassing measures condoned by the government of Cuba. Concurrently, genuine defections of Cuban civil and military air and surface craft should be encouraged.

8. It is possible to create an incident which will demonstrate convincingly that a Cuban aircraft has attacked and shot down a chartered civil airliner enroute from the United States to Jamaica, Guatemala, Panama or Venezuela. The destination would be chosen only to cause the flight plan route to cross Cuba. The passengers could be a group of college students off on a holiday or any grouping of persons with a common interest to support chartering a non-scheduled flight.

   a. An aircraft at Eglin AFB would be painted and numbered as an exact duplicate for a civil registered aircraft belonging to a CIA proprietary organization in the Miami area. At a designated time the duplicate would be substituted for the actual civil aircraft and would be loaded with the selected passengers, all boarded under carefully prepared aliases. The actual registered aircraft would be converted to a drone.

   b. Take off times of the drone aircraft and the actual aircraft will be scheduled to allow a rendezvous south of Florida. From the rendezvous point the passenger-carrying aircraft will descend to minimum altitude and go directly into an auxiliary field at Eglin AFB where arrangements will have been made to evacuate the passengers and return the aircraft to its original status. The drone aircraft meanwhile will continue to fly the filed flight plan. When over Cuba the drone will being transmitting on the international distress frequency a "MAY DAY" message stating he is under attack by Cuban MIG aircraft. The transmission will be interrupted by destruction of the aircraft which will be triggered by radio signal. This will allow ICAO radio

Annex to Appendix
to Enclosure A

UNCLASSIFIED

stations in the Western Hemisphere to tell the US what
has happened to the aircraft instead of the US trying to
"sell" the incident.

9. It is possible to create an incident which will make it
appear that Communist Cuban MIGs have destroyed a USAF aircraft
over international waters in an unprovoked attack.

a. Approximately 4 or 5 F-101 aircraft will be dispatched
in trail from Homestead AFB, Florida, to the vicinity of Cuba.
Their mission will be to reverse course and simulate fakir
aircraft for an air defense exercise in southern Florida.
These aircraft would conduct variations of these flights at
frequent intervals. Crews would be briefed to remain at
least 12 miles off the Cuban coast; however, they would be
required to carry live ammunition in the event that hostile
actions were taken by the Cuban MIGs.

b. On one such flight, a pre-briefed pilot would fly
tail-end Charley at considerable interval between aircraft.
While near the Cuban Island this pilot would broadcast that
he had been jumped by MIGs and was going down. No other
calls would be made. The pilot would then fly directly
west at extremely low altitude and land at a secure base, an
Eglin auxiliary. The aircraft would be met by the proper
people, quickly stored and given a new tail number. The
pilot who had performed the mission under an alias, would
resume his proper identity and return to his normal place
of business. The pilot and aircraft would then have
disappeared.

c. At precisely the same time that the aircraft was
presumably shot down a submarine or small surface craft
would disburse F-101 parts, parachute, etc., at approximately
15 to 20 miles off the Cuban coast and depart. The pilots
returning to Homestead would have a true story as far as
they knew. Search ships and aircraft could be dispatched
and parts of aircraft found.

Annex to Appendix
to Enclosure A

11

UNCLASSIFIED

UNCLASSIFIED

ENCLOSURE B

FACTS BEARING ON THE PROBLEM

1. The Joint Chiefs of Staff have previously stated[*] that US unilateral military intervention in Cuba can be undertaken in the event that the Cuban regime commits hostile acts against US forces or property which would serve as an incident upon which to base overt intervention.

2. The need for positive action in the event that current covert efforts to foster an internal Cuban rebellion are unsuccessful was indicated[**] by the Joint Chiefs of Staff on 7 March 1962, as follows:

    " - - - determination that a credible internal
    revolt is impossible of attainment during the next
    9-10 months will require a decision by the United States
    to develop a Cuban "provocation" as justification for
    positive US military action."

3. It is understood that the Department of State also is preparing suggested courses of action to develop justification for US military intervention in Cuba.

[*] JCS 1969/303
[**] JCS 1969/313

UNCLASSIFIED

TOP SECRET SPECIAL HANDLING NOFORN

En 1985, la Maison-Blanche s'inquiétait déjà de la fragilité de son réseau d'aviation civile et proposait une série de mesures pour éviter d'éventuelles attaques terroristes. La plupart de ces propositions n'ont pas résisté au passage devant le Congrès et à la pression de nombreux lobbies.

~~SECRET~~   DECLASSIFIED UNCLASSIFIED

SYSTEM II
90701

*National Security
Decision Directive 180*

THE WHITE HOUSE
WASHINGTON

July 19, 1985

CIVIL AVIATION ANTI-TERRORISM PROGRAM (S) (u)

International civil aviation is becoming a high visibility target
for terrorist activities. Numerous terrorist acts directed
against U.S. and other air carriers in recent weeks pose a
significant threat to international commerce and our national
interests. Recent violent terrorist acts have resulted in the
murder, torture and kidnapping of U.S. citizens and the death of
hundreds of others. It is imperative that the United States
expeditiously implement procedures to prevent and/or respond to
subsequent terrorist acts. Accordingly, the following
extraordinary security and protective measures are directed for
implementation:

-- *Expansion of the Federal Air Marshal Program.* The Secretary
   of Transportation, in coordination with the Secretary of
   State, is directed to immediately undertake actions
   necessary to expand the Federal Aviation Administration
   Federal Air Marshal Program to the extent necessary to
   assure safety aboard U.S. air carriers traveling in
   threatened international areas. At a minimum, the following
   actions shall be taken:

   - Within 14 days, the existing Federal Air Marshal
     complement shall provide coverage as determined
     necessary for those flights serving cities where the
     threat of hijacking is most severe. (S) (u)

   - Within 30 days, the Federal Air Marshal complement
     shall be expanded through the addition of Federal law
     enforcement officers from other Executive Branch
     agencies to provide coverage as determined necessary at
     the most threatened locations. (S) (u)

   - . Within 60 days, action shall be initiated to fully
     expand the Federal Air Marshal complement through
     acquisition of new special agents to the level
     necessary to provide continuing coverage at the most
     threatened locations throughout the world. (S) (u)

   - Utilization of the expanded Federal Air Marshal comple-
     ment shall continue until otherwise determined by the
     Secretary of Transportation. Each Federal Air Marshal's
     duties shall include airport and airline security
     system inspections and functional evaluations in order
     to fully utilize these highly specialized resources. (S) (u)

~~SECRET~~
Declassify: OADR   SECRET UNCLASSIFIED

COPY _1h_ DE _10_ COPIES

Declassified/Released on _10/6/95_
under provisions of E.O. 12356
by D. Van Tassel, National Security Council
(F88-497)

-- <u>Assessment of Security Effectiveness at Foreign Locations.</u>
The Secretary of Transportation shall immediately undertake
an assessment of the level of security provided at foreign
airports for all U.S. air carrier departures and departures
of foreign air carriers serving the United States.

- The existing complement of Federal Aviation
Administration special agents shall immediately conduct
on-site security evaluations at airports within areas
of the highest risk to civil aviation served by U.S.
air carriers. (C)(u)

- Within 30 days, the existing complement of Federal
Aviation Administration special agents supplemented by
Department of State employees shall conduct on-site
security evaluations at all airports where the highest
threat to civil aviation exists. (C)(u)

- Within 60 days, the Secretary of Transportation shall
initiate action to increase the complement of Federal
Aviation Administration special agents to the extent
necessary to provide continuing, periodic assessment of
security levels at all such foreign airports. (C)(u)

- Not later than July 30, 1985, and every 120 days
thereafter, the Secretary of Transportation shall
advise me of those airports where security levels do
not meet International Civil Aviation Organization
Security Standards and shall advise competent foreign
government authorities. If the notified government
does not undertake expeditious corrective action, the
Secretary of Transportation shall notify me and shall
apply the appropriate provisions of the Federal Aviation Act of 1958 (as amended) whenever it is determined
that a continuing condition exists that threatens the
- safety or security of passengers, aircraft, or crew
travelling to or from a foreign airport. (C)(u)

-- <u>Research and Development</u>. The Department of Transportation,
in coordination with the Interagency Working Group on
Combatting Terrorism and the Technical Support Working
Group, will carry out an expanded research and development
program covering detection of explosive and incendiary
devices, hijack prevention, and other security system
enhancements. Projects presently planned will be accelerated
and necessary additional projects will be initiated this
fiscal year and thereafter. (C)(u)

-- Foreign Technical Assistance. In coordination with the
   Department of State, the FAA training and assistance
   program for foreign governments will be expanded. The
   objective of this enhancement is to achieve heightened
   security for civil aviation worldwide and to prepare other
   governments to more effectively combat aviation-related
   terrorism. (ø) (u)

-- Enhanced Airline Security Training. The Department of
   Transportation shall ensure that appropriately enhanced
   security training and threat awareness briefings are
   provided for all crewmembers of U.S. air carriers who serve
   on high-risk flights. The FAA shall further require that
   for such flights a designated security coordinator is
   responsible for monitoring security systems and advising the
   pilot in command that all necessary security requirements
   have been met prior to departure. (C) (u)

-- Crisis Management. The Administrator of the Federal Aviation
   Administration is directed to provide all necessary communi-
   cations required to meet crisis management responsibilities.
   These shall include, but not be limited to:

   -   secure communications for appropriate FAA crisis
       managers and secure communications between the
       appropriate FAA offices;

   -   command, control, and communications not dependent on
       the switched public network; and

   -   expedited implementation of the connectivity
       requirements specified in NSDD-95. (ø) (u)

-- Coordination/Resources. The Secretary of Transportation
   shall coordinate the actions indicated above, as necessary,
   with the Departments of State, Treasury, Defense, and
   Justice and other concerned departments and agencies of the
   USG to assure timely implementation. Heads of other depart-
   ments/agencies shall provide appropriate support and
   assistance to the Department of Transportation on a temporary
   basis in order to effect the provisions of this directive.
   Within 14 days, the Secretary of Transportation shall
   identify and report to the Office of Management and Budget
   on requirements for additional or reprogrammed FY-85, FY-86,
   and FY-87 resources made necessary by this directive. The
   report shall specify any temporary support required from
   other agencies. (C) (u)

Ronald Reagan

Extrait du rapport 2000 du Département d'État sur le terrorisme global.

À noter que si l'Afghanistan est désigné pour sa collaboration avec Ben Laden, le rapport insiste également sur le soutien du Pakistan au régime taliban. Une aide sous forme de « matériels, carburants, financements, assistants techniques et conseillers militaires ». Plus loin encore, il est écrit que : « certaines écoles religieuses du pays servent de centre de recrutement pour les terroristes ». Dans le cadre de « Liberté immuable », le Pakistan est pourtant considéré comme un allié.

Patterns of Global Terrorism 2000

UNITED STATES DEPARTMENT OF STATE

APRIL 2001

active in Indian-held Kashmir, such as the Harakat ul-Mujahidin (HUM), some of which engaged in terrorism. In Sri Lanka the government continued its 17-year conflict with the Liberation Tigers of Tamil Eelam (LTTE), which engaged in several terrorist acts against government and civilian targets during the year.

Afghanistan

Islamic extremists from around the world—including North America, Europe, Africa, the Middle East, and Central, South, and Southeast Asia—continued to use Afghanistan as a training ground and base of operations for their worldwide terrorist activities in 2000. The Taliban, which controlled most Afghan territory, permitted the operation of training and indoctrination facilities for non-Afghans and provided logistics support to members of various terrorist organizations and *mujahidin*, including those waging *jihads* (holy wars) in Central Asia, Chechnya, and Kashmir.

Throughout 2000 the Taliban continued to host Usama Bin Ladin despite UN sanctions and international pressure to hand him over to stand trial in the United States or a third country. In a serious and ongoing dialogue with the Taliban, the United States repeatedly made clear to the Taliban that it would be held responsible for any terrorist attacks undertaken by Bin Ladin while he is in its territory.

In October, a terrorist bomb attack against the USS Cole in Aden Harbor, Yemen, killed 17 US sailors and injured scores of others. Although no definitive link has been made to Bin Ladin's organization, Yemeni authorities have determined that some suspects in custody and at large are veterans of Afghan training camps.

In August, Bangladeshi authorities uncovered a bomb plot to assassinate Prime Minister Sheikh Hasina at a public rally. Bangladeshi police maintained that Islamic terrorists trained in Afghanistan planted the bomb.

India

Security problems associated with various insurgencies, particularly in Kashmir, persisted through 2000 in India. Massacres of civilians in Kashmir during March and August were attributed to Lashkar-e-Tayyiba (LT) and other militant groups. India also faced continued violence associated with several separatist movements based in the northeast of the country.

The Indian Government continued cooperative efforts with the United States against terrorism. During the year, the US-India Joint Counterterrorism Working Group—founded in November 1999—met twice and agreed to increased cooperation on mutual counterterrorism interests. New Delhi continued to cooperate with US officials to ascertain the fate of four Western hostages—including one US citizen—kidnapped in Indian-held Kashmir in 1995, although the hostages' whereabouts remained unknown.

Pakistan

Pakistan's military government, headed by Gen. Pervez Musharraf, continued previous Pakistani Government support of the Kashmir insurgency, and Kashmiri militant groups continued to operate in Pakistan, raising funds and recruiting new cadre. Several of these groups were responsible for attacks against civilians in Indian-held Kashmir, and the largest of the groups, the Lashkar-e-Tayyiba, claimed responsibility for a suicide car-bomb attack against an Indian garrison in Srinagar in April.

In addition, the Harakat ul-Mujahidin (HUM), a designated Foreign Terrorist Organization, continues to be active in Pakistan without discouragement by the Government of Pakistan. Members of the group were associated with the hijacking in December 1999 of an Air India flight that resulted in the release from an Indian jail of former HUM leader Maulana Masood Azhar. Azhar since has founded his own Kashmiri militant group, Jaish-e-Mohammed, and publicly has threatened the United States.

The United States remains concerned about reports of continued Pakistani support for the Taliban's military operations in Afghanistan. Credible reporting indicates

Maulana Masood Azhar, Jaish-e-Mohammed leader

8

that Pakistan is providing the Taliban with materiel, fuel, funding, technical assistance, and military advisers. Pakistan has not prevented large numbers of Pakistani nationals from moving into Afghanistan to fight for the Taliban. Islamabad also failed to take effective steps to curb the activities of certain madrassas, or religious schools, that serve as recruiting grounds for terrorism. Pakistan publicly and privately said it intends to comply fully with UNSCR 1333, which imposes an arms embargo on the Taliban.

The attack on the USS Cole in Yemen in October prompted fears of US retaliatory strikes against Bin Ladin's organization and targets in Afghanistan if the investigation pointed in that direction. Pakistani religious party leaders and militant groups threatened US citizens and facilities if such an action were to occur, much as they did after the US attacks on training camps in Afghanistan in August 1998 and following the US diplomatic intervention in the Kargil conflict between Pakistan and India in 1999. The Government of Pakistan generally has cooperated with US requests to enhance security for US facilities and personnel.

Sri Lanka

The separatist group the Liberation Tigers of Tamil Eelam (LTTE)—redesignated as a Foreign Terrorist Organization in 1999—remained violent in 2000, engaging in several terrorist acts against government and civilian targets. LTTE attacks, including those involving suicide bombers, killed more than 100 persons, including Minister of Industrial Development Goonaratne, and wounded dozens. Two US citizens and a British national were apparent incidental victims of the group in October, when an LTTE suicide bomber cornered by the police detonated his bomb near the Town Hall in Colombo. The LTTE continued to strike civilian shipping in Sri Lanka, conducting a naval suicide bombing of a merchant vessel and hijacking a Russian ship.

The war in the north between the Tigers and the Sri Lankan Government continued, although by year's end the government had re-taken 70 percent of the Jaffna Peninsula. The Government of Norway initiated efforts to broker peace between the two parties and may have contributed to an LTTE decision to announce unilaterally a cease-fire in December.

Several terrorist acts have been attributed to other domestic Sri Lankan groups. Suspected Sinhalese extremists protesting Norway's peace efforts used small improvised explosive devices to attack the Norwegian-run charity Save the Children as well as the Norwegian Embassy. Sinhalese extremists also are suspected of assassinating pro-LTTE politician G. G. Kumar Ponnambalam, Jr., in January.

East Asia

Japan continued to make progress in its counterterrorist efforts. Legal restrictions instituted in 1999 began to take effect on the Aum. Four Aum Shinrikyo members who had personally placed the sarin on the subway in 1995 were sentenced to death. Tokyo also made substantial progress in its efforts to return several Japanese Red Army (JRA) members to Japan. The Government of Japan indicted four JRA members who were forcibly returned after being deported from Lebanon. Tokyo also took two others into custody: Yoshimi Tanaka, a fugitive JRA member involved in hijacking a Japanese airliner in 1970, who was extradited from Thailand, and Fusako Shigenobu, a JRA founder and leader, who had been on the run for 30 years and was arrested in Japan in November.

Several nations in East Asia experienced terrorist violence in 2000. Burmese dissidents took over a provincial hospital in Thailand; authorities stormed the hospital, killed the hostage takers, and freed the hostages unharmed. In Indonesia, there was a sharp increase in international and domestic terrorism, including several bombings, two of which targeted official foreign interests. Pro-Jakarta militia units continued attacks on UN personnel in East Timor. In one incident in September, three aid workers, including one US citizen, were killed.

Small-scale violence in Cambodia, Laos, and Vietnam occurred in 2000, some connected to antigovernment groups, allegedly with support from foreign nationals. Several small-scale bombings occurred in the Laotian capital, some of which targeted tourist destinations and injured foreign nationals. An attack on 24 November in downtown Phnom Penh, Cambodia, resulted in deaths and injuries. The US Government released a statement on 19 December that "deplores and condemns" alleged US national or permanent resident support, encouragement, or participation in violent antigovernment activities in several foreign countries with which the United States is at peace, specifically Vietnam, Cambodia, and Laos.

9

**1998. Extrait de la mise en accusation du gouverne-
ment américain dans le cadre des procès relatifs aux
attentats contre les ambassades US au Soudan et au
Kenya. L'extrait proposé ci-dessous révèle que depuis
1992 l'organisation de Ben Laden cherche à acquérir
« des composants d'armes nucléaires et d'armes chimiques ». Aujourd'hui, le premier « fournisseur » de
ce genre de matériel est la mafia russe.**

the coastal city of Port Sudan for transshipment to the Saudi
Arabian peninsula using vehicles associated with Usama Bin
Laden's businesses;

The Fatwah Regarding Deaths of Nonbelievers

      y. On various occasions the defendant MAMDOUH
MAHMUD SALIM advised other members of al Qaeda that it was
Islamically proper to engage in violent actions against
"infidels" (nonbelievers), even if others might be killed by such
actions, because if the others were "innocent," they would go to
paradise, and if they were not "innocent," they deserved to die;

The Efforts to Obtain Nuclear Weapons and Their Components

    ➤ z. At various times from at least as early as
1992, the defendants USAMA BIN LADEN and MAMDOUH MAHMUD SALIM,
and others known and unknown, made efforts to obtain the
components of nuclear weapons;

The Efforts to Obtain Chemical Weapons and Their Components

    ➤ aa. At various times from at least as early as
1993, the defendant USAMA BIN LADEN, and others known and
unknown, made efforts to obtain the components of chemical
weapons;

The Surveillance of the United States Embassy in Nairobi, Kenya

    bb. Beginning in the latter part of 1993, ANAS AL
LIBY and other members of al Qaeda discussed with Ali Mohamed,
named as a co-conspirator but not as a defendant herein, a

TABLE DES MATIÈRES

Impression réalisée sur CAMERON par

BUSSIÈRE CAMEDAN IMPRIMERIES

GROUPE CPI

à Saint-Amand-Montrond (Cher)
pour le compte des éditions Flammarion
en octobre 2001

N° d'édition : FF777301. — N° d'impression : 014887/1.
Dépôt légal : novembre 2001.

Imprimé en France